U0451251

国家社会科学基金重大项目"金属矿产资源国际市场价格操纵问题与我国定价权研究"（编号：13&ZD169）

中南大学 哲学社会科学学术成果文库

金属矿产资源国际市场价格操纵问题与我国定价权研究

朱学红等 / 著

中国社会科学出版社

图书在版编目（CIP）数据

金属矿产资源国际市场价格操纵问题与我国定价权研究/朱学红等著. —北京：中国社会科学出版社，2019.1

（中南大学哲学社会科学学术成果文库）

ISBN 978 – 7 – 5203 – 3970 – 4

Ⅰ.①金… Ⅱ.①朱… Ⅲ.①金属矿物—矿产资源—国际价格—研究 Ⅳ.①F740.3②F752.654

中国版本图书馆 CIP 数据核字（2019）第 010972 号

出 版 人	赵剑英
责任编辑	刘晓红
责任校对	孙洪波
责任印制	戴 宽
出 版	中国社会科学出版社
社 址	北京鼓楼西大街甲 158 号
邮 编	100720
网 址	http://www.csspw.cn
发 行 部	010 – 84083685
门 市 部	010 – 84029450
经 销	新华书店及其他书店
印 刷	北京明恒达印务有限公司
装 订	廊坊市广阳区广增装订厂
版 次	2019 年 1 月第 1 版
印 次	2019 年 1 月第 1 次印刷
开 本	710×1000 1/16
印 张	35.25
插 页	2
字 数	423 千字
定 价	138.00 元

凡购买中国社会科学出版社图书，如有质量问题请与本社营销中心联系调换

电话：010 – 84083683

版权所有 侵权必究

《中南大学哲学社会科学学术成果文库》和《中南大学哲学社会科学博士论文精品丛书》出版说明

在新世纪，中南大学哲学社会科学坚持"基础为本，应用为先，重视交叉，突出特色"的精优发展理念，涌现了一批又一批优秀学术成果和优秀人才。为进一步促进学校哲学社会科学一流学科的建设，充分发挥哲学社会科学优秀学术成果和优秀人才的示范带动作用，校哲学社会科学繁荣发展领导小组决定自2017年开始，设立《中南大学哲学社会科学学术成果文库》和《中南大学哲学社会科学博士论文精品丛书》，每年评审一次。入选成果经个人申报、二级学院推荐、校学术委员会同行专家严格评审，一定程度上体现了当前学校哲学社会科学学者的学术能力和学术水平。"散是满天星，聚是一团火"，统一组织出版的目的在于进一步提升中南大学哲学社会科学的学术影响及学术声誉。

中南大学科学研究部
2017年9月

课题组主要成员

课题负责人

朱学红　　中南大学教授、博士生导师

中国社会科学院工业经济研究所

杨丹辉　　研究员、博士生导师

北京工商大学

胡俞越　　教授、博士生导师

中南大学

黄健柏　　教授、博士生导师

胡振华　　教授、博士生导师

钟美瑞　　副教授、博士生导师

邵留国　　副教授、硕士生导师

杨艳军　　副教授、硕士生导师

郭尧琦　　副教授、硕士生导师

参加研究工作的博士研究生

谌金宇、张宏伟、曾安琪、李海玲、张梓滔

参加研究工作的硕士研究生

樊玉林、王苗、瞿宏萍、汪秋芬、张众、李心媛、石越、郑伟航

序　言

　　金属矿产资源是国民经济建设的重要物质基础，金属矿产资源安全事关国家经济安全和国防安全。我国金属矿产资源的基本条件决定了国内资源的自我保障能力不强，加之现在仍处于金属矿产资源消费的增长阶段，使得我国重要金属品种的供给明显不足，资源结构性矛盾突出，对外依存度还将进一步上升。面对金属矿产资源的紧缺性和不安全性，我们实施了"国内国外两种资源、两个市场"的战略举措，在一定程度上缓解了金属矿产资源供给短缺的瓶颈，但是还没有从根本上解决我国金属矿产资源供给的经济性、稳定性和持续性问题。我国金属矿产资源国际贸易长期面临"一买就涨、一卖就跌"的窘境，定价权的长期缺失给我国资源安全和经济平稳增长带来严重的负面影响，金属矿产资源定价权问题已成为亟待解决的重大经济安全问题。对此，以中南大学朱学红教授为首席专家的研究团队，承接了国家社会科学基金重大招标项目"金属矿产资源国际市场价格操纵问题与我国定价权研究"，并展开了为期四年的深入研究，本书正是这项研究的最终成果，为上述问题的解决提供了可资借鉴的研究视角和相关政策优化的途径。

本书以定价机制研究为主线，通过典型案例的归纳总结，将隐秘的价格操纵行为显性化，识别其价格操纵的着力点，揭示金属矿产资源国际市场价格操纵的机理，并将金属矿产资源价格形成机制的研究，与定价权形成的杠杆因素如价值补偿、技术因素、市场势力、计价货币及期货市场的识别相结合，构建定价权问题的理论分析框架。这些研究丰富和完善了金属矿产资源价格理论，具有较高的理论价值。同时本书系统评估了传统定价权提升举措的得失，并结合经济新常态下金属矿产资源定价权面临的新挑战，客观预测"中国因素"的未来变动趋势，分类提出符合WTO规则的提升我国出口定价权和进口定价权的对策，因而又具有重要的现实意义。

本书还按照不同金属矿种的分类，就优势稀有金属矿产资源、紧缺黑色金属矿产资源、紧缺（有色）基本金属矿产资源定价权形成的现状、形成机理、发展态势及提升对策展开了具体的、有针对性的研究。从理论与实证两方面详细解析了主要因素对这些金属矿产资源定价权的作用机理，探讨了这些金属矿产资源定价权提升的合意性，并提出了相关政策建议。

以此为基础，本书进一步梳理了我国金属矿产资源定价权的现状及其政策演变，结合新常态下我国的发展阶段面临重大转换，金属行业进入下行周期，新一轮技术变革加快对金属矿产资源供需结构的调整，以及国家"一带一路"倡议的实施所带来的制度层面的重大改革等新形势，有针对性地设计我国金属矿产资源定价权提升的对策组合与实施方案。

本书的创新之处在于：以总体国家安全观为指导，通过典型案例的梳理与系统仿真模型的构建，揭示金属矿产资源国际市场势力的价格操纵机理，并将技术变革内生于金属矿产资源需求分析框架中，分析新技术革命对定价权的影响机理。针对金属矿业进入下行周期这一新趋势，提出"本轮矿业下行是当前全球经济周期性下行和中国经济换挡的阶段性因素造成的，不会长期持续下去，一旦全球矿业恢复，我国将会面临新一轮的严峻资源安全局面"的观点，并据此建议要重视下行周期可能造成国内金属矿产资源产能过度调整的问题以及带来的定价权问题。同时本书还从"调整金属矿产资源开发利用国家战略总体思路、制定金属矿产资源开发利用的技术路线、多元化金属矿产资源获取的通道与策略、优化金属矿产资源开发利用的体制机制、加快构建新型'资源金融一体化'体系"等五个方面提出了具体政策建议。

总之，本书深入研究了金属矿产资源国际市场价格操纵的微观机理，并将金属矿产资源价格形成机制的研究，与定价权形成的杠杆因素相结合，系统分析了这些因素对金属矿产资源定价权的作用机理，并据此有针对性地设计我国定价权提升的对策组合与实施方案，这些建议具有较强的针对性和可操作性。该书适合相关政府部门、大型资源企业、投资机构大专院校师生以及科研机构研究人员和行业协会专家阅读。

黄健柏
2018 年 9 月

目 录

第一章 引言 …………………………………………………… 1

    第一节 问题的提出 ………………………………………… 1

    第二节 研究目的和研究意义 ……………………………… 4

    第三节 相关概念界定 ……………………………………… 5

    第四节 本书的研究重点和创新点 ………………………… 7

    第五节 本书的基本思路与研究方法 ……………………… 12

第二章 金属资源国际市场定价机制研究 …………………… 17

    第一节 金属资源定价模式及其适用条件 ………………… 18

    第二节 金属资源价格影响因素研究 ……………………… 22

    第三节 金属资源价格影响因素实证研究 ………………… 27

第三章 金属资源国际市场价格操纵问题研究 ……………… 63

    第一节 金属资源国际市场价格操纵的典型案例研究 …… 64

    第二节 金属资源国际市场价格操纵模式及机理研究 …… 77

第三节　金属资源价格操纵判别的实证研究 …………… 98

第四节　防范金属资源价格操纵的建议 ………………… 109

第四章　市场势力对金属资源定价权的影响分析 ………… 112

第一节　市场势力与金属资源定价权的互动机理 ……… 112

第二节　世界主要国家金属资源市场势力评估 ………… 115

第三节　市场势力视角下金属资源定价权的影响因素
　　　　分析 …………………………………………… 152

第四节　着眼市场势力获取提升金属资源国际定价权 …… 160

第五章　技术进步对中国金属矿产资源定价权的影响分析 …… 164

第一节　基于技术差异视角的我国金属资源贸易现状
　　　　分析 …………………………………………… 165

第二节　技术进步对中国金属矿产资源定价权的影响
　　　　机理分析 ……………………………………… 177

第三节　技术进步对我国金属资源定价权的影响测度 …… 181

第四节　依托技术进步提升我国对金属矿产资源及其产品的
　　　　定价能力 ……………………………………… 198

第六章　计价货币对金属资源定价权的影响研究 …………… 200

第一节　大宗商品的计价货币现状 ……………………… 200

第二节　国际期铜定价的美元计价影响分析 …………… 203

第三节　人民币国际化与有色金属价格的互动关系研究 …… 221

第四节　推动金属资源人民币计价的政策建议 ………… 231

目录

第七章　金属矿产资源国际定价权提升的期货市场发展问题研究 …… 233

第一节　我国金属期货市场的发展现状与存在问题 ………… 233

第二节　期货市场对金属矿产资源定价的促进作用 ………… 235

第三节　金属期货市场有效性相关问题研究：波动率预测及量价关系 ………………………………………………… 237

第四节　促进国家金属期货市场发展的战略 ………………… 277

第八章　产业链视角下有色金属价格波动对我国宏观经济的影响 …………………………………………………………… 283

第一节　产业链视角下有色金属价格波动对我国宏观经济的影响机理分析 ……………………………………………… 284

第二节　产业链视角下有色金属价格波动对我国宏观经济影响的实证分析 ………………………………………… 290

第三节　价格下行以来有色金属价格波动对宏观经济影响的对比分析 …………………………………………………… 325

第四节　产业链视角下提升有色金属定价权的政策建议 …… 340

第九章　优势稀有金属资源国际定价权问题及提升对策研究 …… 345

第一节　优势稀有金属定价权测度及影响因素分析 ………… 346

第二节　稀有金属定价权缺失及早期政策失效原因分析 …… 352

第三节　稀有金属治理政策进展与实施效果评价 …………… 360

第四节　提升我国优势稀有金属定价权的政策建议 ………… 377

第十章 紧缺黑色金属矿产资源国际定价权问题及提升对策研究 ………………………………………………………………… 382

第一节 紧缺黑色金属矿产资源国际市场格局 ……………… 382
第二节 铁矿石价格波动的影响因素分析 …………………… 391
第三节 紧缺黑色金属矿产资源国际定价能力研究 ………… 408
第四节 紧缺黑色金属矿产资源国际定价权的提升对策 …… 422

第十一章 紧缺（有色）基本金属资源国际定价权问题及提升对策研究 ………………………………………………………… 426

第一节 紧缺（有色）基本金属资源国际市场定价机制研究 ………………………………………………………… 426
第二节 紧缺（有色）基本金属国际市场供需态势及定价权的测度 …………………………………………………… 447
第三节 紧缺（有色）基本金属资源国际定价权影响因素的实证分析 ………………………………………………… 458
第四节 紧缺（有色）基本金属资源国际定价权的提升对策研究 ……………………………………………………… 480

第十二章 金属矿产资源开发利用面临的挑战及定价权提升对策 ………………………………………………………………… 486

第一节 我国金属矿产资源开发利用面临的挑战 …………… 486
第二节 我国金属矿产资源国际定价权提升对策研究 ……… 488

参考文献 ………………………………………………………………… 492

后　记 …………………………………………………………………… 547

第一章 引言

第一节 问题的提出

能源是国民经济的血液,金属矿产资源是国民经济的骨骼,为国民经济各部门和国防军工提供关键材料。进入 21 世纪以来,中国经济持续增长,一方面成为拉动世界经济增长的关键因素,另一方面也带动了全球金属矿产资源等大宗商品的需求增长。国际上将中国对世界经济的影响力称为"中国因素"。然而,"中国因素"并未给中国带来定价权。我国金属矿产资源国际贸易长期面临"一买就涨,一卖就跌"的窘境。金属矿产资源定价权的长期缺失给我国资源安全和经济平稳增长带来严重的负面影响。一方面,铁矿石、铜、铝等我国紧缺金属矿产资源进口集中度过高,价格在震荡中攀升。据中钢协估计,近十年来我国铁矿石、铜和铝资源进口累计损失达 3000 亿—3500 亿美元,钢铁行业步履维艰,2011 年仅必和必拓一家的净利润就超过了中国 77 家重点大中型钢企利润的总和。另一方面,我国优势金属矿产资源耗竭速度过快,资源优势不断削弱。我国稀土储量从约占世界的71.1%下降至23%，却仍廉价承担着世界90%左右的市场供应，我国钨、锑等主要矿种储量的静态保证年限明显缩短，然而价格却长期低迷，不仅导致国际贸易中的经济损失，还使国内资源低端应用企业能够长期维持生存，阻滞了产业升级进程。

金属矿产资源价格异常的背后总能看到各种国际势力的身影。在国际市场上，中国需求的快速增长被广泛认为是金属矿产资源价格上涨的主要支撑因素，中国需求成了市场势力提价和炒作投机的题材。以必和必拓、淡水河谷为首的国际铁矿石巨头要求提价的一个主要原因就是：中国钢铁工业产量和铁矿石进口量的飞速增长导致供应紧张。此外，从2003年美联储允许受监管的银行及金融机构从事大宗商品的实物交易后，以摩根大通、花旗、高盛等投资银行为首的大量国际资本进入国际商品期货市场，不仅进行金融交易，也通过买入金属仓库，囤积金属投机获利，使金属矿产资源金融属性凸显，扭曲了市场正常的供需曲线，造成了世界金属矿产资源价格的剧烈波动和市场异常。2013年7月下旬，《纽约时报》发表报道称高盛利用仓储业务操纵铝价。美国参议院小组委员会要求美联储解释为何允许银行在进行大宗商品交易的同时控制原材料供应。种种问题，均指向市场背后的价格操纵行为。

我国金属矿产资源国际市场定价权领域遭遇的种种问题，其核心是我国企业在国际市场价格形成过程中缺乏合理的影响力，从而陷入被动并因此遭受了巨大的损失。对此，我国政府高度重视，2011年，时任国务院副总理李克强针对国际大宗商品价格的大幅波动，提出要"推动形成长期、稳定、可预期的大宗商品供求关系和合理的价格机制"；2014年4月，习近平总书记更是在国家安全委员会首次会议上提出要构建集11种安全于一体的国家安全体系。新国家总体安全观把资源安全独立出来，列为与经济安全并列的安全领域。此外，我国政府也针对性地采取了一系列措施，比如完善期货市场规则、构建国内铁矿石交易平台、推出铁矿石价格指数、稀土开采限额政策、出口配额政策等。这些政策有些不切实际，如有观点简单地认为只要增加我国期货市场的影响力，就可以拥有定价权，而完全忽视了我国巨大的资源需求对国际市场的冲击。有些政策产生了一些效果，但有些并没有达到争夺定价权的预期目标，甚至还产生了国际贸易纠纷、资源走私、价格剧烈波动等一些新问题。2012年1月31日，世界贸易组织（WTO）初步裁决中国限制9种原材料出口违规。2012年3月，美国、欧盟和日本向WTO提起针对中国稀土、钨、钼三种原材料出口限制的诉讼，2014年3月，WTO裁定中国稀土出口管理措施违规。我国金属矿产资源定价权提升对策面临着"头痛医头、脚痛医脚""违背国际贸易规则"等各种质疑。

随着我国经济发展进入新常态，我国金属矿产资源定价权面临新挑战，一方面，我国经济增长由高速转入中高速，紧缺金属矿产资源需求增速也放缓，铜、铝等金属矿产需求峰值也将在未来10年陆续到来，我国紧缺金属矿产资源面临资源洪峰与产业转型双重压力，短期内紧缺金属矿产资源将继续短缺，特别是进入下行周期以来，国际铁矿石巨头实施低价挤压战略，促使高成本中国企业倒闭，仅2016年前三季度国内铁矿石企业关停1/3，2016年中国铁矿石对外依存度高达86.8%，一旦价格上行，将进一步加剧我国铁矿石定价权缺失问题。另一方面，随着新一轮科技革命与产业变革的来临，优势稀有金属矿产资源成为各国利益争夺的焦点，美国、日本、欧盟等主要发达国家不但利用对现行多边贸易体系的主导权，采取诉诸WTO方式逼我国敞开优势稀有金属矿产资源原材料供应，但却在新能源汽车、新材料等高新技术产业所需的优势稀有金属矿产资源高端材料上发力，占据着专利技术的制高点，通过掌控核心技术将中国产业链锁定在低端，形成买方垄断并掌握强大的定价能力。此外，随着大宗商品金融化趋势的增强，传统的供求关系影响下的价格围绕价值波动的交换理论由于定价权的垄断已经不完全适用，各种跨国公司国际资本以及投资基金大量进入金属矿产资源期货市场，跨市场操纵成为新趋势，进一步加剧我国定价权问题的复杂性。因此，在金属矿产资源定价权形势发生深刻变化的背景下，国家争取金属矿产资源定价权战略、政策及管理体系需要进一步重构。

第二节 研究目的和研究意义

金属矿产资源国际市场价格操纵与我国定价权问题已成为迫切需要解决的国家重大经济安全问题，它直接影响到国家资源安全和国民经济的平稳运行，我国金属矿产资源定价权缺失是一系列因素综合作用的结果。本书的目的就是分析这些因素背后的推动力量和作用过程，提取定价权形成的"中国因素"与杠杆因素，找到定价权分析的着力点，并结合新常态下我国的发展阶段面临重大转换，金属行业进入下行周期，新一轮技术变革加快对金属矿产资源供需结构的调整，以及生态文明体制建设、"一带一路"倡议等政策实施所带来的制度层面的重大改革等新形势，有针对性地设计我国金属矿产资源定价权提升的对策组合与实施方案。

针对我国金属矿产资源定价权缺失问题，本书以定价机制研究为主线，将金属矿产资源价格形成机制的研究，与定价权形成杠杆因素如价格操纵、价值补偿、市场势力、技术因素、计价货币及期货市场的识别相结合，构建定价权的理论分析框架；并进一步以此为理论基础，通过典型案例的归纳总结，研究国际产业组织交易势力和国家政策交易势力的形成及其对国际金属矿产资源价格的作用路径，将隐秘的价格操纵行为显性化，从而有力地揭示国际市场价格操纵的机理。这对于深入理解金属矿产资源定价机制，揭示定价机制与价格操纵之间的关系，识别国际价格操纵行为，剖析中国定价权缺失的原因，丰富和完善金属矿产资源价格理论，均具有十分重大的理论价值。

同时，针对我国国情和对各金属矿种特性及其市场差异的长期研究认识，本书按照定价方式和我国的资源丰裕度，将经济发展中需要的主要金属矿产资源划分为基于现货定价的优势稀有金属矿产资源（如稀土、锂、铟）、基于现货定价的紧缺黑色金属矿产资源（如铁矿石）、基于期货定价的紧缺（有色）基本金属（如铜、铝）矿产资源三大类；并在一般金属矿产资源价格形成机制和定价规律的分析基础上，进一步探讨分析金属矿种的定价特性和国际价格操纵行为特征，评估传统定价权提升举措的得失；结合经济新常态下金属矿产资源定价权面临的新挑战，客观预测"中国因素"的未来变动趋势，分类提出符合WTO规则的提升我国出口定价权和进口定价权的对策，有助于将"中国因素"转化为中国优势，提升国内企业参与国际市场定价的能力。这对应对金属矿产资源国际价格波动风险，增强中国在国际市场定价过程中的影响力，具有十分重大的现实意义。

第三节 相关概念界定

一 价格操纵

一直以来，金属矿产资源贸易格局中的各种国际势力或凭借其对资源的垄断地位，或凭借其发达的金融市场和资本实力，利用其对国际贸易规则和定价机制的掌握和熟识，实现了对金属矿产资源国际贸易价格的操纵。因此，金属矿产资源的价格形成过程一直是一个价格操纵与反操纵的反复博弈定价过程，而价格操纵问题也一直是学术界关注的焦点。从本质上来说，价格操纵可以定义为个人、机构或国家背离市场自由竞争和供求关系原则，人为地扭曲价格或制定于己有利的价格。

二 定价权

定价权是指相关市场主体凭借国际贸易市场势力操纵市场均衡价格朝自身有利的方向偏离国际贸易公平价格的能力。这一含义的背后有几个关键因素。首先，定价权的基础在于价格决定，而深入理解国际贸易规则、定价规则和价格背后的影响因素才能够正确认识定价权问题。其次，争取定价权的目的在于形成合理的市场价格，而不是操纵价格。最后，定价权的影响因素是多方面的，相应地提升对策也必然要具有广泛性、综合性和可操作性。

三 价格操纵与定价权的关系

金属矿产资源国际市场价格操纵行为反映的是相关市场主体如何凭借其拥有的国际市场势力影响市场均衡价格的过程，该过程必须遵循价格形成机制和定价权的形成条件。该操纵过程同时也是国际市场势力实施定价权的过程。具体来说，一方面，金属矿产资源国际市场价格操纵研究必须以其价格形成机制为基础，价格操纵以利用定价权形成的杠杆因素为主要手段；另一方面，价格操纵是影响定价的主要方式，价格操纵是定价权形成机制中的深入和细化。

第四节　本书的研究重点和创新点

一　研究重点

（一）重构理论框架，解析金属矿产资源定价权的形成机理

优化乃至重构金属矿产资源定价权的提升政策，必须从理论上深入解析目前我国金属矿产资源定价权缺失的形成机理，但是对于这些形成机制的厘清没有现成理论模型与分析框架，本书在研究金属矿产资源价格形成机制的基础上，从价格操纵、价值补偿、市场势力、技术因素、计价货币及期货市场等维度识别定价权形成的"中国因素"与杠杆因素，分析定价权的形成机理，以寻找定价权提升的着力点。

（二）系统研究多市场联动背景下跨市场操纵的微观机制

完善乃至重构价格操纵机理框架，必须首先从理论上系统梳理多市场联动背景下的价格操纵过程，通过案例研究和事件分析法，研究价格操纵过程中的关键要素，并对价格操纵手法进行总结分类。尤其是分析在多市场联动环境中，价格操纵主体的分类及角色分工，基于行为、信息、交易的协同操纵手法，操纵过程中市场与价格的演变过程和最终操纵结果。但是，对于这些跨市场操纵机理、手法的分析还没有现成的理论模型与分析框架，因此，如何在案例分析的基础上，结合现有矿产资源价格跨市场存在性检验的实证成果，构建多市场联动的金属矿产资源价格操纵系统动力学仿真模型，对金属矿产资源价格在现货市场与期货市场之间、国际市场与国内市场之间的联动传导路径及操纵机理进行深入的剖析，是本书要解决的一个重点问题。

（三）我国金属矿产资源的定价权提升对策组合设计

本书在分析我国金属矿产资源定价权缺失原因的基础上，依据世界经济、科技及供需格局变化，新技术革命与产业变革对金属矿产资源供需结构的调整，金属价格深度下跌，特别是"中国因素"（如发展阶段面临重大转换，经济增长放缓对金属资源的供需规模演变的影响）等内外部环境变化对我国定价权的影响，对我国对定价权形成杠杆因素进行可调控性分析，在评估现有定价权提升政策得失的基础上，设计我国定价权提升对策组合与实施方案；同时依据不同金属矿种在定价权形成与价格操纵机理方面的差异，个性化设计不同金属矿产资源的定价权提升对策。

二 创新点

（一）将技术变革内生于金属矿产资源需求分析框架中，分析新技术革命对定价权的影响机理

在技术变革背景下，我国传统产业向新兴产业的升级也使铁、锰、矾、铝等传统产业所需要的基本金属的消费量逐步下降，而镍、钴、铌、钽、锂等新兴战略性矿产需求会不断增长。现有研究对资源进行需求预测中，往往基于技术不发生重大变革，不考虑循环利用，但当前的技术革命和循环利用技术的发展对资源效率及需求结构产生了重大冲击。有必要突破原有资源需求分析框架中假定技术不变的条件，分析新技术革命对金属资源需求侧的冲击作用。

本书通过编制2012年中国金属矿产资源社会核算矩阵，在细分9种金属部门基础之上，构建了中国的经济—金属—环境动态CGE模型，将金属资源独立作为一种投入，构建多层嵌套CES函数，并在函数构建过程中设计反映技术冲击、金属需求、生态环境、政策调整等的变量。并在前端采用数据包络分析模型（DEA）对金属资源行业的

全要素生产率进行分解预测，得出技术进步对金属资源行业的贡献率。通过分析技术变革对我国产业结构的冲击如何影响金属资源需求结构，进而预测其对金属价格产生的影响，从而为我国在新技术革命背景下争夺金属资源定价权提供数据保障和模型支撑。

（二）通过典型案例的梳理与系统仿真模型的构建，揭示金属矿产资源国际市场势力的价格操纵机理

金属矿产资源国际市场价格操纵行为本身就是定价权的实施过程，国际市场在位势力操控市场的手段和方法就是定价权提升政策的着力点。但是，由于国际市场价格操纵行为的不透明性和行为方法的复杂性，关于价格操纵机理的现有研究成果还比较零散，传统的计量工具和博弈论方法难以全面考量操纵过程；同时跨期现市场操纵的多市场联动新特点也对操纵预警提出新挑战。

本书通过构建国际市场价格操纵及疑似价格操纵案例库，以案例研究、事件分析方法为指导，梳理金属矿产资源国际市场势力价格操纵的手法、途径和特征，并引入具有高阶次、非线性、多重反馈性的系统动力学模型，建立了跨期现市场价格操纵的系统动力学仿真模型。该模型涵盖跨期现市场联动、价格、成本、库存、需求五个模块，通过梳理各模块之间的联动机制，实现对跨期现市场的金属矿产资源价格操纵的仿真研究。并基于所构建的跨期现市场的金属矿产资源价格操纵的系统动力学模型，并仿真模拟跨期现市场操纵对金属矿产资源价格的影响机制和传导路径。在此基础上，将质量功能展开方法（QFD）引入跨市场操纵预警的研究，构建了基于 QFD 的跨期现市场操纵预警模型，通过设计针对性的价格操纵预警指标，有效防范价格操纵风险。

（三）抓住价格下行战略机遇，重构金属资源定价权提升战略与政策，同时在下行周期中重视长期金属资源安全，最大化收获定价权红利

2011年下半年以来，金属矿产资源供需关系发生逆转，金属矿产资源价格进入深度下跌期。在此背景下，国际金属市场加速进入买方市场，有利于我国充分发挥买方优势，利用消费者剩余，争取铁矿石、铜、铝等紧缺金属定价权。本书系统考察了下行周期中铜铝等紧缺金属定价权的形成机理，并提出"在价格下行背景下，金属矿产资源价格冲击会给我国经济增长带来一定的成本红利，但不会带来人们所担忧的通货紧缩"等重要观点，这为我国在经济新常态下加快金属等资源品价格形成机制改革、重构我国金属矿产资源定价权提升战略与政策提供了重要依据。

同时，在下行周期中也要充分重视长期金属资源安全问题，具体表现在：下行周期可能造成国内资源产能过度调整以及矿业的长周期性特征可能造成新一轮资源安全危局；本轮矿业下行是当前全球经济周期性下行和中国经济换挡的阶段性因素造成的，不会长期持续下去，一旦全球矿业恢复，我国将会面临新一轮严峻的资源安全局面。因此，本书提出防止造成新一轮金属矿产资源安全危局，最大化收获定价权红利的思路建议：①供给侧结构性改革要分类施策，保护次优产能，退出劣质产能；②深化矿业体制机制改革，增强应对周期波动的灵活性；③超前部署地质工作，鼓励矿产勘查投入；④利用"一带一路"倡议，引导企业提高技术水平与全球竞争力。

（四）依据不同金属矿种定价权缺失原因的差异性，有针对性地制定各具特色的定价权提升政策

1. 以深化资源税改革为契机，将资源税等政策工具作为优势稀有金属提升定价权的核心手段

近年来，中国对优势稀有矿产实施的出口管制及关税政策具有一定盲目性，并且这些措施引发了美国、欧盟、日本等主要进口国的强烈反对，优势稀有金属矿产资源领域的国际贸易争端呈加剧之势，通过实证分析，在满足一系列边界条件下，通过从价计征改革的资源税来替代优势稀有金属资源的关税政策，可以取得同等效果，从而验证了优势稀有金属资源税税率选择的合理性，为避免原材料国际贸易争端提供了更好的关税替代政策选择方案，因此提升优势稀有金属定价权的政策着力点在于将开采、生产加工和出口规模控制的政策重心前移，通过改革完善对优势稀有金属资源税费征收及运行体制，调节成本和利润的构成，使企业成本各构成要素的价格等于其价值，实现开采企业资源耗竭成本的充分内部化，提高中国优势稀有金属出口价格。

2. 积极应对铁矿石定价机制改变，打破三巨头逆势增产形成的垄断格局

近年来，铁矿石国际贸易供需格局、定价机制发生了根本性改变，为进一步获取垄断利润，2008年三大矿山打破了长期协议定价，并在2010年后逐渐形成了以现货指数定价为主的交易模式。在定价权的争夺当中，铁矿石定价机制是形成铁矿石价格的关键制度环境，定价方式改变对价格具有重要影响，特别是在铁矿石价格下行周期，国际巨头实施逆势扩产计划，采取挤压战略，进一步打压铁矿石价格，促使高成本中国企业倒闭，随着铁矿石价格缓慢回升，三巨头将

再次收获垄断红利。因此，对于铁矿石定价权提升的政策着力点在于：一方面要积极参与到国际铁矿石市场争夺的博弈，以淡水河谷为突破口，瓦解铁矿石巨头逆势扩产的阵营，通过多种手段获取海外优质铁矿项目，提高我国海外权益矿的市场份额。另一方面国内要严格控制产能，提高行业集中度、鼓励企业加强技术创新，降低经营成本。

3. 提升紧缺（有色）基本金属定价权的关键在于获取金融定价权

随着商品指数基金、高频交易策略以及电子信息技术的不断发展，紧缺（有色）基本金属等大宗商品金融化程度进一步增强，其资源安全已从"生产—供应"型的"供给安全"模式转变成"贸易—金融"型的"价格安全"模式，金融因素对国际紧缺（有色）基本金属价格波动的贡献作用越来越大。在有色金属金融化趋势在短期内不可逆转、跨市场操纵成为新趋势的背景下，提升紧缺（有色）基本金属定价权的政策着力点在于加快构建新型"资源金融一体化"体系，加强金融化顶层设计，一方面加快健全紧缺（有色）基本金属期货市场，努力形成体现中国利益、以需求为导向的紧缺（有色）基本金属交易和定价中心；另一方面要通过打造良好的金融环境，进一步加快人民币国际化，通过拓展我国金融影响力来影响紧缺（有色）基本金属定价规则，增强我国紧缺（有色）基本金属定价权。

第五节　本书的基本思路与研究方法

一　研究思路

本书将首先从总体上分析当前我国金属矿产资源定价权、价格操纵的一般规律，从供需关系、市场势力、价值补偿、技术、计价货币、期货市场等维度分析我国金属矿产资源定价权的形成机理；然后，根据我国金属矿产资源的国际贸易地位和价格形成机制，进一步针对优势稀有金属矿产资源、紧缺黑色金属矿产资源、紧缺（有色）基本金属矿产资源三大类矿种，在理论分析的基础上，按照"现实判断—原因分析—对策建议"的思路，对三大类金属矿种进行了差异化分析，还从产业链角度探讨了定价权缺失对我国宏观经济的影响问题，最后从国家层面设计金属矿产资源定价权提升的战略、政策与建议。

本书的研究技术路线如图 1-1 所示。

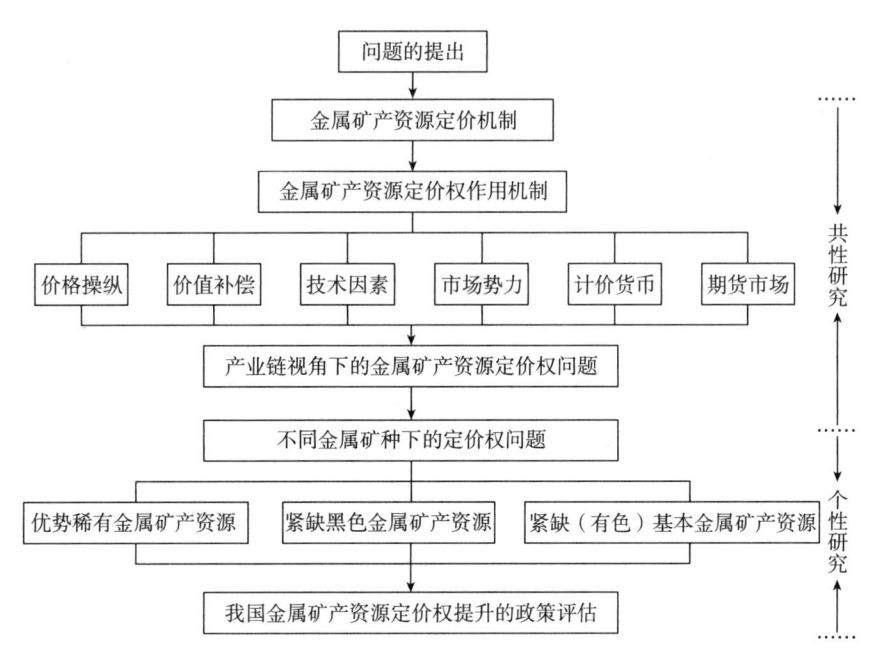

图 1-1 技术路线

二 研究方法

本书以价格理论、资源与环境经济学、国际经济与贸易学、期货期权与金融衍生品理论、产业组织理论、规制理论及其前沿研究为基础，针对我国定价权缺失严重的关键金属矿产资源，运用调查研究、实证研究、案例研究、数理建模、系统仿真等方法展开研究。

（一）文献研究法

本书通过图书资料、网络等各种形式，广泛查阅相关文献资料，建立资料库，运用文献研究法分析国内外研究的现状和不足，在已有研究成果的基础上开展本研究。文献研究法将贯穿整个研究过程，如以商品供需理论、国际贸易公平价格理论、商品金融化理论以及课题组已有关于定价权的研究为基础，从多个视角解析定价权形成的原因和机理；并结合中国经济发展进入新常态、新技术革命与产业变革、金属行业进入下行周期等新形势，反思以往定价权提升政策的理论依据问题以及由此产生的盲目性和不良效应，重新构建解析定价权形成的理论分析框架。

（二）调查与实证研究方法

本书通过实地调研、问卷调查和访谈、获取和掌握我国定价权缺失严重的金属矿产资源的第一手数据和资料，系统、全面地了解这些金属矿产资源的国际市场现状，调查研究一系列"中国因素"与杠杆因素对于金属矿产资源定价权的影响，将研究建立在对于现实问题深刻认识和理解的基础上。本书将基于大量宏观经济数据、行业数据、期货市场数据，以及相关行业协会成员企业微观数据为基础，拟采用时间序列的相关模型，尤其是非线性时间序列建模的方法，如 MS-VAR 模型、非线性 Granger 检验等前沿方法，研究金属矿产资源价格的影响因素、定价权形成以及变动趋势。

（三）案例分析与事件研究法

虽然国际市场价格操纵行为本身具有隐蔽性，但价格操纵行为会引起市场表现异常，从中可以看出一些端倪。本书将采用案例分析法，对典型的价格操纵事件进行研究。在对案例进行全面归类与系统分析的基础上，详细剖析价格操纵的过程和特点，找到其中的规律，找出国际市场价格操纵判别指标，包括组织交易市场的市场流动性、价格波动性及其他代表市场行为的指标，以及国际贸易领域的指标等。本书将进一步对操纵事件采用事件分析法，以甄别与挑选合适的价格操纵指标，构建具有可操作性的价格操纵辨识指标体系，为研究操纵机理及操纵辨识与预警方法提供参考资料。

（四）系统仿真方法

定价权的形成机制、国际市场价格的操纵机理，涉及多个主体、多种因素，主体和各因素间的交互行为相当复杂，同时跨期现市场操纵的操作手法和形成机制十分复杂，更有多重因素影响金属矿产资源期货和现货价格，使其操纵路径呈现出非线性、动态性等特征。本书以系统的视角，运用系统动力学等方法，从刻画价格操纵行为入手，构建针对有色金属矿产资源关键操纵因素的系统动力学模型，揭示价格操纵的机理及操纵的传导路径，结合质量功能展开方法可以通过"质量屋"的形式，量化分析建立公平、干净、高效的市场需求与防范跨期现市场操纵预警指标间的关系度，经数据分析处理后找出满足市场需求的贡献最大的预警指标。

（五）可计算一般均衡模型（CGE）

对金属矿产资源定价权问题的研究涉及经济、政治、社会、生态等多个方面，特别是对价格机制的研究和分析，影响金属矿产资源价格的因素和政策需要从系统的角度通过影响整个经济体系最终反映在价格上。基于此特点，本书采用可计算一般均衡（CGE）模型，此模型能够体现经济体内部各结构之间存在普遍的联系和相互作用，具有很强的经济理论意义。本书在细分9种金属部门基础之上，构建了中国的经济—金属—环境动态CGE模型，一方面，将技术变革纳入模型之中，通过分析技术变革对我国产业结构的冲击如何影响金属资源需求结构，进而预测其对金属价格产生的影响；另一方面，根据测算出的包含代际补偿和生态补偿的资源税理论税率区间，采用此模型模拟分析金属资源税从价计征改革对国民收入、行业、金属资源进出口、金属资源消耗量及社会福利的影响，从而对资源税改革效果进行评估。

第二章　金属资源国际市场定价机制研究

在金属资源市场均衡价格形成过程中，定价机制决定均衡价格的偏离方向，获取定价权的最终目标是使均衡价格偏离国际贸易公平价格朝对自己有利的方向变动。决定价格的相关因素才是定价权的实质决定因素，要想对定价权的问题有正确的认识，则需要对影响国际贸易规则、定价规则和价格的各种因素有深入了解才行。因此，认清金属资源国际市场定价机制的本质规律既是解释我国定价权缺失的理论基础，也是认清国际市场价格操纵行为的基石。在国际市场上，金属资源定价方式主要有两种：一种是基于全球定价中心的国际期货市场的期货合约价格作为基准价格来确定国际贸易价格；另一种是基于国际市场上主要供需方的商业谈判来确定价格。目前，我国在这两种定价方式下都面临着定价权缺失问题，这是我国在金属资源国际市场价格形成过程中缺乏合理影响力的结果。只有掌握金属资源定价模式、价格形成机制才能真正判断国际贸易价格的公平性。同时，只有认识到了影响价格波动的主要因素，才能把握好金属资源价格的形成机制。因此，合理分析金属资源价格影响因素，进而了解其对金属资源价格的影响机制是本书需进行解决的基础问题。

第一节 金属资源定价模式及其适用条件

一 金属资源主要定价模式

金属资源作为经常进行交易的商品，其定价模式也随着市场体制的发展进行了相应的改变。目前，金属资源的定价模式主要有两类：一是对于期货产品发展不够成熟的商品来说——如铁矿石，商品价格主要由买卖双方协商决定的，最初的定价模式为协议定价，而随着商品贸易愈加频繁，其定价机制逐渐短期化、指数化，演变为当前的指数定价；二是对于期货品种比较成熟、期货市场比较发达的商品来说——如铜、铝、锌等，其商品价格主要由期货交易所中的交易价格决定的，定价模式为期货定价。本节简单介绍了金属资源主要的定价模式及其特点。

（一）协议定价模式

协议或者合同作为一种商定方式，具有很长的历史，无论是在中国还是国外都能通过查阅历史文件发现它们的足迹。协议定价模式是从20世纪铁矿石的国际贸易中所衍生出来的。此外，协议定价模式的内涵并不是一成不变的。适用于长期协议定价模式的商品贸易格局发生的转变、相关场外衍生品市场的不断创新，都为协议定价模式的演变提供了可能。最为明显的是2010年之后，三大铁矿石商主导，将原有的长期协议定价模式改变为短期协议定价模式即季度定价模式，使铁矿石等金属资源的定价格局发生了质的变化。

为了保证铁矿石的销路，在20世纪70年代，产生了长期协议贸易方式，即铁矿石商和主要钢铁厂商签订一个长期协议，在协议中，明确铁矿石的购买量以及购买价格。由此长期协议成为铁矿石贸易的定价方式,并在全球范围内使用。随着铁矿石贸易的不断发展,逐渐演变成具有垄断性质的全球三大矿商(澳大利亚的必和必拓、力拓和巴西的淡水河谷),成为全球铁矿石主要卖家,铁矿石买家则是遍布全球的钢铁企业。三大矿商作为铁矿石卖家的代表,全球范围内具有影响力的三家钢铁企业作为铁矿石买家的代表,由买卖双方进行谈判,通过博弈最终确定铁矿石的贸易价格。

根据长期协议定价模式在铁矿石贸易中的应用,可以发现该定价模式具有以下几方面特点:(1)首发定价。合同成交结果以最先与卖家达成协议的买家合同为主,任何买家与卖家率先达成买卖合同,则其他各家谈判均接受此结果,并且买方不会在以后的谈判中确定以更高的价格向其他卖方采购,卖方也不会在以后的谈判中确定以更低的价格向其他买方出售;(2)年度长协价。每年固定时间开始下一年度的价格谈判,由世界范围内具有影响的卖家和买家进行谈判,价格一经确定,则全年贸易中始终遵循该价格进行交易;(3)同品种同涨幅。经过谈判确定商品价格,该价格在全球范围内均通用,并不因为不同地区或厂家的商品而使价格发生改变,特殊情况除外;(4)谈判确定的铁矿石价格为离岸价格,其中并不包括海运费。最终铁矿石价格的确定需要考虑海运费、在途损耗等,形成铁矿石到岸价格。

(二)指数定价

金属矿产资源的市场供需矛盾严重,再加上买卖双方力量差距较大,都为三大铁矿石商因谋求更强的利益诉求,而将铁矿石价格机制推动到短期协议定价模式奠定了基础。2010年,三大矿商一致主张废除自20世纪就开始沿用的长期协议定价模式,改为铁矿石指数来进行季度定价,以铁矿石指数定价体系取代传统的协议定价体系。具体来说，与长期协议定价模式相比，指数定价模式则将依靠买卖双方博弈的传统定价机制彻底打破，转变为卖家单方成为决定性力量，并将定价依据改为更易受到外在因素干预的指数衍生品；同时，买卖双方根据商品具体质量的差异决定一定数额的升贴水，最终确定商品的贸易价格。综合来看，指数定价模式，是将传统协议定价模式与金融化产品相结合，呈现出一种时间区间较短，垄断性更强的定价模式。

与传统的长期协议定价模式相比，指数定价模式的主要特点表现在以下几个方面：（1）期限短。长期协议定价模式，长则3—5年，短则1年左右；而指数定价模式则一般维持在1年以下，现在则逐步发展成季度定价、月度定价，甚至每日定价。当现货市场处于长时间的供需单方向不平衡时，协议价格期限短将会为其中一方带来极大的优势。（2）金融属性强。由于指数定价模式价格有效期短，因此，其价格的确定难以通过频繁的谈判来确定，而是通过场外衍生品市场的产品价格来确定，即指数、掉期等产品价格作为基准价格，然后再由产品的品质来决定是否升贴水。（3）海运费计入金属价格。在传统的长期协议定价中，买卖双方确定的只是铁矿石离岸价格，该价格中并不含海运费。运输由买方自行解决，联系船只商定海运费。但是，在指数定价模式中，指数价格的确定就是考量贸易商品的主要港口到岸价格。从该角度出发，海运费则被直接计入短期协议价格中。

综合来看，虽然指数定价模式从协议定价发展而来，但是和协议定价之间还存在十分明显的差别。随着国际贸易的外部环境不断发生改变，以及商品供求格局的变化，使指数定价模式更加贴近金融市场。

（三）期货定价模式

由于现货交易会产生各种各样的风险，金属资源的商品交易逐渐衍生出了远期交易来规避现货价格波动可能产生的风险,远期合同的交易也在市场机制逐渐完善的情况下衍生出了可以进行交割的标准性合约——期货交易。在商品市场和资本市场发展得越来越完善的背景下,商品的期货价格也越来越成为该商品价格决定的重要因素。金属资源商品也不例外,主要有色金属以及稀有金属的国际市场价格决定方式,都逐渐从早期的协议定价转变为由期货市场供求关系决定的期货价格定价模式。

期货定价模式基于发达的期货市场而产生,因此有如下特点:(1)对资本市场成熟度要求高。当资本市场的市场机制和价格决定方式比较完善的情况下,商品的期货价格才能较为准确地反映市场情况;(2)交割便利。在成熟的期货市场上对商品进行交易买卖,比传统的协议定价更加便利,也增加了普通人参与金属资源交易的可能性;(3)操纵风险加大。由于衍生品市场的不可控性,可能会使有些风险投资者为了获得超额利润而利用期现货的价格杠杆,进行期货价格操纵的行为。

二 金属资源定价模式适用条件及其优缺点

在不同的历史背景下,催生出的各类定价模式也都有各种优缺点,根据不同定价模式的特点,表2-1总结了不同定价模式的适用条件,以及其各自的优缺点。

表2-1　　　　　主要定价模式优缺点及适用条件

定价模式	适用条件	优点	缺点
协议定价	1. 商品原产国对资源的战略保护意识加强 2. 供需格局矛盾起伏不定 3. 商品贸易量大,且具有持续贸易的可能性	1. 降低交易的搜寻成本、讨价还价成本 2. 减少产品的计量成本 3. 增强了贸易的稳定性	1. 增加了垄断形成的可能性 2. 削弱协议变动的灵活性 3. 协议价格与现货市场价格脱轨

续表

定价模式	适用条件	优点	缺点
指数定价	1. 期货市场尚不成熟，但其他衍生品市场发达 2. 供求矛盾以及价格波动更为频繁	1. 价格周期短 2. 买卖双方具有价格确定的灵活性 3. 人为因素得到有效降低，确保价格的公平性	1. 价格波动频繁 2. 金融力量的操控机会增大 3. 受到海运费干扰严重
期货定价	1. 期货市场发展比较成熟 2. 现货供求矛盾较大，价格波动频繁	1. 提前锁定现货的风险，及时反映现货价格情况 2. 交易方式灵活，满足不同交易者的需求 3. 交易便捷，满足不同交易者的需求	1. 对期货市场发展程度要求较高 2. 可能产生价格操纵等风险 3. 价格波动比较频繁

资料来源：笔者整理。

第二节 金属资源价格影响因素研究

近年来，有色金属价格波动频繁而剧烈，作为现代社会的重要工业原料，有色金属价格波动牵动着经济领域的方方面面，波动因素决定了国家金属定价权的获取，涉及国家矿产资源安全与经济安全问题，而研究金属资源定价权问题必须先分析金属资源价格的影响因素。

目前，对于金属资源价格的影响因素有很多，从长期看，矿产资源的供给和需求关系、宏观经济的发展趋势都会影响到金属资源的价格走势；而从短期来看，市场的冲击可能来自金融因素，特别是那些与投机活动和商品期货、期权有关的方面。此外也包括一些宏观经济变量和政策冲击。具体而言，以下影响因素及其相关问题一直是研究者关注的重点。

一　供需因素

国际金属资源市场的大多数交易都依赖于拥有垄断地位的少数矿业巨头，同时金属行业具有天然的产能调整延迟性，即供需变化和产品价格之间的作用和反作用并不及时，有时候滞后还很严重。但分析长时间跨度和行业整体情况后发现，供需变化仍然是金属价格波动的主要原因，而产量、进出口量、消费量和库存等是反映供需基本面的关键指标。此外，随着循环经济的发展，再生金属的使用比例逐渐增加，成为反映供需状况的重要指标。

（一）供给

金属的供给取决于矿床分布和提取成本。当矿山规模越大、矿石品位越高、矿场越接近市场时，都能有效降低开采成本，增加金属资源的供给。

供给曲线的刚性是金属资源供给的特点之一。Tilton（2006）研究了铜的供给，发现在周期性的漫长价格下跌中，勘探与采选等前期投入也会随之下降，当价格重新进入上涨阶段时，由于前期投入缺乏，对供给的后续增加又起到了一定的制约作用，随着累计产量的增加，总体上的供给情况会表现为一条逐渐趋于刚性的曲线。

国际金属供需结构的变化也影响着价格的变化，金属消费大国的身份正在不同国家间转移，同时发生的还有消费国和生产国的角色转换。历史上，主要金属消费国往往也是主要生产国，正是其自身对金属的巨大需求促使了矿山的开发。但在过去几十年，金属生产商和消费者逐步分化，形成了各自的阵营，表现出利益博弈的竞争局面。最明显的表现就是，生产国政府更关注提高金属价格，维护本国利益，而消费国政府越来越担心这种趋势对自身经济发展的冲击。为应对日趋激烈的围绕价格和供给的竞争，金属资源生产国和消费国都纷纷建立贸易联盟,以在市场上获取更大的话语权,这加剧了对抗性,给世界范围内经济的稳定和持续发展带来不确定因素。

(二) 需求

从经济意义上来讲,长期需求既可以表现为某个价格范围内的需求,也可以表现为某个特定价格的需求(Friedman,1976)。当商品不存在短缺时,需求量就会等于消费量。

经济增长是推动金属需求上升的重要原因。据世界银行2006年的分析报告,金属需求与GDP增长趋势基本保持一致。可以预计,包括我国在内的新兴工业国家,金属需求将持续增长并长期保持在高位,这也刺激着国际金属价格的不断走高。

人均消费量的不断增加,是当今金属资源需求方面的重要特点。Sznopek(2006)研究了20世纪90年代以来的美国市场金属消费情况,发现矿产品及金属产品需求的主要驱动力来自人口的增长,而美国矿产品消费增速高于人口增长速度。

由于喜好不同,对于金属资源的消费需求也有所不同。对大型车辆需求更多的国家和市场,会带来更多的对钢铁等金属的需求;而对循环经济、环境保护更注重的国家和市场,更倾向于利用新能源车辆,因此会带来更多的对于锂和稀土的需求。

二 宏观经济

(一) 经济运行周期

经济运行类似于正弦曲线,在增长、繁荣、衰退和复苏之间呈现周期性的交替转换。需求的周期性变化带来整体经济的起落,引发价格的波动。金属是重要的工业原材料,从长期来看,宏观经济周期直接影响金属产业下游的需求,从而引起价格的波动。图2-1展示了美国经济周期和铜价的关系,正可说明这种波动。图中柱状阴影为美国官方统计的经济衰退周期，红色曲线是伦敦金属交易所铜价。不难看出，在红色曲线和阴影部分的重叠区域中，曲线会先出现剧烈波动，然后下行，从而表明了，当经济刚刚开始步入衰退期时，金属价格会有一个上涨趋势，而过了一两个季度之后，金属价格会变为明显下跌趋势。

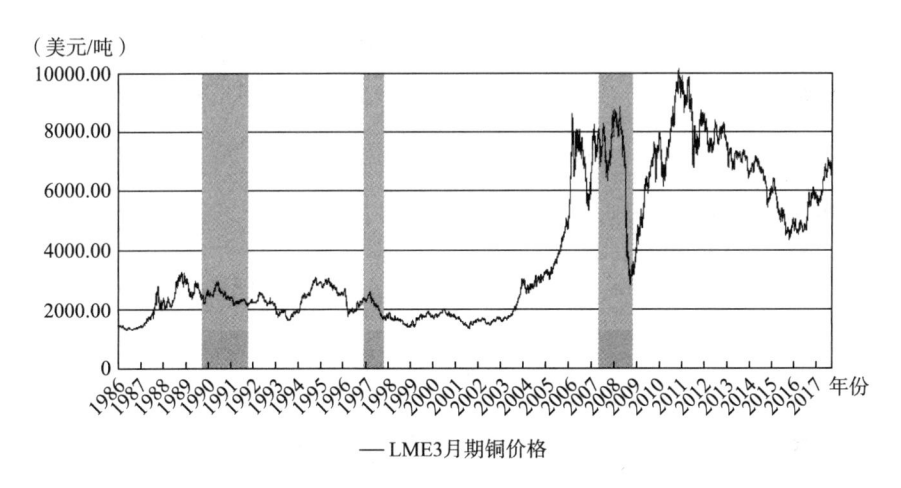

图 2－1　美国经济周期与铜价

注：阴影部分为美国官方（NBER）确定的经济衰退周期。
资料来源：Wind 数据库，NBER。

金属价格伴随宏观经济周期出现涨跌的现象已经得到确认，但是对这种周期的幅度和频率，还存在很多的观点。比如，Slade（1982）借助光谱分析法研究了铜、铝、铅、锡、锌、铁和银等金属的价格，发现除了响应于短期商业周期的高频波动外，还有一个 10—14 年的长波动周期。Cuddington（2012）开发了一个针对金属和不可再生商品的系统供需模型，重点研究金属价格的超长周期，并在模拟仿真中观察到一个持续约 20 年的金属资源非对称价格周期。

（二）货币政策

宽松的货币政策将带来巨大的市场流动性释放，推高金属价格。

例如，2008年11月，我国为应对国际金融危机提出"适度宽松"的货币政策，部分资金进入金属资源市场，一定程度上推动了价格的快速反弹。但是，过于宽松的货币和汇率政策又会带来流动性过剩。加上以杠杆交易为特征的衍生金融工具不断涌现，加剧了高流动性资产的积累，提高了货币创造系数，迅速增加了货币供给，进一步推高金属价格。而金融自由化降低了资本流动的交易成本，可能吸引大量海外资金，加剧金属价格的波动。国际市场上，美联储宽松的货币政策大大增加了美元的流动性和贬值风险，带动更多投机资金进入大宗商品市场，推高包括金属在内的大宗商品价格，使新兴经济体面临全面的资产价格上涨。

（三）产业政策

产业政策的出台有利于提高产业集中度，在保证竞争活力的情况下优化资源配置，提升整个产业的竞争力。对于金属行业来讲，国家还能从政策层面加强对保护性矿种的开采管理，维护供需平衡和可持续发展。合理的产业政策能增强金属资源的保障能力，稳定价格。

最近几年，我国加快了产业政策制定和实施的步伐，2009年出台《金属产业调整和振兴规划》，2011年颁布《金属工业"十二五"发展规划》，2011年划定了首批稀土和铁矿国家规划矿区，这些措施都有效保护了钨、锡、锑、稀土等我国优势矿产资源，稳定了金属价格，保障了供给。2016年工业和信息化部发布了《有色金属工业发展规划（2016—2020年）》，作为"十三五"时期指导有色金属工业发展的专项规划，将促进有色金属工业转型升级，持续健康发展。

三 金融因素

金属具有商品和金融双重属性，这使其价格形成和波动变得更为复杂。近年来国际市场金属价格的快速上涨，已经超越了供需等基本面所能解释的范围。许多学者认为流动性过剩带来的大量热钱进入金属市场，尤其是期货交易市场。

从金融市场方面来看，随着金融化进程的不断推进，国际上投资需求增加，加之金属类大宗商品具有较好的可投资性，国际市场上的投资势力不断向铜等金属资源期货市场转移，过度频繁的投资行为导致了这些大宗商品期货价格的大幅上涨。美国推行的弱美元政策，使国际市场上以美元计价的金属资源的实际价格产生变动，美元的贬值一定程度上推动了这些商品国际价格的上涨。Belke（2014）加总了主要OECD国家的季度数据，发现货币供给量是影响大宗商品价格的关键因素，并认为近年来国际市场上流动性增强是大宗商品国际价格持续上涨的重要原因之一。

国内学者王任（2013）通过研究也发现大宗商品的金融化使金属矿产等商品的价格更容易受到投资和投机的影响，金融因素对大宗商品价格变化的解释力度在不断增强。王任用数据说明近年来众多机构投资者大量涌入大宗商品期货市场，导致大宗商品名义价格严重偏离内在价值，投机因素是导致金属资源等大宗商品价格剧烈波动的根本原因。韩立岩（2012）也认为，就短期而言，投机因素是造成大宗商品价格波动的最主要原因，同时美国宽松的货币政策加强了这种投机行为的作用力。

第三节　金属资源价格影响因素实证研究

从上一节的分析可以看出，影响金属资源定价权的因素可能有很多，总体来说会受到两方面的影响：从长期来看是供需结构影响，短期则更多的是受到各种金融因素的影响。只有把握了各影响因素会对金属资源价格产生效应的情况,才能更好地解决定价权问题。因而本节对金属资源价格影响因素做了实证分析,对金属资源价格情况做出合理评估,以期为解决定价权问题提供依据。

一 金属资源价格波动影响因素的非线性效应

由于新兴市场需求增长和指数化投资同时出现在金属期货市场上,有色金属的定价模式发生了很大变化,供需因素与金融因素相互作用,以及有色金属所具有的战略资源属性与金融属性,使有色金属价格形成机制更为复杂,呈现出非线性、动态性以及结构异化等特征。在价格波动出现非线性、动态性以及结构异化等特征条件下,必须突破现有文献采用的向量自回归(VAR)、结构向量自回归(SVAR)、向量误差修正模型(VECM)等线性模型的研究方法,即把影响有色金属价格波动的各变量的演化特征以及变量间的相互影响假定为线性的,把有色金属价格波动整个过程看作一个区制状态。因为以线性形式描述影响机制时,意味着影响有色金属价格波动的各经济变量及其相互作用之间的关系在各个时期保持不变。而在有色金属价格波动现实中,影响因素自身的演进以及各个影响因素之间的相互关系不可能一成不变。首先,影响有色金属价格波动的宏观因素存在周期性波动特征;其次,金融化背景下各影响因素相互作用的程度及作用方向都可能发生变化。因此,线性模型对有色金属价格波动实际情况的拟合效果便值得商榷,所获得影响因素与价格波动关系的精准度有待提升。

为了解决以上问题,本节考虑到金属价格波动的区制特征及影响因素变量关系的动态性,构造金属价格波动影响因素的非线性理论模型,利用马氏域变模型对金属价格波动影响机制的动态化特征进行实证检验,从一个较新的角度探究有色金属价格波动的影响因素和影响机制，掌握这些因素的影响力度，进而对金属价格的合理水平做出判断，以期为保障金属资源安全及定价权提升提供依据。在具体分析中，由于铜是具有代表性的金属，上市交易早、发育成熟、成交量大、流动性较好，数据的可得性和时间序列能很好满足实证需要；且铜作为国民经济具有战略意义的重要资源，在中国124个重要行业中，91%的行业与铜有关。所以，本节以铜为例展开分析。

（一）指标及数据选取

本节分析数据为月度数据，来源如下：国际期铜价格（LME_P）和铜库存（STOCK）数据来源于伦敦金属交易所（LME）；美元指数选取美国联邦储备委员会（FRB）公布的广义美元指数（BDI）；用非商业交易头寸占比（NCPP）表示投机，数据来源于美国商品期货交易委员会（CFTC）公布的非商业交易多头、非商业交易空头、非商业交易套利和总持仓，NCPP由（非商业交易多头+非商业交易空头+2×非商业交易套利)/(2×总持仓）计算得到；联邦基金利率（IR）和中国铜进口量（IMPORT）数据来源于Wind资讯金融数据库。国际原油价格（WTI）数据来源于同花顺数据库。为消除异方差，对LME_P、STOCK、BDI、IR、IMPORT和WTI变量进行季节性调整，并对调整后的指标取自然对数，分别记为LLME_P、LSTOCK、LBDI、LIR、LIMPORT和LWTI，样本区间为2000年2月至2014年3月。

（二）MSVAR模型构建

马氏域变模型是一种非线性计量模型，由Quandt提出，Goldfeld和Quandt、Hamilton等逐步发展和完善，特别是自Sims等提出向量自回归模型（Vector Autoregression，VAR）以来，马氏域变模型与向量自回归模型结合的方法在研究变量间的相互关系方面得到广泛的应用。而马尔科夫区制转移向量自回归模型（MSVAR）就是在向量自回归模型（VAR）的基础上加上马尔科夫链（Markov Chain）特性的模型。近年来，对于把 MSVAR 这种非线性模型应用到实际问题的研究中也有过许多的尝试，如严太华和陈明玉刻画了股市波动的阶段性特征；朱孟楠等、李芳和李秋娟研究了人民币汇率与房地产价格的互动关系；孟庆斌等基于 MSVAR 分析通货膨胀的非线性效应；李智和林伯强融合能源经济学和商品期货学的相关理论，构建了 MSVAR 模型，对国际原油期货价格的变动进行了分析。

根据马氏域变向量自回归模型的构建机理，本节采用 LME 期铜价格（Y_1）、LME 库存（Y_2）、中国铜进口量（Y_3）、联邦基金利率（Y_4）、期铜投机（Y_5）、广义美元指数（Y_6）和石油价格（Y_7）来构建 MSVAR 模型。这些指标可以构成 7 维时间序列向量 $Y_t = (Y_{1t}、Y_{2t}、Y_{3t}、Y_{4t}、Y_{5t}、Y_{6t}、Y_{7t})$，该时间序列在状态 S_t 时可构建 p 阶 VAR 模型，如下：

$$Y_t = v_t(S_t) + A_1(S_t)Y_{t-1} + \cdots + A_p(S_t)Y_{t-p} + u_t(S_t) \quad (2-1)$$

其中，S_t 为状态变量，其取值区间为 $\{1, 2, 3\}$。当 $S_t = 1$ 时是上升期，当 $S_t = 2$ 时是平稳期，当 $S_t = 3$ 时是下降期。$u_t(S_t) \sim \text{NID}[0, \sum \sigma(S_t)]$，而 $u_t(S_t)$、A_p 都是区制依赖的，MS 模型又被称为区制转移（Regime Switching, RS）模型，区制转移的概率可表述为：

$$P_{ij} = Pr(S_{t+1} = j | S_t = i, \sum_{j=1}^{3} P_{i,j} = 1) \forall i, j \in \{1, 2, 3\} \quad (2-2)$$

S_t 遍历不可约的 3 个区制状态的转移概率可用马尔科夫转移矩阵表示：

$$p = \begin{bmatrix} P_{11} & P_{12} & P_{13} \\ P_{21} & P_{22} & P_{23} \\ P_{31} & P_{32} & P_{33} \end{bmatrix} \quad (2-3)$$

其中，对于任意 $i \in \{1, 2, 3\}$，有 $P_{i1} + P_{i2} + P_{i3} = 1$。

MSVAR 模型估计用 EM 算法实现,由于假设均值、截距、系数和方差随着时变参数 S_t 变化而变化,经过排列组合可以得到 MSIA - VAR、MSM - VAR 等估计形式,最终模型的选择采用 AIC 信息准则、HQ、SC 值。

(三) 实证结果及分析

1. 单位根检验

在进行 MSVAR 模型计算之前,先要保证样本的平稳性,本节采用 ADF 方法进行单位根检验,发现除投机序列外,国际期铜价格、铜库存、广义美元指数、联邦基金利率、中国铜进口量和国际原油价格在 5% 显著性水平下都不是平稳序列,但其一阶差分都为平稳序列。这对 MSVAR 方法的有效性提供了保证。

2. MSVAR 模型的选择

根据不同的设定,MSVAR 模型具体形式包括 MSI、MSIH、MSMH、MSIAH、MSM 等,根据 AIC、HQ、SC 等准则判断最优的模型,经比较发现 MSIA(3) - ARX(1) 是最优模型。即向量自回归的滞后项为 1,区制数量为 3,这也与事前期铜市场存在的三种状态的估计一致,即期铜市场膨胀期、期铜市场平稳期、期铜市场低迷期。MSIA(3) - ARX(1) 模型的 LR 检验值为 74.9407,卡方统计量的 P 值小于 1%,显著地拒绝线性系统原假设,因此选择 MSIA(3) - ARX(1) 是合适的。

3. 区制状态分析

本节 MSVAR 分析的 3 个区制如图 2 - 2 所示。2000—2003 年,期铜价格长期在低位徘徊,价格波动较小,较多的样本处于区制 2 内;2003 年以后,由于宏观经济环境变好,期铜价格迎来了一轮飙升,在随后的全球金融危机中,虽然经历了大幅的下跌,但持续时间较短,从图 2-2 可知，2004—2007 年，较多的样本在区制 1 内；而 2008—2009 年，大部分样本在区制 3 内。经历了一轮大幅下跌之后，期铜市场又迎来了一段大幅上涨期，之后一直在高位徘徊，在 2010 年以后的样本较多地处于区制 1 和区制 2 中。因此，本节引入的 3 区制模型较好地刻画了期铜市场的现实状况，如图 2-2 所示。

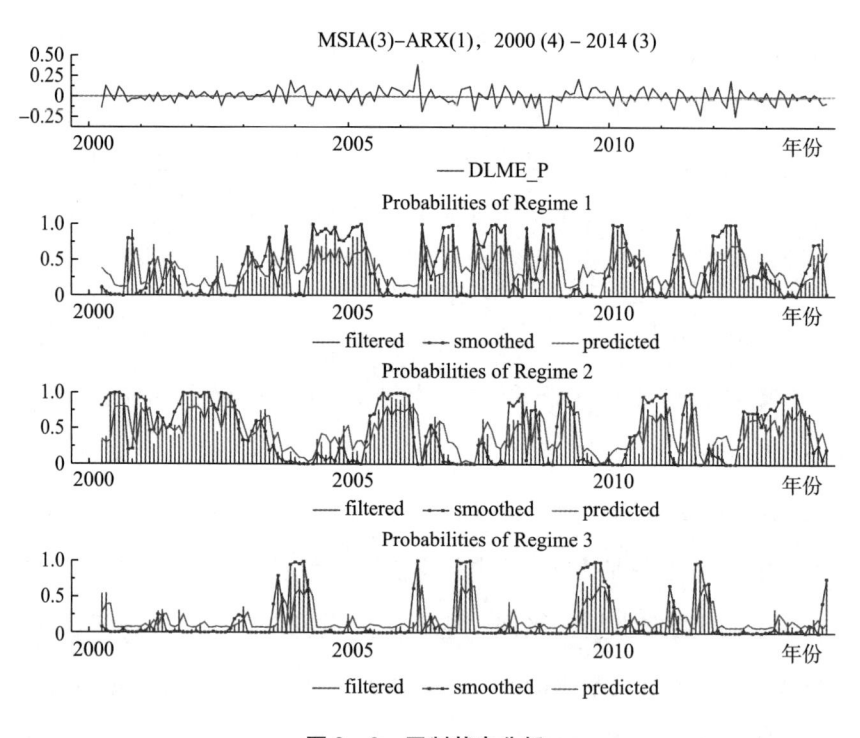

图 2-2 区制状态分析

在样本期内，系统维持在状态 1 的概率为 0.7060，由状态 1 转移到状态 2 和状态 3 的概率分别为 0.2201 和 0.0739；系统维持在状态 2 的概率为 0.8110，由状态 2 转移到状态 1 和状态 3 的概率分别为 0.1186 和 0.0704；系统维持在状态 3 的概率为 0.6606，由状态 3 转移到状态 1 和状态 2 的概率分别为 0.3255 和 0.0139。

此外，系统 37.52% 的时间处于区制 1，平均可持续 3.4 个月；44.98% 的时间处于区制 2，平均可持续 5.29 个月；17.5% 的时间处于区制 3，平均可持续 2.95 个月。

4. 模型参数分析

本节用 Krolzig 的 OX – MSVAR 包在 Givewin 平台对模型进行估计，表 2 – 2 显示了 MSIA(3) – ARX(1) 模型的参数估计结果。

表 2 – 2 模型参数估计结果

	状态 1	状态 2	状态 3
	$DLME\_P_t$	$DLME\_P_t$	$DLME\_P_t$
截距项	0.010 (0.194)	-0.100* (-1.860)	-0.051 (-1.013)
$DLME\_P_{t-1}$	-0.377*** (-2.613)	0.383 (1.555)	0.043 (0.357)
$DSTOCK_{t-1}$	-0.170** (-2.562)	0.029 (0.345)	-0.239*** (-3.334)
$DIMPORT_{t-1}$	0.028 (0.460)	0.064 (0.871)	-0.075 (-0.869)
$NCPP_{t-1}$	-0.199 (-1.306)	0.259 (1.321)	0.358** (2.427)
DIR_{t-1}	0.008 (0.089)	-0.171* (-1.901)	0.045 (0.579)
$DBDI_{t-1}$	-6.510*** (-7.264)	-0.290 (-0.250)	-0.104 (-0.143)
$DWTI_{t-1}$	-0.307* (-1.781)	-0.286** (-2.092)	0.115 (0.887)

注：***、**、* 分别表示在 1%、5%、10% 的显著性水平下显著。

由表 2-2 可知，在区制 1 下，期铜价格的波动主要受到第一期库存、广义美元指数、原油价格的显著影响；在区制 2 下，期铜价格的波动受到第一期联邦基金利率、原油价格的显著影响；而在区制 3 下，期铜价格的波动受到第一期库存和投机的显著影响。

从供需基本面来看，期铜价格除平稳期外，在期铜市场膨胀期与低迷期都受到铜库存的显著影响，具体来说，在期铜市场膨胀期，$DSTOCK_{t-1}$ 变量上升 10%，期铜价格变化率将下降 1.70%，而在期铜市场低迷期，$DSTOCK_{t-1}$ 变量上升 10%，期铜价格变化率将下降 2.39%。但两个区制下的影响方向为负，表明铜库存下降，期铜价格上升，铜库存上升，期铜价格下降，符合理论预期，显示供需因素在期铜价格波动中仍发挥基础性作用，而代表"中国因素"的中国铜进口量在三个区制下对期铜价格的影响都不显著，表明"中国因素"在国际期铜市场中的作用被夸大。这与韩立岩和尹力博构建的因素增强型向量自回归模型（FAVAR）分析结论相一致，与学者们采用 VAR、VECM、SVAR 等模型得出的研究结论相左。

从金融因素角度来看，在三种状态下，金融因素对期铜价格波动都具有显著影响，但不同区制下的作用程度与方式有区别，具体来说，在期铜市场膨胀期，$DBDI_{t-1}$ 和 $DWTI_{t-1}$ 上升 10%，将导致期铜价格变化率分别下降 65.10% 和 3.07%；在期铜市场平稳期，DIR_{t-1} 和 $DWTI_{t-1}$ 上升 10%，将导致期铜价格变化率分别下降 1.71% 和 2.86%；而在期铜市场低迷期，$NCPP_{t-1}$ 上升 10%，将导致期铜价格变化率上升 3.58%。

5. 基于不同区制的脉冲响应函数分析

为了更进一步考察各个因素对国际期铜价格的影响方向、持续时间与作用强度，并比较不同区制下短期动态影响的差异，本节采用累积脉冲响应进行分析。本节基于MSIH(3)-VAR(1)模型，分别给定铜库存量、中国铜进口量、投机行为、广义美元指数、联邦基金利率、石油价格一个冲击，观察国际期铜价格在20个月内的累积响应。图2-3为脉冲响应的结果。

(1) 铜库存冲击对国际期铜价格的动态影响。在区制1下，给定铜库存一个标准差的正的冲击，期铜价格在当期有正向响应，随后一直下降，在第1期由正转负，累计响应在第5个月达到负的最大值，随后在第10个月后，累计响应逐渐消失；在区制2下，期铜价格也在当期有正向响应，响应值为0.03，随后一直呈现下降趋势，在第3个月由正转负，并且负向响应逐渐增强，到第20个月后，达到-0.02。在区制3下，期铜价格立即出现负向响应，累计响应在第5个月后达到负的最大值0.04，随后保持上升的态势。总体来说，铜库存增加，将导致期铜价格下降，但不同区制下影响效力和持续时间不同。给定铜库存一个标准差的正的冲击，当期铜市场处于低迷期时，期铜价格下降表现得最明显，其次是平稳期。而就影响持续时间而言，在期铜市场平稳期与低迷期，铜库存冲击至20个月仍保持较大影响，而在期铜市场膨胀期，影响时间只持续10个月左右。

(2) 中国铜进口量冲击对国际期铜价格的动态影响。给定中国铜进口量一个标准差的正的冲击，在区制1下，当期表现不明显，从第1个月开始累积响应就变为负，之后负向程度呈现增强趋势，并在第20个月达到-0.05；在区制2下，期铜价格开始出现下降，随后在第1个月上升，在第2个月达到最大值0.02，之后大致保持在0.02左右；在区制3下，期铜价格当期表现不明显，之后一直呈现负向增强趋势，至第20个月达到-0.06。总的来说，中国铜进口量对于期铜价格的影响在不同区制下有着截然相反的表现，这主要表现在效力发挥的方向上。在期铜市场膨胀期与低迷期，中国铜进口量的增加并不能提高国际期铜价格。只有期铜市场处于平稳发展期时，中国铜进口量的增加才能提高国际期铜价格，这再一次证明，"中国因素"对国际期铜价格的影响作用被夸大。

（3）投机冲击对国际期铜价格的动态影响。给定投机一个标准差的正的冲击，在区制 1 下，期铜价格在当期有正向响应，随后累积响应一直呈现上升态势；在区制 2 下，期铜价格在当期有负向响应，之后期铜价格一直呈现下降趋势；在区制 3 下，期铜价格的累积响应与区制 1 类似，一直呈现正向增强趋势。总的来说，投机行为对于期铜价格的影响在不同区制下的不同表现主要反映在效力发挥的方向上，在期铜市场膨胀期与低迷期，投机行为增加将抬高国际期铜价格，而在期铜市场平稳期，投机行为增加反而降低了国际期铜价格，这主要是由于在期铜价格大涨大跌的时候，也是国际投机基金炒作频繁的时候，从而推动了国际期铜价格相应变化。

（4）联邦基金利率对国际期铜价格的动态影响。给定联邦基金利率一个标准差的正的冲击，在区制 1 下，期铜价格立即上升，累计响应在第 5 个月达到最大值 0.2，随后保持稳定；在区制 2 下，期铜价格在当期有显著正向响应，然后开始出现下降，累计响应在第 1 个月后达到最小值 0.002，之后上升，从第 2 个月开始保持稳定在 0.02 左右；在区制 3 下，期铜价格当期响应为正，响应值为 0.025，随后在一个月后开始上升，在第 5 个月后达到最大，随后保持稳定在 0.08 左右。总的来说，在任何区制下，联邦基金利率升高，将导致期铜价格上升，这与理论预期不符，主要是因为在短期内，作为商品的一种，铜价格不可避免地要受到通货膨胀的影响。而目前美联储制定货币政策基本上遵循泰勒法则，也就是盯住目标的经济增长率和通货膨胀率。因此，美国联邦基金利率的提高与美国经济的成长是正向关系，从而构成了与铜价之间的正向关系。

（5）广义美元指数对国际期铜价格的动态影响。给定广义美元指数一个标准差的正的冲击，国际期铜价格在任何区制下表现为负，但不显著，且保持稳定。在区制1和区制3下，累计响应保持稳定在 -0.015左右，在区制2下，累计响应保持稳定在 -0.0015。总的来说，在任何区制下，广义美元指数对国际期铜价格的影响不大。

（6）石油价格对国际期铜价格的动态影响。给定石油价格一个标准差的正的冲击，在区制1下，期铜价格开始出现小幅下降，累计响应在第1个月后达到最小值0.05，随后基本保持稳定在0.06左右；在区制2下，期铜价格也开始出现小幅下降，累计响应在第1个月后达到最小值0.02，随后略微上升，一直保持稳定在0.025左右；在区制3下，期铜价格的响应与在区制2下类似，但最后保持稳定在0.07左右。总的来说，石油价格上升，由于大宗商品价格间的联动关系，也将导致国际期铜价格上升，但在不同区制下影响效力不同，在样本期内，石油价格对期铜价格的影响在期铜市场膨胀期与低迷期效果更明显（见图2-3）。

6. MSVAR方法的有效性

总体来看，MSVAR方法还是比较好地拟合了期铜市场中各变量的变动。图2-4上描述了期铜价格这一内生变量的实际值、1步预测值和平滑值的关系，下描述了MSVAR方法的实际残差的正态分布拟合结果。证明了MSVAR方法研究期铜市场变动方面的有效性。

（四）实证结论

本节融合商品期货与能源经济学相关理论，从铜的双重属性即商品属性与金融属性出发，构建了供需因素与金融因素影响国际期铜价

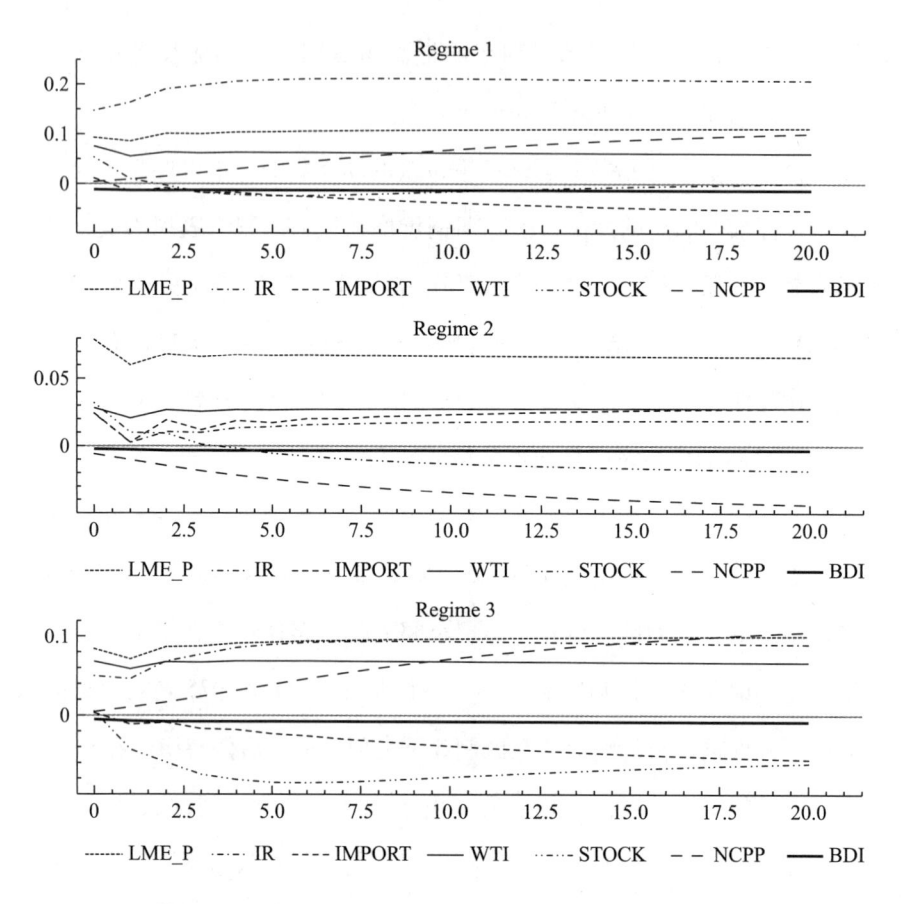

图2-3 三个区制下受到各因素冲击后期铜价格的脉冲响应

格的理论框架,并采用2000年2月至2014年3月的月度数据,运用MSVAR模型实证研究了供需因素、金融因素对国际期铜价格的非线性动态影响,得出以下结论。

(1) MSVAR模型结果表明,将系统划分为三个区制是合适的,区制1代表期铜市场膨胀期,区制3代表期铜市场低迷期;而区制2表示的则是不处于区制1或区制3的状态,即期铜市场处于平稳发展期,三种状态下,模型的截距、系数都会随区制转换发生变化,这意味着相同因素在不同的区制状态下对期铜价格造成的影响是不同的。

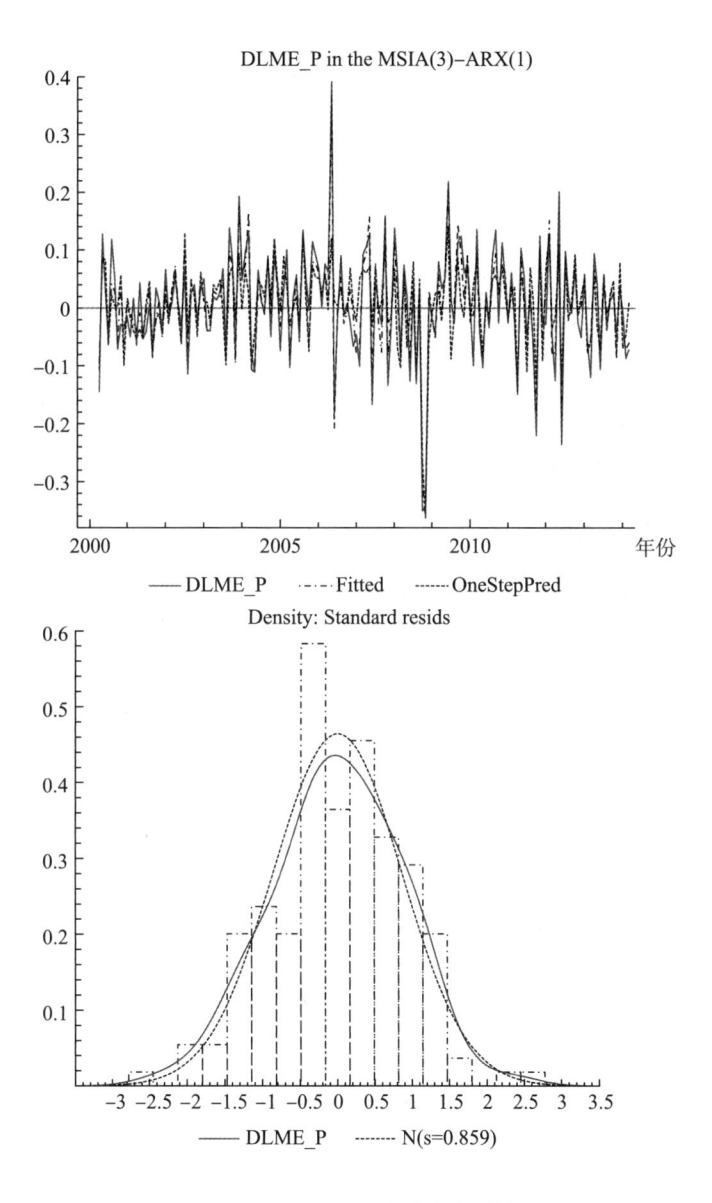

图 2-4 MSVAR 方法的有效性

（2）期铜价格除平稳期外，在期铜市场膨胀期与低迷期都受到铜库存的显著影响，显示供需基本面在期铜价格波动中仍发挥基础性作用，而代表"中国因素"的中国铜进口量在三个区制下对期铜价格的影响都不显著，表明"中国因素"在国际期铜市场中的作用被凭空放大。

（3）金融因素在国际期铜市场定价机制演变过程中发挥重要作用，三种状态下，金融因素都是国际期铜价格变动的主要驱动因素，显示随着大宗商品金融化趋势的增强，金融因素对期铜价格波动的影响也在加强，但不同状态下金融因素的作用方式和程度明显不同。

（4）基于不同区制的累积脉冲响应的结果表明，各个因素在不同区制下对国际期铜价格的影响效果存在显著差异，总的来说，在期铜市场膨胀期与低迷期，联邦基金利率的影响作用最大，而在期铜市场平稳期，期铜价格受投机行为的影响最显著。

（5）需要指出的是，MSVAR模型的应用也有其适应条件与适用范围，它主要用于刻画经济变量之间的非线性关系，揭示不同状态下经济行为所具有的不同特征与规律，目前主要应用于宏观经济、金融市场等领域；MSVAR模型也有其局限性，它只能对各状态进行统计性质分析，而无法给出不同状态的经济含义。未来研究可考虑结合动态随机一般均衡（DSGE）框架，进一步从微观角度拓展其应用范围。

二 "中国需求"对金属资源价格影响路径实证研究

当前，随着我国工业化、城镇化的快速推进，有色金属资源的进口数量与消费量将不断稳步增加，日益成为拉动世界有色金属行业增长的重要因素，以"中国需求"为代表的一系列"中国因素"也对全球有色金属价格的影响越来越大。关于国际有色金属价格变动的"中国因素"研究逐渐成为学术界的焦点，许多学者在理论分析与经验分析的基础上，认为新兴发展中国家特别是中国经济的快速增长，导致包括能源、金属等大宗商品需求的持续增加，是造成全球金属等大宗商品价格变动的主要原因。中国作为"世界工厂"，工业制品的生产主要集中在中国，促使对有色金属的需求也主要在中国。中国对大宗商品尤其是有色金属的旺盛需求引发国际大宗商品价格全面上涨（Kilian，2009）。也就是说明我国对全球有色金属供给的作用较小，我国对国际有色金属价格的影响，集中体现为我国有色金属需求增长对全球增长的相对重要性。因此，本节通过刻画"中国需求"因素对有色金属价格影响方式和路径，以期为中国金属资源获得国际话语权提供参考依据。

（一）理论分析

关于商品期货市场价格的决定因素，传统新古典微观经济学理论认为，商品市场在供需平衡时达到均衡价格。商品属性是有色金属的根本属性，在供需理论的框架下，这就决定了有色金属价格的最终决定因素依然是供给量和需求量的变动。从这个角度来说，在有色金属供给量保持稳定的情况下，当国际市场上有色金属的需求量上升时，有色金属的价格就会出现上升。

Cleveland（1999）提出，用库兹涅茨曲线来刻画资源需求的一般规律，即在经济增长的前期，资源需求首先会快速上升，然后到一定阶段表现稳定，继而达到拐点呈现下降趋势，整个过程表现出倒"U"形特征。Garnaut 等（2006）也提出，可以用投资占 GDP 的比重、出口占产出比重和城市化水平来测度资源需求。一般认为，进入 20 世纪 90 年代以来，伴随我国工业化和城镇化的快速推进，产业结构经历深度调整，资本密集迅速上升，导致对有色金属的依赖程度显著上升，尤其在当今的国际分工情形下，中国作为"世界工厂"，工业制品的生产主要集中在中国，促使对有色金属的需求也主要在中国。中国对大宗商品尤其是有色金属的旺盛需求引发国际大宗商品价格全面上涨（Trostle，2008；Kilian，2009）。

总而言之，我国对全球有色金属供给的作用较小，我国对国际有色金属价格的影响，集中体现为我国有色金属需求增长对全球增长的相对重要性。以铜为例，自从加入WTO以来，相较于世界精铜2%的需求增长率，中国精铜需求量的平均增长速度达到了15%，促使铜消费量占全球的比重自2002年的18%增加到2011年的40%。中国经济的迅猛发展使国际有色金属价格走势与来自中国的消费需求变化关联性越来越紧密。

因此，国际有色金属价格的"中国因素"主要体现在需求方面，在需求结构上，Deaton等（1992）定义商品市场出清价格（Clearing Price）是商品的可获得性和预期的总需求的函数，其中可获得性，即供给，包括库存和新的生产量；需求则包括当前需求、存储需求以及资产需求三个部分。以此为依据，本节将我国对有色金属的需求划分为三类：真实需求、金融需求、预期需求，以更加清晰地刻画国际有色金属价格变动的影响因素。基于有色金属的商品属性，决定了很大部分需求来自于实体经济，同时，在大宗商品金融化的背景下，有色金属期货价格在价格发现、套期保值等功能发挥上日益成熟，使有色金属等大宗商品成为良好的保值增值工具，创造了一部分金融需求；再者，根据预期理论，有色金属价格也会受到预期的影响，特别是存在强烈通货膨胀预期的情况下，未来对有色金属的需求就会上升，在没有额外真实需求或金融需求创造的情况下，有色金属价格也会上升。综上，构建"中国因素"影响国际有色金属价格的效应函数：

$$Y = F(X_1, X_2, X_3, A) \qquad (2-4)$$

其中，Y 表示国际有色金属价格，$X_i(i=1, 2, 3)$ 分别代表真实需求、金融需求和预期需求，A 反映供给。

对其两端求全微分，有：

$$\partial Y = \frac{\partial Y}{\partial X_1}\partial X_1 + \frac{\partial Y}{\partial X_2}\partial X_2 + \frac{\partial Y}{\partial X_3}\partial X_3 + \frac{\partial Y}{\partial A}\partial A \tag{2-5}$$

式(2-5)两边同时除以 Y，有：

$$\frac{\partial Y}{Y} = \frac{X_1}{Y}\frac{\partial Y}{\partial X_1}\frac{\partial X_1}{X_1} + \frac{X_2}{Y}\frac{\partial Y}{\partial X_2}\frac{\partial X_2}{X_2} + \frac{X_3}{Y}\frac{\partial Y}{\partial X_3}\frac{\partial X_3}{X_3} + \frac{A}{Y}\frac{\partial Y \partial A}{\partial A\, A} \tag{2-6}$$

式(2-6)中，$\frac{X_i}{Y}\frac{\partial Y}{\partial X_i}$ 代表国际有色金属价格对以需求为代表的"中国因素"的弹性，记为 β_i，则式(2-6)可重写为：

$$\frac{\partial Y}{Y} = \beta_1\frac{\partial X_1}{X_1} + \beta_2\frac{\partial X_2}{X_2} + \beta_3\frac{\partial X_3}{X_3} + \beta_0 \tag{2-7}$$

式(2-7)中，$\beta_0 = \frac{A}{Y}\frac{\partial Y \partial A}{\partial A\, A}$ 是供给对国际有色金属价格的影响，这里视作常数。基于对数函数的求导公式，式(2-7)可改写成反映"中国需求"对国际有色金属价格影响的多元对数模型：

$$\ln Y = \beta_0 + \beta_1\ln X_1 + \beta_2\ln X_2 + \beta_3\ln X_3 + \mu \tag{2-8}$$

式(2-8)中，系数 β_1、β_2、β_3 分别代表"中国需求"对国际有色金属价格的影响作用，即各自的弹性系数。

(二)模型构建

通常的线性回归模型可设定为：

$$y_t = x_t\beta + \mu_t \quad t = 1, 2, \cdots, T \tag{2-9}$$

其中，y_t 是因变量，x_t 是自变量，β 是待估参数，μ_t 为随机误差项。此方程的待估参数在样本期间是固定的，通常采用 OLS 方法进行估计(高铁梅，2006)。但是在现实经济环境中，由于外部冲击与政策变化的影响，有色金属价格会发生剧烈波动，而用固定参数模型不能准确反映这种结构性的变化，因此本节利用状态空间模型来构建时变参数模型，对国际有色金属价格变动进行动态分析。

为揭示"中国需求"对国际有色金属价格的动态影响作用，特引入

时间变量 t 将式(2-8)的参数动态化,得到状态空间模型的测量方程:

$$\ln Y_t = \beta_0 + \beta_{1t}\ln X_{1t} + \beta_{2t}\ln X_{2t} + \beta_{3t}\ln X_{3t} + \mu_t \qquad (2-10)$$

β_{1t}、β_{2t}、β_{3t} 反映了"中国需求"在不同时点上对国际有色金属价格的动态影响。由于经济系统的渐进变化,经济主体会不断根据新情况修正自身的行为,引导模型参数不断发生变化,即式(2-10)中的可变参数 β_{1t}、β_{2t}、β_{3t} 的变化服从 Markov 过程,本期的取值将直接影响下期值的大小,服从 AR(1)过程,由此可得状态空间模型的状态方程:

$$\begin{cases} \beta_{1t} = \varphi_{1t}\beta_{1t-1} + \varepsilon_{1t} \\ \beta_{2t} = \varphi_{2t}\beta_{2t-1} + \varepsilon_{2t} \\ \beta_{3t} = \varphi_{3t}\beta_{3t-1} + \varepsilon_{3t} \end{cases} \qquad (2-11)$$

$$\begin{pmatrix} u_t \\ \varepsilon_t \end{pmatrix} \sim N\left(\begin{pmatrix} 0 \\ 0 \end{pmatrix}, \begin{pmatrix} \sigma^2 & 0 \\ 0 & R \end{pmatrix}\right) \qquad (2-12)$$

式(2-9)、式(2-11)与式(2-12)构成了刻画"中国需求"对国际有色金属价格影响的状态空间模型。β_{1t}、β_{2t}、β_{3t} 是不可观测变量,需要借助可观测变量 y_t 和 x_t 来估计,这里采用卡尔曼滤波推导状态向量的最优估计值。

(三)变量的选取及数据处理

1. 被解释变量

国际有色金属价格会受多重因素的影响,LME 综合指数能反映铜、铝、铅、锌、锡、镍六种基本有色金属价格的走势,因此选取它来描述国际有色金属价格(LME_P)。

2. 解释变量

关旭(2010)认为,中国国内工业生产总值主要影响大宗商品的预期需求，进而影响大宗商品价格，本节选取我国工业总产值（IOV）来测度预期需求。依据黄健柏等（2012）采用广义货币供应量来测度金融需求的思路，本节也相应选取这一变量；对于大宗商品真实需求的测度，根据相关文献关旭（2010）、谢飞等（2012），结合我国实际情况，选取进口总额这一变量。具体变量说明如下：

（1）工业总产值。这一变量主要通过影响金属的预期需求来影响国际有色金属价格，当我国工业发展较快，预期对有色金属的未来需求就会上升，从而推升国际有色金属价格。

（2）货币供应量。这一变量主要是通过影响金融需求来影响国际有色金属价格，货币供应量的变动会引起通货膨胀率的波动，并通过影响利率进而通过存货来影响有色金属需求，近些年商品金融化的不断深入，有色金属的金融属性日益凸显，货币供应量对其影响也更加显著。基于广义货币供应量（M2）更能衡量实际购买力，本节选取其来衡量货币供应量这一变量。

（3）进口总额。这一变量主要会从真实需求来影响国际有色金属价格。对于有色金属等大宗商品进口的增加，将直接或间接提高有色金属需求，从而对有色金属价格产生重要影响。本节对铜、铝、铅、锌、锡、镍六种基本有色金属的进口额进行加总，计算进口总额。

3. 样本数据的区间、来源及处理

考虑到中国加入世界贸易组织后，对全球商品市场的供求格局和市场价格的影响不断加深，本节选取 2001 年 12 月—2013 年 12 月的月度数据，共 145 个样本点。所有数据来源于 Wind 数据库，为消除时间序列中的不规则因素和季节因素，用 X12 法对工业总产值（IOV）、货币供应量（M2）、进口总额（TIV）进行季节调整，调整后的数据均取自然对数，以减少异方差。

(四) 实证分析

1. 单位根检验

状态空间模型要求方程中的变量是平稳的，或者它们之间存在协整关系，以避免可能存在非平稳性造成的伪回归。ADF 检验是检验序列平稳性最常用的方法，其检验结果如表 2-3 所示。

表 2-3　　　　　　各时间序列单位根检验

对数序列	ADF 统计值	P 值	一阶差分	ADF 统计值	P 值
lnIOV	-0.777410	0.9645	ΔlnIOV	-30.17831	0.0000
lnM2	-1.073147	0.9291	ΔlnM2	-11.31967	0.0000
lnTIV	-2.607421	0.2778	ΔlnTIV	-19.46139	0.0000

由表 2-3 可知，所有对数序列都是非平稳的，而 1 阶差分序列在 1% 水平下显著，通过了平稳性检验，说明数列是 1 阶单整的。

2. 协整检验

在确定序列是平稳序列后，就可以对时间序列进行协整检验，本节选择 Johansen 协整检验。根据 VAR 模型确定滞后阶数为 3 阶，由表 2-4 可知，在 5% 的显著性水平下，根据迹统计量检验与最大特征值检验法，四个变量之间都只有 1 个协整方程。各时间序列之间存在协整关系。

表 2-4　　　　　　协整检验结果

零假设	迹统计量	P 值	最大特征值统计量	P 值
None	55.36269	0.0084	27.63498	0.0493
At most 1	27.72770	0.0851	17.78181	0.1382

3. 时变参数状态空间模型

为检验模型参数是否具有稳定性，对式（2-1）固定参数模型的参数进行残差累积（CUSUMS）检验，结果显示 CUSUMS 检验值在 5% 显著性水平下超出了临界值边界，说明估计参数不稳定，参数具有时变特征，建立时变参数状态空间模型是合适的。模型的估计结果如表 2-5 所示。

表 2-5　　　　　　　　状态空间模型时变参数估计结果

原假设	最终状态值	Z 统计量	P 值
β_{1t}	1.31	10.36	0.0000
β_{2t}	0.81	6.83	0.0000
β_{3t}	-1.84	-38.10	0.0000
对数似然值	AIC 值	SIC 值	Hannan-Quinn 值
46.94	-0.62	-0.58	-0.60

检验结果显示，时变参数 β_{1t}、β_{2t}、β_{3t} 的 Z 统计量为分别为 10.36、6.83、-38.1，并在 1% 的水平上显著，这意味着"中国因素"对国际有色金属价格的影响是非常显著的。工业总产值对国际有色金属价格的正向影响最大，其增加 1%，会促使国际有色金属价格上升 1.31%；其次是进口总额，进口总额增加 1%，也会促使国际有色金属价格上涨 0.81% 左右；而货币供应量对国际有色金属价格具有显著的负向效应，其增加 1%，国际有色金属价格会相应下降 1.84%。

根据状态空间模型的结果生成状态序列，可以得到相关变量的可变参数变动轨迹。由于各个变量都取了自然对数，因而 β_{1t}、β_{2t}、β_{3t} 分别代表工业总产值、进口总额和货币供应量对国际有色金属价格的时变影响。以下图形中的 SV1、SV2、SV3 分别代表 β_{1t}、β_{2t}、β_{3t}。

（1）工业总产值对国际有色金属价格的动态影响。从图 2-5 可以看出，我国工业总产值对国际有色金属价格的影响与经济周期紧密相关，影响系数在 2009 年 5 月前具有较大的波动性，在 2003 年 2 月前甚至为负值，从 2003 年 3 月开始，影响系数由负转正，直到 2007 年年末，我国工业总产值对国际有色金属价格的影响处于快速增强阶段，由 0 上升到 2 左右的水平，这主要是由于中共十六大以及中共十六届三中全会的召开，我国进入一个新的经济周期，每年 GDP 增长维持在 10% 以上，中国经济的迅猛发展以及工业生产总值的增加，驱动了有色金属消费量的急剧上升，因此有力地推高了国际有色金属市场上的价格。从 2007 年中下旬开始，美国次贷危机爆发，并在 2008 年演变成国际金融危机，国际有色金属价格大跌，我国经济也受到一定影响，使影响系数直线下降，从 2 下降到 1 左右，接下来从 2009 年年初开始，我国经济开始缓慢复苏，进入中高速增长期，随着国内产业结构调整，对于有色金属的需求呈现平稳增长态势，使影响系数基本在 1.2 左右波动。

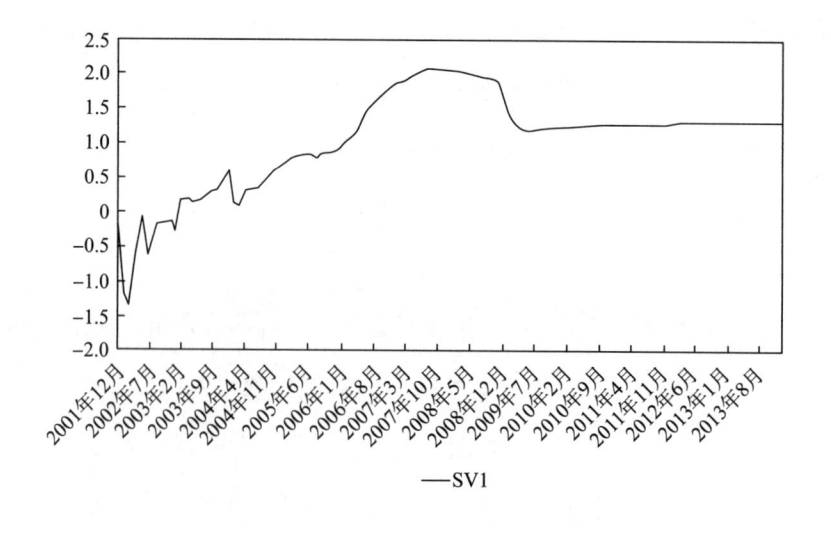

图 2-5　工业总产值对国际有色金属价格的动态影响轨迹

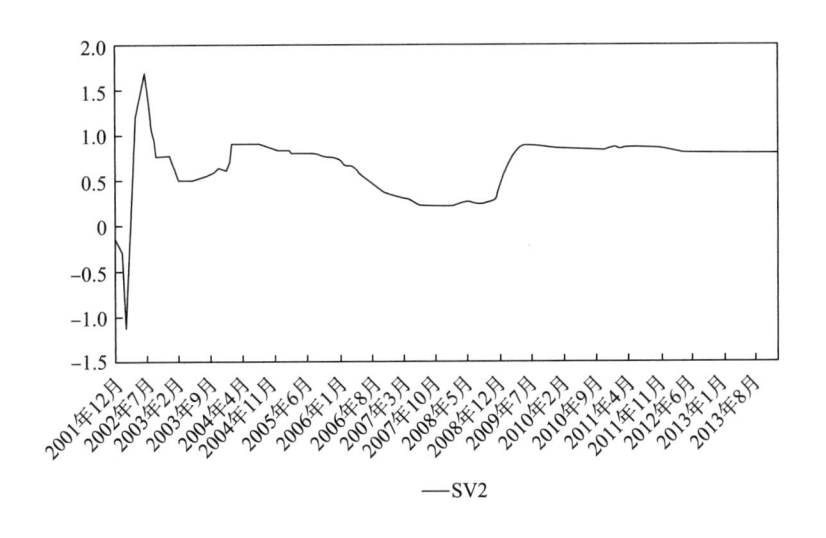

（2）进口总额对国际有色金属价格的动态影响。从图2-6可以看出，进口总额对国际有色金属价格的影响系数也在2009年年初以前具有较大的波动性，反映国际有色金属价格对我国进口总额变动非常敏感，受2001年12月我国加入世界贸易组织的利好影响，影响系数在短时期内由-1直线上升到1.6左右，从2003年年初开始，直到2004年年初，由于中共十六大及中共十六届三中全会的召开，出台了一系列利好的对外贸易政策，影响系数在短暂的下降之后，又开始了新一轮的上升周期。从2004年开始，一直到2006年年底，由于国际金属价格的居高不下，我国有色金属进口成本剧增，国家实施了一系列调控政策，导致我国进口总额对国际有色金属价格的正向影响逐渐减弱。2007年是我国经济迅猛发展的时期，国内经济形势一片大好，更加刺激了对精铜的需求，中国需求对国际有色金属价格产生了重要影响，导致影响系数又止跌反弹，呈现平稳增长态势，2008年年初，全球金融危机开始发酵，有色金属价格大跌，与此同时我国对于有色

——SV2

图2-6 进口总额对国际有色金属价格的动态影响轨迹

金属的进口也出现萎缩，直到 2008 年 11 月，我国开始实施"4 万亿经济刺激计划"，对于有色金属的进口需求开始持续增长，之后一片平稳增长趋势，对国际有色金属价格的影响系数也直线上升，从 0.5 上升到 1 左右，并从 2009 年年初开始基本呈现平稳状态。可见，我国进口总额对国际有色金属价格的影响与国家宏观政策变化有一定关系。

（3）货币供应量对国际有色金属价格的动态影响。由图 2-7 可知，货币供应量对国际有色金属价格的影响基本处于负向关系，并且负向影响总体呈增强趋势，在 2009 年以前，影响系数的波动也较大，并在 2002 年上半年由正转负，之后快速下降到 -2 左右，2008 年国际金融危机爆发，中国为了避免经济的硬着陆，转而实施了"4 万亿经济刺激计划"，对有色金属需求的影响也急速提升，促使影响系数在 2008 年年末、2009 年年初的负向影响减弱，接下来达到 -1.7 以后，基本处于水平状态，波动微小。从数值上来看，在样本区间 98% 的时间内，影响系数为负，只有 2% 的时间，影响系数为正值，影响系数为正符合理论预期，根据货币数量论，中国广义货币供给量的增加扩大了市场的流动性，刺激了投资需求，从而会引起有色金属需求量的上升，进而推高国际有色金属价格，而影响系数为负，这是因为投机性存货的存在，当货币供应量增加导致通货膨胀率上升时，也相应提高了投机性存货的收益率，造成有色金属存货需求增加；然而，有色金属存货的增加也会导致以后各期有色金属供给量的增加，在供给效应大于需求效应的情况下，反而降低了国际有色金属价格，因此使我国货币供应量与国际有色金属价格呈现负相关关系，也就是所谓的价格"超额调整"现象。

——SV3

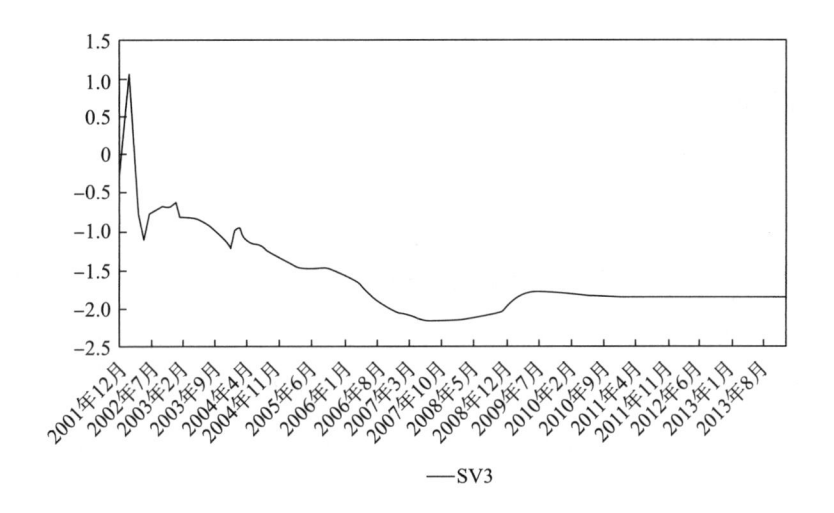

图 2-7　货币供应量对国际有色金属价格的动态影响轨迹

4. Chow 分割点检验

从上面国际有色金属价格可变参数状态空间模型中的工业总产值弹性、进口总额弹性和货币供应量弹性分析中，可以发现影响系数在 2009 年年初发生了结构性的变化。为了进一步进行验证，采用变结构 Chow 检验方法进行检验，将样本数据分为两期：2001 年 12 月—2009 年 4 月和 2009 年 5 月—2013 年 12 月。结果显示参数结构稳定性 Chow 检验 F 值为 2.96，在 5% 的水平下显著，因此国际有色金属价格影响因素方程中工业总产值、进口总额和货币供应量参数在 2009 年 5 月前后发生了结构性的变化。

（五）实证结论

本节在多变量分析框架下，采用 2001 年 12 月—2013 年 12 月的月度数据，利用时变参数状态空间模型考察了"中国需求"与国际有色金属价格变动的动态关系，运用此方法不仅可以描述国际有色金属价格对"中国需求"因素的依赖程度及其变动趋势，而且可以从需求角度揭示我国工业总产值、进口总额、货币供应量对国际有色金属价格的影响轨迹，为我们预测国际有色金属价格运行提供了重要思路。

（1）伴随我国工业化和城镇化的快速推进，我国有色金属需求增长对全球增长的相对重要性不断增加，"中国需求"对国际有色金属价格存在着显著影响。这种影响呈现时变的动态特征，并在2009年5月发生了结构性的变化，此前影响系数波动较大，反映国际有色金属价格对"中国需求"因素比较敏感，之后渐趋稳定。根据库兹涅茨的产业演进理论，在发展中国家实现工业化的过程中，其对资源的需求会经历一个"上升—稳定—下降"的倒"U"形曲线，我国现阶段已进入工业化中后期，对有色金属资源的需求将趋于稳定，可以预计，"中国需求"对国际金属价格的影响将收敛于一个定值并持续较长时间。

（2）与我国宏观经济状况紧密相关，工业总产值对国际有色金属价格的影响基本为正，呈现出倒"U"形的动态特征。从2003年3月开始，影响系数由负转正，之后快速上升，到2009年年末一度超过了2。金融危机爆发后，影响系数曾一度下行，但很快恢复了平稳增长的势头。

（3）与工业总产值相比，国际有色金属价格的进口总额弹性也基本为正，虽然影响程度较小，但是周期性特征更加明显。这主要受到我国政策周期的影响，当国家实施经济刺激政策以及利好的外贸政策时，进口总额对国际有色金属价格的影响趋于上升，而国家对进口实施调控政策时，进口总额对国际有色金属价格的影响趋于下降。

（4）与预期相反，货币供应量对国际有色金属价格的影响基本处于负向关系，并且负向影响总体呈现增强趋势。可能的原因是，投机性存货在其中起到了关键作用，当货币供应量增加导致投机性存货需求增加的同时，也会相应增加以后各期有色金属的供给量，在供给效应大于需求效应的情况下，就会导致国际有色金属价格下降，使国际有色金属价格在面临通货膨胀预期时，出现价格"超额调整"现象。

三 金融因素对期铜价格波动影响的实证研究

在期货定价模式下，金属资源价格变动情况在短期内更多的是受到了各种金融因素的影响，因而研究金融因素对金属资源期货价格的影响路径，不仅可以了解到金属资源期货价格波动原因，还可以为提高我国金属资源国际话语权提供一定参考依据。铜作为广泛应用的重要金属资源，对国家工业和经济发展都有重大战略意义，同时铜作为最早进行期货交易的金属资源之一，其期货定价模式已经比较成熟，因此本节选取铜为主要研究对象。

(一) 金融因素对期铜价格波动的影响

1. 变量选取与数据来源

本节以沪铜为研究对象，因此我们选取上海期货价交易所的期铜价格作为被解释变量，同时选择货币供应量（M2）、汇率和外汇储备三个金融因素作为解释变量。汇率因素按照惯例选择人民币兑美元的比价，沪铜期价选择三个月到期的期铜收盘价格，样本区间为2004年3月到2014年2月的月度数据。其中，货币供应量（M2）、汇率和外汇储备数据均取自中国人民银行公布的年度统计结果，三个月到期的期铜收盘价格取自上海期货交易所的月度数据汇总。

2. 平稳性检验

首先，我们对所选数据的平稳性进行检验。本节采用ADF单位根检验来判断数据是否平稳，如表2-6所示。结果显示，通过单位根检验，汇率、外汇储备、货币供应量（M2）和沪铜期价的原序列均为非平稳序列，对其进行一阶差分后得到的序列则为平稳序列。

表 2-6　　　　　　　　ADF 单位根检验

变量	原序列	一阶差分序列	结论
汇率（dr）	-1.065665	-6.033507	I (1)
外汇储备（fer）	-2.745176	-9.522365	I (1)
货币供应量（M2）	-2.460416	-6.375733	I (1)
沪铜价格（P）	-2.612549	-9.204498	I (1)

3. Johansen 协整检验

进行协整检验的目的是确定那些被某一经济系统联系起来的经济指标从长期来看是否具有均衡关系。对于一些经济变量，单独来看是非平稳的序列，但将这些变量通过线性组合在一起之后，它们则呈现平稳的情形。这种线性组合的存在就可以使这些经济变量构成的序列被认为具有协整关系。我们对以上四个变量进行协整检验，结果如表2-7所示，四个变量之间存在两组协整方程，即四个变量之间存在协整关系，它们之间存在长期的均衡关系。

表 2-7　　　　　　　　协整检验

原假设	特征根	统计量	5%临界值	概率
0 个协整向量*	0.212145	54.14359	40.17493	0.0011
至少 1 个协整向量*	0.130897	26.24603	24.27596	0.0279
至少 2 个协整向量	0.054282	9.831632	12.32090	0.1262
至少 3 个协整向量	0.027825	3.301711	4.129906	0.0820

注：*表示在5%的显著水平下拒绝原假设。

4. 传导分析

本节采用向量误差修正模型（Vector Error Correction，VEC）分析金融因素对期铜价格波动的传导影响，由于选取变量之间存在协整关系,故可以由自回归分布滞后模型导出误差修正模型。向量误差修正模型可以认为是含有协整约束的 VAR 模型,主要应用于具有协整关系的非平稳时间序列建模。对于 VEC 模型的表达式可以通过如下计算得出:

一般来说,不含有外生变量的 P 阶简化 VAR 模型表达式为:

$$y_t = \Phi_1 y_{t-1} + \cdots + \Phi_p y_{t-p} + \varepsilon_t \qquad (2-13)$$

其中,y_t 的各分量都是非平稳的 $I(1)$ 变量,p 是滞后阶数,$\Phi_1,\cdots,\Phi_p$ 是被估计的系数矩阵,ε_t 是 k 维扰动向量。如果上式中的 y_t 所包含的 k 个 $I(1)$ 序列之间存在协整关系,则该式可写为:

$$\Delta y_t = \alpha\beta' y_{t-1} + \sum_{i=1}^{p-1} \Gamma_i \Delta y_{t-i} + \varepsilon_t \qquad (2-14)$$

其中:$\alpha\beta' = (\sum_{i=1}^{p} \Phi_i - I)$,$\Gamma_i = -\sum_{j=i+1}^{p} \Phi_j$。令 $ecm_{t-1} = \beta' y_{t-1}$,则可得式(2-15):

$$\Delta y_t = \alpha ecm_{t-1} + \sum_{i=1}^{p-1} \Gamma_i \Delta y_{t-i} + \varepsilon_t \qquad (2-15)$$

式(2-15)即为 VEC 模型的表达式,其中 ecm_{t-1} 是误差修正向量,反映变量之间的长期均衡关系,系数矩阵 α 反映了变量之间偏离长期均衡的状态时,将其调整到均衡状态的速度;Δy_{t-i} 为各解释变量的差分项,Γ_i 为各解释变量差分项的系数,其反映各变量的短期波动对被解释变量短期变化的影响。

本节主要通过应用 VEC 模型的脉冲响应函数来分析各个选取的金融因素对上海期货市场上的期铜价格波动的传导情况。脉冲响应函数常用于分析当一个误差项发生变化时对内生变量当前和未来预期值的影响,同时,该冲击会通过 VEC 动态结构传导给其他内生变量,导致其他内生变量的变动。因此,我们可以运用该理论分析各金融因素变动会引起期铜价格产生怎样的变动,从而分析金融因素对期铜价格波动的传导情况。图2-8、图2-9、图2-10分别显示了汇率、外汇储备和货币供应量的结构冲击引起的期铜价格波动的响应函数。

图2-8显示，汇率受到一单位的正向冲击后，期铜价格在第1期响应为较大的负数，说明一单位的正向冲击对SHFE铜价发生反向运动。即在当下会使SHFE铜价下跌，并且在第2期达到一个峰值点，之后稳步上升，汇率的正向冲击对期铜价格的影响会逐渐减小，SHFE铜价开始上涨，在第25期时回归到汇率受到冲击前的价格。这是由于在美元汇率走高的情况下，会给包括期铜在内的多种以美元标价的大宗商品期货合约带来投资成本升高的压力，从而致使铜价逆转前一交易日的走势变为下跌。对于SHFE期铜来说，由于沪铜价格在很大程度上还是受到国际铜价的影响，以美元标价的国际铜价下跌会使沪铜价格受到较明显的影响，导致SHFE铜价的下跌。随着时间的推移，由于市场间的套利等行为，会使这种汇率导致的SHFE铜价波动影响逐渐消退。

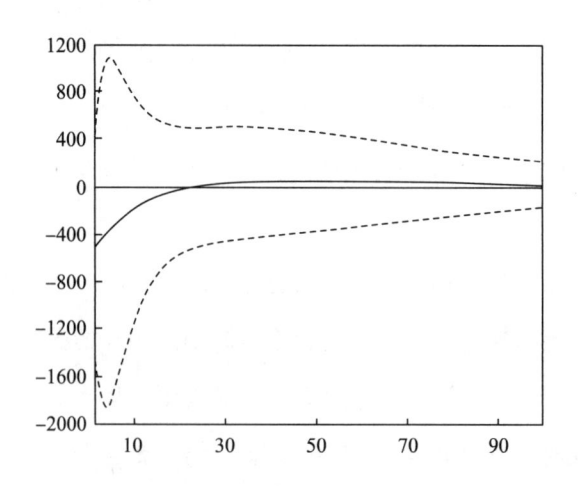

图2-8 美元汇率冲击引起的期铜价格波动的响应函数

图 2-9 显示，外汇储备的一个单位正向冲击对 SHFE 铜价影响为正，即 SHFE 铜价会出现一个同向的运动，并在第 2 期达到一个上涨的最大值，随后该正向冲击的影响逐渐减小，期铜价格逐渐下降，到第 50 期左右该种冲击影响消失。之所以出现该种情况，是由于我国是一个铜进口国家，在初始时期国家持有较多外汇储备进行铜进口时，会导致国际铜价上扬，从而影响到国内期铜价格的上涨。但随着时间的推移，国内随着铜进口数量的增加而供给增多，从而使 SHFE 铜价逐渐下降，最终回归到冲击发生前的期铜价格。

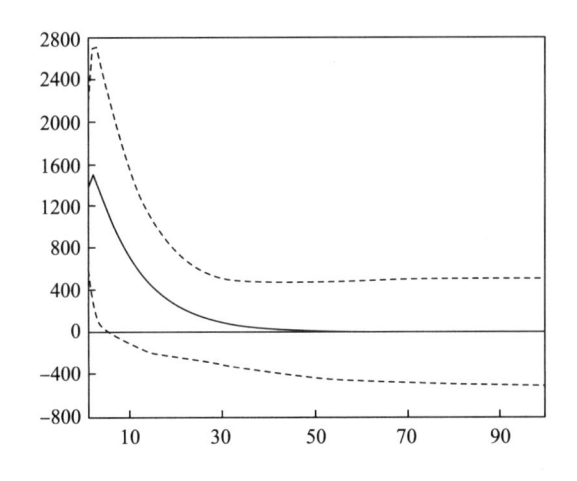

图 2-9 外汇储备冲击引起的期铜价格波动的响应函数

图 2-10 显示，对于货币供应量的一个单位正向冲击，SHFE 铜价在第 1 期并没有发生变化。这主要是由于货币供应量与 SHFE 铜价的传导存在时滞效应，之后经过价格传导机制，这种冲击波及沪铜市场时，SHFE 铜价开始出现上扬。一般来说，我们认为货币供应量通过引起通货膨胀率的变化来改变期铜的收益率，从而影响期铜价格。由于从货币供应量增加到通货膨胀率的明显上涨之间存在一定的滞后

情况，因此在第 1 期时，货币供应量的正向冲击没有造成 SHFE 铜价的变动。但随着传导效应的产生，货币供给量的增加导致市场通货膨胀率上升，从而导致商品价格上扬，而这种价格上涨首先从股票、黄金等资产类商品开始，随后就传递到石油、铜等资源产品的期货市场。同时，由于通货膨胀率上升后如没有其他政策等进行调控，则其会维持在一个相对稳定的水平，因此这种由于货币供应量的冲击带来的期铜价格波动效应会持续存在。

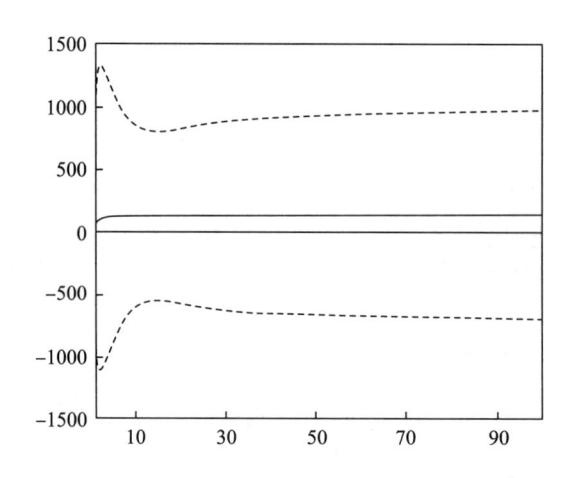

图 2-10　货币供应量冲击引起的期铜价格波动的响应函数

总的来说，汇率、外汇储备和货币供应量对 SHFE 铜价的冲击效应，虽然表现出不同的传导路径，但其对 SHFE 铜价的冲击都具有持久的效果。

（二）金融因素对期铜价格波动的风险分析

1. 研究方法

资本市场中的冲击往往会表现出一种非对称效应，这种非对称性允许价格波动对市场下跌的反应比对市场上升的反应更加迅速。由于期铜价格的波动也具有这种非对称性，因此在研究不同金融因素对期铜价格波动影响时，本节引入对这种非对称性具有较好解释的 EGARCH 模型对此进行分析。

EGARCH 模型表达式为：

$$y_t = x'_t \beta + \gamma \sigma_t^2 + \varepsilon_t \tag{2-16}$$

$$\varepsilon_t = \sigma_t \cdot v_t \tag{2-17}$$

$$\ln(\sigma_t^2) = \alpha_0 + \theta \ln(\sigma_{t-1}^2) + \alpha \left| \frac{\varepsilon_{t-1}}{\sigma_{t-1}} \right| + \varphi \frac{\varepsilon_{t-1}}{\sigma_{t-1}} \tag{2-18}$$

其中，$\varepsilon_t \sim ARCH(q)$，$V_t$ 独立同分布，$E(V_t) = 0$，$D(V_t) = 1$，$\alpha_0 > 0$，$\alpha_i \geq 0 (i = 1, 2, \cdots, q)$，且 $\sum_{i=1}^{q} \alpha_i < 1$，$\sigma_t^2$ 代表预期风险的条件方差。式（2-18）为 EGARCH 模型的条件方差方程，该方程表明预期风险的条件方差 σ_t^2 依赖于前期的残差平方 ε_{t-1}^2 和条件方差 σ_{t-1}^2 的大小，若 $\varphi \neq 0$，说明信息冲击的影响具有非对称性。

2. 实证结果

基于 EGARCH 模型，本节以期铜价格变化率为被解释变量，以美元汇率变化率、外汇储备变化率和货币供应量变化率为解释变量，通过建立关系方程得出回归结果如表 2-8 所示。

根据计量结果，我们可以发现在影响 SHFE 铜价变动的三个金融风险因素中，SHFE 铜价波动的风险因素主要为外汇储备变动。这是由于我国外汇储备的变动可以从以下两条途径影响 SHFE 期铜价格：首先，我国作为外汇储备量最多的国家，外汇储备的变动将对重要资源的国际价格包括国际铜价产生很大的影响，国际期铜价格的变化又直接影响到 SHFE 期铜价格。其次，我国作为重要的铜进口国，动用外汇储备进口国际市场上的铜资源，从而进一步影响到国内铜资源价格，导致 SHFE 期铜价格的变动。

同时，从表2-8的回归结果可以看出，汇率和货币供应量的变化率对 SHFE 期铜价格变动的影响并不显著。从汇率来看，汇率对 SHFE 期铜价格的影响主要通过影响国际期铜价格来间接影响 SHFE 期铜价格。这种汇率变动带来的 SHFE 铜价变动风险主要来自国际铜价和国内铜价标价方式不同。国际期铜价主要由 LME 铜价主导决定，故国际铜价是以美元标价，而上海交易所的 SHFE 期铜是以人民币标价，两个同质产品标价币种的差异使 SHFE 期铜价格变动中蕴含汇率风险。由于我国采用"一揽子"挂钩的浮动管理汇率制度，汇率对期铜价格的影响主要通过中心汇率的调整和汇率日常浮动两方面产生。现有学者研究发现，按照人民币兑美元围绕中心汇率 0.3% 的日间波动幅度的限制，美元汇率的日常波动对期铜价格的直接影响将十分有限，甚至可以忽略不计。因此，汇率对 SHFE 铜价的直接影响并不显著。从货币供应量来看，由于货币供应量需要通过影响通货膨胀率，再进而影响商品整体价格，最后影响到期铜价格，并且货币供应量的影响具有较明显的滞后性，因此 SHFE 期铜价格波动的风险中来源于货币供应量的因素较少，不具有显著影响。

表2-8　　　　　　　　EGARCH 模型回归结果

解释变量	系数估计值	标准误差	Z 统计量	P 值
汇率变化率	0.261432	1.670569	0.156493	0.8756
外汇储备变化率	0.843262	0.297299	2.836414	0.0046
货币供应量变化率	-0.000616	0.323619	-0.001905	0.9985
方差方程				
α_0	-4.354495	1.099775	-3.959442	0.0001
α	0.676243	0.258215	2.618911	0.0088
φ	0.051020	0.145947	0.349579	0.7267
θ	0.268961	0.197324	1.363043	0.1729

从图 2-11 的信息冲击曲线可以得出，信息冲击小于零时，曲线相对比较陡峭，而在信息冲击大于零时，曲线相对平缓。这说明 SHFE 期铜价格的信息冲击曲线具有较明显的不对称性，当负冲击产生时，其引起的期铜价格的波动会相对较大，特别是负冲击较大的时候（从图 2-11 中可看出信息冲击曲线在 -5 至 -3 段明显更为陡峭），而当冲击为正向时，其引起的期铜价格的波动相对较小。这种非对称性从一定程度上来说是由于期铜市场上存在越来越多的投机行为，而普通投机者对投资风险的承担能力较弱，对负向冲击带来的期铜价格变动更为敏感，因此负冲击会使期铜价格波动更为显著。然而，这种投机行为的增加会加剧一定时期内期铜价格的波动，使期铜市场的金融风险加剧。

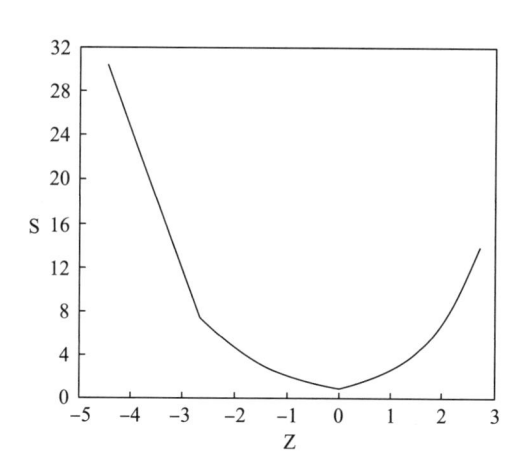

图 2-11　期铜价格信息冲击曲线

（三）实证结论

本节通过对 2004 年 3 月—2014 年 2 月的数据进行实证研究，分析了金融因素与我国上海期货市场的期铜价格的关系，并得到了以下结论：

（1）根据金融因素对 SHFE 期铜价格的传导分析，可以看出由于汇率、货币供应量 M2 和外汇储备三个金融因素对期铜价格产生影响的传导路径有所不同，所以其影响的大小、持续时间均有一定差异。其中，汇率的变动在短期内会对期铜价格产生反向运动的冲击效应。但是，从长期看，汇率的冲击对期铜价格的反向引导作用会明显减退。货币供应量 M2 和外汇储备对于期铜价格在短期内具有正向引导作用，从长期看，外汇储备的刺激作用会逐渐减弱，而货币供应量 M2 的刺激作用会一直持续。

（2）根据风险分析结果，在影响期铜价格波动的金融因素中，主要的风险来自外汇储备的变动，而汇率和货币供应量（M2）的变动的影响不显著。

（3）根据期铜价格变动的信息冲击曲线，我们可以发现金融因素变动对于期铜价格变动的影响具有非对称效应，负面的金融因素信息会明显加大期铜价格的波动程度。

第三章　金属资源国际市场价格操纵问题研究

要实现我国在金属资源国际市场的定价权提升目标，必须揭示国际市场价格操纵的机理，并通过典型案例解析现象背后的本质规律。价格操纵是指个人、机构或国家背离市场自由竞争和供求关系原则，人为地扭曲价格或制定于己有利的价格。操纵市场价格的能力表现就是定价权，市场价格操纵和定价权两者是密切相关的。一直以来金属资源国际贸易格局中的各种国际势力或凭借其对资源的垄断地位，或凭借其发达的金融市场和资本实力，利用其对国际贸易规则和定价机制的掌握和熟识，进行金属资源国际贸易价格的操纵。因此，本章从典型案例入手，将理论研究与实证研究相结合，从中总结归纳金属资源国际价格操纵行为特征、模式，深入揭示国际产业组织交易势力和国家政策交易势力的形成及其对国际价格的操纵手法和作用路径，为设计我国定价权提升对策提供经验借鉴。

第一节 金属资源国际市场价格操纵的典型案例研究

一 典型案例回顾

(一) 1979年美国亨特兄弟操纵白银期货事件

1973年,亨特·尼尔森以2美元/盎司左右的价格在中东收购白银现货,并在芝加哥和纽约期货交易所购买白银期货。至1973年年底,2000万美元的白银现货和1亿美元左右的白银期货已被亨特家族收入囊中。同时,在短短两个月内,白银价格从每盎司2.9美元上涨到6.7美元。但之后由于墨西哥政府投放白银获利,银价回跌,最终以4美元左右收场。

此后四年,亨特兄弟开始了对白银的大肆收购行动。1979年夏天,纽约和芝加哥的期货交易所累计有4000万盎司的白银交易记录,交易流水皆指向尼尔森所控制的国际金属投资公司,银价很快从6美元上升到11美元。随着亨特家族操纵白银的消息浮出水面,市场中出现了许多小投机者,白银的价格飞速涨到20美元,不久后便突破30美元的大关,到1979年年底更是直接接近40美元。

在市场机制的作用下,随着白银价格的上涨,必然带来白银供给的增加。全球白银生产厂商不断寻找新银矿,早已关停的银矿也再次开张。于是,白银供给增加了。为了维持操纵,尼尔森不断买进白银,但他已经有点力不从心,不得已向大银行进行高息借贷。1980年1月21日,白银价格继续上涨,达到每盎司50.35美元。

随着操纵的进行,纽约商品交易所和芝加哥交易委员出台了一些诸如禁止建立新仓、提高保证金等限制措施,同时,美联储开始紧缩银根。

为了维持操纵，尼尔森希望以家族产业为担保获得抵押贷款，但以失败告终。随着华尔街各经纪商强制出售亨特家族白银，价格开始崩溃，亨特家族的操纵破产了。

（二）1997年株洲冶炼厂锌期货事件

1995年，虽然国务院下令禁止国内企业、公司炒作外盘期货，但株洲冶炼厂借助进出口权的便利以套期保值的方式在境外投资锌期货。

1997年3月，随着锌期货价格上涨，株洲冶炼厂进口公司开出的大量的标价1250美元的空头合约被迅速吃进，合约价格也水涨船高，达到1300美元。即便此时对于株洲冶炼厂来说每吨有200元的利润，但为了进一步压低市场价格以便将低价位的合约平仓，只留高价位合约交割获利，株洲冶炼厂不断开出空头合约，逐渐脱离了自身生产能力。此时，株洲冶炼厂的行为已经引起了国际大期货交易商嘉能可资源有限公司的注意。

虽然株洲冶炼厂不断开出卖单，但是锌价并没有降低，嘉能可资源有限公司也不断对株洲冶炼厂进行逼仓，锌价一路上涨。

由于伦敦金属期货交易所要求期货合约的买卖双方必须按照合同金额的5%缴纳保证金，随着合约价格的不断上涨，株洲冶炼厂面临的保证金压力不断增大。面对巨额损失，株洲冶炼厂不得不向国家进行求助。尽管借助国家的调控使损失有所降低，但巨大的空头合约还是导致株洲冶炼厂损失了1.758亿美元。

（三）2005年国储铜价格操纵事件

20世纪90年代中后期，国际铜价逐渐复苏，到2004年价格已经飙升到了3057美元/吨的历史高位。2004年中国开始实行经济宏观调控，世界经济形势突转，国内的铜需求开始出现萎缩，国内铜价亦于第三季度开始下探，陷入了低谷时期。伦敦金属交易所受此波及，铜价开始暴跌，2005年上半年，铜价一直处于盘整状态。

基于此，中国国储局交易员刘其兵判断铜市价格已经见顶。于是于2005年9月18日在伦敦金属交易所铜期货市场上持续大手笔以结构性期权方式以及3月期期货空头建仓的模式进行抛空。建仓头寸8000手（每手25吨），共20万吨，交割日期为2005年12月21日，当时的建仓价在3500美元/吨左右。刘其兵如此巨量的交易，迅速成为国际基金猎杀的目标。

2005年9月19—23日，国际投资基金开始大举入场，铜价从3500美元/吨一路飙升至3800美元/吨。面对铜价上涨，刘其兵以国储局的名义不断在市场开出卖单，期望将铜价压下，但这吸引了越来越多的对冲基金，更加推动了铜价向上拉升。国庆节后，铜价已经涨到4000美元左右，由于遭受到来自期货空头和结构性期权两方面的压力，刘其兵终于爆仓。

2005年10月30日，国储局宣称将于近期内向市场抛售3万—5万吨铜现货，试图利用国家的力量打压LME3月铜期货价格。2005年11月9日，发改委宣称向市场公开拍卖一定数量和规格的国家储备铜，以抑制国内铜价的上涨，并且取消进口铜的关税补贴。在拍卖结束后，LME3月铜价格开始应声下跌。

2005年11月16日，国储局再次公开宣布向市场拍卖2万吨已有库存铜，但是结果出乎意料，约有33%（约6629吨）的铜现货遭到了流拍。面对此情况，LME多头投资者立即做出了反应，将已经回调至4020美元/吨，LME期铜价格大肆拉升，在尾盘时又被拉回至4098美元，同时，来自美国和英国的对冲基金借此良机在11月26日大举建立多头仓位。在不得已的情况下，国储局上级领导决定开始第三次抛售铜计划。结果不出意料，又有30%左右（6100多吨）的储备铜遭到了流拍。与此相对应的是国际多头投资者再度大笔买入，LME有色金属指数也趁势上行，LME铜价借机创下了每吨4270美元的历史新高。但国储局决定再次放手一搏，决定采取第四次拍卖，这也是国储局最后一次对储备铜进行拍卖。

2005年12月7日，国储局第四批2万吨储备铜公开拍卖，但是这次成交率极低，仅有16%（3700吨）的储备铜成功拍卖出去，其他的铜大幅度流拍。而大洋对岸的国际铜价在此消息的刺激下，开始逆市上涨，最终创下了LME建所百年以来期铜最高纪录——4466.5美元/吨，对此，国储局彻底放弃了打压铜价的意图。面对铜价的一路飙升中国官方不得不承认国储铜的亏损。

（四）2008年JP摩根和汇丰控股白银期货操纵案件

JP摩根和汇丰控股的操纵是分两步进行的。

第一步：利用资金优势，买入白银看跌期权，同时在白银期货市场建立大量的空头合约。

2007年年末，以JP摩根和汇丰控股为首的国际大型投资机构携带大额资金在白银期货价格底部，建立了空头头寸。到2008年第三季度中期，两家公司持有的白银期货净空头仓位已达到市场总数的85%以上，截至2009年第一季度其所持有的以白银为首的贵金属衍生品初步估计价值高达79亿美元。

第二步：选择全球期货市场不稳的时候大规模发出虚假交易指令，并大量买入看跌期权和期货空头头寸，使白银价格下跌。

2008年3—10月，两家金融机构用互相通报大额交易的方式"操纵"白银市场，并通过发出欺诈交易指示和完全不执行的交易指令蓄意大规模打压白银期货价格,致使白银看涨期权下跌、看跌期权上涨。

在期权市场上,上述两家投资基金因购买了较多的白银期权,在价格下跌之际触发了期权的行权指令,从中获取利润,而当两者将期权进行抛售后,再将白银价格在某个时间段内稳定在某个固定水平,使期权到期时一文不值,购买者无法行权,JP 摩根等机构又可以获得期权费。

同时在期货市场上,两者已经在期货市场建立了大规模的空头头寸,再利用虚假指令对价格进行打压,在白银价格下跌时,则利用期货的杠杆倍数获得了较高的利润,从而实现在期权和期货市场的双倍盈利。

(五)2010 年铁矿石谈判事件

2010 年以前,全球铁矿石价格是根据国际三大铁矿石供应商——淡水河谷、力拓、必和必拓与主要钢铁生产商商定的合同价格确定的。而三大铁矿石供应商对铁矿石的操纵体现在其与需求方的谈判之中,因此接下来我们首先梳理一下 2010 年铁矿石谈判过程。具体过程如下:

第一阶段:2009 年 11 月 3 日,2010 年铁矿石谈判拉开序幕,三大铁矿石供应商要求把 2010—2011 年度的铁矿石价格上调 30%—35%,中钢协称多数钢铁企业尚处于亏损状态,铁矿石进一步提价空间很小。2010 年 1 月 12 日,中国钢铁业与官方机构在铁矿石问题上陷入僵局,铁矿石供应商撇开中国,转向与日本和韩国商谈价格。此时,宝钢、武钢、河北钢铁集团等企业均派高层前往三大铁矿石供应商"要资源",同时"修复关系"。2 月 4 日,中钢协谈判无果,宝钢企业再次走向前台。2010 年 3 月 13 日,全球铁矿石生产商暂停与中国关于年度铁矿石基准价格的谈判,现货价翻倍。

第二阶段:2010年4月,三大铁矿石供应商开始由"短供"向"断供"转变,并且表示只有"听话"才会获得铁矿石。港口的冷清和钢企焦急的等待开工形成鲜明的对比。2010年4月6日,三大铁矿石供应商结盟,联合"逼宫",要求实行"季度定价",废除实行40多年的长期协议定期机制。4月13日,浦项制铁、新日本制铁公司等韩日大型钢铁公司相继表示与巴西淡水河谷公司等就铁矿石价格上涨达成协议,从4月开始执行新价格,每吨铁矿石价格为105美元,比上一年度上涨92%。4月26日,大多数国内钢铁企业表示按照此前日韩与三大铁矿石供应商签订的季度价格购买矿石。2010年铁矿石谈判由此以中国的又一次失利结束。

(六)2013年高盛铝价操纵事件

2003年,由于美联储允许金融机构在大宗商品现货市场上进行交易,众多投资银行纷纷进入大宗商品现货市场,铝价格也开始上涨。

2010年,高盛买入一家铝库存量占市场铝总库存近1/4,名为Metro International Trade Services(MITS)的储存企业。此后,库存外排队提货的平均时间增加了逾20倍,铝现货价格也在1年不到的时间里上涨了13%。MITS的收入由于排队时间的增加而增加了,并且在铝的市场价格中得到充分体现。高盛控制库存出货量有两方面的作用,一是可以利用仓单的买卖对冲期货风险,二是减少现货市场的供应。

根据供求均衡理论,铝的价格由供应量和需求量决定,而国际市场上,铝一直处于供过于求的状态,铝的价格通常来说只有下行的空间,没有上涨的可能性。但是,现实的情况是价格随着铝的仓储量的增加而上涨,随着仓储量的降低而下降,显然这与常理违背。这背后显然是有人在操纵铝的价格。

2011年5月24日，高盛将未来三个月LME铝价预期上调至每吨2700美元。同时，铝库存量也不断创造历史高位。

二 案例分析

本节基于多市场联动背景，以上文六个案例为基础，对价格操纵进行识别并探讨其操纵手法。

（一）多市场联动

在案例（1）中，早在20世纪70年代，亨特家族进行操纵时就进行了跨市场操纵。1973年亨特家族在现货市场上收购了2000万美元的白银现货，并以每盎司2.9美元的成本购买了3500万盎司的白银期货；1979年，亨特家族的白银现货已有1.2亿盎司，期货也有5000万盎司。由此可见，亨特家族的操纵是在现货市场和期货市场上同时进行的，不仅仅只是单一市场的操纵，也不是以其中一个市场为主，其他市场为辅的操纵。

在案例（2）中，并没有出现明显的跨市场价格操纵。从表面上看，无论是多头方还是空头方，都将主要精力放在了期货市场：空头方在期货市场套期保值，多头方在期货市场逼仓形成操纵获取超额收益。但是，在分析该案例时，必须将另外一个市场考虑在内，这个市场就是现货市场。因为株洲冶炼厂具有生产现货进行交割的能力，虽然株洲冶炼厂没有足够的生产能力满足交割需要，但是，如果株洲冶炼厂从现货市场购入现货锌，也可以在一定程度上减少损失。国际基金组织并没有在现货市场上进行操纵，这就使中国政府帮助株洲冶炼厂从其他厂商调取了部分锌实现交割，在一定范围内减少了损失。

在案例（3）中，国际基金组织并不是在单一市场上进行铜价的拉升。起初，国储局只是在期货市场上建立了空头头寸，如果市场之间不存在联动性，那么国际基金组织只需要在期货市场上不断建立多头合约，就可以凭借供求平衡理论拉升期货市场的铜价，从而实现操纵。但是在多市场价格联动背景下，如果国际基金组织放弃现货市场，那么国储局就可以成功地利用拍卖等手段增加铜的市场供应量，期货铜价也会受到现货供给增多的影响而下降，国际基金组织进行操纵的难度就会大幅上升。

在案例（4）中，多市场价格联动也显现得十分明显。JP 摩根和汇丰控股操纵的主要市场是白银期货市场，但也有期权市场的操纵。两家公司在囤积白银期货之后，通过虚假交易的手法打压白银期货价格。由于期货市场和期权市场价格的联动性，期权市场的价格也受到了期货价格的影响。因此，两家公司也趁机在期权市场上进行操纵，收获期货、期权两个市场的两份收益。

案例（5）与案例（3）一致，操纵的两个市场之间存在层次性，一个市场的操纵主要为另一个市场的牟利而存在，在案例（5）中，三大铁矿石供应商为了在离岸市场形成绝对的垄断和话语权，操纵了现货市场。三大铁矿石供应商曾两度刻意减少铁矿石的供给，钢铁企业无法获得足够的铁矿石开工生产，就转向现货市场购买铁矿石，导致现货市场铁矿石需求急剧上升，现货价格也被拉升，影响了现货市场的正常秩序。

在案例（6）中，高盛虽然仅仅只是在现货市场上形成了一定程度的操纵，但是却通过调高未来三个月 LME 铝价预期，影响期货市场价格走势，通过现货市场与期货市场价格的联动性影响到现货市场，从而实现现货市场的非正常收益。

从以上的分析可知，除案例（2）（没有跨市场操纵，但利用市场联动性减少了损失）之外，其他案例都进行了跨市场的操纵，也带来了手法的升级以及识别难度的增大。但不同的是，案例（1）、案例（3）、案例（4）、案例（5）都是操纵主体主动在两个以上的市场进行操纵，而案例（6）则是在单市场上操纵，利用市场联动性获利。多市场联动的体现如表3-1所示。

表3-1　　　　　　　　多市场联动体现

案例	联动市场	联动目的
案例（1）	现货和期货市场	两个市场同时获利
案例（3）	现货和期货市场	方便期货市场操纵的执行
案例（4）	期货和期权市场	获取更多的利益
案例（5）	离岸价格和现货市场	被迫联动
案例（6）	期货和现货市场	两个市场同时获利

资料来源：笔者整理。

（二）操纵识别

表3-2呈现出案例（5）和案例（6）的价格操纵行为尚未被识别的状态，原因在于美国司法部针对"白银期货操纵事件"和"高盛铝价操纵事件"出具的调查报告表明价格操纵行为的不存在性。但是，我们的分析将其划归为了价格操纵。

表3-2　　　　　　　　价格操纵识别状况

识别状态	案例（1）	案例（2）	案例（3）	案例（4）	案例（5）	案例（6）
识别	√	√	√		√	
未识别				√		√

资料来源：笔者整理。

在案例（1）中，亨特家族利用自有资金和债务资金在现货市场和期货市场上大肆囤积白银，甚至一度成为市场上唯一的买家，为自己赢取了丰厚的利润，导致其他交易商大面积亏损，影响了市场秩序的运行，是非常明显且被公认的价格操纵行为。

在案例（2）中，国际基金组织利用自身强于株洲冶炼厂的实力，大量做多期货合约，逼迫株洲冶炼厂平仓，搅乱了市场的套期保值功能，损害了株洲冶炼厂的利益。

在案例（3）中，国际基金组织作为多头方，针对国储局的布局漏洞，利用自身雄厚的资金实力，人为操纵影响铜期货和铜现货的价格，为自己谋取利益，破坏了铜期货的套期保值功能，是典型的价格操纵行为。

在案例（4）中，美国商品期货交易委员会调查的结果显示JP摩根和汇丰控股有能力影响白银价格，但没有明确的证据表明他们对白银价格进行了操纵，因此并不认为两家公司对白银市场进行了操纵。但是，JP摩根和汇丰控股的行为已经在谋取自身利益的同时损害了他人的正常收益，并且搅乱了白银市场的正常市场秩序。从该角度出发，可以认为这是一场精心准备的市场操纵。

在案例（5）与其他案例不同，三大铁矿石供应商凭借着对市场80%份额的占领，在铁矿石价格谈判中公开主张废除长期协议定价机制，改为季度定价，并且要求铁矿石涨价。铁矿石涨价意味着钢铁企业的利润将会进一步被压缩，损害了钢企的正常利益，而且因为铁矿石价格上涨的影响会传递到现货市场，从而扰乱现货市场正常的运行。

在案例（6）中，高盛铝价操纵事件是距离现在最近的价格操纵事件。由于时间较短，资料完善程度差，美国司法部的调查结果也没有公示。也就是说，和案例（3）一样，该事件并没有被准确地定义为价格操纵。但是，在该事件中，高盛一方面抬升铝价囤积现货，另一方面控制着铝的出库时间，减少出库量。如此一来，高盛获得了利益,减少了市场上的铝的正常供给,破坏了铝市场的秩序,损害了可口可乐等铝需求公司的利益,已经构成了价格操纵。

从定性的角度分析,六个案例都是实力雄厚的机构以获取超额非正常收益为目的,利用自身具备或者能够调动的各种资源,通过扭曲金融市场价格等手段,破坏市场原有的功能,损害其他参与者的利益,扰乱市场秩序,动摇公众信心的行为。从这个角度分析,均可以将其定性为价格操纵。但是,案例(4)和案例(6)都没有被公布为价格操纵事件,说明价格操纵识别机制还不够完善。

(三)操纵手法

表3-3展示了六个案例操纵所采用的手法。案例(1)、案例(2)、案例(3)都是相当典型的"多逼空"手法。多头方一方面在期货市场上大量买入合约,拉升期货市场价格;另一方面在现货市场上囤积现货,减少现货市场的供给,在现货市场又进一步拉升了价格,从而使空头方爆仓。

表3-3　　　　　　　　　价格操纵手法

案例	操纵手法	操纵方
案例(1)	多逼空	多头操纵
案例(2)	多逼空	多头操纵
案例(3)	多逼空	多头操纵
案例(4)	虚假交易+空逼多	空头操纵
案例(5)	谈判+多逼空	多头操纵
案例(6)	控制仓单	多头操纵

资料来源:笔者整理。

在案例(1)中,亨特家族首先在市场上大量买入白银,由于市场需求增加,价格上升,此时亨特家族不仅没有平仓,反而进一步收购白银，形成垄断，使白银长期维持在较高价位。此时的亨特家族掌握着超过 2 亿盎司的白银，市值大幅上涨。

在案例（2）中，株洲冶炼厂在期货市场卖出期货进行套期保值，但空头合约出售过多，超过了株洲冶炼厂的生产能力，交易的性质也由套期保值转变为了投机。在此条件下，国际基金组织大量买入空头合约，在交割日之前持续拉升锌价，迫使缺少足够现货进行交割的株洲冶炼厂高价买入合约平仓。

在案例（3）中，在发现刘其兵建立了大量空头仓位之后，迅速组织资金进入期货市场，在可供交割的 LME3 月期铜数量不大的情况下，大量做多多头仓位，拉升期货市场铜价。同时，在现货市场上囤积现货，减少现供应量，并且利用其影响力，致使第二次、第三次的铜拍卖大量流拍，阻止国储局在市场上投放大量的铜的同时，建立多头仓位。从而在现货市场和期货市场上同时实现了对铜价的拉升，国储局不得不高价买入现货平仓，损失严重。

在案例（4）中，JP 摩根和汇丰控股以"空逼多"作为建仓手法，以"相对委托"作为交易手法进行操纵。首先，JP 摩根和汇丰控股在期货和期权市场建立大量空头合约，然后，JP 摩根或汇丰控股中的一方通过交易所委托平台发出一定金额和数量的白银交易请求，另外一方就迅速以相同的价格和金额成交，但始终不以最终交易为目的，给市场营造一种有大额订单在成交的假象，从而给市场上的技术分析者形成一定干扰，引导市场向有利自己的方向发展。

在案例（5）中，铁矿石的价格操纵是建立在垄断的基础上的，三大矿山一方面通过谈判提出自身的要求，追求铁矿石涨价和季度定价；另一方面，通过在离岸市场上减少铁矿石的供给，加剧了现货市场上铁矿石的需求，引起铁矿石现货价格上涨，以此增加谈判的砝码，为谈判服务，实现操纵。

在案例（6）是一种较为典型的控制仓单的手法，高盛一方面通过对铝生产企业融通资金囤积铝现货，加剧了现货市场上铝供给的紧张程度；另一方面减少铝的出库量，增加排队时间。如此一来，高盛既获得了仓储费用，又因为铝现货供给的短缺引起现货市场价格的上涨，并通过现货市场与期货市场之间的价格波动性传递到期货市场，导致期货价格随之上涨，从而完成操纵获取现货市场和期货市场的超额收益。

随着跨市场操纵的进行，单一的操纵手法越来越难以满足价格操纵的需要。为了保证价格操纵的安全性，操纵者开始利用多种手法的相互配合增加操纵的复杂性。在对价格操纵机理进行研究时，必须考虑到价格操纵多种手法间的相互配合。

三　结论

通过对1979年美国亨特兄弟操纵白银期货事件、1997年株洲冶炼厂锌期货事件、2005年国储铜事件、2008年JP摩根和汇丰控股白银期货操纵事件、2010年铁矿石谈判事件、2013年高盛铝价操纵事件六个案例进行分析，得出如下相关结论：

（1）多市场价格联动背景下价格操纵是多种手法相互结合的产物。单一的手法不再完全适用于跨市场的价格操纵，为了增加价格操纵的隐蔽性，多手法的价格操纵越来越普遍，操纵难度不断上升，操纵路径更加复杂。

（2）理论界和现实界的价格操纵识别存在差距。通过定性方法的研究，我们可以识别一些价格操纵行为，但是由于这些价格操纵的复杂性，在现实中难以有足够的证据证明价格操纵的存在。

基于以上结论，本章从价格操纵机理和价格操纵识别两个视角出发，首先，通过分析价格操纵机理探寻价格操纵传导路径，为防范价格操纵提供切入点。其次，从定量的角度出发，构建价格操纵识别模型，为价格操纵的判定提供技术支持。

第二节　金属资源国际市场价格操纵模式及机理研究

一　单市场金属资源价格操纵模式及机理研究

随着各个市场的发展和完善，单市场的价格操纵越来越少。但是作为价格操纵的早期形式，奠定了价格操纵手法等内容的基调。后期的跨市场操纵都是建立在单市场操纵的基础上的。比如上一节中分析的案例（2）。

通过对案例（2）以及其他单市场价格操纵案例进行分析，我们可以发现价格操纵的主体往往都是国际基金投资组织，它们一方面具有信息优势，可以更快地发现市场上的漏洞，并加以针对进行操纵；另一方面，国际基金投资组织拥有雄厚的资金实力，可以为价格操纵的完成提供保障。从操控手段来看，主要有"多逼空"、"空逼多"、虚假信息、控制仓单等常用的操纵手法。从操纵深度来看，为了躲避监管，常常出现多家机构联合进行操纵，建立的头寸较大，动用的资金数量较大。从操纵类型上看，可以认为价格操纵是基于交易、行为、信息的三类操控类型并存，这在一定程度上弥补了单市场操纵隐蔽性较弱的缺陷。但是，不得不说，相较于跨市场操纵而言，单市场操纵的目的性过于明显，手法过于单一，导致价格操纵的隐蔽性不高，被发现的概率较大，而且对于受损失的一方，可以通过其他市场相关手段的补救减少损失。

二 跨市场金属资源价格操纵模式及机理研究

国内外现有的对价格操纵的研究大多是基于单市场的价格操纵。然而，随着各个市场之间的联动性增强，跨市场操纵的可能性增加，越来越多的学者将眼光转向于对跨市场价格操纵的研究。考虑到现货市场和期货市场的基础性，本节以跨期现市场的价格操纵为例，分析跨市场金属资源价格操纵模式及机理。

（一）跨市场金属资源价格操纵模式及机理的理论研究

通过对上文六个案例的分析，不难发现，案例（3）和案例（6）都是跨现货市场和期货市场进行操纵。根据对这两个案例的分析，我们可以推断出跨期现市场操纵主要分为两种情形：第一种情形是通过在现货市场拉高或打压现货价格，带动期货价格的上涨或下跌，通过期货多头或空头获得操纵利润。在这种情形下，主要是通过垄断现货市场的供应量，控制可交割库存的方式达到现货升水或贴水进而实现逼仓从而获得超额利润。第二种情形是通过操纵期货市场的价格，带动现货市场价格的变化，通过现货销售或现货合同的订单获得超额利润。在这种情形下，主要是国际金融机构以及投机者通过商品指数基金以及投机持仓等方式影响铜的投机需求从而操纵期货市场价格走势，再利用期货市场对现货市场的价格引导作用左右现货市场价格走势。图3-1清晰地展示了跨期现市场的操纵机理，其中①、②分别对应跨期现市场操纵的这两种情形。

（二）跨市场金属资源价格操纵模式及机理的实证研究

现有对于跨市场操纵的研究更多的是利用数学模型来定量检验价格操纵行为的存在，忽略了对跨市场操纵主要影响因素和操纵路径的探究。同时跨期现市场操纵的操作手法和形成机制十分复杂，更有多重因素影响金属期货和现货价格，使其操纵路径呈现出非线性、动态性等特征，而传统的计量工具和博弈论方法难以全面考量跨市场操纵过程，这客观上需要我们利用系统仿真方法来寻找价格系统的异动指标和预警指标，研究其操纵手法，分析跨市场价格操纵传导路径，并进一步提出应对措施。

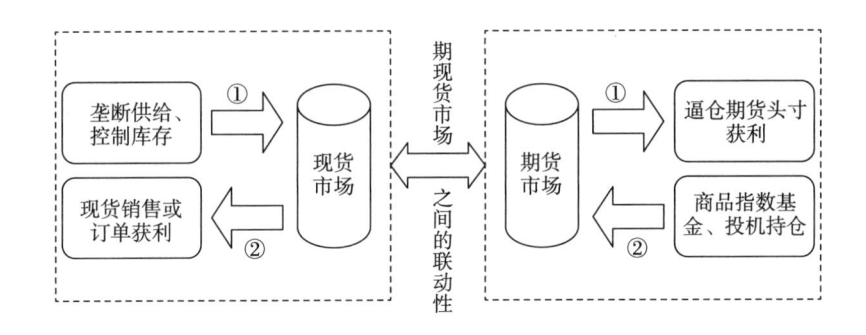

图 3-1 跨期现市场操纵机理

系统动力学发展以来，在复杂经济学中已有了多方面的应用。在现有文献的基础上，以铜为例，尝试引入具有高阶次、非线性、多重反馈性的系统动力学模型，建立跨期现市场的铜价操纵的系统仿真模型。该模型涵盖跨期现市场联动、价格、成本、库存、需求五个模块，通过梳理各模块之间的联动机制，实现对跨期现市场的铜价操纵的仿真研究。基于所构建的跨期现市场的铜价操纵的系统动力学模型，本节检验了模型的有效性和实用性并仿真模拟探索了跨期现市场操纵对铜价的影响程度和传导路径，为金属市场预警以及政府相关部门提供了有效的政策建议。

1. 模型的建立

金属市场价格操纵机制是一个典型的复杂系统，以金属价格为中心，涉及经济、需求、消费、成本、进出口以及库存等多种因素，这些因素之间相互作用并形成一个复杂的系统。因此，通过构建金属跨期现市场操纵系统动力学仿真模型，探索价格操纵对金属价格的影响程度和影响路径。在具体分析中，由于铜是我国上市早、成交量大、发育相对成熟的金属品种，且在我国 124 个重要行业中，91% 的行业都跟铜有关。所以，本节以铜为例建立金属跨期现市场系统动力学模型。

结合铜期现货市场的统计资料共选择了影响金属铜市场价格的 50 多个指标变量，所构建的跨期现市场铜价操纵系统动力学模型共包括五个模块，分别为价格、库存、成本、需求以及期现货价格联动模块。考虑到数据的可得性与突出研究重点的需要，选取铜期货价格、现货价格、铜库存、国内生产总值、产量、原材料成本等关键指标，而忽略了一些诸如货币政策、基金交易方向、期货合约交割制度等抽象且不易衡量的指标。模型设定中将铜现货价格设置为库存和成本的函数。交易者预期价格代表了交易者对铜市场均衡价格的预期，铜实际（现货）价格则围绕预期价格上下波动，不断调整消费者的预期价格，从而影响期货价格。而期货市场价格则通过不断调整消费者的预期来影响现货价格。具体模型框架图如图 3-2 所示。

（1）因果回路图。根据模型的系统边界和框架图，构建因果回路图，如图 3-3 所示。

该因果回路图围绕铜价波动主要有三个反馈回路，分别是：

1）铜期货价格→+铜需求→+铜消费量→-库存→+便利收益→-铜期货价格。

这是一个负反馈回路。其含义为：铜期货价格的升高必然使投机需求、保值增值需求以及融资需求等产品需求增大，铜需求的增大刺激消费者的购买热情，增大铜的消费量，消费量的上涨导致铜库存减少，而铜库存的减少则会增大铜的便利收益，从而导致铜期货价格下降。

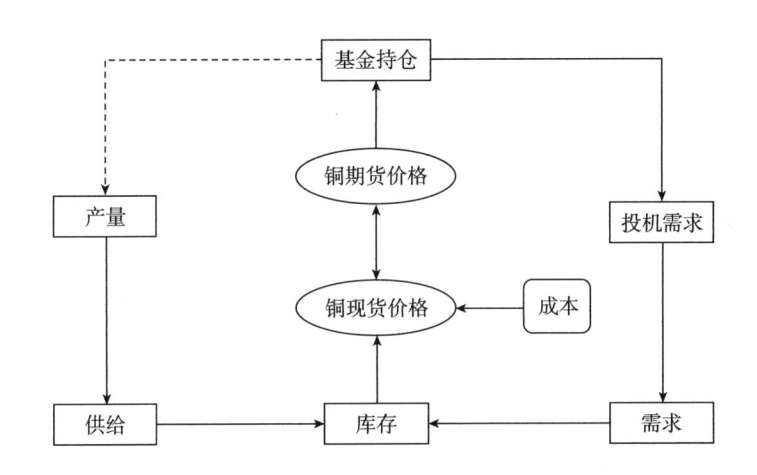

图 3-2 模型框架

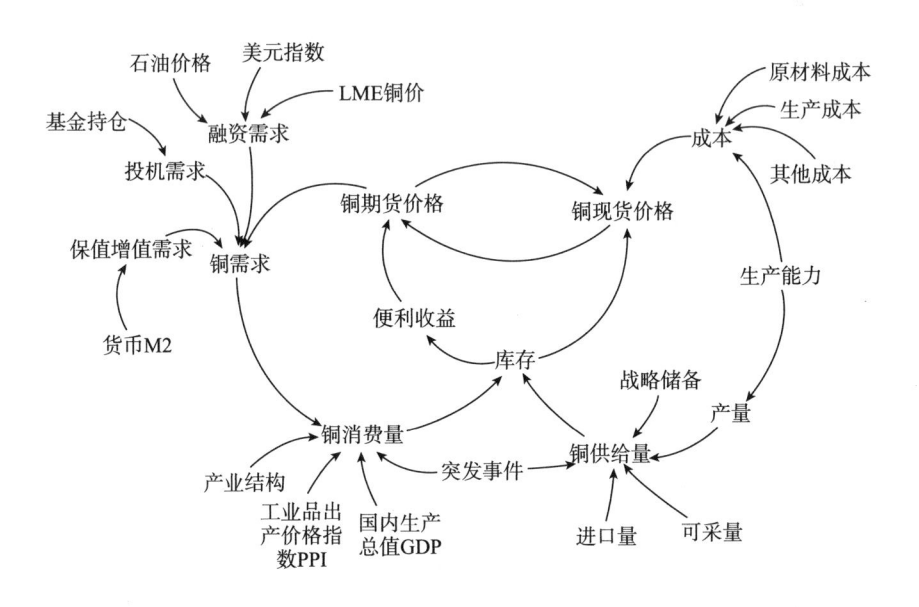

图 3-3 铜价操纵因果回路

2) 铜期货价格→＋铜需求→＋铜消费量→－库存→－铜现货价格→－铜期货价格。

这是一个负反馈回路。其含义为：铜期货价格的上升使投机需求等铜产品需求增大，同样会使铜消费量增大，库存减少，而库存的减少将会使库存周转率随之减小，相应的库存周转率对铜现货价格的影响减小，从而促使铜现货价格下降，而由于期现货市场的价格联动性，必然导致期货价格的下降。

3) 铜期货价格→＋铜现货价格→＋铜期货价格。

这是一个正反馈回路。其含义为：由于期现货市场的价格联动性，期现货市场价格之间具有相同的价格走势，两者之间表现出同增同减的趋势。

（2）存量流量图。本节从金属价格理论出发，构建了我国金属跨期现市场操纵系统流图，如图 3-4 所示。

模型所涉及变量包括外生变量和内生变量。其中，外生变量包括铜产量、进口量、国内生产总值、LME 铜价、美元指数、石油价格、粗铜价格和精铜价格等，其中国内生产总值原始数据为季度数据，根据工业增加值的权重将国内生产总值变频为月度数据。模型的模拟时间设定为 2006 年 1 月—2018 年 6 月，以月为时间间隔，$t=1, 2, \cdots, 150$。模型的内生变量包括铜现货价格、铜期货价格、库存、需求、供应量等变量。主要变量和参数的具体设置如表 3-4 所示。

2. 实证研究

（1）模型检验。模型的检验分为三类：直观检验、运行检验和历史检验。其中直观检验指根据模型研究问题的需要，对模型的边界、变量类型、因果回路图以及系统流图所涉及的方程等进行检验；运行检验是指对模型的结构、方程以及系统参数等进行检验；历史检验是

第三章 金属资源国际市场价格操纵问题研究

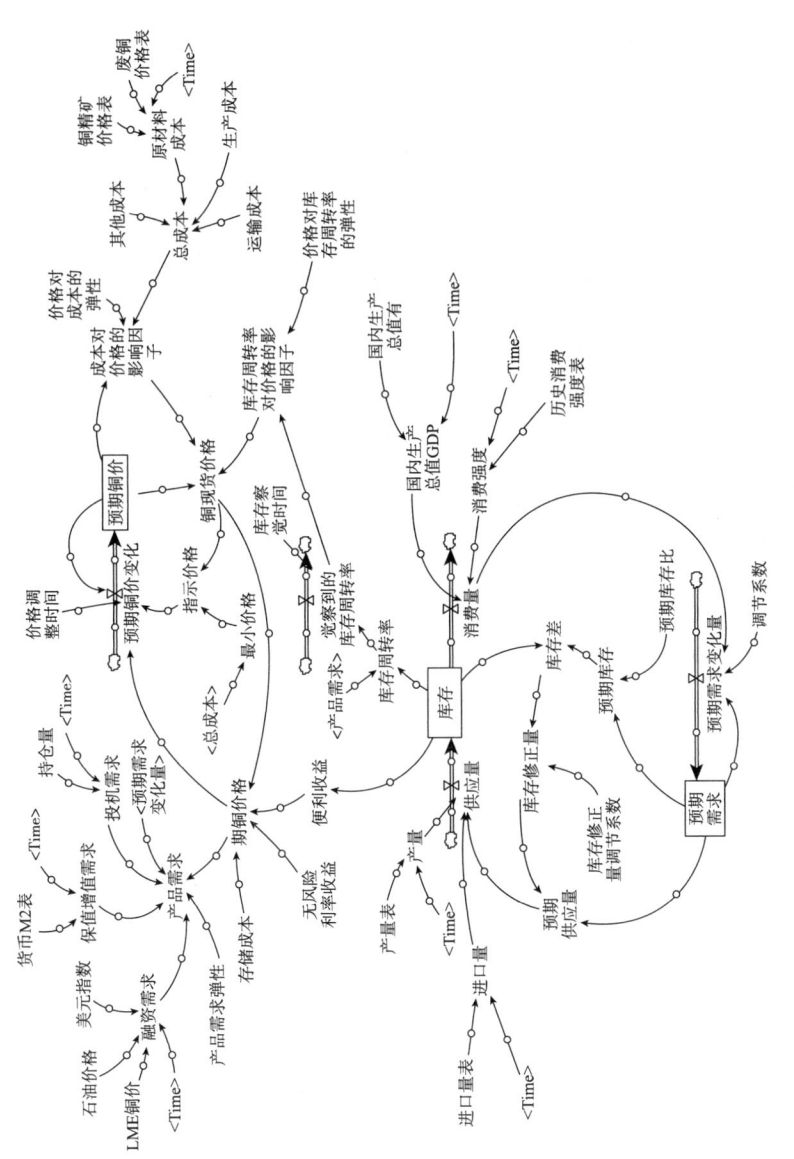

图 3-4 铜价操纵系统流

表3-4　　　　　　　主要变量及参数设定

序号	变量	单位	数据出处/运算公式
1	库存	吨	INTEG(供应量 – 消费量, 51343)
2	成本对价格的影响因子		1 + 价格对成本的弹性 × (总成本/预期铜价 – 1)
3	供应量	吨	IF THEN ELSE(产量 > 预期供应量, 预期供应量, 产量 + 进口量)
4	预期需求变化量	吨	调节系数 × (消费量 – 预期需求)
5	产品需求	吨	期铜价格^(–产品需求弹性) + 0.8 × 投机需求 + 融资需求 + 0.5 × 预期需求变化量
6	库存修正量	吨	库存差 × 库存修正量调节系数
7	库存周转率		库存/产品需求
8	原材料成本	元	[0.15 × 废铜价格表(Time) + 3.2 × 铜精矿价格表(Time)] × 7
9	库存周转率对价格的影响因子		(觉察到的库存周转率)^价格对库存周转率的弹性
10	库存差	吨	预期库存 – 库存
11	总成本	元	其他成本 + 原材料成本 + 生产成本 + 运输成本
12	投机需求	吨	持仓量(Time)
13	指示价格	元	MAX(铜现货价格, 最小价格)
14	最小价格	元	总成本
15	期铜价格	元	铜现货价格 × EXP(无风险利率收益 + 存储成本 – 便利收益)
16	消费强度	吨/元	历史消费强度表(Time)
17	消费量	吨	国内生产总值GDP × 消费强度
18	融资需求	吨	0.1 × 美元指数(Time) + 0.001 × LME铜价(Time) + 石油价格
19	觉察到的库存周转率		SMOOTHI(库存周转率, 库存察觉时间, 2)
20	铜现货价格	元	库存周转率对价格的影响因子 × 成本对价格的影响因子 × 预期铜价
21	预期供应量	吨	预期需求 + 库存修正量
22	预期库存	吨	预期需求 × 预期库存比

续表

序号	变量	单位	数据出处/运算公式
23	预期铜价	元	INTEG（预期铜价变化，45431）
24	预期铜价变化	吨	（指示价格 – 预期铜价×0.5 – 期铜价格×0.5）/价格调整时间
25	预期需求	吨	INTEG（预期需求变化量，275052）
35	价格调整时间	秒	0.5
36	价格对成本的弹性		0.98
37	调节系数		0.9
38	库存修正量调节系数		0.5
39	产品需求弹性		0.3
40	价格对库存周转率的弹性		–0.25

资料来源：Wind 数据库。

模型的模拟数值要与实际值之间有大体相同的趋势且相对误差控制在一定的误差范围之内。

本节采用运行检验和历史检验相结合的方式对模型的有效性进行检验。其中在运行检验中，便利收益出现了数值溢出的问题，通过调整模型其他参数设置后得以解决。在历史检验中，通过检验2006年1月—2016年6月的铜现货价格和期货价格的模拟值与真实值之间差距验证模型与现实是否吻合，检验模型是否反映了现实系统的规律变化。为了更直观地说明本模型的有效性，图3–5展示了铜现货模拟价格和现货历史价格以及铜期货模拟价格和期货历史价格走势对比图。通过比较结果可知，铜现货模拟价格与现货真实价格以及铜期货模拟价格与期货真实价格历史趋势均保持了较好的一致性。在相对误差的比较中，除了在最低点（2008年12月）附近两者之间的相对误

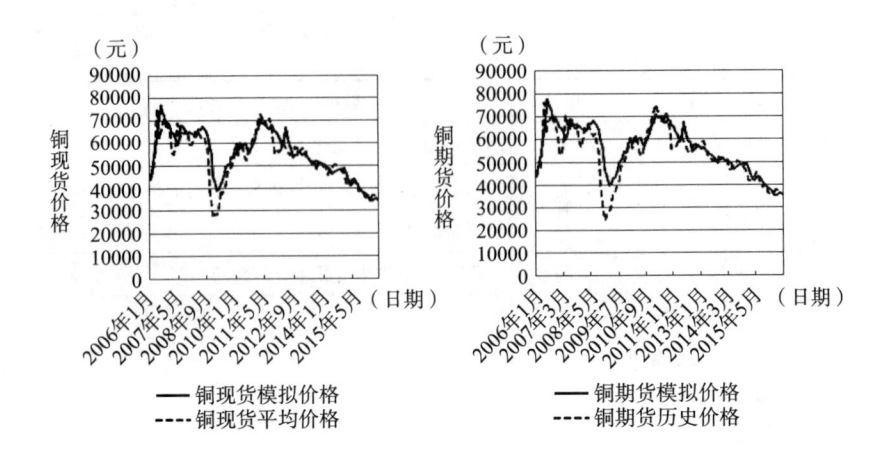

图 3-5　铜现货（期货）模拟价格与现货（期货）历史价格走势对比

资料来源：铜现货和期货价格来自 Wind 数据库；模拟价格来自笔者计算。

差较大外，其余月份两者之间的相对误差基本控制在 10% 以内，整体拟合效果较好。而在最低点之所以相差较大的原因是 2008 年爆发的全球金融危机对中国铜价造成了巨大的经济冲击，引起了铜价及相关指标的异常波动，极大地影响了铜的投机需求和真实需求，致使铜价大幅下跌。而系统动力学是根据正常的市场供需规律构建模型方程的，没有考虑突发事件对经济以及铜价的影响，所以模拟值和历史趋势在最低点处出现了较大的误差。此外，通过仔细观察价格走势图，铜现货（期货）模拟价格相对历史价格趋势来说具有滞后性，为方便比较，将铜现货（期货）模拟价格的滞后一期与真实历史价格走势进行对比（见图 3-6），两者价格走势相比同期比较时具有更好的一致性，尤其是在价格趋势拐点的时间对应上。这是因为铜历史均价是取该月每天铜价的平均值，平滑了波动效应，而系统动力学是根据系统内部的运行机制和规律模拟仿真铜价趋势，因此反映真实铜价波动趋势的模拟价格具有一定的滞后效应。综上所述，运行检验和历史检验的结果都验证了我们建立的系统模型与实际系统是基本相符的，系统是有效的。

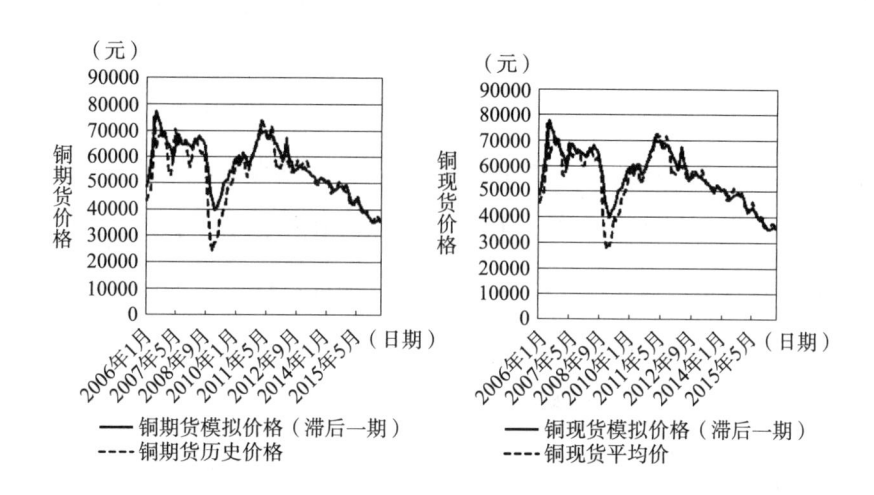

图 3-6　铜现货（期货）模拟价格滞后一期与现货（期货）历史价格走势对比

资料来源：铜现货和期货价格来自 Wind 数据库；模拟价格来自笔者计算。

（2）操纵机理及情景设定。为了保持分析的一致性，对于操纵机理我们依旧选择以跨期现操纵为主要情形进行分析。具体参考本章第一节的相关内容。

针对跨期现市场操纵的两种主要情形，设计三种仿真情景：仅在现货市场操纵、仅在期货市场操纵和在期现货市场同时操纵。通过观察期现市场铜价相对基准水平（没有进行价格操纵下的情景）的变化来反映操纵对铜价的影响程度及影响路径。由于期现货市场的价格联动机制，铜现货价格与期货价格走势基本相同，相同历史时点的价格也相差不多，因此为简洁起见，后文的分析中仅考虑操纵对铜现货价格的影响。在现货市场操纵的情形中，通过操纵供应量的变化进而控制库存，通过观察铜现货价格相对基准价格水平的波动幅度来观察现货市场操纵对铜价的影响程度。在期货市场操纵情景中，假设国际基金组织和投机者通过控制基金持仓的变化进而改变投机需求来操纵铜价。而在期现货市场同时操纵的情境中，在现货市场通过操纵供应量，同时也在期货市场上通过操纵持仓量来影响投机需求，从而共同影响铜价。由于通常来说价格操纵过程是中短期过程，通过对供应量和持仓量引入单脉冲函数（PULSE函数），给供应量和持仓量一个短期冲击模拟价格操纵过程，通过观察此时铜价相对基准水平的变化幅度来判断操纵的力度及影响程度。

通过对历年的价格操纵案件进行归纳，发现只要价格操纵者（多为国际机构投资者）拥有雄厚的资金优势和信息优势，就可以凭此在市场任意时点根据自己的需要左右市场价格走势，获得超额利润。因此，任选2006年1月—2016年6月一时点作为价格操纵开始的时刻。不妨假设操纵者于2010年12月对铜价进行操纵，模型运行到2018年6月，在此基础上将2006年1月—2018年6月各月仿真结果与基准情形进行对比，以此来探索跨期现市场操纵对铜价的影响程度。

（3）结果分析

1）铜现货市场操纵。

在现货市场上，由于供应量主要是由产量决定，所以本节系统仿真通过控制产量来模拟现货市场操纵情景。首先对产量引入PULSE单脉冲函数，即对产量产生一个短期冲击来模拟中短期的价格操纵过程。假设价格操纵过程开始于2010年12月，操纵持续2个月。Current1对应没有进行价格操纵的基准情景，Current2、Current3、Current4、Current5分别对应垄断者对现货市场操纵使在操纵期的铜产量下降 20%、50% 以及上升 20%、50% 的情景。仿真结果如图 3–7 所示。

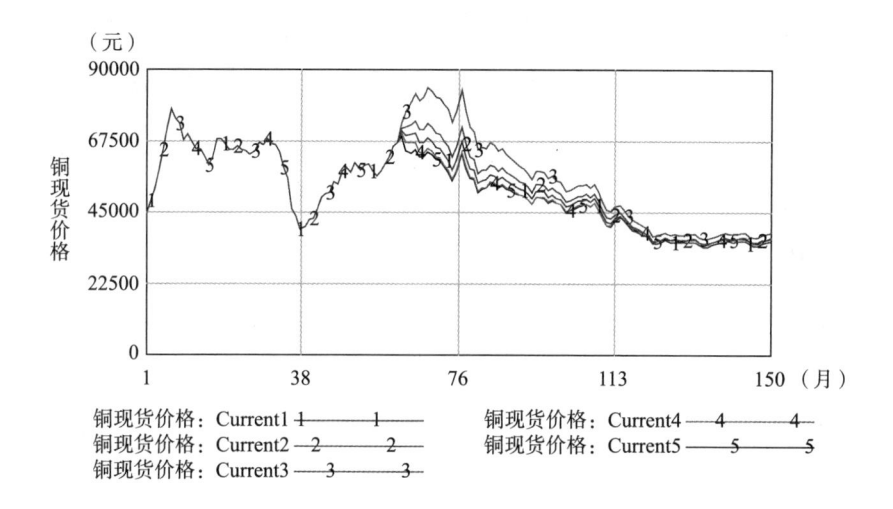

图 3–7　现货市场操纵对铜价变化的影响

操纵者通过控制市场供应量，使铜供应量大幅减产，导致市场供不应求，从而引起铜价上涨。通过给产量一个负向短期冲击来模拟这一操纵过程（Current2、Current3）。仿真结果表明，此时铜价相比基准情景均有显著上升，短期冲击（操纵）过后，铜价逐渐趋于基准情景，但对铜价的影响会持续较长时间；相反，如果操纵者通过垄断市场供应量，使产业集中度增加，实现规模化生产，扩大市场供应量，使铜市场供过于求，从而使操纵铜价大幅下降（Current4、Current5）。通过给产量一个正向冲击来模拟这一操纵过程。仿真结果表明，此时虽然铜价相对基准情境有所下降，但下降幅度相对上一种操纵过程明显减弱，且短期冲击（操纵）过后对铜价影响的持续时间也相对较短。下面从市场操纵对铜价的变化幅度和影响路径两方面分别做具体分析。

首先，从铜价的变化幅度分析。具体来看，对于操纵者使铜供应量大幅减产的情景，在 2010 年 12 月和 2011 年 1 月操纵产量使其下降 20% 后，铜价从 2011 年 2 月开始较基准水平上升，说明从开始操纵到最终铜价变化经过了一定的时间延迟。这是因为操纵过程最终反映到铜价变化需要一定的时间。相对于基准水平，铜现货价格从 2011 年 2 月开始变化且变化幅度先增加后逐渐减小。2011 年 2 月铜价上涨幅度为 1.22%，之后上涨幅度逐渐增大，到 2012 年 1 月上涨幅度达到最大值 7.10%，随后铜价逐渐回落，至 2015 年 3 月之后涨幅基本控制在 3% 以内。类似的，假设操纵者进一步使产量下降到原产量的一半，则铜价相对基准水平上涨显著增大，涨幅从 2011 年 2 月的 3.19% 逐渐增大至 2012 年 1 月的 25.92%，随后铜价逐渐回落至涨幅 7% 左右。相反，假设操纵者意图垄断市场，通过使产量大幅度增加来控制铜市场，即 Current3 对应使 2010 年 12 月和 2011 年 1 月的产量上升 20% 的情景，可以看到铜价从 2011 年 2 月开始较基准水平下降，且下降幅度先增大后逐渐回落至基准水平。开始较基准水平下降幅度为 1.15%，后降幅逐渐增大到 2012 年 1 月的 5.22%，随后降幅逐渐回落，至 2015 年 6 月基本回落至基准水平后铜价又反向小幅上涨，且最终稳定在涨幅 2.2% 附近。类似的，假设极端操纵情境下，操纵者进一步加强市场垄断力度，增加产业集中度，实现规模化生产，使产量增加到原产量的 150% 时，铜价较基准水平有所下降，下降幅度从 2011 年 2 月的 2.75% 增大至 2012 年 1 月的 6.04%，随后下降幅度逐渐趋于 0 后又反向上升，最终稳定在增幅 2% 左右。通过以上分析，现货市场操纵情境下通过垄断供应量，控制库存的方式不仅在操纵期对铜价有较大的影响，其操纵期结束后对铜价的影响会持续较长时间。此外，当操控产量相同的变化水平,操纵产量下降时引致铜价上升的幅度明显大于操纵产量上升时引致铜价下降的幅度。说明操纵者通过使产量大幅减产,减少铜市场供应量,导致市场供不应求,从而使铜价大幅上涨获得操纵利润的方式比通过使产量大幅增加操控铜价下降的方式要有效的多。

其次,分析影响路径。分析系统流图可得,操纵者通过在现货市场垄断供应量进而控制库存,通过改变库存周转率来影响铜价变化。产量下降,供应量将随之下降,库存水平相应下降,在铜需求不变的情况下,库存周转率相应下降,价格会逐渐调整到预期水平之上。对应上述四种情境下的库存周转率对价格的影响因子和成本对价格的影响因子的对比如图3-8、图3-9所示。显然,库存周转率对价格的影响因子的变化幅度大于成本对价格的影响因子的变化幅度。说明操纵供应量来操纵铜价主要是通过库存来影响价格,而成本对价格的影响则相对较小。

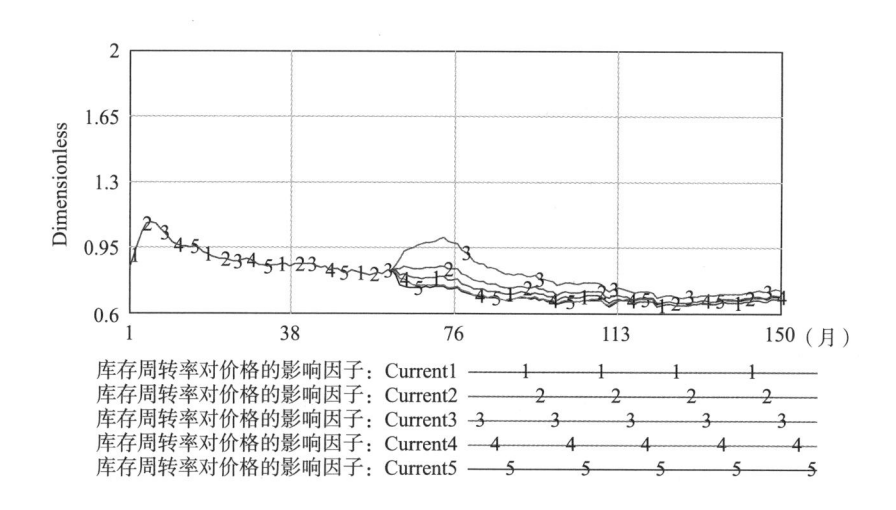

图3-8 现货市场操纵情景下库存周转率对价格的影响因子的变化情况

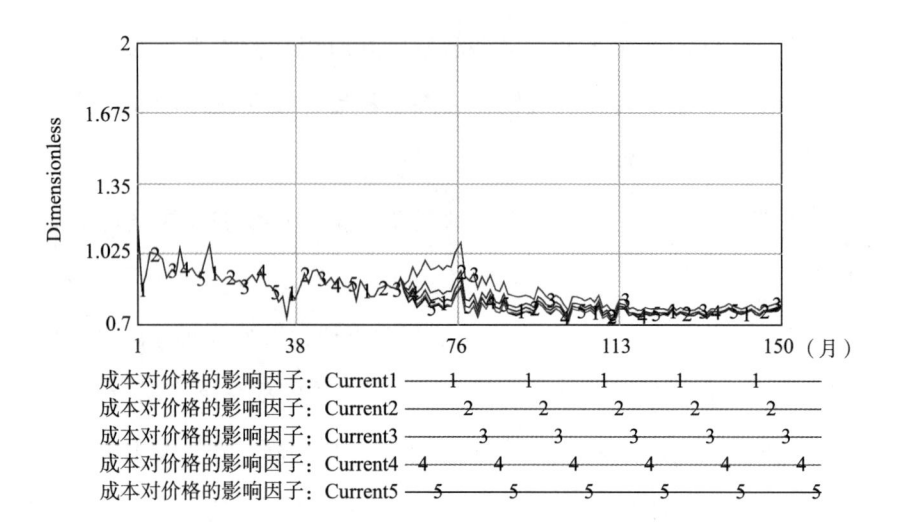

图 3-9　现货市场操纵情景下成本对价格的影响因子的变化情况

2）期货市场操纵。

在期货市场上，投机因素一直是影响铜价波动的重要因素。Cooney 认为，寡头垄断、市场投机者以及市场操纵行为都可以在一定程度上推高铜价，制度上的缺失也会给投机者更多操纵铜价的机会。同时商品指数基金的进入以及交易规模的日益增长都给了操纵者可乘之机。本节假设在铜期货市场上投机者试图操纵市场，使交易规模大幅波动。而持仓量是期货交易的重要指标，可以衡量交易规模的大小。假设商品指数基金和投机者通过操纵持仓量来影响投机需求，进而影响产品需求达到操纵铜价的目的。首先对期货市场持仓量引入PULSE 单脉冲函数，给持仓量一个短期冲击来模拟中短期的价格操纵过程，通过观察铜现货价格的变化来反映期货市场操纵对铜价的影响程度。假设期货市场操纵过程开始于 2010 年 12 月，操纵持续 3 个月。Current1 对应没有进行价格操纵下的基准情景，Current2、Current3、Current4、Current5 分别对应使持仓量下降 20%、50% 以及上升 20%、

第三章　金属资源国际市场价格操纵问题研究

50%的情景。仿真结果如图3-10所示。

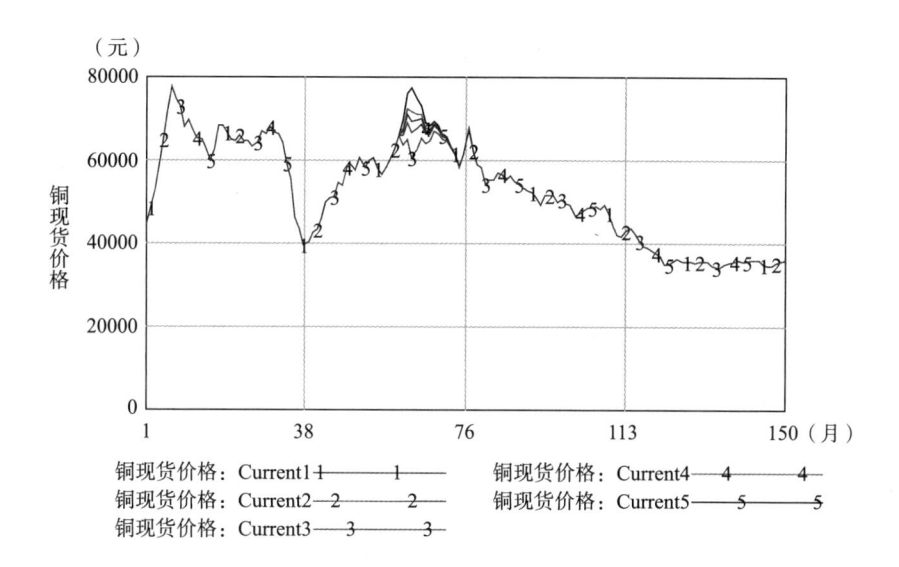

图3-10　期货市场操纵对铜价的变化情况

仿真结果表明，降低持仓量规模，则在操纵期间铜价相比基准情景有显著下降，但操纵期结束后铜价也迅速回升至基准水平；同样，提高持仓量规模，将使铜价在操纵期内相比基准情景有显著上升，但操纵结束后铜价迅速回落至基准水平。说明期货市场的操纵只能在短期内对价格造成巨大波动但对铜价不能造成持久性的影响，操纵力度有限。下面从市场操纵对铜价的影响幅度和影响路径两方面分别做具体分析。

从变化幅度来看，对2010年12月操纵持仓量降低20%，持续操纵三个月的情景2（Current2），在2011年1月铜价相比基准水平下降1.53%，至2011年3月下降幅度达到3.99%后逐渐回升，到2013年5月基本回升至基准水平。可见铜现货价格相对基准价格从2011年1

月开始下降,下降幅度先增大后迅速减小,到 2013 年 5 月后期货市场操纵的影响已基本为 0。类似的,假设操纵者进一步使持仓量降低到原持仓量的一半(对应情景 Current3),则相对基准水平铜价从 2011 年 1 月降幅 5.09% 迅速增大至 2011 年 3 月的 12.76%,随后铜价迅速回升,到 2013 年 9 月回升至基准水平。相反,假设操纵者使持仓量在 2010 年 12 月提高 20%,持续操纵 3 个月(Current4),则铜价在 2011 年 1 月相对基准水平上升 1.14%,至 2011 年 3 月上升幅度达到 3.16% 后迅速回升,至 2013 年 7 月回落至基准水平。假设进一步增大持仓量规模,让持仓量增至原有水平的 150%,则 2011 年 1 月铜价相对基准水平上涨 3.83% 至 2011 年 3 月涨幅为 11.39% 后迅速回升,到第 92 期回落至基准水平。从以上分析看出,在操纵持仓量相同的变化水平下,持仓量下降时铜价的下降幅度略微大于持仓量上升时铜价的上涨幅度,且操纵影响时间较短。

下面分析影响路径。从系统流图 3-4 可以看出,操纵者是通过在期货市场操纵基金持仓量控制交易规模进而影响市场的投机需求,从而改变铜市场的产品需求来影响铜价变化的。持仓量下降表明交易规模变小,则投机需求随之减少,使产品需求下降,在库存一定的条件下,使库存周转率相应上升,从而影响铜价。说明期货市场操控持仓量来操纵铜价主要也是通过库存来影响价格。

3) 期现货市场同时操纵。

现货市场操纵主要是通过垄断现货市场供应量,从而控制库存,利用现货市场的供求规律操纵铜价的;而期货市场操纵则主要利用投机因素通过操纵基金持仓等来影响铜市场价格。现在假设操纵者不仅在现货市场上通过垄断供应量来操控铜价,同时在期货市场利用投机因素操纵期货价格,进而利用期现货市场价格的联动性影响现货价格。针对期现货市场同时操纵的情况，同样设置四种情景来模拟仿真此时跨期现市场操纵对铜价的影响程度和影响路径。首先对现货市场产量和基金持仓量同时引入 PULSE 单脉冲函数，对产量和持仓量在 2010 年 12 月同时产生一个短期冲击来模拟中短期的价格操纵过程，通过观察铜现货价格的变化来反映此种情况下价格操纵对铜价的影响程度。其中 Current1 对应没有进行价格操纵的基准情景，Current2 对应操纵期内产量降低 20% 同时持仓量升高 20% 的情景，Current3 对应操纵期内产量降低 50% 同时持仓量升高 50% 的情景，Current4 对应操纵期内产量提高 20% 同时持仓量下降 20% 的情景，Current5 对应操纵期内产量提高 50% 同时持仓量下降 50% 的情景。具体的仿真结果如图 3-11 所示。

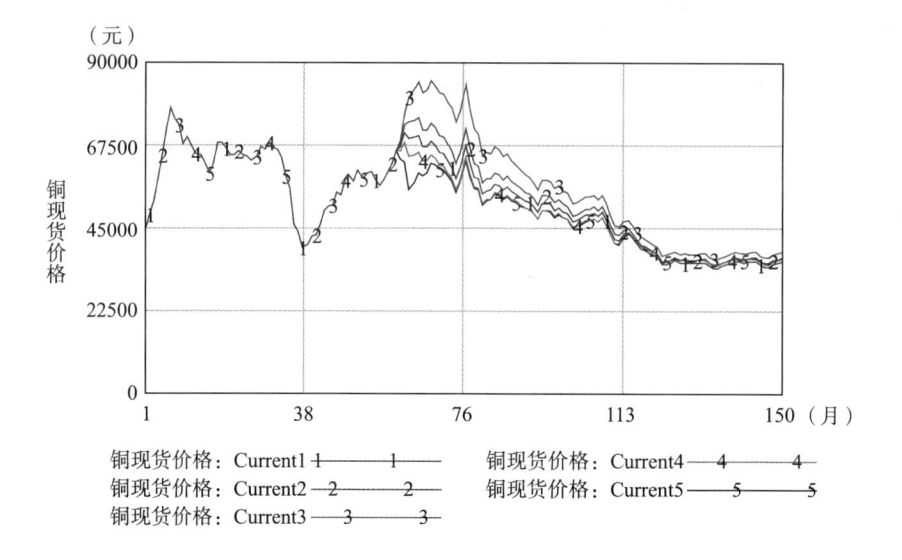

图 3-11 期现货市场操纵对铜价的变化情况

仿真结果表明，在价格操纵期内铜价波动幅度相比基准情景都有显著上升或下降，操纵期结束后铜价逐渐趋于基准水平，与现货市场操纵的价格波动规律类似。但相比之下,期现货市场同时操纵的影响强度更大,持续时间也更长。以 Current5 为例,当在操纵期内现货市场增产 50%,同时期货市场持仓量降低 50% 时,铜现货价格相对基准价格从 2011 年 1 月开始下降,下降幅度为 5.08%,下降幅度先增大,至第 64 期下降幅度增至 20.01%,后逐渐回升,至 2015 年 6 月基本趋于基准水平后略微有所上升。相比仅在现货市场的操纵情景 5(Current5),同样是操纵期内现货市场增产 50%,此时铜现货价格从 2011 年 2 月才开始下降,初始下降幅度仅为 2.75%,降幅增大至 2011 年 5 月的 8.38% 后逐渐回升,至 2015 年 6 月基本趋于基准水平后略微有所反向上涨。而相比于仅在期货市场的操纵情景 3(Current3),同样是持仓量降低 50%,铜价从 2011 年 1 月开始下降,下降幅度与期现货市场同时操纵情景下的幅度相同,为 5.08%,先增大至 2011 年 3 月的 12.75% 后迅速回升至基准水平,至 2011 年 12 月基本回升至基准水平,与基准水平相差不到 1%。由此可见,期现货市场同时操纵对铜价的影响相比上述两种情形强度更大,持续性更长。

3. 结论

本节通过梳理价格、成本、库存、需求以及期现货市场的价格联动机制,分析了跨期现市场操纵的内在操纵机理,在定性分析的基础上,结合定量分析,研究了跨期现市场操纵的三种情景:现货市场操纵、期货市场操纵以及期现货市场同时操纵对铜价的影响程度和影响路径,对规范我国金属期货市场监管、有效预警价格操纵提供了理论指导和对策建议。仿真结果显示该模型可以较好地反映我国铜市场 2006 年 1 月至 2016 年 6 月铜价波动变化规律。根据仿真结果,得出以下结论:

（1）现货市场操纵主要是通过垄断供应量、控制库存，利用供求规律操纵铜价。此时对铜价的操纵有一定的延迟，且不仅在操纵期内对铜价影响较大，操纵期结束后对铜价的影响持续性较长。此外，此种情形下通过控制库存使铜价上涨的操纵方式更有效。

（2）期货市场操纵主要是利用投机因素对铜需求的影响来操纵铜期货价格，后利用期现货市场的价格联动性影响铜现货价格。此时仅在操纵期内对铜价影响较大，操纵期结束后迅速趋于基准水平，且该种情景下通过操纵持仓量使铜价下降的操纵方式更有效。

（3）期现货市场同时操纵通过同时对现货市场供应量和期货市场持仓量的操控来影响铜价波动，对铜价的影响相对上两种情景来说，影响程度更大，持续时间更长。

（4）建立金属价格监测预警体系，及时有效地监测金属市场库存、仓单的变化以及规范期货市场交易机制等都能够有效地预防价格操纵的发生。

由于该模型仅为跨期现市场操纵机制的简化模型，并未将价格操纵机制的所有影响因素都考虑在内，因此本模型仍有很多不足之处。首先，在模型变量的设定方面，有些变量数据获取困难，对这些变量采用了近似估计的做法，在一定程度上影响了模型结果的准确性。比如国内生产总值只有季度数据而没有月度数据，而工业增加值有月度数据，因此利用工业增加值的权重计算出每个月的国内生产总值作为GDP的月度近似值。其次，在系统边界的设定上，为了简化模型的需要，某些变量未纳入模型中来，这也会对模型的有效性和准确性造成影响。比如在模型期货市场的操纵中，我们没有考虑国际对冲基金以及相关政策建议对铜价波动的影响等。这些不足将是以后我们完善跨期现市场操纵系统动力学模型时需要改进的地方。

第三节　金属资源价格操纵判别的实证研究

自从开始研究价格操纵，价格操纵的识别一直以来都是研究的重点，也是研究的难点。随着各国金融市场法律和监管制度的完善，操纵所面临的风险不断增加，但这并不意味着价格操纵的消失。相反，价格操纵的特点由之前的时间长、次数少转变为时间短、操纵频繁，且操纵的隐蔽性不断上升。但对价格操纵，尤其是跨市场操纵的识别依然缺乏科学的、行之有效的方法。因此，本节以高盛铝价格操纵事件为研究对象，提出了一种可以对跨市场操纵进行识别的方法。之所以选取高盛铝价格操纵事件，是因为该事件发生较晚，且存在跨市场操纵行为，学术界也没有针对该事件的实证研究。

一　识别方法与数据选取

（一）识别方法选择

借鉴张维等和 Chaturvedula 等的研究思路，运用 GARCH 模型和事件分析法对价格操纵进行识别。

1. 衡量波动性的模型与假设1

为了判别价格操纵的存在性，第一步的工作就是判别在疑似价格操纵的时间段内资产价格是否存在异常波动。在计量经济学中，ARCH 模型通常用来描述时间序列的秩序。1986 年，学者 Bollerslev 在 ARCH 模型基础上研究出了用于描述金融资产价格的"秩序"的 GARCH 模型，并得到广泛的应用。而价格操纵是人为扰乱资产价格序列的行为，因此如果存在价格操纵可以用 GARCH 模型检测到波动率的异常。基于此，利用 GARCH 模型来衡量铝金属价格序列的波动性变化。GARCH 模型具体表达式如下：

$$y_t = \sum_{i=1}^{n} \gamma_i y_{t-i} + \varepsilon_t \tag{3-1}$$

$$\sigma_t^2 = \omega + \sum_{i=1}^{q} \alpha_i \varepsilon_{t-i}^2 + \sum_{j=1}^{p} \beta_j \sigma_{t-j}^2 \tag{3-2}$$

其中，

$$var(\varepsilon_t) = \frac{\omega}{1 - (\sum_{i=1}^{q} \alpha_i + \sum_{j=1}^{p} \beta_j)}$$

显然，$\sum_{i=1}^{q} \alpha_i + \sum_{j=1}^{p} \beta_j < 1$，当 $\sum_{i=1}^{q} \alpha_i + \sum_{j=1}^{p} \beta_j \geq 1$ 时，方差不定。模型设定中一般假定 $\alpha_i > 0 (i = 1, 2, \cdots, q)$，$\beta_j < 1 (j = 1, 2, \cdots, p)$，当 $\beta_j \geq 1 (j = 1, 2, \cdots, p)$ 时，条件方差不定。参数 $\sum_{i=1}^{q} \alpha_i + \sum_{j=1}^{p} \beta_j$ 常用来描述资产价格的波动性特征，被称为持久性指标。当该指标小于1时，说明资产价格序列处于随机自然均衡的稳定状态；当该指标大于1时，说明资产价格序列波动异常，呈现"非自然特性"。根据这个指标的特性，我们可以用来检验铝金属期现市场是否具有价格操纵的嫌疑。若不存在价格操纵，则持久性指标小于1；若有价格操纵嫌疑，则持久性指标很可能大于1。据此提出研究假设1：

如果利用GARCH模型对铝期现货市场的价格序列进行波动性检验发现 $\sum_{i=1}^{q} \alpha_i + \sum_{j=1}^{p} \beta_j$ 大于1，则说明在此期间铝市场价格有人为操纵的嫌疑。

2. 事件分析模型与假设2

由于能够引起价格序列波动的因素有很多，其中包括偶然因素的冲击，因此不能简单地认为通过GARCH模型检验存在波动性的"非自然特性"就是由价格操纵引起的。而且，GARCH模型更多地适用于单市场价格操纵的检验，在多市场联动的背景下，GARCH模型的准确性会有所降低。所以，需要进一步地寻找是否存在价格操纵的事实证据。

事件分析法是一种可以根据资产价格和价格操纵关联性进行实证分析的方法。如果价格操纵的影响是显著的，那么价格操纵发生期间铝的价格的波动程度一定大于价格操纵没有发生的时候，在这种情况下，就会产生超额收益。所以，本节运用事件分析法，计算高盛铝价操纵期间的超额收益率，通过判断是否存在显著的累积超额收益来判断是否存在价格操纵。

事件分析法的关键步骤是计算事件窗内的超额收益率。计算方法主要有三种：均值调整模型、市场模型以及市场调整模型。考虑到市场模型更具稳健性，采用市场模型，即 CAPM 法。

该模型假设事件窗内资产价格的预期收益率与同期市场收益率存在线性关系。即

$$R_{it} = \alpha_i + \beta_i R_{mt} + \varepsilon_{it} \tag{3-3}$$

其中，选取 CRB 金属指数作为市场因子，CRB 指数是目前世界范围内衡量大宗商品期现货价格变动的基准，可以衡量所有大宗商品面临的系统性风险。R_{mt} 为 CRB 金属指数在 t 时刻的对数收益率，即

$$R_{mt} = 100 \times \ln\left(\frac{CRB_t}{CRB_{t-1}}\right) \tag{3-4}$$

利用估计窗计算出待估参数 α_i 和 β_i 后，就可计算出资产价格序列在事件窗内的预期收益，进而得到高盛铝价操纵事件的超额收益，即事件窗内的实际收益与预期收益之差。将事件窗内每日的超额收益累加，即得到累积超额收益，用 CAR 表示。最后设计统计量对超额收益率的显著性进行检验。对于事件分析法的检验有很多种，但 T 检验的使用相对更为频繁。T 检验对小样本的检验也适用，不受样本量大小

的限制。因此本节也采用 T 检验的方式。其假设条件为：

$H_0: CAR = 0$

检验统计量为：

$$t_{CAR} = \frac{CAR_t \sqrt{n}}{S(CAR_t)}$$

其中，

$$S^2(CAR_t) = \frac{1}{n-1} \sum_i^n (CAR_{it} - CAR_t)^2$$

根据 CAPM 模型，若事件发生对股价没有显著影响（不存在操纵），则 CAR 的分布应该为标准正态分布。如果统计量的绝对值大于 1.97，那么超额收益在 95% 的置信水平下显著；如果统计量的绝对值大于 2.58，那么超额收益在 99% 的置信水平下显著，意味着此时存在铝价格操纵。据此提出研究假设 2：

如果运用事件分析法计算事件窗内存在显著为正的累计超额收益，即检验统计量的绝对值大于 1.97 且累计超额收益为正，则认为波动性所呈现的"非自然特性"确实是由价格操纵所致，说明高盛确实对铝价进行了操纵。

（二）数据选取

数据选取涉及基于波动性和事件分析法的操纵判别。针对波动性模型的分析，选取 2010 年 10 月 13 日至 2012 年 2 月 17 日的 LME 铝现货和 3 个月铝期货日度价格数据样本作为高盛铝价操纵期。因为根据前文的案例分析，高盛 2010 年 2 月收购了 MITS，高盛就疑似开始了对铝价的操纵，但此后一段时间，价格操纵发酵得不是很明显。但到 2011 年年初，市场铝价已经上涨了 13%，排队时间比平时延长了 1 倍，此时，价格操纵才引起怀疑。因此，为了保证数据的准确性和有效性，选取 2010 年 10 月 13 日至 2012 年 2 月 17 日作为操纵期。同时为了与价格操纵期进行对比，选取了 2006 年 6 月 1 日至 2008 年 5 月 30 日以及 2015 年 1 月 2 日至 2016 年 3 月 23 日这两个时间段分别作为价格操纵前期和操纵后期，因为这两个时间段明显没有价格操纵的嫌疑。

在事件分析法的数据选择上，最重要的是确定事件日和事件窗，因为高盛于 2011 年 5 月 24 日将未来三个月 LME 铝价预期上调至每吨 2700 美元，被市场视为高盛买进铝现货的一个信号。与此同时，LME 铝库存正逼近 468.8 万吨的历史高位。所以，选取 2011 年 5 月 24 日作为 0 时刻（事件发生日）。事件窗是指事件的发生对某一事物产生影响的时间。这个时间，并不是某个时刻，而是一段时期，一般会根据事件的性质向前或者向后延长一定时间。在这里事件窗就是高盛对铝价进行操纵的时间段。考虑到某些事件可能提前被市场预期到，则市场价格就会提前反应，因此将事件窗设定为 [-2, 20]，即事件窗口为 2011 年 5 月 20 日至 2011 年 6 月 22 日。估计窗的选择最好大于 100 天，但也不宜太长，因此以 [-152, -3] 为估计窗，即将事件发生日之前的第 152 天至第 3 天作为估计窗口，起止时间为 2010 年 10 月 13 日至 2011 年 5 月 19 日，据此区间计算预期收益。但是估计窗的长短选取并无客观的标准，不同的长短会产生不同的结果，甚至截然相反。为了避免这一问题，还将事件窗口分别设定为 [-2, 20]、[-2, 15]、[-2, 10]、[-2, 5]、[-2, 2]，同时考虑到操纵事件可能完全不被市场预期到，也将 [0, 5]、[0, 10] 作为事件窗进行了检验，相应的后两种事件窗口的估计窗口设定为 [-150, -1]。全部数据来源于 Wind 数据库。

二 实证结果分析

(一) 波动性结果分析

选取 LME 铝现货和 3 个月期货市场价格序列的对数一阶差分并扩大 100 倍作为收益率。根据前文所描述的波动性分析模型,分别对铝期现两个市场在操纵期以及操纵前期和操纵后期三个不同时间段分别建立对应的 GARCH (1, 1) 模型,运用 STATA14.0 软件计算得出参数估计结果如表 3-5 所示。

表 3-5　　　　　　收益率序列的 GARCH (1, 1) 模型

	Al 现货			Al 期货		
	操纵前期	操纵期	操纵后期	操纵前期	操纵期	操纵后期
α	0.046	0.136**	-0.087*	0.159***	-0.031	0.149
	(0.048)	(0.061)	(0.055)	(0.061)	(0.055)	(0.097)
β	0.792	0.926**	0.051	0.265	1.031	0.821**
	(0.750)	(0.395)	(0.971)	(0.451)	(1.352)	(0.406)
AIC	1857.9	1222.1	982.2	1794.8	1212.5	937.7
BIC	1874.8	1237.5	997.1	1811.7	1227.9	952.6
N	505	341	309	505	341	312

注:括号内为标准差,***、**、*分别表示在 1%、5% 和 10% 的显著性水平下显著。

在操纵期,铝现货市场的持久性指标 $\alpha+\beta$ 显著大于 1,表明收益率序列发散不稳定,偏离稳定状态。在期货市场上,α 小于 0,不满足非负的条件,且 β 大于 1,且不具有统计显著性,说明条件异方差不稳定,持久性指标 $\alpha+\beta$ 也大于 1,更加证明期货市场上的收益率序列呈现"非自然特性"。可见铝期现货市场在操纵期均满足研究假设 1,说明铝期现货市场都存在价格操纵的嫌疑。考虑到市场的联动性,

两个市场的价格变化会在一定程度上呈现出一致性,这与期现货市场都存在收益率序列波动的"非自然特性"相吻合。

再看操纵前期,在期现货市场上均有持久性指标 $\alpha+\beta$ 小于1,价格序列呈现随机分布的自然特性,说明此时并没有价格操纵,属于正常状态。最后看操纵后期,在现货市场上,虽然 $\alpha+\beta$ 小于1,但显著小于0,说明现货市场上价格操纵的效果还没有完全消失,但是价格操纵已经不再继续。在期货市场上,α 和 β 都大于0,且 $\alpha+\beta$ 小于1,但 β 的系数不显著,说明期货市场后一期的价格波动不能根据前一期的价格波动准确预测,即价格操纵的效应还没有完全消失,呈现出与现货市场相同的规律。

综合上述研究可以得知,在价格操纵期,铝价格序列偏离了自然特性,呈现出价格操纵的嫌疑。但是,由于 GARCH 模型只适用于单市场的局限性,想要判断价格操纵是否存在还需要进一步根据事件分析法分析判断。

(二) 事件分析法实证结果分析

在铝期货和现货市场分别建立 GARCH 模型初步判断高盛集团存在操纵铝现货和期货市场的嫌疑,现在用基于市场模型的事件分析法估计事件窗口内超额收益。基于 [-2, 20] 事件窗口的超额收益率的实证结果如表 3-6 所示,并据此绘制了高盛操纵铝价事件的铝期货和现货市场超额收益的折线图和累积超额收益的柱状图,分别如图 3-12、图 3-13 所示。

由图 3-12 可知,铝期现货市场累积超额收益表现出相同的变化趋势,且期货市场的累积超额收益略大于现货市场的累积超额收益。

事件日之前,期现货市场都没有显著的超额收益,累计超额收益为负,说明此时高盛欲操纵铝价的消息还没有走漏或走漏得不明显。

表3-6 事件发生前2天和后20天的超额收益率和累积超额收益率

n	现货铝				期货铝			
	AR	T值	CAR	T值	AR	T值	CAR	T值
-2	-1.111	-5.479	-1.111	-2.714	-0.573	-2.465	-0.573	-1.317
-1	0.005	0.022	-1.107	-2.703	0.08	0.342	-0.493	-1.134
0	1.511	7.452	0.405	0.988	1.038	4.472	0.545	1.255
1	0.497	2.453	0.902	2.203	0.439	1.889	0.984	2.263
2	-0.258	-1.274	0.644	1.572	0.865	3.726	1.849	4.253
3	2.298	11.330	2.941	7.184	2.339	10.069	4.188	9.632
4	0.726	3.582	3.668	8.958	0.434	1.868	4.622	10.630
5	0.420	2.069	4.087	9.982	-0.763	-3.283	3.859	8.877
6	-0.433	-2.135	3.654	8.925	-0.163	-0.705	3.696	8.500
7	-0.291	-1.435	3.363	8.214	0.994	4.282	4.690	10.787
8	0.864	4.262	4.228	10.325	0.637	2.742	5.327	12.252
9	1.365	6.732	5.593	13.659	1.266	5.452	6.593	15.164
10	-0.456	-2.249	5.137	12.545	-0.525	-2.260	6.068	13.957
11	-0.731	-3.607	4.405	10.759	-0.462	-1.992	5.606	12.893
12	-0.869	-4.287	3.536	8.636	-1.535	-6.611	4.071	9.362
13	-0.877	-4.322	2.659	6.495	-0.951	-4.093	3.120	7.176
14	-0.021	-0.104	2.638	6.443	2.108	9.079	5.228	12.025
15	0.009	0.0430	2.647	6.465	-2.083	-8.970	3.145	7.234
16	-2.076	-10.237	0.571	1.395	-1.036	-4.462	2.109	4.850
17	-0.213	-1.050	0.358	0.875	-1.288	-5.544	0.821	1.889
18	-0.278	-1.370	0.080	0.196	0.502	2.162	1.323	3.044
19	1.049	5.171	1.129	2.757	0.425	1.830	1.748	4.021
20	-0.570	-2.811	0.559	1.365	0.426	1.831	2.174	4.999

事件日当天,超额收益率超过1%,说明价格操纵产生了超额利润。

事件日后,超额收益开始递增,累积超额收益不断上升,说明高盛在这段时间内通过价格操纵获得了显著的累积超额收益。

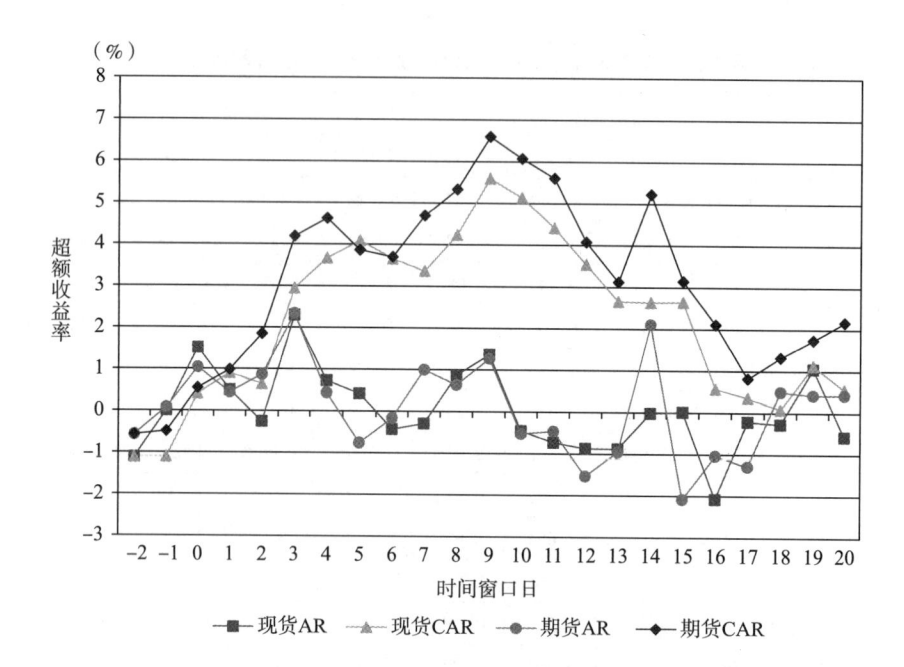

图 3-12　事件窗口内期现货市场的超额收益率

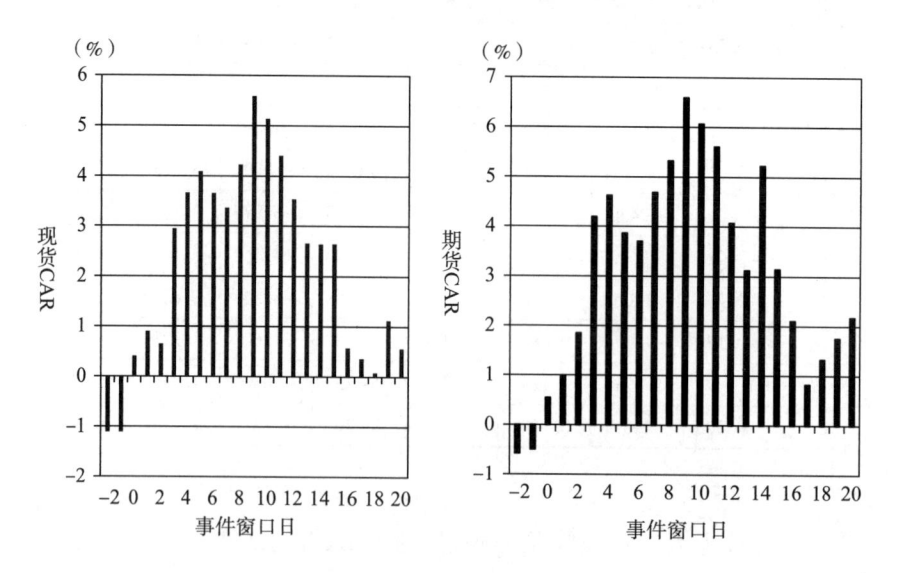

图 3-13　事件窗口内铝现货和期货市场累积超额收益率

事件日后第九天，累计超额收益达到顶峰，但超额收益为负，说明此时高盛并没有获得超额收益，但价格操纵的影响尚未消失。

总体来看，在［-2，20］的事件窗口内，现货和期货市场的累积超额收益分别为 0.559% 和 2.174%，且从事件日开始就一直为正值，说明高盛利用价格操纵确实获得了较大的超额收益。

表 3-7 和图 3-14 是高盛集团在期现货市场不同事件窗口区间的累积平均超常收益率及其 T 检验结果。从中可以看出，除［-2，2］上现货市场的 CAAR 为负，其余 CAAR 均为正值。其中，事件窗口［0，10］的平均累积超额收益最大，这是因为在事件发生的当天到第九天每天的超额收益都为正，与之前的分析相吻合。从 T 检验的结果来看，除事件窗口［-2，2］和［-2，5］外，其余事件窗口的平均超额累积收益均在 1% 的显著水平下显著。由此可见，高盛控制铝价前后的大部分时间在现货市场和期货市场上都因为价格操纵而获取了超额收益。

表 3-7　　　　　　　　不同窗口区间的平均累计超常收益率

事件窗	现货		期货	
	CAAR	T 检验	CAAR	T 检验
［-2，20］	2.2168	5.4140	3.0740	7.0701
［-2，15］	2.6827	5.7651	3.4737	6.7459
［-2，10］	2.4926	3.9508	3.1813	4.6888
［-2，5］	1.3036	1.8095	1.8728	2.5174
［-2，2］	-0.0534	-0.122	0.4626	1.0111
［0，5］	3.2424	4.7811	3.2289	4.4170
［0，10］	4.2951	7.9513	4.4694	7.2411

综上所述，基于事件分析法的分析，高盛在不同事件窗口都获得

了显著为正的累积超额收益，满足研究假设2，说明由波动性分析得出的价格序列呈现出的"非自然特征"是由高盛价格操纵引起的。由此判定该案例是一起跨期现市场的价格操纵事件，从而证实了相关定性推测。

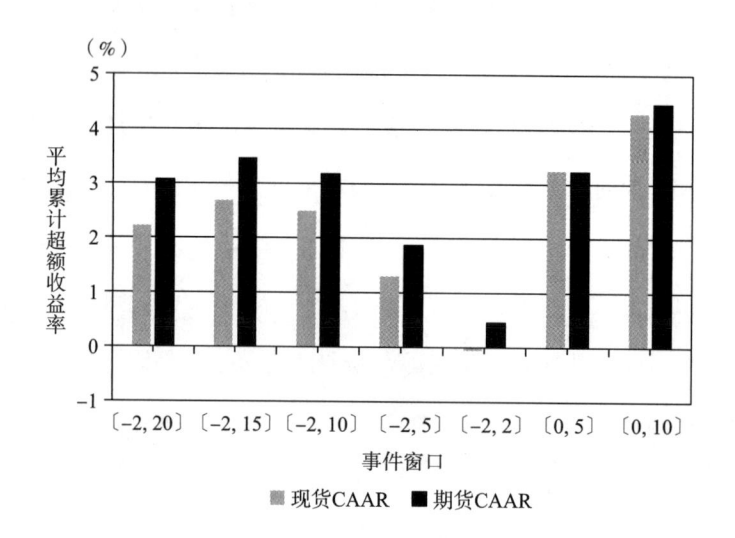

图3-14 不同事件窗口的平均累计超额收益率

三 实证结论

本节以高盛操纵铝价为研究案例，考虑到可能存在的跨市场操纵，拓展了GARCH模型只适用于单市场波动性检验的局限性。首先运用GARCH模型分析判断在操纵期间价格序列是否呈现"非自然特性"，在此基础上引入事件分析法作为进一步的判断证据，解决了跨市场操纵分析的不足。通过对高盛铝价格操纵的分析可以得出以下结论：

1. 通过GARCH模型可知，铝现货和期货市场的价格在2010年10月13日至2012年2月17日存在明显的波动异常，价格序列表现出"非自然特性";在此基础上进一步由事件分析法判别可知,高盛在 2011 年 5 月 24 日为事件发生日的 23 个工作日内,获取了累积超额利润,并通过显著性检验,说明在此期间获得的累积超额利润确实是由价格操纵引起的。所以,我们可以认定高盛在这一时间段内确实对铝市场进行了价格操纵。

2. 现货市场和期货市场表现出一致性,但期货市场中的累计超额收益率略高于现货市场的累计超额收益率。在高盛进行价格操纵的过程中,现货市场和期货市场上的超额收益率和累计超额收益率都呈现出了同增同减的趋势,两个市场之间存在关联性。

3. 基本金属市场金融化的监管比较薄弱。高盛对铝现货和期货市场的价格操纵不仅损害了可口可乐等需求方的利益,破坏了正常的市场秩序,而且导致铝现货和期货市场价格的波动,增加了基本金属市场金融化的风险。但是,监管当局直到《纽约时报》进行披露才意识到价格操纵的存在,说明监管的力度薄弱。

因此,需要强化对基本金属市场金融化的监管,制定相应的措施,增加市场对价格操纵的识别度,这对减小基本金属市场的风险、保证市场的正常发展具有重要意义。

第四节 防范金属资源价格操纵的建议

一 明确价格操纵的界定

只有明确价格操纵的界定,才能对价格操纵进行识别、分析以及预警。但是截至 2018 年,国内的学术界和司法界都缺乏对价格操纵清晰的、权威的界定。从学术界角度来看,关于价格操纵的表述隐含在关于市场结构的论述与研究中,研究对象基本上是以现货定价为主的金属资源；在司法界，司法部门虽然试图对操纵进行界定，但由于市场的复杂性，操纵行为的认定始终存在很大困难。

欧美等金融市场比较完善的国家，都对价格操纵进行了明确的规定并且伴随着具体的认定标准。英国将价格操纵定义为以下三种情况：（1）交易或交易指令可能给供求或金融工具的价格带来虚假或误导性的信号，或者一人或多人联合使金融工具的价格出现异常或人为的水平；（2）采用虚假手段或其他欺骗形式进行交易或发出交易指令；（3）通过媒体传播信息（如谣言、虚假或误导性新闻），可能会给金融工具带来虚假或误导性信号，而行为人知道或应该知道这些信息是虚假或误导性的。该定义并没有按照不同行业分别对价格操纵进行定义，而是证券、期货、现货市场的所有操纵统一定性，为英国学术界和司法界提供了明确的方向。

二 建立有效的价格操纵识别方法

市场操纵的认定标准在我国表现出明显的以定性分析为主的趋势。我国《证券市场操纵行为认定指引（试行）》第14条操纵手段认定中提到，在对价格操纵进行认证时，可以结合专家委员会或证券交易所的意见。虽然这里仅仅只是"可以"结合专家的意见，但是由于法官缺少足够的专业知识和明确的法律依据，专家意见就成为评定价格操纵的主要依据。而且我国对价格操纵缺乏明确的科学定义，这就给价格操纵识别造成了一定的障碍。即便完善价格操纵的定义，仅仅依靠定性分析判断价格操纵也是远远不够的。定性分析是一种主观性较强的分析方法，对于价格操纵这种违规行为仅仅依靠主观臆断是一种不严谨、缺乏责任的表现。需要在定性分析的基础上采用科学的定量研究方法，为价格操纵的判别提供准确的依据。而本节为价格操纵的定量研究提供了很好的思路。一方面，通过理论分析，定性判断价格操纵的存在，并分析操纵的手法和路径；另一方面，结合系统动力学、GARCH 模型和事件分析法，对价格操纵进行进一步的确认。

三 发现并防范规则漏洞

随着各国的法律法规不断完善，价格操纵在一定程度上有所减少，但有一部分操纵变得更加复杂、更加隐蔽，以更好地躲避监管；也有一部分操纵事件，并没有触犯相关法律法规，而是在规则允许范围内，利用规则漏洞进行操纵。比如2010年的铁矿石谈判事件，虽然明知三大铁矿石供应商在利用垄断优势操纵价格，但贸易规则允许价格通过谈判确定。对于利用规则漏洞进行操纵的事件，即使能够准确地识别，也难以对其进行制裁。因此，针对这部分价格操纵，只能从规则出发，进行防范。可以从以下三个方面入手：第一，认真研究各国及国际相关法律法规，及时发现可以进行操纵的规则漏洞；第二，充分利用 WTO 的相关机制，寻求利用 WTO 的相互博弈的机制最大限度地维护自身利益；第三，积极参与国际法律法规的制定，寻求在国际法则中体现我国的意志，维护我国的金属资源安全。

四 加强对期货市场的监管

金属资源价格操纵问题很大范围内是发生在期货市场之中的，为了减少价格操纵对我国的冲击，需要加强对期货市场的监管。第一，借鉴英美等发达国家的监管机制，构建政府—行业—交易所监管的三级监管体系，明确分工，相互配合，减少监管盲区，及时发现价格操纵的存在。第二，逐渐减少政府监管的参与，充分发挥市场监管的作用，让市场可以根据操纵迅速做出调整，减小操纵的影响。第三，期货市场的监管不能一成不变，必须根据"管制—操纵—再管制"的螺旋式道路不断改进，与时俱进。

第四章 市场势力对金属资源定价权的影响分析

第一节 市场势力与金属资源定价权的互动机理

一 市场势力的含义与测度

市场势力，也被称为垄断势力，是国际贸易竞争理论的核心问题。亚当·斯密在其《国富论》中指出，在自由竞争状态下，垄断并不是必然产生的现象，这是有关市场势力的最早论述。在新古典理论学派的价格理论模型形成后，市场势力逐渐成为学者研究的重点。本章基于国内外学者对市场势力的研究，对市场势力做如下定义：在一个开放国际贸易市场中，一个国家作为贸易的买方或者卖方，所具有的对国际市场某一商品进口或出口价格的影响能力，这种能力即表现为买方或卖方的市场势力。具体来讲，买方的市场势力主要体现在对进口价格和所能进口数量的掌控能力，而卖方的市场势力主要体现在对出口价格和出口数量的控制能力。

二 定价权与市场势力的互动机理分析

现阶段，主流经济以价格维持在边际成本之上的能力作为市场势力的评价依据。影响市场势力的主要因素有：市场集中度、产品异质性、行业进入壁垒等。而对于国际资源贸易，市场势力还受到资源禀赋、贸易政策及经济形势等因素影响。值得注意的是，市场势力主要是通过价格来反映的。在贸易中获得市场势力的同时，也能够在进口或出口商品贸易中获得相应的价格优势。而对于国际定价权，李艺、汪寿阳（2006）从广义角度定义国际定价权，认为其泛指一国能够对某种贸易商品价格的影响能力。具体而言，即一国在某种贸易商品的价格形成过程中发挥与其贸易角色相对应的积极作用，能够使本国在国际贸易中免受经济损失。在政府、进出口企业等部门的合理组织配合下，在贸易中为本国创造较为有利的外部竞争环境，最终为本国能够抵御国际贸易中的价格风险提供保障。需要特别指出，定价权的研究需要注意三个关键点：（1）争取国际贸易中的定价权，是为了在本国参与贸易的过程中形成合理的价格，而不是通过定价权的获取来操纵国际贸易价格。（2）与市场势力类似，价格是定价权研究的核心问题，因此了解影响价格波动的相关因素，是正确认识定价权问题的前提。（3）不同于市场势力，仅仅具备价格优势是不足以反映定价权获取的。影响定价权的因素是多样的，与此相对应的解决措施也是多方面的，需要综合各方面进行考虑，主要是需要政府、进出口企业等各方共同努力来确保各项政策能够有效地推行。

现阶段，测度市场势力的模型较多，应用较广泛的有 PTM 模型、剩余供给 RDE 模型，而测度定价权的模型主要有动态比价模型、RDE 模型。其中，动态比价模型是以进口或出口价格的涨幅相对于其对应国际市场价格的上涨幅度。以 R 表示动态比价，R 大于 1 则表示进口国处于定价权劣权化阶段，R 越大，劣权化趋势越严重；相对应地，R 小于 1 则表示进口国处于定价权优权化阶段，R 越小，优权化趋势越明显。而对于出口国而言，则恰恰与进口国相反。剩余供给 RDE 模型，则是从汇率角度出发，对国际贸易中定价权做了分析。可以看到，计算市场势力和定价权的模型是相同的，而且两者均与贸易价格相关，这表明市场势力和定价权必然存在着内在联系。现阶段，测度市场势力的模型较多，但是能够直接反映定价权的方法模型则较少，这主要是由于反映定价权的相关因素难以全部纳入考虑范围。因此，在研究方法和研究进展方面，市场势力和定价权还存在一定区别。即使如此，鉴于现阶段市场势力的研究已较为成熟，而理解市场势力和定价权之间的内在逻辑和转化关系，对研究国际贸易中的定价权问题就显得尤为重要。

对市场势力的研究，前期主要是基于封闭市场下，从社会福利的角度来对一个国家中某一行业的市场势力进行测度分析，而所选行业主要为通信、电力等具备垄断能力的行业。伴随国外研究方法，如边际成本和剩余需求模型的引入，对市场势力的研究也逐渐拓展到国际市场上的贸易商品。由国内某一行业的研究，到国家之间某种贸易商品市场势力的测算分析，可以发现市场势力是贯穿在产业链之间的。产业链的每一环在与其下一环组成的市场中，都是存在相对的市场势力的。而产业链整体势力的强弱，又影响到一国某项产业在参与国际贸易过程中市场势力及定价权的获得。因此，分析产业中各环节的竞合关系以及市场势力分布、传导关系，能够在一定程度上把握产业所具有的市场势力，而这也是分析国际贸易市场势力及定价权的基础。以上分析可以看出，产业各环节的市场势力竞合关系决定产业整体市场势力，而产业整体市场势力决定该产业在国际市场上的市场势力和定价权，三者是逐步递进的关系。由市场势力到产业势力，最终转化为国际市场定价权，不是简单的影响因素叠加，而是需要从产业各环节入手，研究市场势力的竞合关系及分布情况，对研究产业在国际贸易市场中的定价地位至关重要。

第二节　世界主要国家金属资源市场势力评估

一　市场势力 SMR 模型的构建及数据的选择

Baker 和 Bresnahan（1988）提出的 RDE 模型是不能够反映需求方的市场势力的，Song（2009）的研究中，构建了一个包含中国—美国两国的局部均衡大豆贸易模型，分析中国在与美国大豆进口贸易中的市场势力，并得出了中国在大豆进口贸易中具有市场势力的结论。金属资源国际贸易，是典型的双边贸易，借助 SMR 模型能够对贸易双方的市场势力进行定量研究。

以中国及中国主要金属资源进口来源国为研究对象，基于进口国和出口国双方的视角，从剩余供给和剩余需求出发，以 Baohui Song、Mary A. Marchant 等（2009）在分析中国大豆进口市场的市场势力中所运用的 SMR（Song – Marchant – Reed）模型为基础，并根据研究需要对该模型进行调整和拓展。基于该模型所运用到的剩余需求和剩余供给理论，将其拓展到测度中国与进口来源国的市场势力分析。设定金属资源的进口国为中国，表示为 c；出口国为中国金属资源的主要贸易国，表示为 j。

由剩余需求，对于出口国 j，面临来自进口国 c 的剩余需求为：

$$RD_c^j = D_c - (S_c + MMQ_c^{imoth} + STK_c) \tag{4-1}$$

其中，D_c 表示中国国内金属资源需求，S_c 表示中国国内金属资源供给，MMQ_c^{imoth} 表示中国从金属资源出口国 j 以外的其他国家进口金属矿产的数量，STK_c 则表示中国金属资源库存，此时剩余需求 RD_c^j 即表示金属资源出口国 j 向进口国中国的金属资源出口数量。

中国金属资源的需求函数可以表示为：

$$D_c = D_c(P_c^{i,ex}, Z_c^D) \qquad (4-2)$$

其中，$P_c^{i,ex}$ 表示金属资源的价格水平，D_c 表示中国在 $P_c^{i,ex}$ 价格水平下对金属资源的需求，Z_c^D 表示中国内部影响需求的因素。

同理，可得中国金属资源的供给函数为：

$$S_c = S_c(P_c^{i,ex}, Z_c^S) \qquad (4-3)$$

其中，$P_c^{i,ex}$ 表示金属资源的价格水平，S_c 表示中国在 $P_c^{i,ex}$ 价格水平下内部金属资源的供给，Z_c^S 表示中国内部影响供给的因素。

因此，j 国面临来自金属资源进口国 c 的剩余需求可以表示为：

$$RD_c^j = RD_c^j(P_c^{i,ex}, Z_c^D, Z_c^S, MMQ_c^{imoth}, STK_c) \qquad (4-4)$$

则由 $P_c^{i,ex}$ 到 RD_c^j 的反函数取对数后可以表示为：

$$\ln P_c^{i,ex} = \alpha_0 + \alpha_1 \ln RD_c^j + \alpha_2 \ln Z_c^D + \alpha_3 \ln Z_c^S + \alpha_4 \ln MMQ_c^{imoth} + \alpha_5 \ln STK_c + \varepsilon$$

$$(4-5)$$

其中，中国金属资源剩余需求 RD_c^j 系数 α_1，是中国金属资源反剩余需求方程的价格弹性，其经济含义为金属资源出口国出口价格相比开采价格加上运费价格的差额，反映金属矿产出口国在金属资源出口贸易中的价格加成能力，可以用于衡量出口国 j 在金属资源国际出口贸易中的市场势力。

根据 Baohui Song、Mary A. Marchant 等（2009）提出的剩余供给理论，对于金属资源进口国中国，面临来自金属资源出口国 j 的剩余供给可以表示为：

$$RS_j^c = S_j - (D_j + MMQ_j^{exoth} + STK_j) \quad (4-6)$$

其中，S_j 表示金属资源出口国 j 的国内金属资源供给，D_j 表示金属资源出口国 j 金属资源国内市场需求，MMQ_j^{exoth} 表示金属资源出口国 j 出口到除中国以外其他国家的金属资源数量，STK_j 表示金属资源出口国 j 国内的金属资源库存量。

金属资源出口国 j 的需求函数可以表示为：

$$D_j = D_j(P_j^{c,im}, Z_j^D) \quad (4-7)$$

其中，$P_j^{c,im}$ 表示金属资源的价格水平，D_j 表示金属资源出口国 j 在 $P_j^{c,im}$ 价格水平下的国内市场需求，Z_j^D 表示中国内部影响需求的因素。

同样的，金属资源出口国 j 的供给函数可以表示为：

$$S_j = S_j(P_j^{c,im}, Z_j^S) \quad (4-8)$$

其中，$P_j^{c,im}$ 表示金属资源的价格水平，S_j 表示金属资源出口国 j 在 $P_j^{c,im}$ 价格水平下的国内市场供给，Z_j^S 表示中国内部影响供给的因素。

因此，中国面临来自金属资源出口国 j 的剩余供给函数可以表示为：

$$RS_j^c = RS_j^c(P_j^{c,im}, Z_j^D, Z_j^S, MMQ_j^{exoth}, STK_j) \quad (4-9)$$

则由 $P_j^{c,im}$ 到 RS_j^c 的反函数取对数后可以表示为：

$$\ln P_j^{c,im} = \beta_0 + \beta_1 \ln RS_j^c + \beta_2 \ln Z_j^D + \beta_3 \ln Z_j^S + \beta_4 \ln MMQ_j^{exoth} + \beta_5 \ln STK_j + \varepsilon$$

$$(4-10)$$

其中，j 国金属资源剩余供给 RS_j^c 系数 β_1，是 j 国金属资源反剩余供给方程的价格弹性，其经济含义为中国国内金属资源价格与从 j 国国进口金属资源价格之间的差额，反映了国内市场的价格加成能力，可以用于衡量进口国中国在金属资源国际进口贸易中的市场势力。

相对于剩余需求 RDE 的单方程模型，本书建立的联立方程 SMR 扩展模型从进出口双方的视角出发，能够更好地反映金属资源国际贸易中的双方势力情况，可以较明显得出贸易势力的相对强弱，意义更大。在铜、铝和铁矿石市场势力的具体测算过程中，会根据实际情形对方程中的变量进行相应的调整。

二 市场势力对金属资源进口定价权的影响

（一）我国主要紧缺基本金属资源进口概述

2016 年，我国大力推进了供给侧改革，但大宗矿产品供需矛盾依然存在。从出口供应国方面看，力拓、必和必拓、淡水河谷和 FMG 四大铁矿石矿业公司仍将采取释放产能的政策，这将导致世界铁矿石出口量持续增长。而四大供应商此举，也会对国际其他铁矿石供应商的市场份额进行挤压，最终增加其市场份额、巩固其市场地位。延续 2015 年、2016 年经济态势，2017 年全球经济仍将表现弱复苏形势，这在一定程度上形成了金属资源需求提升的掣肘，导致全球金属资源供过于求的局面无法得到改善。

"十二五"期间，我国国内铁矿石原矿自给量下降，面对稳定的需求，只能通过增加进口量来补充。生铁产量虽然呈现降低趋势，但其产量增幅依旧远超过炼钢增产需求，铁矿石供过于求的市场形势依然严峻。2016 年，我国铁矿石进口同比增长 71.2%，数量高达 41.4 亿吨。我国有色金属的进口现状，整体来说呈现平稳发展趋势。2016 年前三个季度，我国十种有色金属的产量相比 2015 年增长了 0.9%，高达 3864 万吨。而我国有色金属行业的进出口贸易总额（含黄金首饰及零件贸易额）却同比下降 10.8%，贸易总额为 843600 亿美元。

第四章 市场势力对金属资源定价权的影响分析

(二) 紧缺有色基本金属进口市场势力评估

1. 铜矿产资源进口市场势力评估

在对铜矿产资源出口市场势力的测算中，本章节选择建立包含智利、秘鲁等十个出口截面国家的15年铜矿出口贸易数据的面板，借助 SMR 模型——剩余需求对中国与十个主要铜矿产资源进口来源国的市场势力进行分析。

在中国铜矿产资源进口 SMR 模型中，反剩余需求模型包含以下变量：

CMP_j^{ex}：出口国 j 向中国出口铜矿的价格	CMQ_j^{ex}：出口国 j 向中国出口铜矿的数量
CDP_c：中国国内生产总值	$RESQ_c$：中国精炼铜库存量
$RECQ_c$：中国精炼铜消费量	SCP_c^{im}：中国进口废铜价格
CMQ_c^{imoth}：中国从其他国家进口铜矿数量	

而对于反剩余供给模型则包含以下变量：

CMP_j^{im}：中国从 j 国进口铜矿价格	CMQ_j^{im}：中国从 j 国进口铜矿数量
$RCCQ_j$：出口国 j 的精炼铜消费量	CMQ_j：出口国 j 的矿山铜产量
CDP_j：出口国 j 的国内生产总值	RCQ_j：出口国 j 的精炼铜产量
CMQ_j^{exoth}：出口国 j 出口至其他国家的铜数量（出口国 j 的铜矿出口总量减去 j 国出口到中国的铜矿数量）	

由此，可以构建中国和十个主要铜矿贸易国的市场势力模型如下：

$$\ln CMP_j^{ex} = \alpha_0 + \alpha_1 \ln CMQ_j^{ex} + \alpha_2 \ln GDP_c + \alpha_3 \ln RESQ_c + \alpha_4 \ln RECQ_c + \alpha_5 \ln SCP_c^{im} + \alpha_6 \ln CMQ_c^{imoth} + \varepsilon_c \quad (4-11)$$

$$\ln CMP_j^{im} = \beta_0 + \beta_1 \ln CMQ_j^{im} + \beta_2 \ln CMQ_j + \beta_3 \ln GDP_j + \beta_4 \ln RCCQ_j + \beta_5 \ln RCQ_j + \beta_6 \ln CMQ_j^{exoth} + \varepsilon_j \quad (4-12)$$

$$\ln CMP_j^{im} = \varphi_0 + \varphi_1 \ln CMP_j^{ex} \quad (4-13)$$

$$\ln CMQ_j^{ex} = \ln CMQ_j^{im} \qquad (4-14)$$

相对于剩余需求 RDE 的单方程模型，建立的联立方程 SMR 扩展模型从进出口双方的视角出发，能够更好地反映铜矿国际贸易中的双方势力情况，可以较明显得出贸易势力的相对强弱，意义更大。

其中，式（4-11）反映了中国对铜矿出口国 j 的反剩余需求，变量 CMQ_j^{ex} 系数 α_1 用于衡量出口国 j 在铜矿国际出口贸易中的市场势力；式（4-12）反映了铜矿出口国 j 对中国的反剩余供给，变量 CMQ_j^{im} 系数 β_1 用于衡量进口国中国在铜矿产资源国际进口贸易中的市场势力；式（4-13）反映了铜矿进口价格（CIF）与铜矿出口价格（FOB）之间存在的线性关系；式（4-14）则反映了剩余需求和剩余供给之间的等价关系。

依据模型设置的需要以及数据的可得性，选择 2000—2015 年的铜矿进出口相关数据分析中国与智利、秘鲁及澳大利亚等十个国家在铜矿国际贸易中的市场势力，比较买卖双方市场势力的相对强弱，进而对中国在国际铜矿贸易中的定价话语权进行分析。

在各变量数据获取方面：

CMP_j^{ex}：根据 j 国向中国出口铜矿的出口额和出口数量 CMQ_j^{ex} 计算得到
CMP_j^{im}：根据中国从 j 进口铜矿进口额和进口数量 CMQ_j^{im} 计算得到
CMQ_j^{im}、CMQ_j^{ex}、CMQ_c^{exoth} 和 CMQ_c^{imoth}：来源于 EPS 全球统计数据中的世界贸易数据库
$RCCQ_j$、CMQ_j、RCQ_j 和 $RECQ_c$：来源于钢联数据
GDP_j：来源于世界银行统计数据
GDP_c、$RESQ_c$ 和 SCP_c^{im}：来源于 Wind 数据库

实证结果：

在完成了对 SMR 模型的检验后，对模型中的 RDE 和 RSE 函数式进行回归分析，回归中用到的方法为 Pooled EGLS（广义最小二乘法）。选用该方法主要是考虑到 EGLS 可以有效地消除此 SMR 模型中可能存在的异方差和序列相关性情况，不需要再对模型进行异方差和序列相关性的检验。

基于差分处理得到的平稳序列，分别对 RDE 和 RSE 函数式进行

第四章　市场势力对金属资源定价权的影响分析

回归分析，以 RDE 函数式中的出口国 j 向中国出口铜矿的价格 CMP_j^{ex} 对出口国 j 在铜矿国际出口贸易中的各变量系数和出口国 j 向中国出口铜矿数量 CMQ_j^{ex} 系数所反映的市场势力进行估计；以 RSE 函数式中的中国从 j 国进口铜矿价格 CMP_j^{im} 对中国在铜矿国际进口贸易中的各变量系数和中国从出口国 j 进口铜矿数量 CMQ_j^{im} 系数所反映的市场势力进行估计，参数估计结果如表 4-1 所示：

表 4-1　　　　　　个体固定效应模型参数估计结果

方程	变量	系数	标准差	t 统计量	P 值
中国的反剩余需求方程：$CMQ_j^{ex}=P(RD_c^j,\cdots)$	α_0	-16.5580	5.5222	-2.9984	0.0032
	CMQ_j^{ex}	-0.0724	0.0275	-2.6303	0.0095
	GDP_c	1.5148	0.4284	3.5358	0.0005
	$RESQ_c$	-0.2119	0.1427	-1.4860	0.1395
	$RECQ_c$	-1.4515	0.4399	-3.2991	0.0012
	SCP_c^{im}	0.4359	0.1572	2.7728	0.0063
	CMQ_c^{imoth}	-0.5485	0.1882	-2.9139	0.0041
个体固定效应					
智利	0.6342		加拿大		1.0389
秘鲁	0.0632		美国		0.8122
澳大利亚	0.0230		菲律宾		-1.3110
墨西哥	-0.1689		土耳其		-0.5541
蒙古国	-0.1628		哈萨克斯坦		-0.3746
Adj-R^2	0.7395		D.W.		1.1133
F-Statistic	76.2335		P 值		0.0000
方程	变量	系数	标准差	t 统计量	P 值
中国的反剩余供给方程：$CMQ_j^{im}=P(RS_j^c,\cdots)$	β_0	-18.083	2.0999	-8.6108	0.0000
	CMQ_j^{im}	0.0386	0.0210	1.8345	0.0687
	CMQ_j	0.4419	0.2115	2.0899	0.0384
	RCQ_j	0.1166	0.1456	0.8008	0.4246
	GDP_j	1.0248	0.0586	17.4789	0.0000
	$RCCQ_j$	-0.3369	0.1365	-2.4684	0.0147
	CMQ_j^{exoth}	-0.0045	0.0297	-0.1509	0.8802

续表

方程	变量	系数	标准差	t 统计量	P 值
个体固定效应					
	智利	0.4938	加拿大	-1.0592	
	秘鲁	0.8027	美国	-2.9815	
	澳大利亚	-1.0215	菲律宾	0.1519	
	墨西哥	-0.6386	土耳其	-0.2694	
	蒙古国	3.4963	哈萨克斯坦	1.0254	
	Adj $- R^2$	0.7771	D. W.	0.6659	
	F - Statistic	37.9609	P 值	0.0000	

首先根据估计结果对中国和出口国在国际铜矿贸易中的市场势力进行分析：对于反剩余需求函数式，变量 CMQ_j^{ex} 前系数为 -0.0724，且在1%的置信水平下显著，系数符号为负，表明出口国 j 出口铜矿数量的减少，会带来铜矿出口价格的提高；对于反剩余供给函数式，变量 CMQ_j^{im} 前系数为 0.0386，在10%的置信水平下显著，系数符号为正，表明中国进口铜矿的数量增加，会导致铜矿进口价格的提高。两变量的系数显著不为0，这表明中国和铜矿出口国 j 在铜矿贸易中都有着市场势力。而变量 CMQ_j^{ex} 前系数反映的是铜矿出口国 j 的市场势力，为 0.0724；变量 CMQ_j^{im} 前系数反映的是铜矿进口国中国的市场势力，为 0.0386。对比出口国 j 和进口国中国在铜矿国际贸易中的市场势力值，显然 0.0724 > 0.0386，这表明出口国 j 的市场势力明显大于进口国中国的市场势力。

这表明，在铜矿产资源国际贸易市场，出口国智利、秘鲁等国有更强的市场势力。依据市场势力与定价权的相互对应和转化关系，可以认为在决定国际市场价格方面，出口国有铜矿产资源的出口定价权。

就代表个体固定效应的截距项而言，反剩余需求模型中加拿大、美国、智利、秘鲁、澳大利亚的数值分别为 1.0389、0.8122、0.6342、0.0632 和 0.0230，分别占据前五位，并且数值为正，意味着这五个国家在国际铜出口价格上有额外加成能力，进而有额外的卖方市场势力。

但在反剩余供给模型中，加拿大、美国、澳大利亚的数值又较低，意味着中国从这三个国家进口铜矿要低于中国进口均价，这应该是考虑到了运输成本和资源品位。因此，即使卖方拥有较大的市场势力，但由于优良的矿石品位和海运费用的相对低廉，铜资源进口以这三个国家为主仍是中国的正确选择。

根据中国对出口国 j 的反剩余需求函数式，其他变量的估计结果分析如下：

在对反剩余需求模型的估计中，设置了包含常数项在内的7个变量，其中变量的 t 统计值显著的有6个。其中，变量中国国内生产总值 GDP_c 前系数为 1.5148，且在1%的置信水平下显著，符号为正，表明中国国内生产总值增长1%，会导致出口国 j 向中国出口铜矿价格提高 1.5148%。这主要是由于中国铜消费需求较大的行业为电缆行业、交通运输业和建筑业，占到总需求的70%左右，而且这些行业与经济景气程度有很大的关联。随着中国经济的增长，对铜等基本有色金属的需求增加，增长的需求带动了国际市场铜矿出口价格的提高；变量中国精炼铜消费量 $RECQ_c$ 前系数为 -1.4515，且在1%的置信水平下显著，符号为负，表明中国国内精炼铜消费量提高1%，会导致出口国 j 向中国出口铜矿价格降低 1.4515%。这可能是由于中国作为国际上精炼铜贸易的主要进口国，精炼铜消费量的增加，会抵消一部分国际铜矿的进口需求。国际铜矿进口需求的下降，导致出口国 j 向中国出口铜矿价格的下跌；变量中国进口废铜价格 SCP_c^{im} 前系数为 0.4359，且在 1% 的置信水平下显著，符号为正，表明中国进口废铜价格提高 1%，会导致出口国 j 向中国出口铜矿价格提高 0.4359%。这主要是由于废铜进口对于铜矿进口有一定的替代作用，随着废铜进口价格的提高，对废铜的需求减少，转而需求铜矿，增加的需求会带来铜矿价格的提高；变量中国从其他国家进口铜矿数量 CMQ_c^{imoth} 前系数为 -0.5485，且在 1%，置信水平下显著，符号为负，表明中国从除 j 国以外的其他国家进口铜矿增加 1%，会导致出口国 j 向中国出口铜矿价格降低 0.5485%。这是由于从除 j 国以外的其他国家进口铜矿对从 j 国进口铜矿存在一定的替代作用，中国进口的总量一定，从除 j 国以外的其他国家进口量的增加必然导致从 j 国进口量的减少。

除上述 6 个 t 统计值显著的变量外，变量中国精炼铜库存量 $RESQ_c$ 前系数是不显著的。这表明中国精炼铜库存量发生变化，并不能够对铜矿出口国向中国出口铜矿价格产生影响，反映出精炼铜库存在提升中国铜矿进口市场势力方面的能力还不足。

根据出口国 j 对中国的反剩余供给函数式，其他变量的估计结果分析如下：

在对反剩余供给模型的估计中，设置了包含常数项在内的 7 个变量，其中变量的 t 统计值显著的有 5 个。其中，变量出口国 j 的矿山铜产量 CMQ_j 前系数为 0.4419，且在 5% 的置信水平下显著，符号为正，表明出口国 j 的矿山铜产量增加 1%，会导致中国进口铜矿价格提高 0.4419%。这很可能是由于虽然矿山铜产量增加，提高了铜矿的供给，但是由于中国对铜的需求依旧较高，需求增加的力量大于矿山铜供给增加的力量，最终的结果依然表现为中国进口铜矿价格的提高；变量出口国 j 的国内生产总值 GDP_j 前系数为 1.0248，且在 1% 的置信水平下显著,符号为正,表明出口国 j 的国内生产总值增加 1%,会导致中国进口铜矿价格提高 1.0248%。这是由于出口国经济增长,增加了出口国内部对铜的需求,降低了向国外市场的供给,从而引起中国进口铜矿价格的提高;变量出口国 j 的精炼铜消费量 $RCCQ_j$ 前系数为 -0.3369,且在 5% 的置信水平下显著,符号为负,表明出口国 j 的精炼铜消费量降低 1%,会导致中国进口铜价提高 0.3369%。这很可能是由于出口国 j 精炼铜消费量的减少,使国内供应减少,进而减少了对原材料铜矿的需求,铜矿开采企业首先面对的是国内市场需求的减少,因此降低铜矿供给成为较稳妥的选择,国外铜矿出口量的减少,必然导致出口到中国的铜矿价格。

除了上述 5 个 t 统计值显著的变量外,变量出口国 j 的精炼铜产量 RCQ_j 和变量出口国 j 出口至其他国家的铜数量 CMQ_j^{exoth} 是不显著的。这表明出口国 j 的精炼铜产量和 j 出口至其他国家的铜数量发生变化,并不能够对中国进口铜矿价格产生影响。

2. 铝矿产资源进口市场势力评估

我国铝矿产资源的进口种类主要包括铝土矿、氧化铝、未锻轧铝和铝废料,由于资源禀赋、资源出口贸易政策的不同,从不同国家的进口种类也不尽相同。铝土矿的主要进口来源国为澳大利亚和印度尼西亚,2012 年后又增加巴西、马来西亚以及几内亚等国家,进口来源更加多元化。而在印度尼西亚 2014 年正式禁止金属矿出口后,马来西亚对中国的铝土矿出口呈现爆发式增长,在 2015 年甚至成为中国铝土矿的第一大出口国。未锻轧铝的主要进口来源国为澳大利亚、俄罗斯和印度等国。而铝废料的进口则主要来源于澳大利亚、美国和西班牙等国。

3. 铝矿砂及其精矿进口市场势力评估

该部分选择建立包含澳大利亚和印度尼西亚两个出口截面国家的 2005—2013 年共计 9 年铝矿砂及其精矿进出口贸易数据的面板，这主要是考虑到 2014 年印度尼西亚采取的禁止金属矿产出口政策。2014 年单独对出口国澳大利亚、马来西亚和进口国中国进行市场势力分析。

根据剩余需求模型的需要，变量设置如下：

在中国铝矿砂及其精矿进口 SMR 模型中，反剩余需求模型包含以下变量：

AOP_j^{ex}：中国从 j 国进口铝矿砂的价格	AOQ_j^{ex}：中国从 j 进口铝矿砂的数量
$PGDP_c$：中国人均国内生产总值	$LTKQ_c$：中国铝土矿产量
LCP_c^{im}：中国进口铝材价格	BDI：海运指数
AOQ_c^{imoth}：中国从其他国家进口铝矿砂及其精矿数量	

反剩余供给模型所包含的变量为：

AOP_j^{im}：中国从 j 进口铝矿砂的价格	AOQ_j^{im}：中国从 j 进口铝矿砂的数量
$LTKQ_j$：出口国 j 的铝土矿产量	$PGDP_j$：出口国 j 的人均国内共产总值
BDI：海运指数	
AOQ_j^{exoth}：出口国 j 出口至其他国家的铝矿砂及其精矿数量	

由此，可以构建中国和澳大利亚、印度尼西亚铝矿砂及其精矿贸易的市场势力模型如下：

$$\ln AOP_j^{ex} = \alpha_0 + \alpha_1 \ln AOQ_j^{ex} + \alpha_2 \ln PGDP_c + \alpha_3 \ln LTKQ_c + \alpha_4 \ln LCP_c^{im} + \alpha_5 \ln AOQ_c^{imoth} + \alpha_6 \ln BDI + \varepsilon_c \quad (4-15)$$

$$\ln AOP_j^{im} = \beta_0 + \beta_1 \ln AOQ_j^{im} + \beta_2 \ln LTKQ_j + \beta_3 \ln PGDP_j + \beta_4 \ln AOQ_j^{exoth} + \beta_5 \ln BDI + \varepsilon_j \quad (4-16)$$

$$\ln AOP_j^{im} = \varphi_0 + \varphi_1 \ln AOP_j^{ex} \quad (4-17)$$

$$\ln AOQ_j^{ex} = \ln AOQ_j^{im} \quad (4-18)$$

其中，式（4-15）反映了中国对铝矿砂及其精矿出口国 j 的反剩余需求，变量 $\ln AOQ_j^{ex}$ 前系数 α_1 用于衡量出口国 j 在铝矿砂及其精矿国际出口贸易中的市场势力；式（4-16）反映了中国对铝矿砂及其精矿出口国 j 的反剩余供给，变量 $\ln AOQ_j^{ex}$ 前系数 β_1 用于衡量进口国中国在铝矿砂及其精矿国际进口贸易中的市场势力；式（4-17）反映了铜矿进口价格（CIF）与铜矿出口价格（FOB）之间存在的线性关系；式（4-18）则反映了剩余需求和剩余供给之间的等价关系。

依据模型设置的需要以及数据的可得性，本书选择2005—2013年的铝矿砂及其精矿进出口相关数据分析中国和澳大利亚及印度尼西亚两个国家在铝矿砂及其精矿国际贸易中的市场势力，比较贸易双方市场势力的相对强弱，进而对中国在国际铝矿砂及其精矿贸易中的定价话语权进行研究分析。

在各变量数据获取方面：AOP_j^{ex}：根据 j 国向中国出口铝矿砂及其精矿的出口额和出口数量 AOQ_j^{ex} 计算得到；AOP_j^{im}：根据中国从 j 国进口铝矿砂及其精矿的进口额和进口数量 AOQ_j^{im} 计算得到；AOQ_j^{ex}、AOQ_c^{imoth}、AOQ_j^{im} 和 AOQ_j^{exoth} 数据来源于 EPS 全球统计数据中的世界贸易数据库；$PGDP_c$ 来源于世界银行统计数据；$LTKQ_c$、LCP_c^{im} 和 BDI 数据来源于 Wind 数据库。

在此，同样对模型中包含的变量进行单位根、协整检验，保证各变量序列的平稳性。模型为面板数据模型，且截面数量少于解释变量的数量，无法建立随机效应模型。建立个体固定效应模型，并对回归结果进行极大似然估计，拒绝原使用混合效应模型的假设，选择个体固定效应模型。

实证结果：

在完成了对 SMR 模型的检验后，对模型中的 RDE 和 RSE 函数式进行回归分析，回归中用到的方法为 Pooled EGLS（广义最小二乘法）。选用该方法主要是考虑到 EGLS 可以有效地消除此 SMR 模型中可能存在的异方差和序列相关性情况，不需要再对模型进行异方差和序列相关性的检验。

基于差分处理得到的平稳序列，分别对 RDE 和 RSE 函数式进行回归分析，以 RDE 函数式中的出口国 j 向中国出口铝矿砂及其精矿的价格 AOP_j^{ex} 对出口国 j 在铝矿砂及其精矿国际出口贸易中的各变量系数和出口国 j 向中国出口铝矿砂及其精矿数量 AOQ_j^{ex} 系数所反映的市场势力进行估计；以 RSE 函数式中的中国从 j 国进口铝矿砂及其精矿价格 AOP_j^{im} 对中国在铝矿砂及其精矿国际进口贸易中的各变量系数和中国从出口国 j 进口铝矿砂及其精矿数量 AOQ_j^{im} 系数所反映的市场势力进行估计，参数估计结果如表 4-2 所示。

表 4-2　　　　　　个体固定效应模型参数估计结果

方程	变量	系数	标准差	t 统计量	P 值
中国的反剩余需求方程：$AOQ_j^{ex} = P(RD_c^j, \cdots)$	α_0	12.9012	17.2219	0.7491	0.4729
	AOQ_j^{ex}	-0.2311	0.1198	-1.9288	0.0858
	$PGDP_c$	3.1585	3.6479	0.8658	0.4091
	$LTKQ_c$	0.6660	0.9060	0.7351	0.4810
	LCP_c^{im}	-1.1481	2.1187	-0.5419	0.6010
	BDI	-0.0684	0.1307	-0.5229	0.6136
	AOQ_c^{imoth}	0.0629	0.1055	0.5960	0.5659
个体固定效应					
澳大利亚	-0.0057		印度尼西亚		0.0057
Adj-R^2	0.7446		D.W.		1.3501
F-Statistic	7.1943		P 值		0.0039
方程	变量	系数	标准差	t 统计量	P 值
中国的反剩余供给方程：$AOQ_j^{ex} = P(RS_j^c, \cdots)$	β_0	2.2225	0.4021	5.5274	0.0001
	AOQ_j^{im}	0.1009	0.0252	4.0122	0.0015
	$PGDP_j$	0.3649	0.3527	1.0348	0.3196
	$LTKQ_j$	-0.0944	0.0506	-1.8646	0.0850
	BDI	0.0437	0.0812	0.5385	0.5993
	AOQ_j^{exoth}	0.0935	0.0931	1.0041	0.3336
个体固定效应					
澳大利亚	0.1594		印度尼西亚		-0.1594
Adj-R^2	0.6492		D.W.		2.4142
F-Statistic	4.0107		P 值		0.0171

第四章 市场势力对金属资源定价权的影响分析

根据估计结果对中国和出口国在国际铜矿贸易中的市场势力进行分析：对于反剩余需求函数式，变量 AOQ_j^{ex} 前系数为 -0.2311，且在10%的置信水平下显著，系数符号为负，表明出口国 j 出口铜矿数量的减少，会带来铜矿出口价格的提高。对于反剩余供给函数式，变量 AOQ_j^{im} 前系数为 0.1009，且在1%的置信水平下显著，系数符号为正，表明中国进口铝矿砂及其精矿数量的增加，会带来铜矿出口价格的提高。变量 AOQ_j^{ex} 前的系数显著不为0，这表明出口国 j 在铝矿砂及其精矿贸易中有着市场势力。而变量 AOQ_j^{ex} 前系数反映的是铜矿出口国 j 的市场势力，为0.2311。变量 AOQ_j^{im} 前的系数显著不为0，这表明进口国中国在铝矿砂及其精矿贸易中有着市场势力，而变量 AOQ_j^{im} 前系数反映的是铝矿砂及其精矿进口国中国的市场势力，为0.1009。对比出口国 j 和进口国中国在铝矿砂及其精矿国际贸易中的市场势力值，显然 0.2311>0.1009，这表明出口国 j 的市场势力明显大于进口国中国的市场势力。

这表明，在铝矿砂及其精矿国际贸易市场，出口国澳大利亚和印度尼西亚有着更强的市场势力。依据市场势力与定价权的相互对应和转化关系，可以认为在决定国际市场价格方面，出口国有铝矿砂及其精矿的出口定价权。

（1）根据中国对出口国 j 的反剩余需求函数式，其他变量的估计结果分析如下：

在对反剩余需求模型的估计中，设置了包含常数项在内的7个变量，其中变量的 t 统计值显著的为出口国 j 向中国出口铝矿砂及其精矿的数量 AOQ_j^{ex}。其他变量的 t 统计值不显著，这表明这些变量对澳大利亚和印度尼西亚向中国出口铝矿砂及其精矿的价格是没有显著影响的，反映中国内部的需求影响因素难以影响到出口价格。

（2）根据出口国 j 对中国的反剩余供给函数式，其他变量的估计结果分析如下：

在对反剩余供给模型的估计中，设置了包含常数项在内的 6 个变量，其中变量的 t 统计值显著的为常数项 β_0、中国从出口国 j 进口铝矿砂及其精矿的数量 AOQ_j^{im}、出口国 j 的铝土矿产量 $LTKQ_j$。

其中，变量出口国 j 的铝土矿产量 $LTKQ_j$ 前系数为 -0.0944，且在10%的置信水平下显著，符号为负，表明出口国铝土矿的产量降低1%，会导致出口国向中国出口铝矿砂及其精矿的价格提高 0.0944%。这主要是由于出口国铝土矿产量的降低，会导致铝矿砂及其精矿的供给减少，面对中国等进口国家的需求，必定会带来进口价格的提升。

其他变量的 t 统计值不显著，这表明出口国 j 的人均 GDP，海运指数 BDI 和出口国 j 向中国以外其他国家出口铝矿砂及其精矿的数量对澳大利亚和印度尼西亚向中国出口铝矿砂及其精矿的价格是没有显著影响的。

4. 未锻轧铝进口市场势力评估

数据的选取，该部分选择建立包含澳大利亚、俄罗斯和印度的三个出口截面国家的 2005—2014 年共计 10 年未锻轧铝出口贸易数据的面板，这主要是考虑到中国的未锻轧铝进口主要来源于这三个国家。借助 SMR 模型对中国和三个主要未锻轧铝贸易国的市场势力进行分析。

根据剩余需求模型的需要，变量设置如下：

UAP_j^{ex}：出口国 j 向中国出口未锻轧铝的价格	UAQ_j^{ex}：出口国 j 向中国出口未锻轧铝的数量
$PGDP_c$：中国人均国内生产总值	$YHLQ_c$：中国氧化铝产量
LCP_c^{im}：中国进口铝材价格	BDI：海运指数
UAQ_c^{imoth}：中国从其他国家进口未锻轧铝数量	

反剩余供给模型所包含的变量有：

UAP_j^{im}：中国从 j 国进口未锻轧铝价格	UAQ_j^{im}：中国从 j 国进口未锻轧铝数量
$YHLQ_j$：出口国 j 的氧化铝产量	$PGDP_j$：出口国 j 的人均国内生产总值
BDI：海运指数	
UAQ_j^{exoth}：出口国 j 出口至其他国家的未锻轧铝数量	

由此，可以构建中国和澳大利亚、俄罗斯和印度未锻轧铝贸易的市场势力模型如下：

$$\ln UAP_j^{ex} = \alpha_0 + \alpha_1 \ln UAQ_j^{ex} + \alpha_2 \ln PGDP_c + \alpha_3 \ln YHLQ_c + \alpha_4 \ln LCP_c^{im} +$$
$$\alpha_5 \ln UAQ_c^{imoth} + \alpha_6 \ln BDI + \varepsilon_c \qquad (4-19)$$

$$\ln UAP_j^{im} = \beta_0 + \beta_1 \ln UAQ_j^{im} + \beta_2 \ln YHLQ_j + \beta_3 \ln PGDP_j + \beta_4 \ln UAQ_j^{exoth} +$$
$$\beta_5 \ln BDI + \varepsilon_j \qquad (4-20)$$

$$\ln UAP_j^{im} = \varphi_0 + \varphi_1 \ln UAP_j^{ex} \qquad (4-21)$$

$$\ln UAQ_j^{im} = \ln UAQ_j^{ex} \qquad (4-22)$$

其中，式（4-19）反映了中国对未锻轧铝出口国 j 的反剩余需求，变量 $\ln UAQ_j^{ex}$ 前系数 α_1 用于衡量出口国 j 在未锻轧铝国际出口贸易中的市场势力；式（4-20）反映了中国对未锻轧铝出口国 j 的反剩余供给，变量 $\ln UAQ_j^{im}$ 前系数 β_1 用于衡量进口国中国在未锻轧铝国际进口贸易中的市场势力；式（4-21）反映了未锻轧铝进口价格（CIF）与未锻轧铝出口价格（FOB）之间存在的线性关系；式（4-22）则反映了剩余需求和剩余供给之间的等价关系。

依据模型设置的需要以及数据的可得性，本书选择 2005—2014 年的未锻轧铝出口相关数据分析中国与澳大利亚、俄罗斯和印度三个国家在未锻轧铝国际贸易中的市场势力，比较贸易双方市场势力的相对强弱，进而对中国在未锻轧铝国际贸易中的定价话语权进行研究分析。

在各变量数据获取方面：

UAP_j^{ex}：根据 j 国向中国出口未锻轧铝的出口额和出口数量 UAQ_j^{ex} 计算得到
UAP_j^{im}：根据中国从 j 国进口未锻轧铝的进口额和进口数量 UAQ_j^{im} 计算得到
UAQ_j^{ex}、UAQ_c^{imoth}、UAQ_j^{im} 和 UAQ_j^{exoth}：来源于 EPS 全球统计数据中的世界贸易数据库
$PGDP_c$ 和 $PGDP_j$：来源于世界银行统计数据
$YHLQ_c$、$YHLQ_j$、LCP_c^{im} 和 BDI：来源于 Wind 数据库

在此，同样对模型中包含的变量进行单位根、协整检验，保证各变量序列的平稳性。模型为面板数据模型，且截面数量少于解释变量的数量，无法建立随机效应模型。建立个体固定效应模型，并对回归结果进行极大似然估计，拒绝原使用混合效应模型的假设，选择个体固定效应模型。

实证结果：

在完成了对 SMR 模型的检验后，对模型中的 RDE 和 RSE 函数式进行回归分析，回归中用到的方法为 Pooled EGLS（广义最小二乘法）。选用该方法主要是考虑到 EGLS 可以有效地消除此 SMR 模型中可能存在的异方差和序列相关性情况，不需要再对模型进行异方差和序列相关性的检验。

基于差分处理得到的平稳序列，分别对 RDE 和 RSE 函数式进行回归分析，以 RDE 函数式中的出口国 j 向中国出口未锻轧铝的价格 UAP_j^{ex} 对出口国 j 在未锻轧铝国际出口贸易中的各变量系数和出口国 j 向中国出口未锻轧铝数量 UAQ_j^{ex} 系数所反映的市场势力进行估计；以 RSE 函数式中的中国从 j 国进口未锻轧铝价格 UAP_j^{im} 对中国在未锻轧铝国家进口贸易中的各变量系数和中国从出口国 j 进口未锻轧铝数量 UAQ_j^{im} 系数所反映的市场势力进行估计，参数估计结果如表 4 – 3 所示。

表 4 – 3   个体固定效应模型参数估计结果

方程	变量	系数	标准差	t 统计量	P 值
中国的反剩余需求方程：$UAQ_j^{ex} = P(RD_c^j, \cdots)$	α_o	4.2610	1.9474	2.1881	0.0401
	UAQ_j^{ex}	0.0248	0.0129	1.9092	0.0700
	$PGDP_c$	-0.7721	0.1109	-6.9642	0.0000
	$YHLQ_c$	0.3330	0.1487	2.2393	0.0361
	LCP_c^{im}	0.9836	0.3053	3.2219	0.0041
	BDI	0.0076	0.0392	0.1950	0.8472
	UAQ_c^{imoth}	-0.1738	0.0432	-4.0217	0.0006
个体固定效应					
澳大利亚	0.0635		俄罗斯	-0.1371	
印度	0.0736				

续表

方程	变量	系数	标准差	t统计量	P值
Adj-R^2		0.9144	D.W.		2.6794
F-Statistic		39.6992	P值		0.0000

方程	变量	系数	标准差	t统计量	P值
中国的反剩余供给方程：$UAQ_j^{ex} =$ $P(RS_j^c, \cdots)$	β_0	-6.8823	1.4241	-4.8326	0.0001
	UAQ_j^{im}	-0.0689	0.0174	-3.9524	0.0007
	$PGDP_j$	0.2956	0.1010	2.9259	0.0078
	$YHLQ_j$	0.4248	0.1990	2.1347	0.0442
	BDI	0.0305	0.0549	0.5541	0.5851
	UAQ_j^{exoth}	0.1727	0.0845	2.0441	0.0531

个体固定效应					
澳大利亚	-0.4115		俄罗斯		-0.5557
印度	0.9672				
Adj-R^2	0.6111		D.W.		1.9388
F-Statistic	7.5087		P值		0.0001

根据估计结果对出口国在未锻轧铝出口贸易中的市场势力进行分析：对于反剩余需求函数式，变量 UAQ_j^{ex} 前系数为 0.0248，且在 10% 的置信水平下显著，系数符号为正，表明出口国 j 出口未锻轧铝数量的增加，会带来未锻轧铝出口价格的提高。对于反剩余供给函数式，变量 UAQ_j^{im} 前系数为 -0.0689，且在 1% 的置信水平下显著，系数符号为负，表明中国进口未锻轧铝数量的增加，会带来中国进口未锻轧铝价格的降低。变量 UAQ_j^{ex} 前的系数显著不为 0，这表明出口国 j 在未锻轧铝贸易中有着市场势力。而变量 UAQ_j^{ex} 前系数反映的是未锻轧铝出口国 j 的市场势力，为 0.0248。变量 UAQ_j^{im} 前的系数显著不为 0，这表明进口国中国在未锻轧铝贸易中有着市场势力，而变量 UAQ_j^{im} 前系数反映的是中国的市场势力，为 0.0689。对比出口国 j 和进口国中国在未锻轧铝国际贸易中的市场势力值，显然 0.0689 > 0.0248，这表明进口国中国的市场势力明显大于出口国 j 的市场势力。

这表明，在未锻轧铝国际贸易市场，进口国中国有着更强的市场势力。依据市场势力与定价权的相互对应和转化关系，可以认为在决定国际市场价格方面，出口国有未锻轧铝的出口定价权。

(1) 根据中国对出口国 j 的反剩余需求函数式，其他变量的估计结果分析如下：

在对反剩余需求模型的估计中，设置了包含常数项在内的 7 个变量，其中变量的 t 统计值显著的有 6 个。其中，变量 $PGDP_c$ 前系数为 -0.7721，且在 1% 的置信水平下显著。表明进口国中国人均 GDP 提高 1%，会导致出口国向中国出口未锻轧铝的价格降低 0.7721%。变量 $YHLQ_c$ 前系数为 0.3330，且在 5% 的置信水平下显著。表明中国氧化铝产量提高 1%，会导致出口国向中国出口未锻轧铝的价格提高 0.333%。变量 LCP_c^{im} 前系数为 0.9836，且在 1% 的置信水平下显著。表明中国进口铝材的价格提高 1%，会导致出口国向中国出口未锻轧铝的价格提高 0.9836%。这主要是由于进口铝材价格的提高会导致铝材的进口量减少，对未锻轧铝的需求会增加，进而提高出口国向中国的出口价格。变量 UAQ_c^{imoth} 前系数为 -0.1738，且在 1% 的置信水平下显著。表明中国从其他国家进口未锻轧铝的数量增加 1%，会导致出口国 j 向中国出口未锻轧铝价格降低 0.1738%。这是由于自其他国家进口未锻轧铝对来源于 j 国的进口具有一定的替代作用，其他来源国进口的增加，必然导致从 j 国进口量的减少。减少的需求，降低了出口国 j 的出口价格。

除上述 6 个显著外，变量海运指数 BDI 是不显著的，这表明在出口国 j 向中国出口未锻轧铝的价格中，运费所占的比重还较低，不能对出口价格造成显著影响。

(2) 根据出口国 j 对中国的反剩余供给函数式，其他变量的估计结果分析如下：

在反剩余供给模型中，设置了包含常数项在内的 6 个变量。其中，变量的 t 统计值显著的有 4 个。其中，变量出口国人均国内生产总值 $PGDP_j$ 前系数为 0.2956，且在 1% 置信水平下显著。表明出口国人均 GDP 提高 1%，会导致未锻轧铝出口价格提高 0.2956%。这是由于出口国人均 GDP 提高，出口国内部对铝的消费需求会提高，供应中国进口市场部分会减少，需求不变，供给的降低，必然导致中国进口未锻轧铝价格的提高。变量出口国的氧化铝产量 $YHLQ_j$ 前系数为 0.4248，且在 5% 的置信水平下显著。表明出口国氧化铝产量提高 1%，会导致中国未锻轧铝的进口价格提高 0.4248%。变量出口国向除中国以外的其他国家出口未锻轧铝的数量 UAQ_j^{exoth} 前系数为 0.1727，且在 10% 的置信水平下显著。表明出口国 j 向其他国家出口未锻轧铝的数量增加 1%，会导致中国从出口国 j 进口未锻轧铝的价格提高 0.1727%。这是由于，出口国 j 增加向其他国家的未锻轧铝出口量，在供给一定的情况下，会导致向中国出口供给的减少。需求一定，供给减少的情形下，必然引起中国进口价格的提高。

除以上 5 个变量外，变量海运指数 BDI 前的系数是不显著的。这表明海运每日数 BDI 对中国从出口国 j 进口未锻轧铝价格的影响是不显著的，即海运运费对中国从出口国 j 进口未锻轧铝的价格影响能力不足。

5. 铝废料出口市场势力评估

数据的选取，该部分选择建立包含澳大利亚、美国和西班牙的三个出口截面国家的 2005—2014 年共计 10 年铝废料出口贸易数据的面板，这主要是考虑到中国的铝废料进口主要来源于这三个国家。借助 SMR 模型对中国及三个主要铝废料贸易国的市场势力进行分析。

根据剩余需求模型的需要，变量设置如下：

ASP_j^{ex}：出口国 j 向中国出口铝废料的价格	ASQ_j^{ex}：出口国 j 向中国出口铝废料的数量
$PGDP_c$：中国人均国内生产总值	$YHLQ_c$：中国氧化铝产量
LCP_c^{im}：中国进口铝材价格	BDI：海运指数
ASQ_c^{imoth}：中国从其他国家进口铝废料数量	

反剩余供给模型所包含的变量为：

ASP_j^{im}：中国从j国进口铝废料价格	ASQ_j^{im}：中国从j国进口铝废料数量
$YHLQ_j$：出口国j的氧化铝产量	$PGDP_j$：出口国j的人均国内生产总值
BDI：海运指数	
ASQ_j^{exoth}：出口国j出口至其他国家的铝废料数量	

由此，可以构建中国和澳大利亚、美国及西班牙铝废料贸易的市场势力模型如下：

$$\ln ASP_j^{ex} = \alpha_0 + \alpha_1 \ln ASQ_j^{ex} + \alpha_2 \ln PGDP_c + \alpha_3 \ln YHLQ_c + \alpha_4 \ln LCP_c^{im} +$$
$$\alpha_5 \ln ASQ_c^{imoth} + \alpha_6 \ln BDI + \varepsilon_c \quad (4-23)$$

$$\ln ASP_j^{im} = \beta_0 + \beta_1 \ln ASQ_j^{im} + \beta_2 \ln YHLQ_j + \beta_3 \ln PGDP_j + \beta_4 \ln ASQ_j^{exoth} +$$
$$\beta_5 \ln BDI + \varepsilon_j \quad (4-24)$$

$$\ln ASP_j^{im} = \varphi_0 + \varphi_1 \ln ASP_j^{ex} \quad (4-25)$$

$$\ln ASQ_j^{im} = \ln ASQ_j^{ex} \quad (4-26)$$

其中，式（4-23）反映了中国对铝废料出口国j的反剩余需求，变量$\ln ASQ_j^{ex}$前系数α_1用于衡量出口国j在铝废料国际出口贸易中的市场势力；式（4-24）反映了铝废料出口国j对中国的反剩余供给，变量$\ln ASQ_j^{im}$前系数β_1用于衡量进口国中国在铝废料国际进口贸易中的市场势力；式（4-25）反映了铝废料进口价格（CIF）与铝废料出口价格（FOB）之间存在的线性关系；式（4-26）则反映了剩余需求和剩余供给之间的等价关系。

依据模型设置的需要以及数据的可得性，本章节选择2005—2014年的铝废料出口相关数据分析中国与澳大利亚、美国和西班牙三个国家在铝废料国际贸易中的市场势力，比较贸易双方市场势力的相对强弱，进而对中国在铝废料国际贸易中的定价话语权进行研究分析。

在各变量数据获取方面：

ASP_j^{ex}：根据j国向中国出口铝废料的出口额和出口数量ASQ_j^{ex}计算得到
ASP_j^{im}：根据中国从j国进口铝废料的进口额和进口数量ASQ_j^{im}计算得到
ASQ_j^{ex}、ASQ_c^{imoth}、ASQ_j^{im}和ASQ_j^{exoth}：来源于EPS全球统计数据中的世界贸易数据库
$PGDP_c$和$PGDP_j$：来源于世界银行统计数据
$YHLQ_c$、$YHLQ_j$、LGP_c^{im}和BDI：来源于Wind数据库

在此，同样对模型中包含的变量进行单位根、协整检验，保证各变量序列的平稳性。模型为面板数据模型，且截面数量少于解释变量的数量，无法建立随机效应模型。建立个体固定效应模型，并对回归结果进行极大似然估计，拒绝原使用混合效应模型的假设，选择个体固定效应模型。

实证结果：

在完成了对 SMR 模型的检验后，对模型中的 RDE 和 RSE 函数式进行回归分析，回归中用到的方法为 Pooled EGLS（广义最小二乘法）。选用该方法主要是考虑到 EGLS 可以有效地消除此 SMR 模型中可能存在的异方差和序列相关性情况，不需要再对模型进行异方差和序列相关性的检验。

基于差分处理得到的平稳序列，分别对 RDE 和 RSE 函数式进行回归分析，以 RDE 函数式中的出口国 j 向中国出口铝废料的价格 ASP_j^{ex} 对出口国 j 在铝废料国际出口贸易中的各变量系数和出口国 j 向中国出口铝废料数量 ASQ_j^{ex} 系数所反映的市场势力进行估计；以 RSE 函数式中的中国从 j 国进口铝废料价格 ASP_j^{im} 对中国在铝废料国际进口贸易中的各变量系数和中国从出口国 j 进口铝废料数量 ASQ_j^{im} 系数所反映的市场势力进行估计，参数估计结果如表 4 - 4 所示。

表 4 - 4　　　　　　　个体固定效应模型参数估计结果

方程	变量	系数	标准差	t 统计量	P 值
中国的反剩余需求方程：ASQ_j^{ex} = $P(RD_c^j, \cdots)$	α_o	1.7001	2.8166	0.6036	0.5518
	ASQ_j^{ex}	-0.1565	0.0751	-2.0833	0.0481
	$PGDP_c$	-1.0073	0.2754	-3.6575	0.0012
	$YHLQ_c$	0.7528	0.2747	2.7399	0.0114
	LCP_c^{im}	1.4272	0.3813	3.7431	0.0010
	BDI	-0.0071	0.0681	-0.1042	0.9179
	ASQ_c^{imoth}	-0.2692	0.1476	-1.8241	0.0806

续表

个体固定效应					
澳大利亚	-0.0008		美国		0.3407
西班牙	-0.3399				
Adj$-R^2$	0.8028		D.W.		1.1521
F$-$Statistic	17.2826		P值		0.0000
方程	变量	系数	标准差	t统计量	P值
中国的反剩余供给方程：$ASQ_j^{im}=P(RS_j^c,\cdots)$	β_o	-3.7998	2.8927	-1.3136	0.2025
	ASQ_j^{im}	-0.1545	0.0696	-2.2187	0.0371
	$PGDP_j$	0.9356	0.2117	4.4189	0.0002
	$YHLQ_j$	-0.0658	0.3808	-0.1728	0.8644
	BDI	0.0529	0.0754	0.7021	0.4900
	ASQ_j^{exoth}	0.1271	0.1484	0.8568	0.4008
个体固定效应					
澳大利亚	-0.0678		美国		-0.1404
西班牙	0.2082				
Adj$-R^2$	0.6559		D.W.		1.5848
F$-$Statistic	8.8967		P值		0.0000

根据估计结果对出口国在铝废料出口贸易中的市场势力进行分析：对于反剩余需求函数式，变量 ASQ_j^{ex} 前系数为 -0.1565，且在 5% 的置信水平下显著，系数符号为负，表明出口国 j 出口铝废料数量的降低，会带来铝废料出口价格的提高。对于反剩余供给函数式，变量 ASQ_j^{im} 前系数为 -0.1545，且在 5% 的置信水平下显著，系数符号为负，表明中国进口铝废料数量的增加，会带来铝废料进口价格的降低。这可能是由于铝废料进口国主要为中国，中国进口份额的增加，议价能力相对增强，导致进口价格的降低。变量 ASQ_j^{ex} 前的系数显著不为 0，这表明出口国 j 在铝废料贸易中有着市场势力。而变量 ASQ_j^{ex} 前系数反映的是铝废料出口国 j 的市场势力，为 0.1565。变量 ASQ_j^{im}

前的系数显著不为0，这表明中国在铝废料国际贸易中有着市场势力，而变量 ASQ_j^{im} 前系数反映的是铝废料进口国中国的市场势力，为 0.1545。对比出口国 j 和进口国中国在铝废料国际贸易中的市场势力值，虽然 0.1565 > 0.1545，但可以发现铝废料供需市场的市场势力测度值十分接近。

这表明，在铝废料国际贸易市场，进口国中国和出口国澳大利亚、美国及西班牙有着基本相同的市场势力。依据市场势力与定价权的相互对应和转化关系，可以认为在决定国际市场价格方面，进出口双方对铝废料定价方面的影响力是相同的。

（1）根据中国对出口国 j 的反剩余需求函数式，其他变量的估计结果分析如下：

在对反剩余需求模型的估计中，设置了包含常数项在内的7个变量，其中变量的 t 统计值显著的有5个。其中，变量中国人均国内生产总值 $PGDP_c$ 前系数为 -1.0073，且在1%的置信水平下显著。表明中国人均GDP提高1%，会导致出口国 j 向中国出口铝废料的价格降低 1.0073%。变量中国氧化铝产量 $YHLQ_c$ 前系数为 0.7528，且在5%的置信水平下显著。表明中国氧化铝的产量提高1%，会导致出口国 j 向中国出口铝废料的价格提高 0.7528%。变量中国进口铝材价格 $IMPLC_c$ 前系数为 1.4272，且在1%置信水平下显著。表明中国进口铝材价格提高1%，会导致出口国 j 向中国出口铝废料的价格提高 1.4272%。这主要是由于随着进口铝材价格提高，对铝材的进口需求会下降，相应会增加对铝废料等的需求，增加的需求导致进口铝废料价格的提高。变量中国从 j 国以外的其他国家进口铝废料的数量 ASQ_c^{imoth} 前系数为 -0.2692，且在10%的置信水平下显著。表明中国从除 j 国以外的其他国家进口铝废料增加1%，会导致 j 国向中国出口铝废料价格降低 0.2692%。这是由于从其他国家进口铝废料对 j 国向中国的出口存在一定的替代效果,从其他国家进口的增多,必然导致从 j 国进口的减少,进而导致 j 国出口价格的降低。

(2)根据出口国 j 对中国的反剩余供给函数式,其他变量的估计结果分析如下:

在对反剩余供给模型的估计中,设置了包含常数项在内的 6 个变量,其中变量的 t 统计值显著的有两个。其中,变量出口国 j 的人均国内生产总值 $PGDP_j$ 前系数为 0.9356,且在 1% 的置信水平下显著,符号为正,表明出口国人均 GDP 提高 1%,会导致中国进口铝废料的价格提高 0.9356%。这主要是由于出口国人均 GDP 的提高,会导致对铝的消费增多,出口国 j 国内对铝废料向再生铝的转化会增加,向中国的出口量会减少。面对中国等进口国家的需求,必定会带来进口价格的提升。

其他变量的 t 统计值不显著,这表明出口国 j 氧化铝产量、海运指数 BDI 和出口国 j 向中国以外其他国家出口铝废料的数量对澳大利亚、美国和西班牙向中国出口铝废料的价格是没有显著影响的。

(三)紧缺黑色基本金属进口市场势力评估

1. 铁矿石进口市场势力评估

数据的选取,该部分选择建立包含澳大利亚、巴西、印度和南非四个出口截面国家的 2005—2014 年共计 10 年铁矿石出口贸易数据的面板,这主要是考虑到中国的铁矿石进口主要来源于这四个国家。借助 SMR 模型对中国和四个主要铁矿石贸易国的市场势力进行分析。

根据剩余需求模型需要,变量设置如下:

在中国铁矿石进口 SMR 模型中,反剩余需求模型所包含的变量为:

IOP_j^{ex}：出口国 j 向中国出口铁矿石的价格	IOQ_j^{ex}：出口国 j 向中国出口铁矿石的数量
$PGDP_c$：中国人均国内生产总值	$TKSQ_c$：转化为平均含铁量的铁矿石产量
GCP_c^{im}：中国进口钢材价格	BDI：海运指数
IOQ_c^{imoth}：中国从其他国家进口铁矿石数量	

反剩余供给模型所包含的变量为：

IOP_j^{im}：中国从 j 国进口矿石价格	IOQ_j^{im}：中国从 j 国进口铁矿石数量
$TKSQ_j$：出口国 j 的铁矿石产量	$PGDP_j$：出口国 j 的人均国内生产总值
BDI：海运指数	
IOQ_j^{exoth}：出口国 j 出口至其他国家的铁矿石数量	

由此，可以构建中国和澳大利亚、巴西、印度和南非铁矿石贸易的市场势力模型如下：

$$\ln IOP_j^{ex} = \alpha_0 + \alpha_1 \ln IOQ_j^{ex} + \alpha_2 \ln PGDP_c + \alpha_3 \ln TKSQ_c + \alpha_4 \ln GCP_c^{im} + \alpha_5 \ln IOQ_c^{imoth} + \alpha_6 \ln BDI + \varepsilon_c \quad (4-27)$$

$$\ln IOP_j^{im} = \beta_0 + \beta_1 \ln IOQ_j^{im} + \beta_2 \ln TKSQ_j + \beta_3 \ln PGDP_j + \beta_4 \ln IOQ_j^{exoth} + \beta_5 \ln BDI + \varepsilon_j \quad (4-28)$$

$$\ln IOP_j^{im} = \varphi_0 + \varphi_1 \ln IOP_j^{ex} \quad (4-29)$$

$$\ln IOQ_j^{im} = \ln IOQ_j^{ex} \quad (4-30)$$

其中，式（4-27）反映了中国对铁矿石出口国 j 的反剩余需求，变量 $\ln IOQ_j^{ex}$ 前系数 α_1 用于衡量出口国 j 在铁矿石国际出口贸易中的市场势力；式（4-28）反映了铁矿石出口国 j 对中国的反剩余供给，变量 $\ln IOQ_j^{im}$ 前系数 β_1 用于衡量进口国中国在铁矿石国际进口贸易中的市场势力；式（4-29）反映了铁矿石进口价格（CIF）与铁矿石出口价格（FOB）之间存在的线性关系；式（4-30）则反映了剩余需求和剩余供给之间的等价关系。

依据模型设置的需要以及数据的可得性，本章节选择2005—2014年的铁矿石出口相关数据分析中国与澳大利亚、巴西、印度和南非四个国家在铁矿石国际贸易中的市场势力，比较贸易双方市场势力的相对强弱，进而对中国在铁矿石国际贸易中的定价话语权进行研究分析。

在各变量数据获取方面：

IOP_j^{ex}：根据 j 国向中国出口铁矿石的出口额和出口数量 IOQ_j^{ex} 计算得到
IOP_j^{im}：根据中国从 j 国进口铁矿石的进口额和进口数量 IOQ_j^{im} 计算得到
IOQ_c^{ex}、IOQ_c^{imoth}、IOQ_c^{im} 和 IOQ_c^{exoth}：来源于 EPS 全球统计数据中的世界贸易数据库
$PGDP_c$ 和 $PGDP_j$：来源于世界银行统计数据
$TKSQ_c$、$TKSQ_j$、GCP_c^{im} 和 BDI：数据来源于 Wind 数据库

在此，同样对模型中包含的变量进行单位根、协整检验，保证各变量序列的平稳性。模型为面板数据模型，且截面数量少于解释变量的数量，无法建立随机效应模型。建立个体固定效应模型，并对回归结果进行极大似然估计，拒绝原使用混合效应模型的假设，选择个体固定效应模型。

2. 实证结果

在完成了对 SMR 模型的检验后，对模型中的 RDE 和 RSE 函数式进行回归分析，回归中用到的方法为 Pooled EGLS（广义最小二乘法）。选用该方法主要是考虑到 EGLS 可以有效地消除此 SMR 模型中可能存在的异方差和序列相关性情况，不需要再对模型进行异方差和序列相关性的检验。

基于差分处理得到的平稳序列，分别对 RDE 和 RSE 函数式进行回归分析，以 RDE 函数式中的出口国 j 向中国出口铁矿石的价格 IOP_j^{ex} 对出口国 j 在铁矿石国际出口贸易中的各变量系数和出口国 j 向中国出口铁矿石数量 IOQ_j^{ex} 系数所反映的市场势力进行估计；以 RSE 函数式中的中国从 j 国进口铁矿石价格 IOP_j^{im} 对中国在铁矿石国家进口贸易中的各变量系数和中国从出口国 j 进口铁矿石数量 IOQ_j^{im} 系数所反映的市场势力进行估计，参数估计结果如表 4-5 所示。

第四章 市场势力对金属资源定价权的影响分析

表 4-5　　　　　　　个体固定效应模型参数估计结果

方程	变量	系数	标准差	t 统计量	P 值
中国的反剩余需求方程：$IOQ_j^{ex}=P(RD_c^j,\cdots)$	α_0	-37.8065	6.9536	-5.4369	0.0000
	IOQ_j^{ex}	0.1928	0.0556	3.4674	0.0016
	$PGDP_c$	-0.2479	0.3168	-0.7825	0.4400
	$TKSQ_c$	0.7091	0.1442	4.9182	0.0000
	GCP_c^{im}	1.4164	0.3906	3.6265	0.0011
	BDI	-0.2683	0.0821	-3.2664	0.0027
	IOQ_c^{imoth}	0.7009	0.2869	2.4432	0.0207
个体固定效应					
澳大利亚	0.0754		巴西		-0.3019
印度	0.0322		南非		0.1944
Adj-R²	0.9002		D.W.		1.8189
F-Statistic	40.0771		P 值		0.0000
方程	变量	系数	标准差	t 统计量	P 值
中国的反剩余供给方程：$IOQ_j^{im}=P(RS_j^c,\cdots)$	β_0	-7.9608	2.9737	-2.6770	0.0119
	IOQ_j^{im}	0.0813	0.0756	1.0752	0.2909
	$PGDP_j$	1.1763	0.1881	6.2529	0.0000
	$TKSQ_j$	0.1874	0.5129	0.3654	0.7174
	BDI	0.1415	0.0669	2.1145	0.0429
	IOQ_j^{exoth}	-0.0310	0.1297	-0.2393	0.8125
个体固定效应					
澳大利亚	-2.2934		巴西		-0.0609
印度	2.2205		南非		0.3559
Adj-R²	0.6187		D.W.		1.7408
F-Statistic	8.7064		P 值		0.0000

根据估计结果对出口国在铁矿石出口贸易中的市场势力进行分析：对于反剩余需求函数式，变量 IOQ_j^{ex} 前系数为 0.1928，且在 1% 的置信水平下显著，系数符号为正，表明出口国 j 出口铁矿石数量的提高，会导致向中国出口铁矿石价格的提高。对于反剩余供给函数

式，变量 IOQ_j^{im} 前系数为 0.0813，但是 t 统计值的检验结果不显著，表明进口国中国的进口量增加，并不能够对价格产生显著影响。变量 IOQ_j^{ex} 前的系数显著不为 0，这表明出口国 j 在铁矿石国际贸易中有着市场势力。而变量 IOQ_j^{ex} 前系数反映的是铁矿石出口国 j 的市场势力，为 0.1928。变量 IOQ_j^{im} 前的系数在 10% 的置信水平下不显著，这表明进口国中国在铁矿石国际贸易中是缺乏市场势力的。

显然，相对于进口国中国的不具备市场势力，出口国具有较强的市场势力。依据市场势力与定价权的相互对应和转化关系，可以认为在决定国际市场价格方面，出口国有着铁矿石的出口定价权，而进口国中国只能被动地接受出口方制定的价格。

（1）根据中国对出口国 j 的反剩余需求函数式，其他变量的估计结果分析如下：

在对反剩余需求模型的估计中，设置了包含常数项在内的 7 个变量，其中变量的 t 统计值显著的为 7 个。其中，变量 $TKSQ_c$ 前系数为 0.7091，且在 1% 的置信水平下显著，符号为正，表明中国铁矿石产量增加 1%，会导致出口国 j 向中国出口铁矿石的价格提高 0.7091%。这看似不合理的结果，主要是由中国对国际铁矿石的强劲需求引起的。变量 GCP_c^{im} 前系数为 1.4164，且在 1% 的置信水平下显著，符号为正，表明中国进口钢材价格提高 1%，会导致出口国 j 向中国出口铁矿石价格提高 1.4164%。这是因为钢材作为相关产品，进口价格提高会导致中国对钢材进口需求的减少，转而增加对铁矿石的需求，增加的需求导致出口国 j 向中国出口铁矿石价格的提高。变量 BDI 前系数为 -0.2683，且在 1% 的水平下显著，表明海运价格能够对出口国 j 向中国出口铁矿石价格产生影响。变量 IOQ_c^{imoth} 前系数为 0.7009，且在 5% 的置信水平下显著，符号为正，表明中国从除出口国 j 以外的其他国家进口铁矿石数量增加1%，会导致出口国 j 向中国出口铁矿石的价格提高0.7009%。可能的原因是，中国对铁矿石有着强劲的需求，而从四国的进口占比又达到了85%，对四国铁矿石进口的依赖，导致从别国进口铁矿石数量的替代性不明显的局面。

变量 $PGDP_c$ 的 t 统计值是不显著的，这表明中国人均GDP的变化，不能对出口国 j 向中国出口铁矿石的价格造成显著影响。

（2）根据出口国 j 对中国的反剩余供给函数式，其他变量的估计结果分析如下：

在对反剩余供给模型的估计中，设置了包含常数项在内的7个变量，其中变量的 t 统计值显著的有3个。其中，变量 $PGDP_j$ 前系数为1.1763，且在1%的置信水平下显著，这表明出口国 j 的人均国内生产总值提高1%，会导致中国从 j 国进口铁矿石的价格提高1.1763%。这是由于，随着出口国 j 人均 GDP 的提高，对铁矿石等金属的国内消费需求会增加，导致出口部分所占的份额会相应减少，出口供给的减少，会导致中国进口价格的提高。变量 BDI 前系数为0.1415，且在5%的置信水平下显著，这表明海运价格提高1%，会导致中国从 j 国进口铁矿石的价格提高0.1415%。这反映海运成本构成中国从 j 国进口价格的一部分，对进口价格产生显著影响。

其他变量的 t 统计值不显著，这表明出口国 j 的铁矿石产量、出口国 j 向中国之外的其他国家出口铁矿石的数量对中国从 j 国进口铁矿石的价格没有显著影响。

三 市场势力对金属资源出口定价权的影响

（一）我国主要出口金属资源概述

资源大国往往成为资源的主要出口国，各国由于资源禀赋的不同，形成各自具有优势的出口产品。在优势稀有金属出口方面，中国具有代表性的为钨。据美国地质调查局数据统计，2015年全球的钨储量为330万吨，这些钨矿产资源主要集中在中国、俄罗斯、美国、加拿大，四国储量占世界总储量的75.4%。中国作为钨矿产资源储量最丰富的国家之一，2015年钨储量为190万吨。2015年世界钨精矿的产量为87000吨，其中中国的钨精矿产量为71000吨，占世界钨精矿产量的81.61%。而在世界钨消费方面，消费量由2002年的4210万吨增加至2013年的7460万吨。中国钨矿产资源的主要出口国为欧洲、美国、日本和韩国，以2016年上半年钨品出口为例，出口至亚洲的占比为52.27%，而出口至欧洲的钨品数量呈现上升趋势，占比为34.22%，而出口至美国的则呈现下降趋势，占比为11.21%。但值得注意的是，2014年和2015年钨的国际市场价格是保持下降趋势的，正因如此，中国八大主要钨矿产资源生产商宣布减少钨精矿的产量。尽管供应过剩和价格低，依然有钨矿产资源开采生产国家进入国际钨市场。2015年，英国和津巴布韦的钨矿开始生产，越南的一个大型新矿开始生产，其加工厂开始生产仲钨酸铵和钨氧化物，俄罗斯和大韩民国的新钨铁厂开始生产。伴随这些国家的进入，虽然难以动摇中国在钨国际市场的地位，但由于我国在钨矿产资源方面已经出现储量增长，但基础储量明显下降的现状，仍可能会对我国争夺钨国际市场定价权形成一定的挑战。

（二）钨矿产资源出口市场势力评估

1. 数据来源与数量方法

（1）数据来源。本章为了测量钨矿产资源的市场势力，拟选取了较为典型的钨矿出口市场的数据作为面板数据，选取数据的样本区间为2003—2013年，以半年为一个统计区间。出口数据均来自安泰科数据库；目标市场国的GDP数据选用了经调整后的实际GDP数值，消费者价格指数 CPI 以及名义汇率等数据均来自 IMF 的 IFS（International Financial Statistics）数据库和 Wind 数据库。

（2）数量方法。本书根据数据的可得性以及模型的有效性，通过借鉴 Cerda（2007）的测量模型，从剩余需求角度出发，建立钨矿产资源的国际市场势力的度量模型。

该模型假定：作为资源出口方具有市场势力，这主要反映在贸易中的定价话语权。模型变量设置如下：假定中国钨矿产资源出口国有 N 个，$D^{q,j}$ 表示 j 国钨矿产资源交易数量 q 之外需求的自然对数。$P^{q,j}$ 表示 j 钨矿产资源交易数量 q 情况下价格的对数，P^j 是 j 国相关参考价格的对数，$Z^{q,j}$ 为其他基础变量的对数。由瓦尔拉斯法则可知，这 N 个国家钨矿产资源进口的超额需求总和为零时钨贸易市场最终均衡。因此，可以得到：

$$\sum_{j=1}^{N} D^{q,j}[(P^{q,j} - P^j), Z^{q,j}] = 0 \quad (4-31)$$

忽略运输成本和关税等因素的影响，式（4-31）可以用一价定律表示为：

$$\sum_{j=1}^{N} D^{q,j}[(P^{q,x} - EX_x^j - P^j), Z^{q,j}] = 0 \quad (4-32)$$

其中，x 是 j 国的参照国，$P^{q,x}$ 表示以 x 国货币反映的需求量为 q 时钨矿产资源价格的对数，EX_x^j 表示参照国 x 国与 j 国之间汇率的对数，将式（4-32）式微分，可得：

$$\sum_{j=1}^{N} [\eta_{qj} d(P^{q,x} - EX_x^j - P^j) + \xi_{qj} d(Z^{q,j})] = 0 \quad (4-33)$$

将式（4-33）简化：

$$P^{q,x} = \sum_{j=1}^{N} v_j (EX_x^j + P^j) + \sum_{j=1}^{N} \lambda_j Z^{q,j} \quad (4-34)$$

其中，$\eta_{qj} = \dfrac{\partial E^{q,j}}{\partial (P^{q,x} - (EX_x^j + P^j))}, \xi_{qj} = \dfrac{\partial E^{q,j}}{\partial Z^{q,j}}, v_j = \dfrac{\eta_{qj}}{\sum_{j=1}^{N} \eta_{qj}}$。

该函数表示以 x 国货币来反映的钨矿产资源价格，是其他以 x 国货币计价国家的价格与其他决定钨矿贸易产品 q 的超额需求函数的基础变量之和的函数。v_j 表示以系数 η_{qj} 衡量的超额需求函数的替代效应，当 $\eta_{qj} \leq 0$，$v_j = 0$ 时，j 国是交易市场上的价格接受者，表明 j 国对交易商品 q 的价格不产生影响，相对需求的增加并不会影响钨矿的国际价格；当 $\eta_{qj} \leq 0$，$v_j > 0$ 时，j 国对钨矿商品 q 的价格产生影响，此时钨矿的价格会随需求的增长而增长。

2. 变量设计

本章节主要选择了2003—2013年及2008年1月至2013年12月以美元表示章源钨业的钨精矿出口量数据，对比分析年度和月度的市场势力变化情况。后续实证分析的指标选取均从年度和月度两个角度进行选取，并选取美国、日本、韩国及欧盟国家为考察目标进行实证分析。

主要指标：

（1）以各国家和地区的PPI（生产者指数）与汇率的比值构成以美元表示的该国价格指数。其中，汇率数据采用的是各国货币兑换美元的月度或者年度平均值，PPI采用以2005年为基期的价格指数年度或者月度数据。

（2）以伦敦同业拆借利率表示影响钨矿产国际价格的因素。该数据来源于BBA英国银行业协会。

（3）选取国家工业生产总值表示钨矿产国际需求量；选取中国钨矿出口量表示钨矿产的国际供给量。其中，中国钨矿出口量来源于安泰科数据库。

估值模型为：

$\ln(PRE_t^{USD}) = \beta_0 + \beta_1 \ln(PPIUSA_t) + \beta_2 \ln(PPIJAPAN_t / e_{US}^{JAPAN}) +$

$$\beta_3\ln(PPIKOREA_t/e_{US}^{KOREA}) + \beta_4\ln(PPIEU_t/e_{US}^{EU}) +$$
$$\beta_5\ln(IPI_t) + \beta_6\ln(Q_{REt}) + \beta_7\ln(LIBOR_t) + \mu_t$$

$$(4-35)$$

将式(4-35)改写为：

$$\ln(PRE_t^{USD}) = \beta_0 + \beta_1\ln(PPIUSA_t) + \beta_2\ln(PPIJAPAN_t e_{JAPAN}^{US}) +$$
$$\beta_3\ln(PPIKOREA_t e_{KOREA}^{US}) + \beta_4\ln(PPIEU_t e_{EU}^{US}) +$$
$$\beta_5\ln(IPI_t) + \beta_6\ln(QRE_t) + \beta_7\ln(LIBOR_t) + \mu_t$$

$$(4-36)$$

其中，式（4-36）中 P 表示为以美元衡量的中国钨精矿国际贸易价格，Q 为中国钨矿的生产量，IPI 是发达国家工业生产指数，$PPIX$ 为 X 国或地区生产者物价指数，X 国分别为美国、欧盟、日本以及韩国，e_X^Y 表示为以货币 X 表示货币 Y 的汇率水平。为了书写方便，本书将简化的公式为：

$$\ln(PRE_t^{USD}) = \beta_0 + \beta_1\ln(PPIUSA_t) + \beta_2\ln(PPIJAPAN_t e_1) + \beta_3\ln(PPIKOREA_t e_2) + \beta_4\ln(PPIEU_t e_3) + \beta_5\ln(IPI_t) + \beta_6\ln(QRE_t) + \beta_7\ln(LIBOR_t) + \mu_t$$

$\ln(PPIKOREA_o e_{KOREA}^{US})$ 简写为 $\ln(PPIKOREA\ e_2)$，以此来衡量市场势力的大小，虚拟变量 u_t 用来描述其他政策信息。

3. 平稳性检验

检验可得，$\ln(PPIEU e_3)$、$\ln(IPI)$ 及 $\ln(LIBOR)$ 都为平稳序列，而其他变量则表现为非平稳序列。借鉴 Cerda(2007) 对模型中变量的处理方法，在不满足所有变量序列平稳的情况下，对模型的解释力度进行测量，结果如表 4-6 所示。

表4-6　　2003—2013年度序列ADF单位根检验结果

变量	t统计量（含截距项，无趋势项）	10%临界值	5%临界值	1%临界值	结论
$\ln(PPIUSA)$	-0.085050	-2.737975	-3.184369	-4.209073	不平稳
$\ln(PPIJAPANe_1)$	-1.230246	-2.637686	-3.102706	-4.187083	不平稳
$\ln(PPIKOREAe_2)$	-1.230246	-2.637686	-3.102706	-4.187083	不平稳
$\ln(PPIEUe_3)$	-4.266373	-2.848785	-3.337464	-4.498251	平稳
$\ln(IPI)$	-3.240682	-2.780971	-3.245991	-4.330368	平稳
$\ln(QRE)$	2.534621	-2.637686	-3.102706	-4.187083	不平稳
$\ln(LIBOR)$	-4.41567	-2.637686	-3.102706	-4.187083	平稳

4. 回归方程估计

（1）长期回归方程估计。在进行长期回归估计时选取$\ln(PPIUSA)$、$\ln(PPIJAPANe_1)$、$\ln(PPIKOREAe_2)$、$\ln(PPIEUe_3)$、$\ln(IPI)$、$\ln(QRE)$、$\ln(LIBOR)$6个变量，估计结果如表4-7所示。

表4-7　　2003—2013年序列长期回归模型参数估计结果

	系数	标准差	t统计值	概率P
$\beta_1 \ln(PPIUSA)$	2.741239	0.732658	3.589874	0.0101
$\beta_2 \ln(PPIJAPANe_1)$	-0.897413	0.369257	-2.240527	0.0487
$\beta_4 \ln(PPIEUe_3)$	2.410058	0.594295	3.488302	0.0119
$\beta_5 \ln(IPI)$	3.386074	1.865007	1.684304	0.1168
$\beta_6 \ln(QRE)$	-1.463829	0.323786	-4.62303	0.0028
$\beta_7 \ln(LIBOR)$	-0.134986	0.095428	-1.346292	0.1947

$$\overline{R}^2 = 0.924386, \quad D.W. = 2.285934$$

从表4-7中可得，$\overline{R}^2 = 0.924386$，$D.W. = 2.285934$，即回归方程通过检验。从总体上看，2000—2013年长期回归模型的估计结果符合目前的经济现状，同时也反映了钨矿价格波动的规律。$\beta_1 \ln(PPIUSA)$、$\beta_4 \ln(PPIEUe_3)$、$\beta_6 \ln(QRE)$很好地解释了市场势力对钨矿国际价格产生的影响的问题。具体来看,$\ln(PPIUSA)$、$\ln(PPIEUe_3)$的系数为正,而且T统计值为正,符合模型的基本假设。同时,β_1(2.741239)$>\beta_4$(2.410058),表明钨矿在美国的市场势力要强于欧盟国家的市场势力。$\ln(PPIJAPANe_1)$的系数为负,表明日本的非平稳序列并不能很好地解释日本的钨矿国际市场势力问题,需要进行进一步的估算。其他变量$\beta_6\ln(QRE)$与$\beta_7\ln(LIBOR)$的T统计值均为负值,说明钨矿的出口量及利率与钨矿的国际价格是负相关关系,且$\beta_6\ln(QRE)$的P值为0.0028,说明该序列解释模型力度不够。$\beta_5\ln(IPI)$的系数3.386074>0,符合模型假设,但是$P=0.1168$,表明其解释力度偏小。

(2)长期回归方程协整检验。从表4-7得知原始数据部分序列存在单位根,所以需要继续对残差进行协整检验。检验结果如表4-8所示。

表4-8　　　　2003—2013年度序列残差序列协整检验结果

T统计值	1%临界值	5%临界值	10%临界值	概率P
-4.365397	-2.784670	-1.970233	-1.592864	0.0005

由概率$P<0.01$可知,残差检验拒绝H_0存在伪回归的假设,说明不存在伪回归,模型有效。说明以上因素能够对我国钨矿产资源出口的市场势力造成影响。

(3)短期回归方程估计。剔除解释力度较弱的变量,对不平稳序列进行差分处理,从而得到影响钨矿出口价格短期市场势力的模型估计。其估计方程为:

$$\Delta\ln(PRE) = \alpha_0 - 1.612973RESS(-1) + 4.6348282\Delta\ln(PPIUSA) +$$
$$1.6933447\Delta\ln(PPIEUe_3) - 1.961853\Delta\ln(QRE) \quad (4-37)$$

具体的估计结果如表4-9所示。

表4-9 影响钨矿出口价格短期市场势力的模型估计方程结果

	系数	标准差	T统计值	概率P
$RESS(-1)$	-1.612973	0.512723	-3.129783	0.0159
$\ln(PPIUSA)$	4.6348282	1.298154	3.624678	0.0068
$\ln(PPIEUe_3)$	1.693347	1.093378	1.443279	0.1532
$\ln(QRE)$	-1.961853	0.285936	-5.812007	0.0005
$\bar{R}^2 = 0.827639$				

从整体上看，$\bar{R}^2 = 0.827639$，方程通过检验。同时，从 P 值来看，除了 $\ln(PPIEUe_3)$ 的值为 0.1532 未能通过检验外，其他序列都有较强的解释力。表明从短期来看，钨矿的产量以及美国的市场势力决定我国钨矿产资源的出口价格，从长回归中的残差项也表明其他因素也对我国钨矿产资源的国际市场势力产生影响。

第三节 市场势力视角下金属资源定价权的影响因素分析

一 进口基本金属定价权的影响因素分析

（一）较高的进口贸易集中度

市场结构能够对市场势力产生较大影响，而市场集中度则是影响市场结构的一个重要因素，因此市场集中度也能够在一定程度上对市场势力进行反映。本章依次选取铜矿、铝矿和铁矿石进出口贸易数据，分别对其市场集中度进行测算。

首先，选取铜进口贸易数据，分别计算了中国从国际市场上进口铜矿数量最大的前三位国家、前五位国家和前十位国家所占中国铜矿进口总量的比例，进而对中国进口铜矿的市场集中度进行分析，具体结果如图4-1所示。

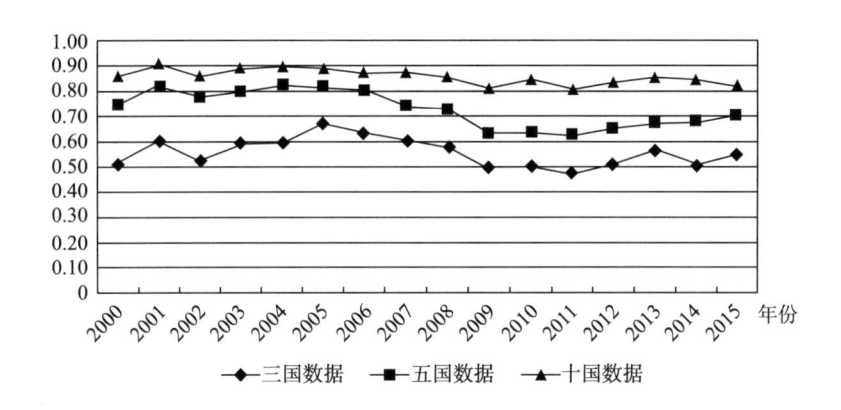

图4-1 中国铜矿进口贸易的市场集中度测算

如图4-1所示，2000—2015年中国进口铜矿数量前三位进口来源国的市场集中度达到了59.38%，前五位进口来源国的市场集中度达到了77.62%，而前十位进口来源国的市场集中度达到了91.6%。

其次，分别计算了从澳大利亚和印度尼西亚进口铝矿砂及其精矿，从澳大利亚、俄罗斯和印度进口未锻轧铝，从澳大利亚、美国和西班牙进口铝废料占相对进口总量的占比，在此基础上对铝矿产资源进口集中度进行测算，具体结果如图4-2所示。

如图4-2所示，2005—2014年中国从澳大利亚和印度尼西亚进口铝矿砂及其精矿的平均进口集中度达到了89.77%，近年来稍有下降；从澳大利亚、俄罗斯和印度进口未锻轧铝的平均进口集中度为19.43%，近年逐渐提高；从澳大利亚、美国和西班牙进口铝废料的平均进口集中度达到48.2%，近年来基本保持不变。

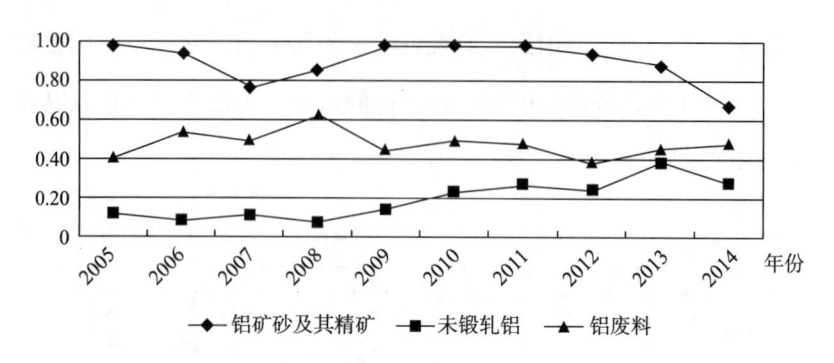

图 4-2　中国铝矿进口贸易的市场集中度测算

最后，通过对比中国从澳大利亚、巴西、印度和南非四国进口铁矿石数量占每年进口铁矿石总量的比重，对铁矿石进口集中度进行了测算。具体结果如图 4-3 所示。

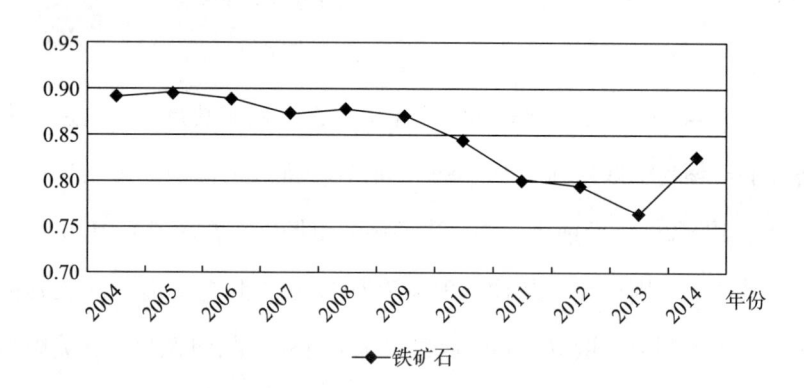

图 4-3　中国铁矿石进口贸易的市场集中度测算

如图 4-3 所示，2005—2014 年中国从澳大利亚、巴西、印度和南非四国进口铁矿石的平均进口集中度达到了 84.75%，虽然近几年集中度有了下降趋势，但依旧维持在 80% 以上的水平。

综上所述可知，对中国金属资源进口贸易这样一个不完全竞争市场而言，如此高的市场集中度使金属矿产出口国在与中国的贸易中处于垄断的优势地位，这种垄断优势也使中国在与这些国家进行金属资源进口贸易时缺乏定价的影响力和话语权。

（二）较高的进口依存度

2000—2015 年，对于中国的铜矿表观消费量，来自十国的平均进口比例为 81%，而进口总量的占比为 83%，这些数据表明中国每年消费的铜矿绝大部分依赖进口，对国际铜矿的进口依存度一直处于 80% 水平以上。具体数据如图 4-4 所示。

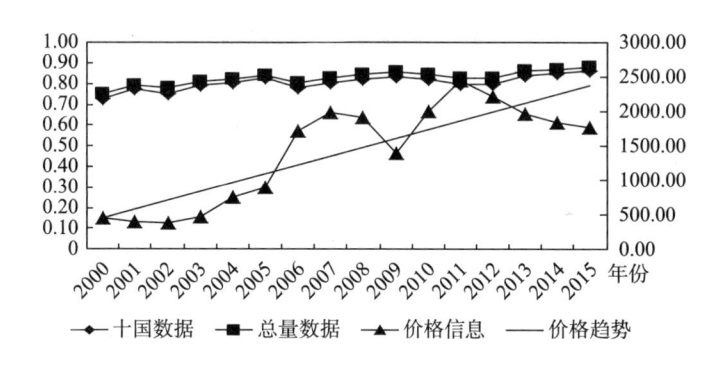

图 4-4 中国铜矿进口依存度测算

从图 4-4 所显示的趋势看，可以发现通过进口获取铜矿的比例还在逐年提高，铜矿的进口价格也保持上涨的趋势。

而铝矿砂的进口依存度基本保持 50% 水平，铁矿石的进口依存度也维持在较高水平，在 2015 年更是突破了 80% 大关，达到了 84%。

中国对国际金属资源的过度依赖，使中国的相关产业发展更容易受到国际金属矿产出口贸易一方的制约，从而在国际金属矿产贸易中空有进口份额，却缺乏与之对应的定价影响力与话语权。

（三）进口对象集中，结构单一

铜矿产资源进口种类单一，削弱了在铜矿进口方面缺乏定价方面的谈判能力。2000—2015年铜矿产资源进口结构如图4-5所示。

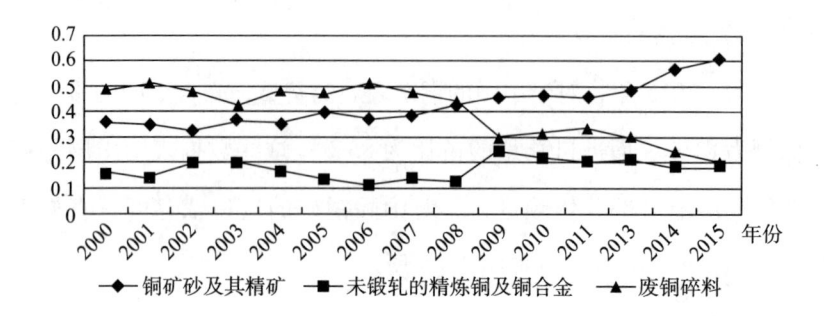

图4-5 不同品种铜资源进口比例

由图4-5中的数据可以看出，2000—2008年，铜废碎料的进口比例保持在47.6%左右；铜矿砂及其精矿的进口比例为36.9%；未锻轧的精炼铜及铜合金的进口比例为15.5%。而在2009年及之后，铜废碎料的进口比例下降至27.2%水平；铜矿砂及其精矿的进口比例上升为52.1%；未锻轧的精炼铜及铜合金的进口比例基本保持不变，为20.7%。可以发现，2009年后铜矿产资源的主要进口对象为铜矿砂及其精矿，进口结构相对单一。我国自2011年起铜精矿的世界进口比例达到了32.4%，2015年进口比重达到48.53%，2016年前8个月的进口量已经达到了1087.78万吨，相当于2013年全年的进口水平。

而铝矿产资源进口贸易中，进口结构单一的问题更加严重，具体情形如图4-6所示。

如图4-6所示，中国进口铝矿砂及其精矿的比例占到我国铝矿产资源进口量的88.25%，这表明我国主要是通过进口铝矿砂及其精矿从国际市场上获取铝资源。

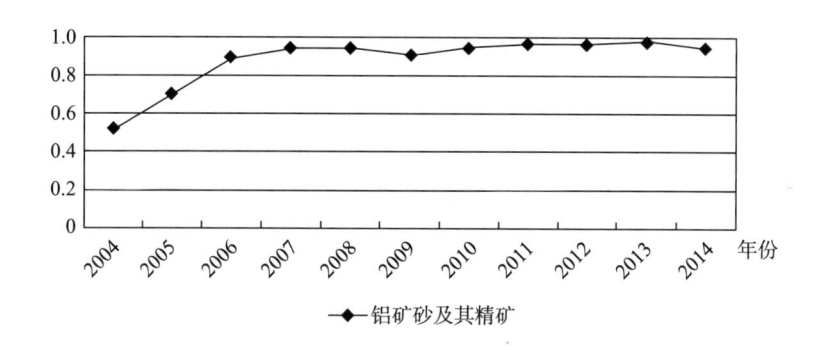

图4-6 铝矿砂及其精矿占铝资源进口比例

如此高的进口占比,在国际金属矿产贸易这样一个非完全竞争市场,同时缺乏贸易对象的选择,必然会导致在金属资源进口贸易中缺乏定价的影响力与话语权。

(四)进口计价与美元关联

由于美元与人民币所扮演的国际计价方面的角色,金属资源计价与美元、人民币有着较大的关联。

2000—2015年,美元保持贬值趋势,金属矿产与美元存在较强负相关关系,金属资源国际市场价格总体保持上涨趋势。自2011年开始,美元相对走强,由此导致国际市场价格自2011年起保持下跌趋势。2015年美元逐渐进入下行通道,会造成金属矿产需求的下降和供给的上升,进而导致价格再次进入上升阶段。受到现阶段金属资源进口美元计价的影响,严重削弱了我国在金属资源国际进口贸易中的定价影响力与话语权。

二 出口优势稀有金属定价权的影响因素分析

(一)市场供需失衡,国内产能严重过剩

虽然有诸多因素能够对商品价格产生影响,但供求依然是影响商品价格的主要因素。供给超过市场需求,即表现为产能过剩,这会导致行业内竞争的加剧，进而导致价格缺乏竞争力。

从产量来看，2011—2013年有小幅度提升，而2013—2015年又出现了小幅度的回落；进口量在2011—2013年基本保持稳定，而2013—2015年则出现了明显的下降；而消费量则是呈现小幅下降。分析在此期间的钨产量、进出口量和消费方面的数据可知，我国钨行业自2011年开始出现较严重的产能过剩，2013年产能过剩率甚至达到了35.79%。2014年后钨价进入下行通道，钨产量相应减少，这对缓解产能过剩的情况有一定帮助，但需要注意的是产能过剩问题依然突出。2011—2015年钨产量、进出口量和消费量等数据如图4-7所示。

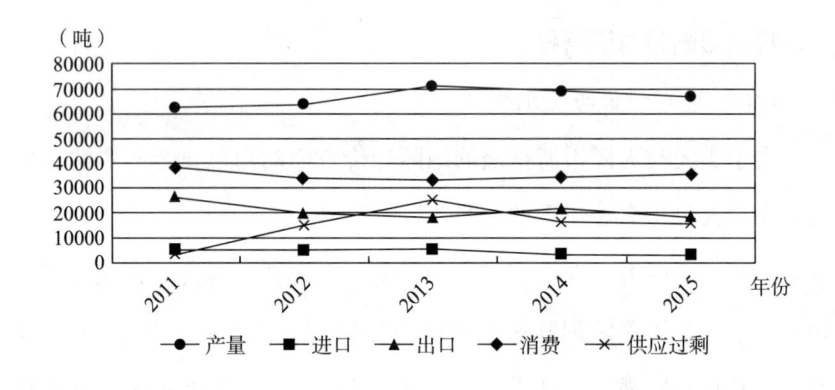

图4-7 钨进出口、消费量及产能过剩量

（二）行业集中度低

行业集中度通常研究对某一行业的市场结构，在此选择五矿、夏钨、章钨和江西稀有稀土钨业四家主要的钨生产企业来对我国钨行业进行研究。由于钨供应属于寡头垄断性质，行业集中度非常高，并经常形成价格联盟，构成垄断集团，在制定钨出口价格方面具有强势地位。自2011年起，由五矿、夏钨、章钨和江西稀有稀土钨业生产的钨精矿（65%）占全国总产量的30%左右；APT（仲钨酸铵）占全国总产量的50%左右；硬质合金占全国总产量的55%左右。可以看出仲钨酸铵和硬质合金的产量集中度非常高，具有较强的垄断能力，这表明我国钨产业链后端的钨加工及产品精加工部分，在定价方面有较强的能力。相对的，钨精矿的集中度相对较低，行业内竞争较严重，不利于在国际市场上形成统一的价格，降低了在国际市场上的定价能力。

（三）产业结构不合理，下游深加工水平低

从整体来看，我国有色金属行业仍处于产业链的中低端环节，开采冶炼以及初级加工品占多数，精深加工环节较薄弱，产业结构发展不合理、竞争能力不足、初级产品同质化竞争问题严重。这些问题的存在，导致我国钨产业过度依赖国外技术，在参与国际市场竞争过程中，空有市场份额，却缺乏定价的影响力和话语权。而钨作为高技术矿产，我国大多数钨企业还停留在高能耗、高资源消耗、污染严重的初级产品加工阶段，高附加值产品、精深加工工艺则是被国外少数具有技术优势的企业垄断。由于国内钨企业技术水平较低，缺乏关键技术，初级产品同质化竞争严重，价格方面处于劣势。而竞争的加剧也提高了原材料的价格，但原材料带来成本的上升不能够向下游乃至国际市场转移，压缩了加工生产企业的利润空间，制约了我国钨产业的发展，甚至形成了我国在国际市场上定价能力提升的掣肘。我国近年来钨出口的产品结构如表4-10所示。

从近年的贸易数据看，我国钨产品出口以初级产品为主的局面正在得到改善，钨材、钨丝及硬质合金等中高端钨产品出口比重逐步增大。但需要注意的是，钨产品出口依然是以初级和中间产品为主，这种局面还未得到根本性的改善。不打破这种局面，直接影响到我国在国际钨贸易中获得定价影响力与话语权。

表4-10　　　　　近年来我国钨进出口产品结构分析

单位:%

	年份	2010	2011	2012	2013	2014
出口	中间产品	77.3	78.81	79.08	72.49	73.03
	钨材、钨丝、硬质合金	22.7	21.19	20.92	27.51	26.97
进口	钨精矿	76.09	85.3	86.37	88.73	89.07
	其他产品	23.91	14.7	13.63	11.27	10.93

资料来源：钢联数据库。

第四节　着眼市场势力获取提升金属资源国际定价权

一　进口基本金属定价权提升分析

（一）调整进口结构，发展多品种多贸易对象

较高的进口比例，集中的进口贸易对象，必然形成中国在金属资源国际进口贸易中的掣肘。而伴随各经济体逐步走出经济危机的影响，房地产、生产和加工制造企业等资产的置换率会逐步提高，会逐步增加废铜、废铝等金属资源的回收量。美国、澳大利亚等国的废铜、废铝出口也会逐渐增多，伴随中国回收再利用技术的提升，废铜、废铝等进口可以部分替代金属资源的进口，改善中国从国际市场上进口金属资源结构单一的问题。而"一带一路"建设的实施，也提供了更多国家的选择。多样化的金属资源进口品种、进口来源国选择，增强了国内金属资源进口企业在国际金属矿产市场定价方面的谈判能力，也将相应提升中国在金属资源贸易中的定价话语权。

(二) 加强对外投资，增加权益金属矿产比例

受到金属资源储量以及中国对国外金属资源较高进口依存度的影响，通过获取国外权益金属资源来补充国内金属资源需求成为中国必须要做出的选择。同时，由于矿业发展周期的变化，为了更好地应对经济、行业低迷带来的不利影响，铜矿主要出口国智利实施了引资计划而蒙古国更是面临经济崩溃的危机，这都为中国进行海外金属矿资源投资，获取国外权益金属资源提供了机遇。权益金属资源比例的提高，增加了中国在国际金属资源储量中的占有比例，打破长期以来的卖方市场的局面，有助于提升中国金属资源进口企业在国际金属矿产进口贸易中的定价话语权。

(三) 加快国际化进程，确定人民币贸易计价货币地位

推进人民币国际化进程，增强人民币计价在国际贸易中所占的份额。一旦人民币成为国际贸易中的计价货币，伴随中国经济实力的增强，人民币在国际贸易中的地位会逐渐增强。人民币走势与国际铜价呈正相关关系，人民币国际地位的增强，必然带动中国在金属矿产国际进口贸易中定价能力的提升。而人民币正式加入 SDR，将会推动人民币国际化的发展，为提升定价能力提供更多的支撑。

(四) 突破技术限制，增加国内金属资源供给

国内保障的不足，中国需要从开采、冶炼和加工方面进行技术突破，同时要考虑到铜、铝等基本金属所具有的隐藏贵金属属性，伴生的贵金属可以有效地提高开采企业的利润，增强企业的竞争力，国内金属资源的开采利用也能够降低对国际资源的进口依存度，从而增强国际金属资源进口贸易议价能力。除此之外，政府要推动行业整合，改变低产能、低集中度的现状，增强国内金属行业在国际市场上的定价能力。

二 出口优势稀有金属定价权提升分析

(一) 以技术创新为抓手,深入开发钨应用领域

政府引导企业专注于具有发展前景的钨应用行业,进行钨矿产资源产品的深加工,大力提升下游精深加工技术水平。钨产品要形成自己的独特优势,以高档次、高品质、高附加值产品提升整体竞争实力,优化钨矿产资源产品的出口结构,不断扩大国内外市场占有率。同时,借助近年来国家加大海外投资的大趋势,以海外资源来进一步补充、巩固资源优势。除此之外,海外并购的低成本优势也是获取品牌、技术和渠道等的较好选择。这些举措的实施,可以降低国外钨矿产资源进口企业的需求弹性,以此减弱国外进口企业的市场势力,从而提高资源税向国际市场的转移水平。

(二) 积极创新整合模式,推动钨行业整合

消除当地政府、企业和矿区居民之间存在的整合障碍,取缔粗放开采、高能耗的钨矿产资源开采生产企业,推动钨矿产资源行业内的兼并和融合。相比于收购意义不大的寡头或规模较小的矿产资源,要密切关注国内新探明的钨矿资源,在合适的时机收购,从而提高钨矿产资源行业的集中度。除此之外,政府还需要加强对我国钨矿产资源行业的整顿力度,打击钨矿产资源的非法开采、走私及其他黑色产业链;在节能减排指标等方面加强管理,限制不符合条件产能的投产,避免产能过剩和行业低集中度趋势进一步恶化。通过这些可实现的途径来增大我国钨矿产资源产业的供给弹性、市场势力,进而提升我国在钨国际市场定价方面的话语权。

(三) 完善钨储备体系,建立钨行业同盟

钨作为我国优势稀有金属,应选择以保障中长期需求和经济社会可持续发展的矿产地战略储备,逐步消化过剩的产能。除此之外,在

钨矿产资源供给端，建立行业的资源及价格同盟，适时共享钨行业国际国内的重要信息和数据，传递国内外钨行业技术和市场发展动态，增强政府和企业对于钨行业发展的把握、调控能力，以此减少因信息不对称而产生的价格方面的盲目、无序竞争。在此基础上，打破长期以来买方市场的局面，提升国内钨矿产资源行业在国际钨矿产资源市场定价方面的谈判能力，最终为我国赢得钨矿产资源在国际市场定价方面的话语权。

第五章　技术进步对中国金属矿产资源定价权的影响分析

在第三次工业革命的浪潮之下，技术发展日新月异，对于金属行业而言，采矿技术的提高以及金属高精深加工技术的发展将会通过影响我国金属供给需求以及市场势力状况，进而影响我国金属资源的定价权。本章将从以下几个方面进行分析，第一，分析不同技术水平下我国金属资源贸易的现状，选取受技术影响较大的稀土作为典型案例，分析稀土金属初级矿产品和深加工产品中日贸易情况。第二，运用经济学模型分析寡头市场中一国技术优势如何影响其话语权，理顺技术进步对金属资源定价权的影响机理。第三，通过构建动态经济—金属—环境 CGE 模型，定量测度技术进步对我国金属资源定价权的影响。第四，针对以上分析提出从技术视角增强我国金属资源定价权的战略规划。

第一节　基于技术差异视角的我国金属资源贸易现状分析

我国作为"有色金属大国",许多品种金属资源的储量、产量都居世界领先地位,而作为我国重要的优势稀有金属,有"工业维生素"之称的稀土资源毫无疑问具有重要的战略地位,但是具有巨大资源储量优势的中国并未获得与之对应的稀土定价权,反而陷入国际市场上"一买就涨、一卖就跌"的窘境,因此本节以稀土为例,探究技术因素对金属定价权的影响,于是选取了稀土应用技术水平较低但出口量大的中国,以及稀土应用水平高但资源稀缺的日本,比较两国的技术含量较低的稀土初级矿产品和技术含量较高的稀土永磁材料的进出口情况,并进行相关分析。本节数据均来源于联合国 UN-COMTRADE 数据库,通过笔者进行整理分析。

一　稀土初级矿产品中日贸易现状分析

(一) 中国稀土初级矿产品出口贸易现状分析

由表 5-1 可见,2009—2016 年中国稀土初级矿产品出口的贸易量呈大幅波动状态,2009 年和 2010 年还保持在年出口 5000 吨以上的高位,2011 年和 2012 年大幅下降,特别是 2012 年,降至近七年的最低点,仅为 2757 吨,从 2013 年开始缓慢回升,2015 年和 2016 年又分别恢复到 5598 吨和 5086 吨的水平。从结构来看,日本占领了我国稀土初级矿产品绝大部分的出口,特别是在 2011 年、2012 年贸易量低的两年,更是霸占了我国稀土初级矿产品出口的 96% 和 95%,产生了日本对我国稀土初级矿产品买方市场的独霸局面,在这种局面下,我国想掌握自己稀土矿的出口定价权难上加难。除日本之外,我国稀土初级矿产品的出口对象主要还有美国、德国、荷兰等发达国家，大致都是2011—2012年出口量大幅下降，然后后续三年缓慢回升的趋势。但是，值得注意的是，我国自2015年出口美国的稀土初级矿产品的数量大幅下降，仅为20.2吨，这可能是因为美国开拓了其他的稀土进口来源或者是随着稀土替代品的出现，美国对中国稀土的需求有所下降。2015年出口量急剧增加的出口对象国家或地区为中国香港、韩国和荷兰，2016年中国出口英国和俄罗斯的稀土矿产品增长迅速。

表5-1 2009—2016年中国稀土初级矿产品出口贸易量情况统计

单位：吨

	2009	2010	2011	2012	2013	2014	2015	2016
世界	5345	6262	3241	2757	3107	3739	5598	5086
日本	4473	4541	3122	2654	2851	3493	3612	3463
美国	153	217	11	7	71	114	20	32
德国	23	162	57	11	21	17	14	30
中国香港	3	26	4	1	0	0	203	348
韩国	10	78	7	0	0	2	87	6
荷兰	50	574	25	19	49	14	687	258
英国	63	87	0	33	57	52	20	107
加拿大	1	61	2	5	3	1	25	25
俄罗斯	21	26	0	1	2	0	4	52

资料来源：联合国UNCOMTRADE数据库。

再看近八年中国稀土初级矿产品出口的贸易价值（见表5-2），同样也是呈现巨幅波动状态，不同的是贸易量大幅降低的2011年，贸易价值反而激增，出口贸易价值达到了60372万美元，是2010年出口贸易价值的3.4倍，2012年中国稀土初级矿产品的贸易价值大幅下降,随后 2 年缓慢下降,2015 年略有回升,2016 年又出现小幅下降。结合中国出口稀土初级矿产品的价格曲线进行分析,由于中国政府限制稀土出口的组合性政策出台,2011 年我国出口稀土初级矿产品的贸易价格急剧上涨,导致了 2011 年贸易量大幅下降然而贸易价值猛增的局面出现,又随着 2012 年"稀土案"的败诉,稀土价格大幅下降,随着 2015 年中国取消稀土配额政策,稀土出口价格开始逐步向市场需求靠近。

表 5 – 2　　2009—2016 年中国稀土初级矿产品出口贸易价值情况统计

单位:万美元

	2009	2010	2011	2012	2013	2014	2015	2016
世界	7269	17868	60372	18736	11155	7765	8268	5811
日本	6462	13045	57766	17735	10101	6852	6593	4458
美国	198	871	157	91	164	199	175	79
德国	67	1012	1403	244	228	156	103	45
中国香港	0	216	44	2	0	0	136	160
韩国	4	502	49	0	19	148	315	167
荷兰	53	769	245	56	87	82	436	160
英国	115	380	4	374	318	189	54	92
加拿大	0	39	43	56	38	12	31	60
俄罗斯	18	24	1	37	27	7	25	9

资料来源:联合国 UNCOMTRADE 数据库。

由图 5 – 1 可见,中国稀土初级矿产品出口的贸易价格最高是出口到英国、德国,日本和美国反而位于中间水平,特别是日本,从中国的稀土进口量占日本总进口量的绝大部分,但中国出口并未形成寡头优势,仍是以较低的价格出口到了日本,证明我国在稀土初级矿产品出口市场上,卖方垄断的局面并未给我国带来相应的定价权,反而是日本的买方垄断取得了相应定价权,以相对稳定低廉的价格保证了日本的稀土初级矿产品供应。值得注意的是，中国大陆对香港特区的稀土初级矿产品出口的价格非常低廉，随着香港特区出口量的增大，香港是否会成为国外获取廉价稀土的又一渠道值得我们注意。

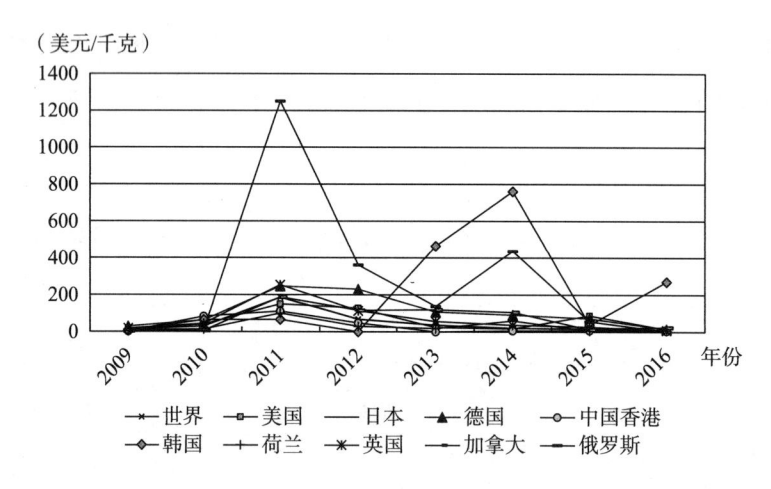

图 5-1 2009—2016 年中国稀土初级矿产品出口贸易价格变化

由图 5-2 可见，中国稀土初级矿产品出口的贸易价值和贸易量中，日本一直保持着绝大部分的占比。对比日本在中国稀土初级矿产品出口结构中贸易价值和贸易量的占比，发现总体贸易量和贸易价值占比的幅度比较一致，2010 年占比最少，2011 年显著增加后又逐步下降，说明日本占我国出口稀土初级矿产品的份额在逐年下降，说明日本也在不断寻找其他的稀土进口来源，减缓中国出口一家独大的局面，为其多元化稀土供应提供保障。

（二）日本稀土初级矿产品进口贸易现状分析

由表 5-3 可见，日本稀土初级矿产品的进口量处于稳中上升的局面，除 2011 年、2012 年有小幅下降以外，其余年份均稳步增长，2016 年的稀土初级矿产品进口量为近七年最高，为 6780 吨。反观日本

第五章　技术进步对中国金属矿产资源定价权的影响分析

```
（%）
120
100
 80
 60
 40
 20
  0
    2009  2010  2011  2012  2013  2014  2015  2016  年份
    ──◆── 日本贸易价值占比    ──✕── 日本贸易量占比
```

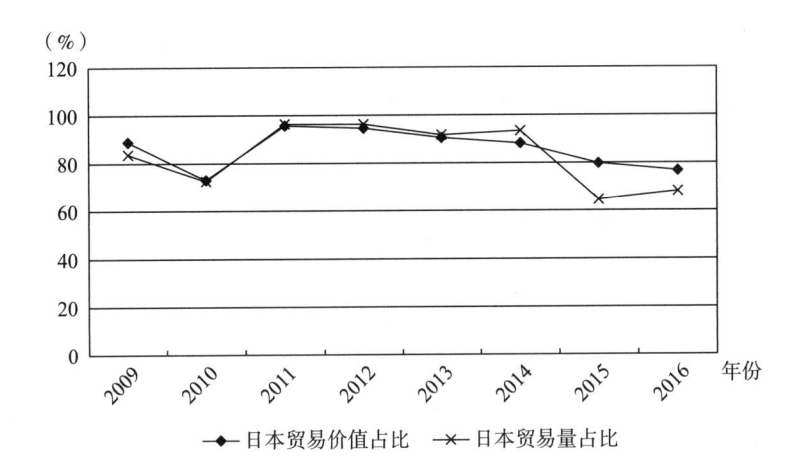

图 5-2　2009—2016 年中国稀土初级矿产品出口结构日本占比

表 5-3　2009—2016 年日本稀土初级矿产品进口贸易量情况统计

单位：吨

	2009	2010	2011	2012	2013	2014	2015	2016
世界	4773	5487	5211	4793	5194	6479	6482	6780
中国	4439	4926	3979	2985	3010	3765	3648	3485
越南	334	545	988	1437	1946	2604	2442	2897
美国	0	15	154	41	13	6	0	0
老挝	0	0	85	328	164	7	10	0
泰国	0	0	3	1	0	97	371	397
菲律宾	0	0	0	0	0	0	10	0

资料来源：联合国 UNCOMTRADE 数据库。

稀土初级矿产品的进口结构，发现日本稀土初级矿产品最主要的进口来源是中国，其次是美国、越南、老挝，近几年还有从泰国、菲律宾进口的趋势。由图 5-4 可见，日本从中国进口稀土初级矿产品的比重逐年降低，从2009年的93%降到2016年的51%，证明日本近几年在积极扩大稀土初级矿产品的进口来源，特别是加大从东南亚国家越南、老挝、泰国、菲律宾等国的稀土初级矿产品进口，把主要依靠中国的单一稀土初级矿产品进口结构发展为多元化进口结构，保障其稀土初级矿产品供应的稳定和安全。

从表5-4可以看出，2009—2016年日本稀土初级矿产品进口的贸易价值呈现先增后降的趋势，从2009年到2011年，日本稀土初级矿产品贸易价值迅猛增长，特别是2011年在中国出口价格达到顶峰的状态下，日本的稀土初级矿产品进口价值更是达到了71495万美元的高点，2012年随后下降至40072万美元，2013—2015年贸易价值比较稳定，维持在21000万美元左右。其中，从中国的进口价值自2014年达到57239万美元的峰值之后持续下降，2015年日本从中国进口稀土初级矿产品的贸易价值仅为12088万美元，甚至低于当年日本从越南进口稀土初级矿产品的贸易价值。实际上从2014年，日本从中国进口稀土初级矿产品的贸易价值就已经低于越南了，从图5-3中也可以看出，中国贸易价值在日本进口结构中的占比一路下跌，历时6年就从2010年的87.79%降到了2015年的32%，而从中国进口的贸易量在2015年仍占56%，证明日本在中国进口稀土初级矿产品的价格较其他国家较为低廉，事实也确实如此。由图5-4可知，日本从中国进口稀土初级矿产品的价格从2011年达到顶点之后，就一直持续下跌，2015年、2016年更是跌到了最低点，分别是19美元/千克和14美元/千克，低于日本进口的平均价格，更是低于日本从东南亚的越南、老挝、泰国、菲律宾的进口价格，证明虽然中国在日本稀土初级矿产品进口的市场份额降低了，但是日本仍牢牢掌握着对中国稀土矿进口的定价权。

第五章 技术进步对中国金属矿产资源定价权的影响分析

表5-4 2009—2016年日本稀土初级矿产品进口贸易价值情况统计

单位：万美元

	2009	2010	2011	2012	2013	2014	2015	2016
世界	7793	17022	71495	40072	20185	22635	21603	18049
中国	6511	14943	57239	24158	10607	7760	6869	4737
越南	1270	1968	9289	2867	8341	13983	12088	11358
美国	9	105	3035	655	61	51	10	13
老挝	0	0	1888	2357	744	34	67	0
泰国	0	0	31	19	0	795	2491	1917
菲律宾	0	0	0	0	0	0	68	4

资料来源：联合国UNCOMTRADE数据库。

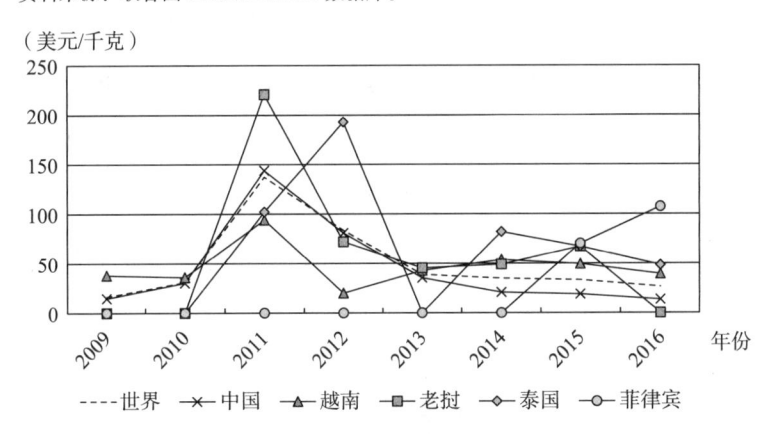

图5-3 2009—2016年日本稀土初级矿产品进口贸易价格变化

图5-4 2009—2016年日本稀土初级矿产品进口结构中国占比

二 稀土高技术产品中日贸易现状分析

稀土永磁材料是稀土主要的应用领域,稀土永磁材料既包括一般磁性材料,又包括钕铁硼等高技术含量的材料,因为钕铁硼等高技术、高附加值的稀土材料贸易数据不可获得,所以本节把稀土永磁材料的中日贸易数据作为稀土高技术应用领域的代表进行分析。

(一)中国稀土永磁材料进口贸易现状分析

由表 5-5 可见,中国稀土永磁材料进口总量变化幅度不是太大,一直处于小幅波动的局面,2015 年进口贸易量有所回落至 6771 吨,2016 年进口量达到 9636 吨的历史新高。中国稀土永磁材料主要从日本、韩国、德国、美国、菲律宾、泰国、马来西亚等国家进口。最主要的进口源自日本,超过进口总量的 1/3,从日本进口的贸易量在 2010 年达到最高点 3662 吨,占比 41%,之后占比就不断下降,到 2016 年进口日本的稀土永磁材料只有 1964 吨,占比 20%。值得注意

表 5-5 2009—2016 年中国稀土永磁材料进口贸易量情况

单位:吨

	2009	2010	2011	2012	2013	2014	2015	2016
世界	6787	8915	8899	7730	8025	8263	6771	9636
美国	268	310	240	218	226	379	314	698
日本	2181	3662	3476	2735	2336	2367	1927	1964
德国	728	905	673	708	645	701	399	403
韩国	1336	1193	1499	2185	3137	2952	2498	2185
马来西亚	251	398	611	419	417	447	379	318
菲律宾	463	851	1098	709	419	504	426	480
泰国	372	515	453	156	203	257	256	82
其他国家	1188	1082	848	601	643	655	570	3507

资料来源:联合国 UNCOMTRADE 数据库。

的是，中国从韩国进口的稀土永磁材料处于增长的态势，在2010年从韩国进口贸易量仅为1193吨，占比13%，到2013年就增长至3137吨，占比39%，超过了同时期从日本的进口量，证明韩国的稀土加工业近年来也在不断发展。此外，中国进口德国的稀土永磁材料总体趋势是逐年下降，中间有小幅回升，从2009年占比11%下降至2015年的3%，从美国的进口量一直在3%附近波动。

通过对表5-6进行分析，中国稀土永磁材料进口贸易价值经历了快速增长到快速下降的过程。从2009年中国进口稀土永磁材料的贸易价值为26013万美元，2012年上涨到65076万美元，是2009年的两倍多。贸易价值自2013年开始下降，2015年回落到29908万美元的水平，2016年小幅回升到38488万美元。对比贸易量我们发现，2012年的贸易量并没有猛增，反而低于2011年的水平，因此贸易价值的上涨是由稀土永磁材料的进口价格猛增导致，根据表5-6、图5-5可知，2011年中国由于一系列管制政策的出台，稀土原矿出口的价格暴涨，中国的稀土企业全面大幅盈利，然而看似获益，实则我国承担了涨价的后果，由于成本的上升，2012年我国进口稀土永磁材料的价格随之大幅飙升，因此国外企业2011年的巨额亏损最终还是由中国自己来承担。

2009—2016年中国进口稀土永磁材料的价格差异很大，见图5-5，其中从马来西亚和菲律宾进口的价格最高，特别是2012年。很多冶炼巨头为了降低生产成本，转移环境负担，都在马来西亚和菲律宾设厂，目前海外最大的稀土采选、冶炼、分离企业——澳大利亚莱纳斯就在马来西亚设厂，日本老牌冶金巨头日本住友特殊金属公司也在菲律宾设厂，因此全球稀土永磁产品的生产还是牢牢把握在跨国巨头们的手中。中国从泰国进口的稀土永磁材料价格也较高，从日本本土进口的稀土永磁材料的价格略高于世界平均水平，从美国、德国本土进口的价格低于世界平均水平，从韩国进口的价格最低。

表5-6 2009—2016年中国稀土永磁材料进口贸易价值情况

单位：万美元

	2009	2010	2011	2012	2013	2014	2015	2016
世界	26013	37763	63222	65076	43199	40630	29908	38488
美国	959	1169	1086	999	951	1058	971	1063
日本	7499	12159	20567	23863	17383	14501	11206	10509
德国	2984	4239	4178	4443	3570	3483	1458	1445
韩国	1866	1420	2051	2156	2422	1927	2421	2316
马来西亚	2554	3655	9426	12007	6852	6343	4516	3462
菲律宾	3495	7117	17799	17211	7098	7641	4978	839
泰国	3531	5091	5304	2354	2955	3528	2416	24379
其他国家	3125	2914	2810	2045	1967	2149	1942	14108

资料来源：联合国UNCOMTRADE数据库。

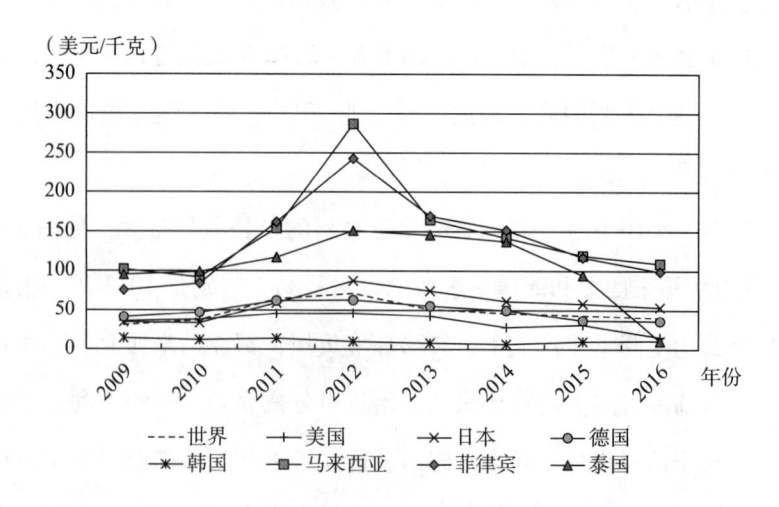

图5-5 2009—2016年中国稀土永磁材料进口贸易价格变化

第五章　技术进步对中国金属矿产资源定价权的影响分析

(二) 日本稀土永磁材料出口贸易现状分析

由表5-7可见，日本稀土永磁材料的出口量除了2010年和2011年略高，达到了15537万吨和12908万吨以外，其余年份出口量维持在一个稳定的水平，有小幅波动。日本稀土永磁材料主要出口对象为菲律宾、马来西亚、中国、泰国。其中菲律宾所占出口比重逐年增加，2016年占比49%。出口马来西亚的比重有小幅上升，从2009年占比19%到2015年占比23%，2016年回落到19%。出口中国的占比经历了先上升再下降的过程，从2009年的14%上涨到2012年的17%，2016年又降至11%，低于2009年的水平。除此之外，日本还出口到美国、德国、泰国、中国香港等国家和地区。

表5-7　　2009—2016年日本稀土永磁材料出口贸易量情况

单位：吨

	2009	2010	2011	2012	2013	2014	2015	2016
世界	10261	15537	12908	10718	10218	11402	10771	11819
中国	1486	2182	2063	1819	1461	1618	1334	1304
德国	709	943	112	97	182	76	95	35
中国香港	398	240	99	93	64	93	256	359
马来西亚	1978	3194	2861	2505	2408	2649	2523	2193
菲律宾	2858	4885	5263	4569	4052	4832	4665	5764
泰国	1340	2036	1563	534	1050	1427	1072	1078
美国	151	157	276	406	293	226	291	438

资料来源：联合国 UNCOMTRADE 数据库。

结合分析表5-7和表5-8发现，由于受价格的影响，日本出口稀土永磁材料的贸易价值与贸易量的变化趋势不一致，2010年日本出口稀土永磁材料15537万吨的贸易量，贸易价值仅为56442万美元，而2013年10718万吨的贸易量，贸易价值却为134682万美元，更少的贸易量，贸易价值却翻了一番。这与之前中国进口稀土永磁材料的价格变化相一致，因为2011年稀土矿的价格暴涨，导致2012年稀土永磁材料的贸易价格飙升。2013—2016年又逐步回落到合理的水平。

表5-8　　2009—2016年日本稀土永磁材料出口贸易价值情况

单位：万美元

	2009	2010	2011	2012	2013	2014	2015	2016
世界	35322	56442	112874	134682	69571	64427	50788	48302
中国	4920	9388	17077	21357	12201	10498	7377	6801
德国	1179	1001	2256	3166	1504	1026	862	407
中国香港	1215	1444	1387	1882	1008	688	689	782
马来西亚	6983	9896	18013	24379	11856	10930	8593	6846
菲律宾	10675	19246	55205	66370	27313	25447	20814	21238
泰国	5998	8811	10774	5510	6277	8279	5708	4717
美国	1449	2009	3059	6012	901	3229	2916	3326

资料来源：联合国UNCOMTRADE数据库。

由图5-6可见，日本出口德国稀土永磁材料的价格波动幅度最大，特别是2012年，达到了326美元/千克，2013年又迅速回落，其次是出口到中国香港的价格，2011年达到202美元/千克，出口到美国的价格除了2013年特别低，仅为31美元/千克，其余年份价格在中上的水平。出口到中国、马来西亚、菲律宾、泰国的价格均低于世界平均水平。日本出口稀土永磁材料到东南亚国家，有可能是出口给自己在东南亚的公司继续深加工，因此价格低廉。然而，出口给中国的价格也低于世界平均水平，并不意味着中国在稀土永磁材料的中日贸易上占优，而是因为稀土永磁材料根据技术不同，价格差别也很大。可能日本出口给中国的是低技术含量的普通稀土永磁材料，因此价格较低，而出口给美国、德国的是技术含量较高的钕铁硼稀土永磁材料，价格相对更高。这也是日本倚仗技术优势对中国稀土行业进行的技术封锁和压制。

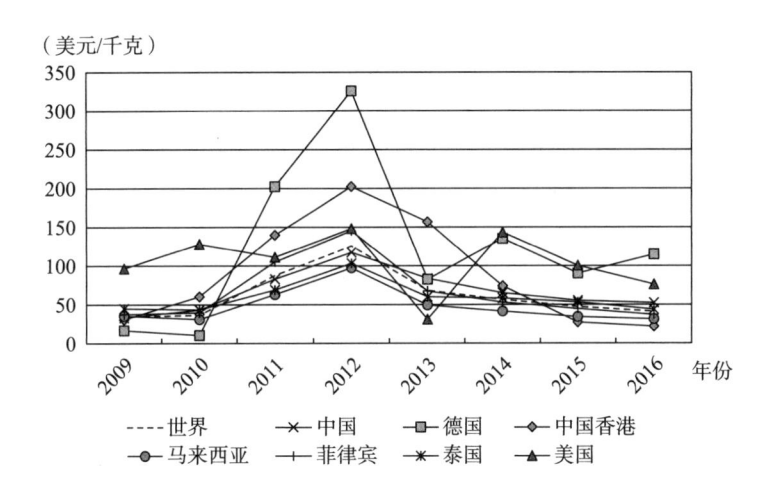

图 5-6 2009—2016 年日本稀土永磁材料出口贸易价格变化

第二节 技术进步对中国金属矿产资源定价权的影响机理分析

为了简化分析，本节假设全球市场上只有两个国家：中国和日本，中国作为 R 金属初级产品的贸易净出口国，因此该种金属为中国的优势稀有金属。国内关于 R 金属的采选及初级加工企业数量很多，企业数量为 n，且生产规模较小，处于无序竞争状态。而日本作为 R 金属初级产品的贸易净进口国和高附加值产品的贸易出口国，且拥有一家规模庞大的寡头垄断企业 D，是中国 R 金属初级产品出口的主要买方,且掌握了 R 金属深加工、生产高附加值产品的核心科技,是出口 R 金属高科技产品的主要企业。

一 中国厂商利益分析(无技术优势卖方)

中国共有 n 个 R 金属初级产品生产企业,每个企业生产初级产品的产量为 q_i,因此,中国 R 金属总产量为 $Q = \sum_{i=1}^{n} q_i$,企业数目 n 越大,总产量 Q 越高,中国 R 金属市场过度竞争的情况就越严重。假定 R 金属产量 Q 是企业数目 n 的函数,$Q(n)$,且 $\frac{dQ}{dn} > 0$。

中国 R 金属产品最终流向两个市场:国内市场和国际市场,因此有:

$$Q = Q_d + Q_e \tag{5-1}$$

Q_d 表示中国对 R 金属产品的需求产量,Q_e 表示日本对中国 R 金属产品的需求产量。中国 R 金属产品的出口价格为 P_e,根据购买力平价理论,$P_e = ER \cdot P_d$,从经济学理论上来说,出口价格等于国内销售价格与汇率的乘积,然而现实中由于 D 企业技术优势形成垄断,导致 $P_e < ER \cdot P_d$。因此,出口价格可以表示为:

$$P_e = f[Q_e(n)]^\xi \tag{5-2}$$

即出口价格 P_e 除了与 D 企业对 R 金属产品的需求产量相关,还受到垄断因素的影响。ξ 表示中国出口企业对出口价格的掌控参数,且 $\xi \in (0, 1)$,当 $\xi = 0$ 时,表示中国 R 金属出口企业对出口完全没有任何定价权,$\xi = 1$ 时,表示完全竞争情况下的定价方式。当 D 企业掌握 R 金属的核心技术专利越多,买方垄断的势力就越强,ξ 值越小,中国 R 金属出口企业的定价权越小。假设中国每个生产 R 金属的企业生产能力一定,为 $\bar{q_i}$,我国 R 金属生产产量只是企业数量 n 的函数,对出口价格函数求导可得:

$$dP_e = \xi f(Q_e)^{\xi-1} \cdot \left(\frac{df}{dQ_e} \cdot \frac{dQ_e}{dn}\right) \quad (5-3)$$

一般情况下，随着企业数目 n 的增加，R 金属价格下降，$\frac{df}{dQ_e} \cdot \frac{dQ_e}{dn} < 0$。然而，出口价格还受到垄断因素 ξ 的影响。D 企业为拥有自主知识产权和技术的大型跨国企业，它们本身具有很强的垄断性和市场影响力，D 企业不希望价格上升，因此会通过控制参数 ξ 来压低中国 R 金属产品的出口价格。

企业出口的边际利润为：

$$MR_e = P_e \cdot \frac{dQ_e}{dn} + \xi f(Q_e)^{\xi-1} \cdot \left(\frac{df}{dQ_e} \cdot \frac{dQ_e}{dn}\right) \cdot Q_e \quad (5-4)$$

当 $MR_e = 0$ 时，此时中国出口企业获得了最大利润，此时的出口价格为：

$$P_e = -Q_e \cdot \xi f(Q_e)^{\xi-1} \cdot \frac{df}{dQ_e} \quad (5-5)$$

国内企业的总利润为：

$$\pi_d = Q_d \cdot P_d + Q_e \cdot P_e - C \quad (5-6)$$

D 企业掌握的核心技术专利越多，ξ 就越小，中国 R 金属出口价格 P_e 下降，国内企业总利润 π_d 也下降，中国 R 金属就越发丧失定价权。

二 日本厂商利益分析（技术优势买方）

日本 D 企业利用科技优势，在全球 R 金属市场上攫取高额利润，同时获取 R 金属高技术产品的定价权。D 企业通过从中国进口 R 金属的初级产品进行深加工，生产具有高附加值、高技术含量的高技术产品，从中获取了高额的垄断利润。中国由于缺乏相关核心技术，只能处于产业链的底端，受制于日本，因此形成了 R 金属初级产品买方垄断和高技术产品卖方垄断的不利格局。

日本 D 企业进口的 R 金属初级产品全部来自中国,出口的 R 金属高技术产品一部分用于日本自己国内需求 $m1$,一部分用于产品加工出口到中国 $m2$。假设 D 企业采用 CES 生产函数(常替代弹性生产函数),从中国进口的初级产品作为中间投入品投入 D 企业的生产过程中:

$$Q_1 = \left[\int_0^{m1} q_i^{\sigma-1/\sigma} d_i\right]^{\sigma/\sigma-1} \tag{5-7}$$

$$Q_2 = \left[\int_0^{m2} q_i^{\sigma-1/\sigma} d_{ai}\right]^{\sigma/\sigma-1} \tag{5-8}$$

D 企业 R 金属高技术产品产量为:

$$Q_j = Q_1 + Q_2 = \left[\int_0^{m1} q_i^{\sigma-1/\sigma} d_i\right]^{\sigma/\sigma-1} + \left[\int_0^{m2} q_i^{\sigma-1/\sigma} d_{ai}\right]^{\sigma/\sigma-1} \tag{5-9}$$

日本 R 金属产品的国内销售价格与出口价格也不一致,假设国内 R 金属产品价格为 $\overline{p_i}$,$i=1,2,\cdots,m1$;出口价格为 $p_{ai}(A)$,是日本国内 R 金属生产技术的函数,它是在 R 金属初级产品进口价格基础上考虑技术专利形成的价格。

$$p_{ai}(A) = p_e \cdot E(A) \tag{5-10}$$

$E(A)$ 为期望值。因为 D 企业垄断了 R 金属的技术专利,因此 $\frac{dE}{dA} > 0$,D 企业 R 金属产品出口价格波动可以写为:$dp_{ai} = p_e \cdot dE(A) = p_e \cdot \frac{dE}{dA}$。$D$ 企业技术垄断地位越高,越能制定较高的 R 金属产品出口价格以及获取更多的利润。

综上,掌握生产核心技术是获取我国金属资源定价权的关键所在。日本拥有金属核心专利技术,生产高附加值、高技术含量的产品,垄断了 R 金属高技术产品的卖方市场,掌握了 R 金属高技术产品的国际定价权，并且以其强大的技术知识产权和市场影响力作为支撑，形成了 R 金属初级产品买方垄断的局面，进而又控制 R 金属初级市场的定价权。而中国由于关键技术的缺乏，在 R 金属国际市场上丧失话语权，处于被动局面，加上我国 R 金属市场企业小而多，处于无序竞争状态，缺乏强有力的寡头与之相抗衡，因此只能大量出口低附加值的初级产品，同时把环境和生态负担留在国内，无法摆脱"资源诅咒"的困境，从"金属资源大国"成为"金属资源强国"。

第三节 技术进步对我国金属资源定价权的影响测度

本节采用可计算一般均衡（CGE）模型，通过定量分析金属相关行业产出、进出口指标来分析技术进步对我国金属资源定价权的影响。CGE 模型强调经济系统内部的相互作用和协调一致，在模型构建的经济系统中，任何节点上产生的政策变动或者是外生冲击都将通过各个变量传导或波及整个经济系统。因此，本节构建了动态 CGE 模型探究分析技术进步对我国金属资源定价权的影响。

一 动态经济—金属—环境 CGE 模型的构建

中国金属资源—环境—经济 CGE 模型由生产模块、贸易模块、收支模块、均衡模块和动态机制模块构成。其中，生产模块中对金属资源进行细分，形成六层嵌套。中国金属资源—环境—经济 CGE 模型包括政府、企业和居民三类主体，经济主体均为理性的经济人，消费者以效用最大化为目标，生产者以成本最小化和利润最大化为目标，政府以社会福利最大化为目标。

（一）生产模块

生产模块中各要素的投入关系如图 5-7 所示，铜、铝、铅、锌、锡、镍、钨、稀土、其他有色金属共九种有色金属通过 CES 生产函数进行合成，形成了"有色金属资源投入合成束"，同时黑色金属铁与其他黑色金属通过 CES 生产函数进行合成，可以得到"黑色金属资源投入合成束"，"有色金属资源投入合成束"与"黑色金属资源投入合成束"可合成"金属资源投入合成束"，"金属资源投入合成束"与"非金属资源投入合成束"进行合成，得到"矿产资源合成束"，"矿产资源合成束"与"资本"结合形成"资本—矿产资源合成束"，"资本—矿产资源合成束"与"劳动"合成"资本—矿产资源—劳动合成束"，这就构成了各部门产出的增加值部分，再通过 Leontief 函数与"非矿产资源中间投入"相结合，形成各部门的总产出，具体见图 5-7。

（二）贸易模块

在开放经济模型结构中，国内市场销售商品由进口商品和国内生产国内销售商品组成，两者关系由 Arminton 函数复合而成。国内生产活动产出商品分为国内销售和出口两部分，其替代关系用 CET 函数代表。

（三）收支模块

居民收入主要来源于劳动收入、资本收入和来自企业和政府的转移支付；主要用于消费和储蓄。企业主要从资本中获得收入，政府对企业也有一定的转移支付。企业缴纳企业所得税后获得净利润，其中一部分转移到居民，另一部分转变为企业储蓄。政府的收入主要来自各项税收以及国外对政府的转移支付，支出主要是政府消费、投资和对其他部门的转移支付。

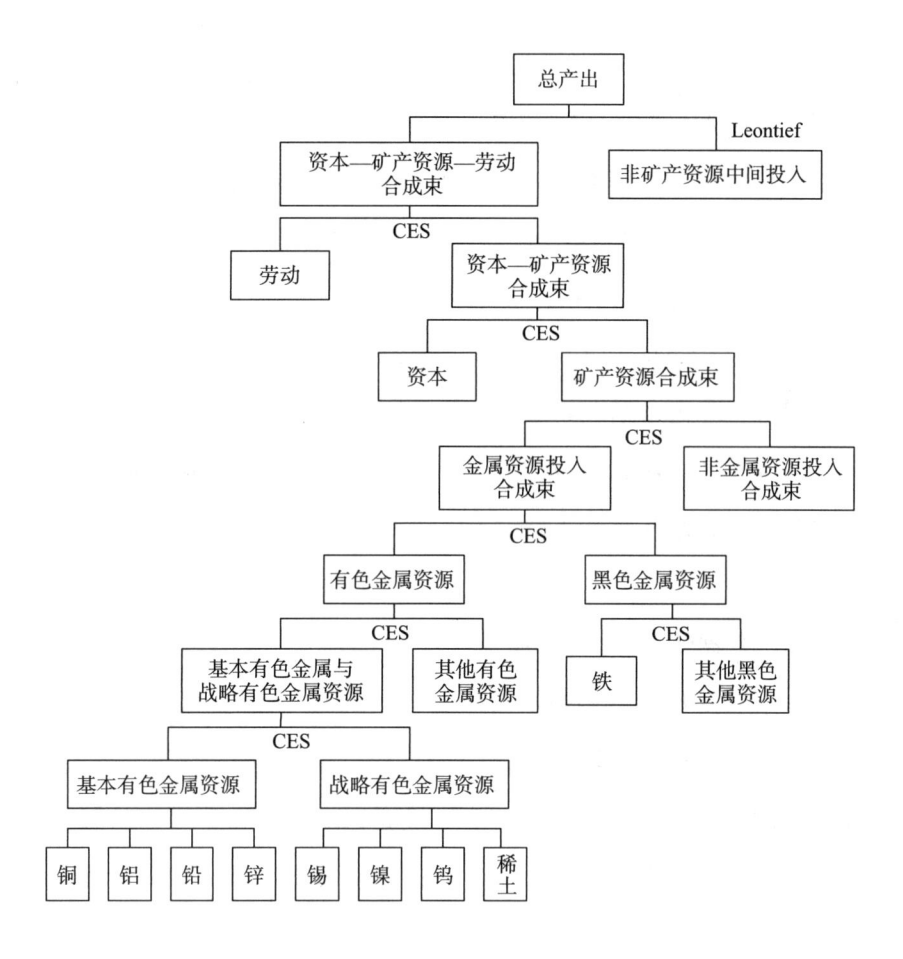

图 5-7　生产函数结构

（四）均衡模块

均衡模块主要包括商品市场均衡、要素市场均衡、国际收支平衡、投资储蓄均衡。

（五）动态模块

模型以资本积累、消费增长及劳动力供给增加为基础，通过各期折现来实现模型的动态化。假设各经济主体基于对数量和价格的静态预期进行决策，模型主要以资本积累和劳动力供给增加的外生变化为基础实现模型的动态化。资本的积累表现为下一期的资本存量等于当期资本存量加上新的投资减去折旧部分;劳动供给的增长表现为下一期社会劳动的总供给等于当期劳动供给乘以外生的人口增长率;同时存在随人口增长的消费增加。

$$K_t = (1 - \sigma_t)K_{t-1} + I_t \qquad (5-11)$$

$$L_t = (1 + g')L_{t-1}, \quad C_t = (1 + g')C_{t-1} \qquad (5-12)$$

其中,K_t 为本期资本存量,K_{t-1} 为上一期资本存量,σ_t 为折旧率,I_t 为本期新增投资,L_t 为本期劳动力的投入,L_{t-1} 为上一期劳动力的投入,g' 为劳动力增长率,C_t 为本期消费量,C_{t-1} 为上一期消费量。

二 数据处理及参数校准

本节以2012年我国的投入产出表为基础,合并整理成农林牧渔业、煤炭开采和洗选业、石油和天然气开采业、食品制造及烟草加工业、金融业、综合技术服务业等39个部门。特别根据研究的需要,把有色金属矿采选业分解成铜矿采选业、铝矿采选业、铅矿采选业、锌矿采选业、锡矿采选业、镍矿采选业、钨矿采选业、稀土矿采选业和其他有色金属矿产采选业,黑色金属矿采选业分为铁矿采选业和其他黑色金属矿采选业,构建基期为2012年的中国金属资源社会核算矩阵(Social Accounting Matrix,SAM)作为模型的数据基础,并用最小交叉熵法(Minimum Cross Entropy,MCE)通过 GAMS 程序解决由于统计口径和资料来源不同造成的 SAM 表平衡问题。本书弹性参数的标定参考钟美瑞(2015),转移参数和份额参数通过模型校准得到。

三 情境设计与模拟结果分析

(一)情景设计

本节模拟技术进步对我国金属资源定价权的影响,技术进步又分

第五章　技术进步对中国金属矿产资源定价权的影响分析

为金属采选技术进步和金属深加工应用技术进步,分别模拟两种不同类型的金属行业技术进步对中国金属资源定价权的影响,如表5-9所示。

表5-9　　　　　　　　　　情景代码表

情景代码	情景描述
BAS	基准情景
S1	金属采选行业技术进步1%（TP=1%）
S2	金属加工行业技术进步1%（TS=1%）

本节重点分析金属采选、金属延压加工、金属制造以及金属应用行业产出和进出口指标,将动态CGE模型递推至2024年,模拟2016年、2018年、2020年、2024年的变化。

(二)模拟结果分析

1. 对行业产出的影响

金属采选技术进步和金属深加工应用技术进步会分别直接影响到金属采选部门和金属延压加工及金属制品行业的产出,并且会通过这些部门的产品价格、总产出、投入要素的价格等传导机制影响到与之密切相关的部分行业和其他行业。

(1) 对金属采选行业产出的影响

如表5-10所示,在模拟金属采选技术进步1%的情境下,铜采选、镍采选、其他有色金属采选、铁采选、其他黑色金属采选的产量逐年下降,锡采选下降幅度相对较大,下降幅度在2024年达到0.99%,铝采选、铅采选、锌采选、钨采选、稀土采选先小幅增长,再缓慢下降。采选技术进步并未像预想一样,会带来金属采选行业产出的增长,而是随着时间的推移逐步下降,这可能是因为随着技术的

表 5-10　　　　技术进步对金属采选行业产出的影响

单位:%

	情景	2016	2018	2020	2022	2024
铜采选	TP=1%	-0.025	-0.101	-0.140	-0.160	-0.160
	TS=1%	0.112	-0.016	-0.101	-0.137	-0.137
铝采选	TP=1%	0.033	-0.061	-0.106	-0.130	-0.130
	TS=1%	0.169	0.033	-0.051	-0.083	-0.083
铅采选	TP=1%	0.016	-0.060	-0.092	-0.108	-0.108
	TS=1%	0.099	0.004	-0.039	-0.054	-0.054
锌采选	TP=1%	0.062	-0.034	-0.076	-0.096	-0.096
	TS=1%	0.168	0.048	-0.009	-0.026	-0.026
锡采选	TP=1%	-0.924	-0.984	-0.996	-0.999	-0.999
	TS=1%	-0.988	-0.992	-0.998	-0.999	-0.999
镍采选	TP=1%	-0.080	-0.133	-0.163	-0.179	-0.179
	TS=1%	0.040	-0.064	-0.140	-0.173	-0.173
钨采选	TP=1%	0.054	-0.038	-0.077	-0.096	-0.096
	TS=1%	0.145	0.039	-0.001	-0.010	-0.010
稀土采选	TP=1%	0.135	0.022	-0.024	-0.047	-0.047
	TS=1%	0.242	0.113	0.054	0.037	0.037
其他有色金属采选	TP=1%	-0.076	-0.123	-0.145	-0.156	-0.156
	TS=1%	-0.011	-0.081	-0.125	-0.143	-0.143
铁采选	TP=1%	-0.061	-0.122	-0.152	-0.168	-0.168
	TS=1%	0.037	-0.053	-0.108	-0.130	-0.130
其他黑色金属采选	TP=1%	-0.089	-0.121	-0.136	-0.143	-0.143
	TS=1%	-0.045	-0.086	-0.112	-0.123	-0.123

进步,能够对一些品位低、成矿率低、技术要求高的矿山进行开发,生产难度较高,所以相对而言产量有所下降,但是一定程度上保障了我国金属资源的顺利开发和供应。

在金属深加工应用技术进步 1% 的情境下,铜采选、铝采选、铅采选、锌采选、镍采选、钨采选、铁采选在短期内有所增长,长期出现小幅下降,锡采选在短期和长期内减少幅度仍相对较大,稀土采选

第五章 技术进步对中国金属矿产资源定价权的影响分析

行业产出一直增加,在短期内增长很快,在长期内增长速度逐步放缓。证明在深加工应用技术进步下,可生产的稀土制品种类和可选择性变多,从而会增加对稀土初级矿产品的需求量,国内稀土初级矿产品价格上涨,利润增加,刺激国内稀土采选企业扩大生产,提升产量。

(2) 对金属延压加工及金属制品行业产出的影响

如表5-11所示,金属采选技术进步对黑色金属延压及加工、有色金属延压及加工以及金属制品业产出都产生了轻微的负效应,并且随着时间推移降低幅度越大,例如金属制品行业,2024年产出减少了0.155%。从上文分析可知,采选技术进步带来了金属采选产量普遍下降,促使金属采选产品价格相对提高,从而增加了金属延压加工以及金属制品行业的生产成本,从而导致产出小幅下降。

表5-11 技术进步对金属延压加工及金属制品行业产出的影响

单位:%

	情景	2016	2018	2020	2022	2024
黑色金属延压及加工	TP=1%	-0.047	-0.104	-0.131	-0.144	-0.144
	TS=1%	0.034	-0.058	-0.112	-0.135	-0.135
有色金属延压及加工	TP=1%	-0.072	-0.118	-0.141	-0.153	-0.153
	TS=1%	0.004	-0.074	-0.128	-0.152	-0.152
金属制品业	TP=1%	-0.068	-0.118	-0.143	-0.155	-0.155
	TS=1%	0.010	-0.075	-0.133	-0.160	-0.160

金属深加工应用技术进步短期对金属延压加工以及金属制品行业有轻微的正向作用,长期也产生负向作用。可能是因为在短期内,金属深加工应用技术进步能够提高生产率,降低成本,在短期内对生产促进作用的影响较大,但是长期还会受到供求状况、进出口、生产成

本、产品价格等因素的综合性影响,对生产过程直接刺激作用减弱。另外,因为数据获得的局限性,金属加工行业只分为有色和黑色金属延压及加工以及总的金属制品业,无法像采选业那样细分,所以具体每种金属的延压加工和制品业的影响不得而知,这也是研究的局限所在。

（3）对金属应用行业产出的影响

如表5-12所示,金属采选技术和金属深加工应用技术对金属应用产业的影响与对金属延压加工及金属制品行业产出的影响类似,可能是因为两种技术进步下金属延压加工和金属制品行业的产出下降,所以对应的产品价格上涨导致应用行业的生产成本增加,进而导致产量减少。其中,与金属关系最紧密的建筑业产出下降的幅度最大,2016年下降了0.107%,2024年下降了0.171%。

表5-12　　　　技术进步对金属应用行业产出的影响

单位:%

	情景	2016	2018	2020	2022	2024
化学工业	TP=1%	-0.056	-0.110	-0.135	-0.148	-0.148
	TS=1%	0.019	-0.065	-0.117	-0.139	-0.139
非金属制品业	TP=1%	-0.084	-0.123	-0.142	-0.152	-0.152
	TS=1%	-0.017	-0.085	-0.135	-0.159	-0.159
机械与装备制造业	TP=1%	-0.082	-0.128	-0.152	-0.164	-0.164
	TS=1%	0.003	-0.086	-0.151	-0.182	-0.182
建筑业	TP=1%	-0.107	-0.141	-0.161	-0.171	-0.171
	TS=1%	-0.028	-0.108	-0.178	-0.213	-0.213
交通运输业	TP=1%	0.039	-0.007	-0.032	-0.046	-0.046
	TS=1%	0.127	0.045	-0.013	-0.038	-0.038
信息与软件业	TP=1%	-0.034	-0.084	-0.112	-0.128	-0.128
	TS=1%	0.074	-0.027	-0.101	-0.135	-0.135

2. 对进口量的影响

（1）对金属采选行业进口量的影响

如表 5–13 所示，在金属采选技术进步下，铜、铝、铅、锡、镍、其他黑色金属进口量降低，并且随着时间降低的幅度越大，这可能是因为我国铜、铝、镍的储量在世界上不占优势，但是却是消费大

表 5–13　　　　技术进步对金属采选行业进口量的影响

单位:%

	情景	2016	2018	2020	2022	2024
铜	TP = 1%	-0.091	-0.133	-0.152	-0.162	-0.162
	TS = 1%	-0.024	-0.105	-0.163	-0.191	-0.191
铝	TP = 1%	-0.075	-0.095	-0.096	-0.093	-0.093
	TS = 1%	-0.093	-0.105	-0.077	-0.061	-0.061
铅	TP = 1%	-0.028	-0.040	-0.037	-0.032	-0.032
	TS = 1%	-0.098	-0.053	0.007	0.039	0.039
锌	TP = 1%	0.054	-0.007	-0.030	-0.039	-0.039
	TS = 1%	0.095	0.039	0.048	0.060	0.060
锡	TP = 1%	-0.994	-0.999	-1.000	-1.000	-1.000
	TS = 1%	-0.999	-0.999	-1.000	-1.000	-1.000
镍	TP = 1%	-0.097	-0.136	-0.157	-0.168	-0.168
	TS = 1%	-0.011	-0.106	-0.189	-0.230	-0.230
钨	TP = 1%	0.061	-0.002	-0.025	-0.035	-0.035
	TS = 1%	0.101	0.046	0.059	0.074	0.074
稀土	TP = 1%	0.243	0.202	0.192	0.191	0.191
	TS = 1%	0.238	0.240	0.346	0.413	0.413
其他有色金属	TP = 1%	-0.064	-0.116	-0.141	-0.154	-0.154
	TS = 1%	0.028	-0.074	-0.147	-0.181	-0.181
铁	TP = 1%	-0.068	-0.111	-0.131	-0.141	-0.141
	TS = 1%	-0.003	-0.073	-0.119	-0.140	-0.140
其他黑色金属	TP = 1%	-0.131	-0.171	-0.195	-0.207	-0.207
	TS = 1%	-0.026	-0.138	-0.237	-0.285	-0.285

国，进口量都非常大，随着本国采选技术的增强，生产出的矿产品质量更高，能够更多地满足国内生产的需要，因此进口量有所下降，并且长期比短期进口量下降幅度更多。锌、钨、其他有色金属、铁的进口量处于先增后减的趋势，短期金属采选技术进步反而导致进口量有小幅增加，但长期是处于下降的状态。以铁矿石为例，我国铁矿石储量并不小，但由于品位低，采选技术不发达导致开采成本高于国外，导致大量进口，短期的技术进步，可能生产成本仍比较高，国内生产的铁矿石与进口铁矿石相比没有价格优势，所以在短期内进口量仍增加，但是从长期来看，采选技术的提高有助于我国铁矿石生产企业以更低的成本生产出相对高品位的铁矿石，缓解我国对铁矿石的巨大进口需求，国内铁矿石的价格相比于进口铁矿石更具竞争性，加上进口铁矿石价格被国外垄断，国内企业更愿意使用国内生产的铁矿石，从而打破了国外铁矿石卖方垄断的局面，减少了对国外铁矿石的依存度。稀土金属的进口量一直处于增加的状态，并且增加的幅度随时间的推移减小，从 2016 年增加 0.243% 到 2024 年增加 0.191%，中国是最大的稀土供应国，同时也是重要的稀土进口国，稀土作为战略性新型矿产，进口量的增加符合中国保护本国稀有资源的政策导向，加大稀土初级矿产品的进口，从而减少国内稀土资源的开发，但是从长期来看，随着稀土采选技术提高，导致稀土初级矿产品的生产能力提高，满足国内生产需求的能力增强，因此长期内稀土进口量增长的幅度会减缓。

  在金属深加工应用技术进步下，铜、铝、锡、镍、铁、其他黑色金属的进口量在短期内增加、长期内减少的趋势，因为短期内金属延压加工效率提高导致需要更多的金属初级矿产品进行生产加工，而国内生产不能完全满足其需要，因此需要通过增加进口来解决。但是，从长期来看，金属深加工应用技术提高将促进我国产业结构升级，导致对金属需求的品种也会产生变化，对一些金属的需求会降低，因此导致进口量下降。铅在短期内进口量减少，在长期反而增加，因为我国铅的储量世界第二，矿山铅和精炼铅的产量都是世界第一，进口量很少，因此金属深加工应用技术进步，会导致对铅的初级矿产品的需求增加，由于国内铅矿一般自给自足，因此需求增加最终需要进口来满足，所以铅的进口量会增加。锌、钨、稀土的进口量逐年上升，其中锌和钨的进口量增长率有小幅波动，稀土进口量增长的最为明显，且涨幅逐年增加，从2016年增长了0.238%到2024年增加了0.413%，证明随着产业结构升级，我国对锌、钨和稀土的需求有所增加。并且，稀土初级矿产品进口量的增加有助于中国保护本国稀有资源，且随着金属深加工应用技术的提高，国内企业稀土深加工能力增强，对稀土初级矿产品的需求增加，所以也需要通过增加稀土矿的进口来满足。

（2）对金属延压加工及金属制品行业进口量的影响

如表5-14所示，在金属采选技术进步冲击下，黑色金属延压及加工业、有色金属延压及加工业和金属制品业的进口量均逐年降低，

表5-14 技术进步对金属延压加工及制造行业进口量的影响

单位：%

	情景	2016	2018	2020	2022	2024
黑色金属延压及加工	TP=1%	-0.063	-0.116	-0.141	-0.152	-0.152
	TS=1%	0.014	-0.080	-0.142	-0.171	-0.171
有色金属延压及加工	TP=1%	-0.088	-0.131	-0.153	-0.164	-0.164
	TS=1%	-0.009	-0.095	-0.162	-0.194	-0.194
金属制品业	TP=1%	-0.076	-0.121	-0.143	-0.154	-0.154
	TS=1%	0.001	-0.088	-0.157	-0.190	-0.190

且长期比短期的下降幅度更大。因为金属延压加工及金属制品行业是金属采选业的下游行业，金属采选业为金属延压加工及金属制品行业提供原材料，随着金属采选业技术的提高，生产出的金属初级矿产品的数量和质量更能够得到保障，更能满足国内金属延压加工及金属制品行业的生产需求，因此三个行业的进口量均有所下降。

金属深加工应用技术提高在短期内导致黑色金属延压及加工业和金属制品业的进口量有所上升，有色金属延压及加工业的进口量下降，从长期来看三个行业的进口量均有所下降。说明短期内深加工应用技术进步导致金属加工业生产效率提高，对金属资源的需求量增大，有色金属大部分属于我国优势金属，因此能够提供资源保障，而黑色金属属于我国紧缺金属，大部分需要进口，因此短期内黑色金属延压及加工的进口量增加。但是长期的趋势都是进口量下降的，说明长期的金属深加工应用技术进步，一定程度上降低我国金属加工业对国外的依赖，特别是高技术材料的依赖，让我国金属延压加工与金属制造行业在国际买方市场更有话语权。

（3）对金属应用行业进口量的影响

如表5-15所示，金属采选技术进步和金属深加工应用技术进步均导致金属相关应用行业的进口量减少，仅有交通运输业在短期内进口量增加，其他行业均随着时间推移减少幅度增大。说明随着金属采选技术进步和金属深加工应用技术进步，我国金属上游和中游行业生产的金属产品的数量和质量提高，更好地满足了金属应用行业的生产需求，从而导致这些行业对国外材料的依存度降低，进口量减少。

3. 对出口量的影响

（1）对金属采选行业出口量的影响

如表5-16所示，因为铝采选、铅采选、锡采选出口量为0，因

表 5－15　　　　技术进步对金属应用行业进口量的影响

单位:%

	情景	2016	2018	2020	2022	2024
化学工业	TP=1%	－0.067	－0.113	－0.134	－0.145	－0.145
	TS=1%	－0.002	－0.079	－0.131	－0.155	－0.155
非金属制品业	TP=1%	－0.097	－0.137	－0.158	－0.168	－0.168
	TS=1%	－0.017	－0.104	－0.175	－0.210	－0.210
机械与装备制造业	TP=1%	－0.092	－0.133	－0.154	－0.166	－0.166
	TS=1%	－0.008	－0.102	－0.179	－0.218	－0.218
建筑业	TP=1%	－0.111	－0.147	－0.168	－0.180	－0.180
	TS=1%	－0.017	－0.117	－0.208	－0.254	－0.254
交通运输业	TP=1%	0.027	－0.012	－0.033	－0.045	－0.045
	TS=1%	0.114	0.024	－0.052	－0.089	－0.089
信息与软件业	TP=1%	－0.098	－0.131	－0.150	－0.160	－0.160
	TS=1%	－0.019	－0.105	－0.181	－0.220	－0.220

表 5－16　　　　技术进步对金属采选行业出口量的影响

单位:%

	情景	2016	2018	2020	2022	2024
铜	TP=1%	－0.025	－0.101	－0.140	－0.160	－0.160
	TS=1%	0.112	－0.016	－0.101	－0.137	－0.137
铝	TP=1%	—	—	—	—	—
	TS=1%	—	—	—	—	—
铅	TP=1%	—	—	—	—	—
	TS=1%	—	—	—	—	—
锌	TP=1%	0.062	－0.034	－0.076	－0.097	－0.097
	TS=1%	0.168	0.048	－0.009	－0.026	－0.026
锡	TP=1%	—	—	—	—	—
	TS=1%	—	—	—	—	—
镍	TP=1%	－0.080	－0.133	－0.163	－0.179	－0.179
	TS=1%	0.040	－0.064	－0.140	－0.173	－0.173
钨	TP=1%	0.054	－0.038	－0.077	－0.096	－0.096
	TS=1%	0.145	0.039	－0.001	－0.010	－0.010

续表

情景		2016	2018	2020	2022	2024
稀土	TP=1%	0.125	0.006	-0.043	-0.068	-0.068
	TS=1%	0.243	0.101	0.029	-0.005	-0.005
其他有色金属	TP=1%	-0.076	-0.123	-0.145	-0.156	-0.156
	TS=1%	-0.012	-0.081	-0.124	-0.143	-0.143
铁	TP=1%	-0.061	-0.122	-0.152	-0.168	-0.168
	TS=1%	0.037	-0.053	-0.108	-0.130	-0.130
其他黑色金属	TP=1%	-0.089	-0.121	-0.136	-0.143	-0.143
	TS=1%	-0.045	-0.086	-0.112	-0.123	-0.123

此没有相关影响的结果。随着金属采选技术提高，铜、镍、铁、其他有色金属、其他黑色金属逐年降低初级矿产品出口，因为铜、镍、铁属于我国紧缺金属，储量少、消费多，出口量原本就不多，采选技术进步后生产的初级矿产品首先满足国内生产消费的需求，出口量自然降低了。锌、钨、稀土短期出口增加，长期出口减少，特别是钨和稀土，属于我国优势稀有金属，出口量大，采选技术进步提升了我国优势稀有金属初级矿产品的国际竞争力，因此在短期内我国优势稀有金属钨、稀土的出口量是增加的，但是考虑到采选技术的可模仿性和溢出效应可能导致长期技术的正向冲击不断减弱，特别是东南亚国家通过模仿我国技术，加大本国金属初级矿产品的产出和出口，会对我国出口造成一定的负向冲击，因此从长期来看出口量下降。

金属深加工应用技术提高，铜、锌、镍、钨、稀土、铁初级矿产品出口短期增长，长期下降，其他有色金属和其他黑色金属初级矿产品出口量逐年下降。长期来看，随着深加工应用技术的进步，企业能够生产金属产品的技术含量增高，高附加值带来更多的利润，企业在利润驱使下会对初级矿产品进行再加工，生产高附加值的金属产品，进而减少相对利润较少的初级矿产品出口。并且长期的金属深加工应用技术提高可能导致我国产业结构升级，对金属初级矿产品的需求增大，特别是钨、稀土这类战略性新兴矿产，导致出口量减少。把资源留在国内进行深加工，而非一味"白菜价"出口，在提升我国金属初级矿产品国际市场竞争力的同时，有助于整合我国金属矿产卖方的市场结构，增强我国金属初级矿产品出口的议价能力。

（2）对金属延压加工及金属制品行业出口量的影响

如表5-17所示，金属采选技术进步情境下，金属延压加工和金属制品行业出口量均下降，说明采选技术进步并未带来下游产业的出口红利，可能是因为上面结果显示的采选技术进步导致金属延压加工与金属制品业的产出下降，从而导致出口量下降。在金属深加工应用技术进步作用下，黑色金属延压加工、有色金属延压加工以及金属制品行业的出口量短期小幅度增加，长期呈逐年下降的态势，这说明在短期内深加工应用技术的进步提升了金属加工材料和金属制品的市场竞争力，所以出口增加，但长期来看，由于技术进步带来产品附加值增加，出口价格也会相应上升，因此出口量反而会下降。

表5-17　技术进步对金属延压加工及金属制品行业出口量的影响

单位:%

	情景	2016	2018	2020	2022	2024
黑色金属延压及加工	TP=1%	-0.047	-0.104	-0.131	-0.144	-0.144
	TS=1%	0.035	-0.057	-0.112	-0.134	-0.134
有色金属延压及加工	TP=1%	-0.072	-0.118	-0.140	-0.152	-0.152
	TS=1%	0.004	-0.073	-0.127	-0.151	-0.151
金属制品业	TP=1%	-0.067	-0.118	-0.143	-0.155	-0.155
	TS=1%	0.011	-0.074	-0.131	-0.157	-0.157

(3) 对金属应用行业出口量的影响

如表 5-18 所示,金属采选技术进步导致金属相关应用行业的出口量减少,仅有交通运输业在短期内出口量增加,其他行业均随着时间推移减少幅度增大。在金属深加工应用技术进步作用下,化学工业、机械与装备制造业、交通运输业和信息与软件业在短期内出口增加,长期出口减少。说明随着金属采选技术进步和金属深加工应用技术进步,我国金属产品的技术含量提高,导致价格上升,进而增加下游金属应用行业的成本并传递给产品价格,因此会在一定程度上降低金属应用行业的出口水平。

表 5-18　　　　技术进步对金属应用行业出口量的影响

单位:%

行业	情景	2016 年	2018 年	2020 年	2022 年	2024 年
化学工业	TP = 1%	-0.055	-0.110	-0.135	-0.148	-0.148
	TS = 1%	0.020	-0.064	-0.116	-0.138	-0.138
非金属制品业	TP = 1%	-0.084	-0.122	-0.142	-0.152	-0.152
	TS = 1%	-0.017	-0.084	-0.134	-0.157	-0.157
机械与装备制造业	TP = 1%	-0.081	-0.128	-0.152	-0.164	-0.164
	TS = 1%	0.004	-0.085	-0.149	-0.178	-0.178
建筑业	TP = 1%	-0.107	-0.141	-0.161	-0.171	-0.171
	TS = 1%	-0.028	-0.108	-0.178	-0.213	-0.213
交通运输业	TP = 1%	0.040	-0.006	-0.032	-0.046	-0.046
	TS = 1%	0.127	0.047	-0.010	-0.036	-0.036
信息与软件业	TP = 1%	-0.032	-0.083	-0.111	-0.127	-0.127
	TS = 1%	0.076	-0.025	-0.099	-0.133	-0.133

四　研究总结

综上所述,在金属采选技术进步和金属深加工应用技术进步的冲击作用下，金属相关行业的产出和进出口的变化并未与预想中全为正效应相一致，反而是产生很多负效应，特别是长期影响。然而，仔细分析其影响定价权的作用路径和原因，发现负效应中蕴含着提升我国金属定价权的契机，具体可以得出以下几点主要结论：

（1）比较金属采选技术和金属深加工应用技术的影响，发现在短期内，两种技术对行业产出和进出口指标的影响基本相反，但在长期内两种技术产生的冲击作用比较相近，略有大小不同，仅有深加工应用技术对紧缺有色金属进口为完全的正向影响，其余指标在长期内影响均为负。在短期内，紧缺金属和优势稀有金属产出和进出口指标在技术冲击下的反映不同，需要有针对性地进行分析，在长期内虽然结果大部分相似，但由于长期的经济运行规律与短期不同，导致了技术不同的作用机理，因此也需要分别进行分析。

（2）金属采选技术进步在长期内有助于降低因我国紧缺金属定价权缺失造成的损失。在金属采选技术进步的长期影响下，铜、铝、铅、锡、锌、镍、铁、其他黑色金属进口量降低，并且随着时间降低的幅度越大。我国是铜、铝、锌、镍、铁的消费大国，每年进口量相当大，十分依赖国外资源，加上国外金属资源往往由矿业巨头掌握，特别是铁矿石，2014年中国铁矿石的进口量有59%源自澳大利亚，澳大利亚的力拓、必和必拓对中国铁矿石的进口价格有很强的操控能力。中国铁矿储量不少，但由于品位较低，生产成本高，铁矿石的价格和品位与进口铁矿石相比不具备竞争优势，随着金属采选技术进步，长期来看，降低了国内铁矿开采成本的同时，提高了铁矿石开采的品位，从而增强了国内铁矿石的市场竞争力，导致我国对进口的依赖程度大幅降低，打破了铁矿石长期被国外卖方垄断的局面，减少了我国铁矿石对国外的依存度，降低了我国紧缺金属由于定价权缺失造成的严重损失。

（3）金属深加工应用技术进步在长期内有助于提升我国金属卖方定价权。在金属深加工应用技术进步的长期影响下，铜、锌、镍、铁、钨、稀土等金属资源的出口量逐年下降。中国拥有丰富的金属资源，也是有色金属出口大国，但是储量和产量优势并未转化为定价优势，反倒在国际市场上陷入一卖就跌的窘境。中国出口金属初级矿产品处于产业链的最低端，获得的利润最少，然而把环境成本和代际成本留在了国内，随着金属深加工应用技术的进步，企业为了攫取更多利润，选择对国内初级金属初级矿产品进行再加工，利用国内丰富资源优势生产高技术含量的产品，提高产品的附加值，也减少了初级矿产品的出口。并且深加工应用技术进步会促进行业整合，拥有技术优势的企业会逐渐扩大规模吞并没有技术的小企业，提升我国金属资源卖方的市场势力，进而提升我国金属行业卖方定价权。

第四节　依托技术进步提升我国对金属矿产资源及其产品的定价能力

一　通过加强勘探和采选技术水平的研发提高资源自给率，提升我国在紧缺金属矿产资源贸易中的买方市场地位

我国金属资源的储量丰富，但是由于消费量巨大，且因采选技术不足，导致国内金属矿品位太低，不能满足生产加工需要，因此面临大量进口，铁矿石就是最典型的例子。我国铁矿石储量230亿吨，世界第四，但因为我国优质铁矿资源匮乏、复杂难选且铁矿石利用率较低，我国2013年铁矿石进口量为82017万吨，占世界铁矿石进口量的61%。国际铁矿石定价权被巨头控制，加上我国对进口铁矿石的依

存度较高,经常承担巨额的贸易损失。提升国内金属勘探和采选技术,能够在一定程度上缓解国内铁矿石市场严重供不应求的局面,降低对金属资源的进口需求,减少对国外金属资源的依存度,保障金属资源供应安全与稳定,规避进口价格波动过大带来的风险,减少由于我国定价权缺失带来的巨大损失。

二 坚持以技术形成市场核心竞争力为导向,推动金属矿产资源产业链高端产品的定价能力的提升

我国金属行业技术集中于产业链上中游,有多项原创性的开采和冶炼分离技术,如稀土冶炼分离提纯技术、钨钼分离技术等,但高端复合材料的深加工和应用技术,特别是功能性材料的核心专利技术,基本上处于被国外垄断的局面,如钕铁硼永磁材料的成分、工艺和技术设备的核心专利在日本,稀土贮氢材料、镍氢电池负极材料和电池技术的专利技术在美国和日本,汽车尾气净化催化剂的核心专利在美国、日本和法国。发达国家通过跨国矿业巨头垄断了全球市场,美国麦格昆磁公司几乎垄断全球的粘结钕铁硼市场,德国巴斯夫和美国格雷戴维森在全球稀土催化剂产品生产领域遥遥领先,日本住友、日立、信越等巨头掌握了多项稀土专利核心技术。在高端技术上受制于人,是导致我国金属资源定价权缺失的重要原因。要想进一步提高中国金属出口市场势力,必须提高我国金属产业的技术水平,特别是下游高端应用水平的技术突破,将产业链向下游进一步延伸,从而以高端技术应用产品获取我国金属资源定价的主动权。

第六章 计价货币对金属资源定价权的影响研究

美元是国际大宗商品的主要计价货币。一直以来,美国借助美元作为计价货币的优势,对绝大多数大宗商品的价格产生了直接的影响。借鉴美元的经验,在大宗商品计价货币去美元化的趋势以及人民币正在加速国际化的背景下,我国应充分意识到美元计价对大宗商品定价的影响,以金属资源为突破口,推动人民币成为金属资源贸易的主要计价货币,提升我国对金属资源价格的影响力。

第一节 大宗商品的计价货币现状

一 大宗商品的美元计价现状

自第二次世界大战以来,美国经济实力骤然增长,布雷顿森林体系的建立,标志着美元霸权地位的建立。通过在该体系中建立的美元中心地位,美元成为石油交易中最常用的结算和计价货币。1973年,布雷顿森林体系瓦解后,石油贸易美元机制受到极大冲击。1974年,在沙特等国家将美元确定为石油贸易唯一货币后,石油在全球交易中均用美元定价，石油美元体系正式确立。而石油作为最为重要的大宗商品之一，其国际贸易活动非常频繁，因此其提供的交易的网络外部性非常大，带动了其他大宗商品的美元化。数据表明，截至2015年年末，联合国贸易和发展会议（UNCTAD）所发布的88种大宗商品价格序列中，有53种大宗商品是以美元来定价的，份额超过六成，其他以欧元或英镑等计价和结算，详见表6-1。如果按照交易量来测算，在大宗商品的全球交易中（如钢铁、铜、煤炭、石油等）使用美元进行计价和结算的比例已经超过90%。除伦敦金属交易所（LME）的期铜外，世界大宗商品定价权几乎都被美国垄断。大宗商品定价权的取得进一步巩固了美元主要国际计价结算货币的地位，在美国经济实力下降的情况下，仍能在较长时间内保持货币霸权。

表6-1　　　　　　　　大宗商品定价货币概览

定价货币	大宗商品品种	比例
美元（USD）	53	60.23%
欧元（EUR）	29	39.25%
英镑（GBP）	3	3.41%
新加坡元（SGD）	1	1.14%
马来西亚林吉特（MYR）	1	1.14%
特别提取款（SDR）	1	1.14%
总计	88	100%

资料来源：联合国贸易和发展会议（UNCTAD）。

二　大宗商品计价货币多元化趋势

随着政治经济全球化的飞速发展，部分国家开始放弃使用美元进行计价和结算，形成了多元化的石油贸易计价货币体系，如"石油欧元""石油美元""石油卢布"等。特别自 2008 年金融危机爆发以来，石油美元的地位事实上也的确受到了挑战。多年来，金砖国家一直在讨论去美元化石油交易。自 2015 年以来，俄罗斯、伊朗等国因反制以美国为首的西方国家的制裁而正逐渐放弃美元结算，转而用人民币或本币结算；2017 年 9 月，南美产油大国委内瑞拉宣布，委内瑞拉将逐步放弃美元在本国的主导地位，逐步提高人民币作为支付和结算的频率。石油计价货币的多元化趋势对美元的霸权地位形成了挑战，在人民币国际化的背景下，也为石油人民币带来了机遇。

三 大宗商品人民币计价现状

人民币国际化进程加速。自 2009 年 7 月跨境贸易人民币结算试点开展以来，跨境贸易人民币结算在国际市场上开始受到欢迎。2011 年 8 月，全国范围内跨境贸易均可使用人民币结算，跨境贸易人民币结算发展速度加快。统计表明，2015 年全年人民币跨境贸易结算金额累计 7.23 万亿元，同年，人民币成为世界第五大支付货币。2016 年 10 月 1 日人民币正式加入 SDR，人民币的接受程度得以提升，人民币作为储备货币的地位被正式认定，这有利于在国际贸易中促使人民币结算和计价，从而进一步推动人民币争取大宗商品的定价权。

上海自贸区改革为国际大宗商品人民币计价提供了契机。2014 年 9 月 18 日，上海自贸区正式推出黄金国际板，标志着以人民币计价和结算的"上海金"开始走向世界，2014 年 12 月 15 日，上海期货交易所正式开展原油期货交易，2015 年 8 月，上海自贸区面向国际的大宗商品现货市场正式启动运营，这些都帮助了中国在大宗商品定价方面提高话语权，迈出了大宗商品人民币定价的重要一步。

大宗商品开始人民币计价。已有部分国家开始使用人民币计价的方式结算原油贸易，如伊朗、俄罗斯、委内瑞拉，在西非和北非石油和天然气市场，以人民币计价的"石油人民币"已开始出现。为了顺应石油人民币的国际需求，2017年8月，上海期货交易所及其下属的上海国际能源交易中心完成了人民币原油合约交易环境测试，人民币原油期货合约已于2018年3月正式推出。这意味着俄罗斯、伊朗、委内瑞拉等几个世界主要产油大国在出口原油到中国后，可获得人民币作为支付货币，这些人民币又可被以人民币计价黄金合约换成黄金。无论原油出口国是选择拿到黄金还是人民币，美元将被彻底绕过，标志着石油人民币的崛起，有利于我国获取大宗商品的定价权。

第二节　国际期铜定价的美元计价影响分析

近十年来，金融衍生品市场和经济金融化的不断发展有力促进了大宗商品市场的金融化进程，使大宗商品金融属性凸显，以期货市场为定价基础的铜、铝等金属价格已不完全受制于供需基本关系的影响，价格呈现频繁而剧烈的波动。作为重要的工业原材料和必要的消费品，铜铝等有色金属价格剧烈波动直接影响我国工业经济系统的稳定运行。因此，在商品金融化、美元地位难以动摇、以美元本位制为中心的国际货币体系等背景下，如何理解金融和货币因素对有色金属价格的作用机制和机理，探索有色金属价格波动背后的深层次原因及应对策略，对金属资源的去美元化以及获取金属资源人民币定价权具有重要意义。

一　研究方法

（一）PLS方法

偏最小二乘回归（PLS）是Wold和Albano于1983年为解决计量

经济学中的变量多重共线性或解释变量多于样本点等问题提出的一种多元统计分析方法,其基本思想是将多元线性回归分析与因子分析、典型相关性分析相结合,得到更为深入、有价值的系统信息,且对样本容量也没有特殊要求。该方法不仅考虑了自变量的信息,同时也考虑了因变量的信息;在成分提取的过程中解决变量多重共线性在模型估计中产生的不利影响,能够得到更为可靠的分析结果,在实际系统中的可解释性也更强。为此,本节选择 PLS 方法进行分析,既可以克服变量间存在的多重相关性,又可以对各因素对铜价作用的贡献程度进行分析。PLS 方法介绍如下:

设自变量 $X = [x_1, x_2, \cdots, x_k]$,$x_i$,$i = 1, 2, \cdots, k$,表示期铜价格波动的金融影响因素对数序列,因变量 Y 表示期铜价格对数序列。首先将各组变量进行标准化处理,记 X 经处理后的数据矩阵为 $E_0 = [E_{01}, E_{02}, \cdots, E_{0k}]$,$Y$ 经处理后的数据矩阵为 F_0。

第一步:记 t_1 是 E_0 的第 1 个成分,$t_1 = E_0 w_1$,w_1 是 E_0 的第 1 个轴,它是一个单位向量,即 $\| w_1 \| = 1$。u_1 是 F_0 的第 1 个成分,$u_1 = F_0 c_1$,c_1 是 F_0 的第 1 个轴,且有 $\| c_1 \| = 1$。

在 PLS 回归中要使得 t_1 和 u_1 能分别很好地代表 X 和 Y 中的数据变异信息,应该有 $Var(t_1) \to max$,$Var(u_1) \to max$;同时要求 t_1 对 u_1 有最大的解释能力,由典型相关分析的思路,t_1 与 u_1 的相关度达到最大值,即 $r(t_1, u_1) \to max$。

为此,需要 t_1,u_1 满足协方差最大,即:

$$Cov(t_1, u_1) = \sqrt{Var(t_1) Var(u_1)} r(t_1, u_1) \to max \quad (6-1)$$

求解该最优化问题得到 w_1 和 c_1,进而可得到成分 $t_1 = E_0 w_1$,$u_1 = F_0 c_1$。

第二步,分别求 E_0 和 F_0 对 t_1,u_1 的 3 个回归方程:$E_0 = t_1 p_1^T +$

E_1，$F_0 = u_1 q_1^T + F_1^*$，$F_0 = t_1 r_1^T + F_1$。其中，E_1、F_1^*、F_1 分别是 3 个回归方程的残差矩阵。

第三步：用残差矩阵 E_1 和 F_1 代替 E_0 和 F_0，求第 2 个轴 w_2，c_2 和第 2 个成分 t_2，u_2，有 $t_2 = E_2 w_2$，$u_2 = F_1 c_2$。因此，有回归方程 $E_1 = t_2 p_2^T + E_2$，$F_1 = t_2 r_2^T + F_2$。

如此计算下去，如果 X 的秩为 A，则会有：$E_0 = t_1 p_1^T + t_2 p_2^T + \cdots + t_A p_A^T$，$F_0 = t_1 r_1^T + t_2 r_2^T + \cdots + t_A p_A^T + F_A$。由于 t_1，t_2，$\cdots$，t_A 均可以表示成 E_{01}，E_{02}，$\cdots$，E_{0k} 的线性组合，因此可以还原成如下回归方程形式：$Y = a_1 x_1 + a_2 x_2 + \cdots a_k x_k$。

(二) 结构断点识别的 ICSS 算法

ICSS 算法的基本原理如下：

设有一时间序列 $Y_k = \mu + \varepsilon_k$，其中 μ 表示时间序列 Y_k 的未知常数均值，σ^2 表示序列 Y_k 和误差项 ε_k 的未知常数方差。ICSS 算法首先从第一个观察值 Y_0 开始，在没有其他信息的情况下，对下一个观察值进行估计的预测误差为零（序列下一个观察值的估计值与第一个观察值 Y_0 相等）。如果有信息，则可以对预测误差进行标准化处理，通过加入信息集，然后再进行残差估计。ICSS 算法假设迭代残差序列 $\{\varepsilon_k\}$ 为一个均值为 0、方差为 σ_k^2 的时间序列，每个阶段序列的方差分别是 σ_j^2 ($j = 1$，2，$\cdots$，N_T)，N_T 是 T 个观察样本下方差变点的个数，$1 < K_1 < K_2 < \cdots < K_{N_T} < T$ 是变点的结合。

用累积平方和方法来计算方法变点的个数以及变点发生的时间，从第一个观察点到第 k 个观察点的累积平方和。

$$y_t = \nu(s_t) + \sum_{i=1}^{p} \Phi(s_t) y_{t-i} + \sum_{i=0}^{p} \beta(s_t) x_{t-i} + \sigma(s_t) \varepsilon_t \quad (6-2)$$

根据上式得到的 C_T 表示整个时间序列里平方误差的总和，可计

算得 D_k。

$$D_k = \frac{C_k}{C_T} + \frac{k}{T}, \text{ 其中 } k=1, 2, \cdots, T \text{ 且 } D_0 = D_T = 0 \qquad (6-3)$$

通过这一处理，就可用统计量 D_k 来对序列 $\{\varepsilon_k\}$ 进行变点测量。显然 D_k 是在零值上下波动，如果残差序列 ε_t 每一时刻的值均相同，或者说 ε_t^2 为一常数的话，则 D_k 保持为 0，即意味着序列 Y_k 不存在结构性变点；若 ε_t 发生了变化，则还需要进一步判断序列是否一定存在统计上的显著变点。基于 D_k 分布（定义零假设为 ε_t 保持为常数）的临界值便提供了在某一已知概率水平下的上、下界限，可以用于检验是否存在一个统计上显著的变点。若定义 k^* 为当 $\max(\sqrt{T/2}|D_k|)$ 达到时 k 在序列中的位置，如果 $\max(\sqrt{T/2}|D_k|)$ 大于预先给出的临界值，则拒绝零假设，表明序列存在一个显著的变点；否则接受零假设，表明序列没有显著的变点。T 表示 ε_t 序列的长度，可以通过模拟得到 $\max(\sqrt{T/2}|D_k|)$ 分布的临界值。

二 数据选取及处理

（一）指标选取

1. 铜金属价格

考虑到伦敦金属交易所（LME）在全球有色金属交易市场中的定价中心的角色，同时大量研究表明，国际大宗商品期货交易所在价格引导方面处于主导地位，本节选择 LME 三个月期的铜期货收盘价作为铜价的代理变量，数据来源于 LME 官网。

2. 金融和货币因素

金融和货币因素主要考虑对有色金属价格有主要影响作用的汇率变动因素、利率变动因素以及股票市场因素，具体选择美元指数（US Dollar Index，USDX）、联邦基金基准利率（Federal Funds Rate，FFR）

和标准普尔 500 指数（S&P500 Index，SP500）作为代理变量。此外，考虑到黄金的独特地位，同样将黄金价格纳入分析。

美元指数是汇率市场因素的代理指标，反映了国际外汇市场中美元对选定的"一揽子"货币的综合汇率变化情况，不但是美元走势强弱的标志，还间接反映了美国商品进口成本和出口竞争力的变化。资料来源于美联署官网。

美国联邦基金利率是利率市场因素的代理指标，FFR 是指美国同业拆借市场的隔夜拆借利率。FFR 的变化是银行之间资金余缺变化情况的直接反映，美联储通过调节 FFR 对商业银行的资金成本进行调控，并将银行间资金余缺的讯息传达给商品生产和消费企业，影响其消费和投资决策，进而形成对有色金属等商品价格变动的影响。数据来源于美联署官网。

标准普尔 500 指数是股票市场因素的代理指标，标准普尔 500 指数是由标准普尔公司创建和发布的具有权威代表性的股票指数。由于 S&P 500 涵盖了更多公司的股市信息，相较道琼斯指数而言，它能够对更加广泛的市场信息变化产生灵敏反应，风险更为分散。数据来源于标普公司官网。

黄金属于有色金属中的贵金属类别，是兼具商品属性、货币属性和金融属性的特殊而又重要的有色金属品种。非货币化之后的黄金由于其重要的投资保值功能而具有非常显著的金融属性，这是其他金融资产无法比拟的。黄金价格的波动对整个金融市场以及原油、有色金属等大宗商品市场都会产生影响，因而在此将黄金价格作为影响期铜价格波动的金融因素之一。选择纽约商品交易所（COMEX）的黄金期货结算价作为黄金价格的代理变量，数据来源于纽约商品交易所官网。

3. 投机因素

主要考察有色金属市场基金行为中的投机因素，主要采用美国商品期货交易委员会（Commodity Futures Trading Commission，CFTC）公布的交易商持仓报告（Commitments of Traders Report，COT）中提供的非商业持仓指标来构造衡量影响金属价格波动的投机因素的代理变量。

COT报告中的持仓分为可报告（Reportable）持仓和非报告（Non-reportable）持仓。交易头寸超过CFTC持仓限制的是可报告持仓，它又可分为商业（Commercial）和非商业（Non-commercial）持仓两类。其中，商业持仓主要是与生产商、贸易商和消费商有关，一般认为是套期保值性持仓；非商业持仓主要是来自管理期货或商品基金的基金持仓，一般认为是投机性持仓。非报告持仓一般是指"不值得报告"的较小头寸，即分散的小规模投机者。进一步细化，非商业持仓可分为多头（NCL）、空头（NCS）和套利（NCSP），而商业持仓仅分为多头（CL）和空头（CS），非报告持仓也仅分为多头（NRL）和空头（NRS），报告与非报告持仓的总和为市场总持仓（TOI）。非商业交易商持仓比例和非商业交易商净多头比例可以从不同角度反映市场的投机压力，因此选择纽约商品期货交易所（COMEX）铜期货市场的非商业交易商持仓比例（RNC）和非商业交易商净头寸比例（PNLNC）两个指标作为代理变量来衡量投机因素对铜金属价格的影响。

可得非商业交易商持仓比例和非商业交易商净多头比例：

$$RNC = (NCL + NCS + 2 \times NCSP)/(2 \times TOL) \qquad (6-4)$$

$$PNLNC = (NCL - NCS)/(NCL + NCS \times 2NCSP) \qquad (6-5)$$

其中，非商业交易商净多头比例相比非商业交易商持仓比例，可以更好地刻画投机交易者的看涨情绪。数据来源于 CFTC 官网。

（二）指标处理

综上所述，本节选取的指标包括期铜价格、美元指数、联邦基金基准利率、标准普尔 500 指数、黄金价格、期铜非商业交易商持仓比例和非商业交易商净头寸比例共计 7 个代理变量，分别记为 CP、USDX、FFR、SP500、GP、RNC 和 PNLNC。由于来自 COT 报告的交易商持仓数据是公布截至周二的周度收盘持仓数据，因而采用周度数据。样本区间为 2000 年 1 月 4 日至 2014 年 5 月 27 日，该区间基本涵盖了铜金属市场的牛市、熊市和平稳阶段，每个指标共计 752 个周度样本数据。序列的对数数据不但不会影响原始序列之间的协整关系，而且可以使数据的趋势线性化，尽可能地弱化波动的影响，还可以消除原始序列存在的异方差，因此首先对部分代理指标的样本数据进行取对数处理。具体是对期铜价格、黄金价格、美元指数、联邦基金利率和标准普尔 500 指数取自然对数，分别记为 lnCP、lnGP、lnUSDX、lnFFR 和 lnSP500；而期铜非商业交易商持仓比例和非商业交易商净头寸比例变量存在负数值，因而不存在自然对数，直接采用原始值，分别记为 RNC 和 PNLNC。

三　实证分析

（一）期铜价格的结构断点识别

根据 ICSS 算法的基本原理，采用 Matlab2010 编程，计算期铜价格收益率周度时间序列的结构断点，输出结果如表 6-2 所示。

表 6-2　　　　　　　期铜价格收益率序列结构断点

结构断点	位置	对应日期	检验统计量
1	196	2003 年 10 月 7 日	0.000452
2	263	2005 年 1 月 18 日	0.001339

续表

结构断点	位置	对应日期	检验统计量
3	327	2006年4月11日	0.000536
4	456	2008年9月30日	0.001896
5	501	2009年8月11日	0.004394
6	615	2011年10月18日	0.001428

根据ICSS算法检验结果确定回归模型存在6个结构断点，分别为2003年10月7日、2005年1月18日、2006年4月11日、2008年9月30日、2009年8月11日、2011年10月18日，即说明在结构断点前后期铜价格波动发生了显著结构性转变，因此可将全样本区间分为7个子样本阶段，如图6-1所示。

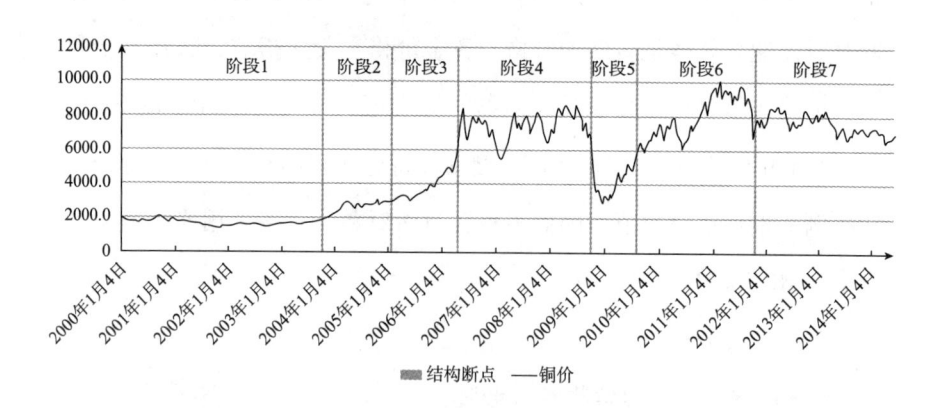

图6-1　期铜价格与结构断点

（二）PLS回归模型分析

1. 模型估计及拟合效果

对全样本阶段以及各个子样本阶段进行PLS拟合。为反映金融和货币因素对期铜价格作用和影响的持续性，将指标变量的一阶滞后项纳入模型分析。各阶段模型拟合的精度如表6－3所示。

表6－3　　各阶段PLS模型回归的精度分析

	成分	RdX	RdX（cum）	RdY	RdY（cum）	Q^2	Q^2（cum）
全样本	t_1	0.530	0.530	0.843	0.843	0.843	0.843
	t_2	0.126	0.655	0.082	0.925	0.520	0.925
	t_3	0.112	0.768	0.015	0.940	0.199	0.940
阶段1	t_1	0.358	0.358	0.637	0.637	0.636	0.636
	t_2	0.385	0.743	0.041	0.678	0.109	0.675
	t_3	0.138	0.881	0.037	0.715	0.110	0.711
	t_4	0.078	0.959	0.021	0.736	0.068	0.731
	t_5	0.011	0.970	0.025	0.760	0.072	0.750
阶段2	t_1	0.588	0.588	0.654	0.654	0.646	0.646
	t_2	0.200	0.788	0.051	0.706	0.088	0.677
	t_3	0.077	0.865	0.059	0.764	0.136	0.721
	t_4	0.027	0.892	0.077	0.841	0.201	0.777
阶段3	t_1	0.564	0.564	0.930	0.930	0.927	0.927
	t_2	0.166	0.730	0.030	0.960	0.371	0.954
阶段4	t_1	0.466	0.466	0.404	0.404	0.399	0.399
	t_2	0.153	0.619	0.171	0.575	0.267	0.560
	t_3	0.251	0.870	0.020	0.595	0.035	0.575
阶段5	t_1	0.339	0.339	0.656	0.656	0.649	0.649
	t_2	0.437	0.776	0.055	0.712	0.140	0.698
	t_3	0.102	0.878	0.087	0.798	0.209	0.761
	t_4	0.051	0.929	0.046	0.845	0.137	0.794
	t_5	0.022	0.951	0.032	0.877	0.105	0.816
阶段6	t_1	0.598	0.598	0.844	0.844	0.841	0.841
	t_2	0.163	0.761	0.082	0.926	0.500	0.920
	t_3	0.072	0.834	0.011	0.937	0.075	0.926
阶段7	t_1	0.556	0.556	0.788	0.788	0.786	0.786
	t_2	0.165	0.720	0.037	0.825	0.159	0.820

在全样本阶段，最终确定提取 3 个成分。一方面，从对解释变量的解释力度来看，第 1 个成分对因素集合的解释力度达到了 53.0%，第 2 个成分的解释力度为 12.6%，第 3 个成分又有 11.2% 的信息参与对自变量的解释，3 个成分对因素集合的累计解释能力为 76.8%。另一方面，从对因变量（期铜价格）的解释能力来看，第 1 个成分对因变量变异的解释能力为 84.3%，第 2 个成分对因变量变异的解释能力为 8.2%，第 3 个成分的解释能力仅为 1.5%，3 个成分对因变量的累计解释能力高达 94.0%。总的说来，所提取的 3 个成分代表了自变量集合中 76.8% 的变异信息，解释了因变量 94.0% 的信息。可见，所提取的成分对自变量集合和因变量的解释能力都较好，表明自变量与因变量之间确实存在较高的相关性。

在子样本阶段，可以进行类似分析。其中，阶段 1 共提取 5 个成分，这 5 个成分对因素集合的累计解释力度高达 97.0%，而对期铜价格的累计解释力度也达到了 76.0%；阶段 2 共提取 4 个成分，这 4 个成分对因素集合的累计解释力度达到 89.2%，对期铜价格的累计解释能力达到 84.1%；阶段 3 共提取两个成分，这两个成分对因素集合的累计解释力度为 73.0%，对铜价的累计解释能力高达 96.0%；阶段 4 共提取 3 个成分，这 3 个成分对因素集合的累计解释力度达到 87.0%，而对铜价的累计解释能力仅为 59.5%；阶段 5 共提取 5 个成分，这 5 个成分对因素集合的累计解释力度高达 95.1%，对铜价的累计解释力度达到 87.7%；阶段 6 共提取 3 个成分，这 3 个成分对因素集合的累计解释力度达到 83.4%，对铜价的累计解释能力高达 93.7%；阶段 7 共提取两个成分，这 5 个成分对因素集合的累计解释力度为 72.0%，对铜价的累计解释力度达到 82.5%。

总的来说，在 7 个子样本阶段，所提取的成分综合了各阶段自变量集合72%以上的变异信息，对自变量集合的解释能力都是较好的；然而对因变量的解释则从最低的59.5%到最高的93.7%，说明模型中的金融和货币因素对期铜价格的影响在不同阶段产生的作用大小存在明显的差异，对期铜价格解释力度越高的阶段，各因素的影响越凸显，各阶段成分对期铜价格的累计解释力度从大到小的排序为：阶段3＞阶段6＞阶段5＞阶段2＞阶段7＞阶段1＞阶段4。

2. 解释力度分析

为了便于比较各因素指标在解释期铜价格时的贡献程度，可以通过解释变量的投影重要性指标 VIP 来测度，即自变量的解释力度。将各阶段每个变量的投影重要性指标按大小排序进行对比，结果如表6-4所示。

表6-4　　　　　　变量投影重要性指标

VIP 排序	全样本 Var ID	M1. VIP [3]	阶段1 Var ID	M2. VIP [5]	阶段2 Var ID	M3. VIP [4]	阶段3 Var ID	M4. VIP [2]
1	USDX	1.4066	USDX.L1	1.3141	SP500.L1	1.3415	GP	1.3369
2	USDX.L1	1.4020	USDX	1.2912	SP500	1.1920	FFR.L1	1.2872
3	GP	1.3026	SP500.L1	1.1618	FFR	1.0091	GP.L1	1.2834
4	GP.L1	1.3020	SP500	1.1557	FFR.L1	0.9736	FFR	1.2741
5	FFR	0.8410	FFR	1.0868	USDX	0.9468	SP500	1.1861
6	FFR.L1	0.8399	FFR.L1	1.0541	RNC.L1	0.9390	SP500.L1	1.1714
7	RNC.L1	0.7734	PNLNC.L1	0.9290	RNC	0.9304	RNC.L1	0.8697
8	RNC	0.7684	PNLNC	0.9167	USDX.L1	0.9259	RNC	0.7841
9	SP500	0.7341	RNC.L1	0.8611	PNLNC.L1	0.9207	PNLNC	0.6490
10	SP500.L1	0.7287	RNC	0.8428	GP	0.9189	PNLNC.L1	0.6256
11	PNLNC.L1	0.7069	GP	0.4923	PNLNC	0.9060	USDX.L1	0.4268
12	PNLNC	0.7020	GP.L1	0.4806	GP.L1	0.8941	USDX	0.3748

续表

VIP 排序	阶段4 Var ID	M5. VIP [3]	阶段5 Var ID	M6. VIP [5]	阶段6 Var ID	M7. VIP [3]	阶段7 Var ID	M8. VIP [2]
1	PNLNC	1.5080	USDX.L1	1.4087	SP500	1.2721	USDX	1.2538
2	PNLNC.L1	1.3978	USDX	1.3762	SP500.L1	1.2509	GP	1.2251
3	USDX	1.0626	SP500	1.2009	USDX	1.1435	USDX.L1	1.2085
4	USDX.L1	1.0566	SP500.L1	1.1603	USDX.L1	1.1126	GP.L1	1.2016
5	GP.L1	1.0466	GP.L1	0.9697	GP	1.0448	SP500.L1	1.0712
6	GP	1.0447	FFR	0.8735	PNLNC.L1	1.0444	SP500	1.0599
7	FFR	0.9474	FFR.L1	0.8716	PNLNC	1.0399	RNC	0.9930
8	FFR.L1	0.9235	RNC	0.8318	GP.L1	1.0273	RNC.L1	0.9750
9	RNC.L1	0.8665	PNLNC	0.8144	RNC.L1	0.7508	FFR	0.7668
10	RNC	0.6563	PNLNC.L1	0.7803	RNC	0.6932	FFR.L1	0.7143
11	SP500.L1	0.4713	GP	0.7645	FFR	0.6929	PNLNC	0.6507
12	SP500	0.4306	RNC.L1	0.5675	FFR.L1	0.6543	PNLNC.L1	0.5418

首先，从各阶段的 VIP 指标概况来看，分样本时期和全样本时期的 VIP 指标排序差异较大，说明在不同的阶段，各种金融和货币因素对期铜价格的作用效果存在明显差异，可见期铜价格序列存在明显的结构转变特征，根据结构断点对样本进行阶段划分再进行分阶段的模型估计是更为合理有效的。此外，可以注意到，绝大多数变量自身与其一阶滞后项的 VIP 指标大小相近，即它们在解释因变量的时候贡献度相当。说明各解释变量对因变量的影响具有滞后效应，各因素对期铜价格的影响表现出持续性。

其次，从各阶段的 VIP 指标具体排序来看，对于全样本阶段，美元指数、黄金价格和联邦基金基准利率等货币指标的解释作用要大于股市因素和投机因素等指标的解释作用。这表明作为大宗商品的重要类别，铜金属等有色金属商品在金融市场中受到货币因素的长期作用是显著的，而股市和投机因素虽然在 2000—2014 年的总体样本期内的作用相对较弱，但在某一阶段内是期铜价格波动的主要解释变量。

3. 回归系数估计

以上分析了不同阶段期铜价格受到金融影响的整体作用效果，以及不同阶段各金融和货币因素在解释期铜价格变动时的作用重要性指标，而不同阶段各因素的具体影响方向和作用大小则可以根据各阶段 PLS 模型估计的回归系数进行分析，估计结果如表 6-5 所示。

表 6-5　　各阶段 PLS 模型估计的自变量回归系数

	全样本	阶段 1	阶段 2	阶段 3	阶段 4	阶段 5	阶段 6	阶段 7
对应方程	M1	M2	M3	M4	M5	M6	M7	M8
成分个数	3	5	4	2	3	5	3	2
Constant	12.7113	88.4092	57.4227	47.3582	84.4751	40.8136	58.4120	129.0300
	(0.0000)	(0.0000)	(0.0000)	(0.0000)	(0.0000)	(0.0000)	(0.0000)	(0.0000)
GP	0.2079	0.2977	0.3578	0.1918	0.0095	0.1155	0.1637	0.1249
	(0.0015)	(0.0812)	(0.6219)	(0.0210)	(0.0327)	(0.4604)	(0.0381)	(0.0111)
USDX	-0.2896	-0.0310	0.5454	-0.0455	-0.0595	-0.2077	-0.1520	-0.1550
	(0.0023)	(0.0948)	(0.5072)	(0.0346)	(0.0411)	(0.3005)	(0.0432)	(0.0222)
FFR	0.0461	0.4796	0.2009	0.1377	-0.0294	0.1061	0.1197	0.0850
	(0.0054)	(0.1574)	(0.3778)	(0.0082)	(0.0308)	(0.2707)	(0.0989)	(0.0337)
SP500	0.0310	0.1559	0.3318	0.1431	-0.0930	0.2615	0.2213	-0.0677
	(0.0079)	(0.1333)	(0.1848)	(0.0116)	(0.1187)	(0.3982)	(0.0200)	(0.0194)
RNC	-0.0383	0.0378	0.0807	0.0503	-0.1432	-0.7026	0.0147	-0.1144
	(0.0079)	(0.2155)	(0.4784)	(0.0274)	(0.1006)	(0.3739)	(0.0837)	(0.0171)
PNLNC	-0.0685	0.3965	0.0186	-0.0497	0.3575	0.4421	0.1431	0.1394
	(0.0081)	(0.1434)	(0.4358)	(0.0519)	(0.0896)	(0.3099)	(0.0419)	(0.0365)
GP.L1	0.2061	0.2921	0.1459	0.1844	0.0058	0.5838	0.1510	0.1139
	(0.0022)	(0.1111)	(0.2147)	(0.0249)	(0.0320)	(0.5032)	(0.0405)	(0.0117)
USDX.L1	-0.2843	-0.0372	0.4359	-0.0284	-0.0422	0.0508	-0.1084	-0.1343
	(0.0021)	(0.0982)	(0.6022)	(0.0383)	(0.0356)	(0.4911)	(0.0292)	(0.0220)

续表

	全样本	阶段1	阶段2	阶段3	阶段4	阶段5	阶段6	阶段7
FFR. L1	0.0442	0.4370	0.2007	0.1394	-0.0447	0.0127	0.0954	0.0706
	(0.0036)	(0.1505)	(0.3839)	(0.0069)	(0.0376)	(0.4122)	(0.0643)	(0.0207)
SP500. L1	0.0278	0.1060	0.6521	0.1470	-0.1157	-0.1371	0.1838	-0.0762
	(0.0086)	(0.1557)	(0.3878)	(0.0149)	(0.1025)	(0.2897)	(0.0188)	(0.0165)
RNC. L1	-0.0410	0.0768	-0.2755	0.0542	-0.2182	-0.2150	-0.0031	-0.1063
	(0.0084)	(0.1904)	(0.5200)	(0.0260)	(0.1151)	(0.2619)	(0.0747)	(0.0213)
PNLNC. L1	-0.0737	0.0848	0.1965	-0.0437	0.3191	0.1472	0.0868	0.1161
	(0.0075)	(0.1522)	(0.2841)	(0.0505)	(0.0361)	(0.3438)	(0.0397)	(0.0237)

注：在 PLS 分析中用 L1 表示变量的一阶滞后项，圆括号内代表该变量标准差。

首先，在没有考虑期铜价格波动结构性变化的全样本时期，全样本时期美元指数和黄金价格对铜价的影响作用最强，且各因素滞后一期的作用情况显示它们对期铜价格的影响都具有持续性。

其次，通过回归系数来看各因素对铜价影响的方向和作用大小：黄金价格、联邦基金利率、标准普尔500指数以及这三个指标的一阶滞后项对铜价的变动都为正向影响，当这些变量当期增加10%时，铜价分别提高 2.08%、0.46% 和 0.31%，变量滞后一期增加10%时，铜价分别提高 2.06%、0.44% 和 0.28%。而美元指数、非商业交易商持仓比例和非商业交易商净头寸比例以及它们的一阶滞后项对铜价的影响为负向，当这些变量当期增加10%时，铜价分别降低 2.90%、0.38% 和 0.69%，变量滞后一期增加10%时，铜价分别降低 2.84%、0.41% 和 0.74%。

（三）实证结果分析

1. 国际期铜定价的美元计价分析

以上模型结果表明，美元因素是国际期铜价格波动的关键决定因素，国际期铜定价的美国化问题明显。美元因素在阶段 1、阶段 5 和阶段 7 对因变量解释力度的 VIP 值都是最大的，在阶段 2、阶段 4 和阶段 6 对期铜价格解释力度也较强，仅在铜价"大幅上涨"的阶段 3 解释力度最弱，总体来说，美元指数是期铜价格变动非常重要的影响因素，其变化基本上主导了期铜价格的变化，这也印证了全样本阶段美元指数因素影响力排名第一的结论。一般而言，由于国际市场有色金属是以美元计价的，USDX 下跌表示美元对其他货币的比价下跌，即当美元贬值，则所对应的商品价格是上涨的，若 USDX 上涨，则相反。从各阶段 PLS 模型的美元指数（USDX）回归系数可知，尽管在 2003 年 10 月至 2005 年 1 月的阶段 2，由于美元指数在 2004—2005 年出现了 10% 以上幅度的逆势修正，且由于金属商品具有持续增加需求的动力，从而形成了美元指数与期铜价格之间的正向相关关系，但除阶段 2 外，自 2001 年年底开始，铜金属市场很好地响应了美元指数中期的下行走势，并且做出了符合常规理论的反应，两者存在较为显著的负相关。

从黄金价格对国际期铜价格的解释力来看，黄金因素在阶段 3 对因变量解释力度的 VIP 值最大，即在铜价"大幅上涨"时期对铜价变化的解释作用最强。需要注意的是，该阶段正是美元价值走势不明，并逐渐转为下跌趋势的阶段。黄金所具有的货币属性和规避风险的作用促使投资者加大对风险资产的投入。而铜金属作为重要的有色金属大宗商品，和黄金一起成为重要的风险资产。黄金价格对国际期铜价格所产生的重要影响，反映的正是市场对美元价值变化的信息，这进一步体现了美元因素对国际期铜价格的决定性影响。

因此，在美元地位难以动摇、以美元本位制为中心的国际货币体系背景下，在美元影响的"正当性"的前提下，期铜等大宗商品定价的美国化问题需要充分认识和积极应对。

2. 国际期铜美元计价下的金融化分析

本实证结果表明，标准普尔 500 指数在阶段 2 和阶段 6 对因变量解释力度的 VIP 值都是最大的，在阶段 1、阶段 3、阶段 5 和阶段 7 对期铜价格解释力度也较强，仅在铜价波动最为剧烈的阶段 4 解释力度最弱，是除美元指数外对 LME 期铜价格解释力最高的因素变量，而 PLS 回归分析系数也表明标准普尔 500 指数与期铜价格之间存在正相关关系。这表明，一方面，股市作为全球经济基本面"晴雨表"发挥的作用。股市的涨跌反映了市场对未来经济基本面的预期程度，此时，股市对工业生产形势具有显著的正向作用，因此股市因素对期铜价格变动的影响主要体现在宏观经济环境较好的情况下对铜价的上涨有助推作用。另一方面，股票市场收益上升会引发财富效应。股市投资者认为自己的财富增多会增加对部分生活消费品的需求；企业介入股票市场可以为生产企业提供较为便利的融资服务，则会促进企业扩大生产的积极性，这样又使企业对实物原料商品需求的提升，形成长期趋势下对金属商品价格上涨的动力。张成思等（2014）提出了基于微观角度的定义：当商品价格不再仅由商品市场的供求关系决定，并且出现与金融产品在资本聚集度和价格波动模式上的相似性和相关性的现象，即为商品市场的金融化。因此，可以认为国际期铜市场存在显著的金融化问题。

此外，从资本流动的角度来看，大量投机资本进入被认为是引发国际大宗商品金融化的关键原因。以上模型结果表明，投机因素中的非商业交易商持仓比例（RNC）变量在各阶段都对铜价的波动有一定的贡献，但没有在任何一个时期是铜价的主要解释变量。而从各阶段 PLS 模型投机因素中的非商业交易商持仓比例（RNC）的回归系数可知,在全样本阶段、阶段 4、阶段 5 和阶段 7,RNC 对期铜价格存在负向影响,在阶段 1 和阶段 3 对期铜价格存在正向影响。这表明,尽管随着以铜为首的大宗商品价格从 2004 年开始持续走高,以规避风险和投机获利为目的的金融机构和投资者大量进入商品市场,成为市场的重要参与者。但总体而言,非商业持仓所代表的投机力量,更多的是"趋势跟随者"的角色,尽管一定期间内,其操作行为会在期货市场上造成价格振荡,但这并不会改变期货市场内在功能的发挥。正是因为其为套期保值者提供相反的持仓头寸,才能保证市场具有必要的流动性,投机者的存在是期货市场发挥价格发现功能的必要条件,是期货市场能够进行套期保值规避风险的重要保证。

需要注意的是,投机因素中的非商业交易商净头寸比例(PNLNC)变量在阶段 4 对因变量解释力度的 VIP 值最大,即在 2006—2008 年铜价"高位震荡"阶段对铜价变化的解释作用最强。从解释力度的变化趋势来看,非商业交易商净头寸比例与标准普尔 500 指数呈现出相反的趋势。这表明,2006 年 4 月至 2008 年 9 月,在全球通货膨胀预期明显和股市低迷的时候,铜期货市场成为股市的替代性投资产品,各种避险基金和资本从股票市场撤出,纷纷进入金属等大宗商品期货市场以求保值,商品指数投资者在期货市场只做多不做空的特性,导致了对铜金属等商品的超额需求,这些"虚拟"需求推动了期铜未来交割价格的上涨,这就解释了 2000 年以来的绝大多数时期,投机因素中的 PNLNC 与期铜价格之间显著的正向关系。因此,研究结果表明,尽管非商业持仓所代表的投机力量不会改变期货市场价格内在功能的发挥,但在一定时间内,投机因素会对国际期铜价格产生较为突出的影响,特别是在"震荡"明显的阶段,可以说铜金属的金融属性所带来的投机因素是短期内促使铜价剧烈波动的主导因素之一。

四　结论

本节以 LME 期铜价格为研究对象，采用 ICCS 方法和 PLS 方法在考虑铜金属价格的结构性转变的基础上，分析了美元指数、标准普尔 500 指数、黄金价格、联邦基金基准利率、期铜非商业交易商持仓比例和非商业交易商净头寸比例共计 6 个金融和货币因素对 LME 期铜价格的影响效果和作用机制，识别出各阶段中影响铜价波动的主要驱动因素。主要结论有：

第一，美元指数的变化对期铜价格变化的解释力度最大。研究结论表明，总体来说，美元指数是期铜价格变动最重要的影响因素，其变化基本上主导了期铜价格的变化，两者的负相关性也较为明显。从这个意义上讲，在当前美元地位难以动摇、以美元本位制为中心的国际货币体系背景下，在美元影响的"正当性"的前提下，期铜等大宗商品定价的美国化问题需要充分认识和积极应对。

第二，标准普尔 500 指数对国际期铜价格的上涨具有明显的支撑作用，两者存在正相关关系，这表明随着近年来金融机构交易者进入期铜等商品期货市场，铜金属金融属性影响逐渐明显，国际期铜市场金融化特征明显。

第三，从长期来看，国际期铜市场中的投机力量没有改变期货市场内在功能的发挥，但在宏观经济及股市形势不好时会导致国际期铜价格呈现出频繁和剧烈的波动，这主要是由于铜等商品期货市场成为股市的替代性投资产品，大量金融机构投机者进入期铜市场进行跨市场交易，从而导致期铜价格剧烈波动。

第三节 人民币国际化与有色金属价格的互动关系研究

2015年11月30日,国际货币基金组织(IMF)决定,正式将人民币纳入IMF特别提取款(SDR)货币篮子,初期份额为10.92%,位列第三,决议将于2016年10月1日生效。人民币加入SDR货币将进一步加速人民币国际化进程,使人民币国际化相关问题的研究变得越来越重要,借鉴国际化货币的经验,取得大宗商品的计价权往往是货币崛起的起点,作为最重要的大宗商品类别,有色金属的去美元化趋势越来越明显,美元与有色金属的关系也遭到削弱,有色金属的计价呈现由单一货币转向为多种货币计价的趋势,为有色金属人民币计价提供了机遇,因此,进一步探究人民币国际化与有色金属价格变动之间的关联性,对于探索人民币国际化的新路径,积极推进人民币国际化进程,以及争取国际有色金属定价权都具有重要意义。

一 研究方法

(一)非线性 Granger 因果关系检验

采用 Diks 和 Panchenko(2006)提出的非线性因果关系检验方法,基本原理如下。

对于两个平稳时间序列 $\{x_t\}_{t=1,2,\cdots,N}$ 和 $\{y_t\}_{t=1,2,\cdots,N}$,令其滞后向量矩阵分别为 $X_t^{l_x} = (x_{t-l_x+1}, x_{t-l_x+2}, \cdots, x_t)$ 与 $Y_t^{l_y} = (y_{t-l_y+1}, y_{t-l_y+2}, \cdots, y_t)$ $(l_x, l_y \geq 1)$,在"不存在 Granger 因果关系"的原假设下,$X_t^{l_x}$ 过去时期的观测值并不包含关于 $Y_t^{l_y}$ 的相关信息,即:

$$H_0: y_{t+1} | (X_t^{l_x}; Y_t^{l_y}) \sim y_{t+1} | Y_t^{l_y} \qquad (6-1)$$

令 $W_t = (X_t^{l_x}, Y_t^{l_y}, Z_t)$,其中 $Z_t = y_{t+1}$,那么,该表达式意味着

$(X_t^{l_x}, Y_t^{l_y}, Z_t)$ 的分布将保持不变。假定 $l_x = l_y = 1$ 并移去时间下标,那么,原假设 H_0 意味着在给定 $(X, Y) = (x, y)$ 时,Z 的条件分布与给定 $Y = y$ 时 Z 的条件分布是等价的。因此,式(6-1)可用联合分布密度函数重新表达为:

$$\frac{f_{X,Y,Z}(x, y, z)}{f_Y(y)} = \frac{f_{X,Y}(x, y)}{f_Y(y)} \frac{f_{Y,Z}(y, z)}{f_Y(y)} \quad (6-2)$$

于是,原假设 H_0 意味着以下关系式成立:

$$q \equiv E[f_{X,Y,Z}(x, y, z)f_Y(y) - f_{X,Y}(x, y)f_{Y,Z}(y, z)] = 0 \quad (6-3)$$

令 $\hat{f}_W(W_i)$ 表示随机向量 W 在 W_i 值处的局部密度函数估计值,即:

$$\hat{f}_W(W_i) = (2\varepsilon_n)^{-d_W}(n-1)^{-1}\sum_{j,j\neq i} I_{ij}^W \quad (6-4)$$

其中,$I_{ij}^W = I(\|W_i - W_j\| < \varepsilon_n)$,$I(\cdot)$ 为指标函数,ε_n 为与样本相关的带宽参数。

当给定局部密度函数估计值时,进一步构造如下的检验统计量进行非线性 Granger 因果检验。

$$T_n(\varepsilon_n) = \frac{n-1}{n(n-2)}\sum_i (\hat{f}_{X,Y,Z}(x_i,y_i,z_i)\hat{f}_Y(y_i) - \hat{f}_{X,Y}(x_i,y_i)\hat{f}_{Y,Z}(y_i,z_i)) \quad (6-5)$$

Diks 和 Panchenko(2006)的研究表明,检验统计量式收敛于正态分布,即:

$$\sqrt{n}\frac{(T_n(\varepsilon_n) - q)}{S_n} \xrightarrow{D} N(0, 1) \quad (6-6)$$

其中,$\xrightarrow{D}$ 表示分布收敛,S_n 表示 $T_n(\cdot)$ 渐进方差的估计值。因此,通过比较样本统计量与标准正态分布右侧临界值,可以判断是否存在非线性 Granger 因果关系。

(二)DCC - MVGARCH 模型

采用 Engle(2002)提出的动态条件相关的多元 GARCH 模型

(DCC–MVGARCH)来研究人民币国际化与有色金属价格变动的动态相关性，基本原理如下：

假定第 t 期 k 种资产的收益率 r_t 服从均值为 0，协方差矩阵为 H_t 的条件多元正态分布：

$$r_t = (r_{1t}, r_{2t}, r_{3t}, \cdots, r_{kt})' | I_{t-1} \sim N(0, H_t) \qquad (6-7)$$

$$H_t \equiv D_t R_t D_t \qquad (6-8)$$

其中，r_t 为 $k \times 1$ 维向量，I_{t-1} 表示第 $t-1$ 期的信息集，H_t 为条件协方差矩阵，R_t 是 $k \times k$ 阶的时变相关系数矩阵。k 阶对角阵 $D_t = \text{diag}\{\sqrt{h_{it}}\}$ 是时变标准差矩阵。单变量 GARCH 模型的标准化残差 $\varepsilon_{it} = D_t^{-1} r_{it}$，$\varepsilon_{it} \sim N(0, R_t)$，则动态条件相关结构为：

$$R_t = \text{diag}\{Q_t\}^{-1} Q_t \text{diag}\{Q_t\}^{-1} \qquad (6-9)$$

$$Q_t = (1 - \alpha - \beta)\overline{Q} + \alpha u_{t-1} u'_{t-1} + \beta Q_{t-1} \qquad (6-10)$$

其中，Q_t 是标准化残差 u_{it} 的 $n \times n$ 维时变协方差矩阵，$\overline{Q} = E(u_t u'_t)$ 是 u_{it} 的 $n \times n$ 维无条件方差矩阵，α 和 β 是 DCC 模型的系数，满足约束条件 $\alpha + \beta < 1$。只须 Q_t 为正定的或半正定的即能保证时变相关系数矩阵 R_t 的正定性。

DCC–MVGARCH 模型的估计采用 Engle 提出的两阶段法。首先是估计每一项资产的单变量 GARCH 模型，得到标准化残差 $u_{it} = \varepsilon_{it}/\sqrt{h_{it}}$。然后利用标准化残差 $u_{i,t}$ 通过极大似然估计方法估计出动态相关结构的参数，通过两阶段方法估计得到的 DCC 估计量具有一致性和渐进正态性。

二 变量选择与实证结果分析

（一）数据来源

本节引用沙文兵（2014）一文方法，选取香港人民币存款余额作为人民币国际化的衡量指标，选取 LME 铜、LME 铝作为有色金属的代表，依次记为 RMB、Cu、Al。样本数据均为月度数据，样本区间取为 2004 年 3 月至 2016 年 1 月，共 143 个观察值，所有数据均来自 Wind 数据库。各变量的收益率通过对数差分方式计算，即 $R_t = P_t - P_{t-1}$。采用 ADF 检验对收益序列数据进行平稳性检验，结果发现所有收益率序列在 1% 的置信水平下平稳。

（二）人民币国际化与有色金属价格变动的非线性分析

分别对 RMB 与 Cu、RMB 与 Al 建立 VAR 模型，结果如表 6–6 所示。

表 6–6　人民币国际化与有色金属价格变动的非线性关系检验

维度	RMB 与 Cu 的 VAR 模型		RMB 与 Al 的 VAR 模型	
	RMB 方程残差	Cu 方程残差	RMB 方程残差	Al 方程残差
2	7.8385	2.8310	7.7257	1.0252
	(0.0000)	(0.0046)	(0.0000)	(0.3052)
3	8.2061	4.2703	8.3159	2.1572
	(0.0000)	(0.0000)	(0.0000)	(0.0310)
4	8.5774	4.6196	8.6027	2.2942
	(0.0000)	(0.0000)	(0.0000)	(0.0218)
5	8.9947	4.9615	9.1031	2.1238
	(0.0000)	(0.0000)	(0.0000)	(0.0337)
6	9.3159	5.2256	9.5703	1.9318
	(0.0000)	(0.0000)	(0.0000)	(0.0534)

由表 6–6 可知，VAR（RMB，Cu）模型的全部检验统计量均显著地拒绝了线性的原假设，VAR（RMB，Al）模型的绝大部分 BDS 检验统计量显著。这表明人民币国际化与铜、铝价格变动之间存在显著的非线性相关关系，可以对它们进行非线性因果关系检验。

(三) 非线性 Granger 因果检验

由上文的 BDS 检验结果可知人民币国际化与铜价及铝价变动之间存在着显著的非线性相关关系，采用 Diks 和 Panchenko（2006）的非线性 Granger 因果检验方法对其进行检验，结果如表 6-7 所示。

表 6-7　　　　　　　　非线性 Granger 因果检验

原假设	Lx = Ly					
	1	2	3	4	5	6
RMB 不是 Cu 的非线性 Granger 原因	0.9855 (0.1622)	1.5671* (0.0585)	2.3171** (0.0102)	2.5018*** (0.0062)	2.4470*** (0.0072)	1.3471* (0.0890)
Cu 不是 RMB 的非线性 Granger 原因	-0.0592 (0.5236)	0.2194 (0.4132)	0.6331 (0.2633)	0.3291 (0.3710)	0.0055 (0.4978)	0.3734 (0.3544)
RMB 不是 Al 的非线性 Granger 原因	-1.1130 (0.8671)	-0.2984 (0.6173)	-1.9111 (0.9720)	0.1182 (0.4530)	0.0570 (0.4773)	-0.1227 (0.5488)
Al 不是 RMB 的非线性 Granger 原因	0.7185 (0.2362)	0.9556 (0.1696)	0.9017 (0.1836)	1.1307 (0.1291)	1.4502* (0.0735)	1.4588* (0.0618)

注：*、**和***分别表示在10%、5%和1%的显著性水平下显著。

由表 6-7 可知，对滞后 2 阶和 6 阶在 10% 的显著水平、对滞后 3 阶在 5% 的显著水平、对滞后 4 阶和 5 阶在 1% 的显著水平下拒绝"RMB 不是 Cu 的非线性 Granger 原因"的原假设，但直到滞后 6 阶仍然不能拒绝"Cu 不是 RMB 的非线性 Granger 原因"的原假设。这表明在人民币国际化和铜价格变动之间存在着人民币国际化到铜价格变动的单向非线性 Granger 因果关系。对于铝而言，接受了"RMB 不是 Al 的非线性 Granger 原因"，但对滞后 5 阶和 6 阶在 10% 的显著水平下拒绝了"Al 不是 RMB 的非线性 Granger 原因"的原假设，表明在人民币国际化和铝价格变动之间存在着由铝价格变动到人民币国际化的非线性 Granger 因果关系。从以上分析可以看出，在整个区间内，人民币国际化与有色金属价格变动之间基本互不相关。

2009年4月8日，国务院决定开展跨境贸易进行人民币结算试点，2009年7月2日，跨境贸易人民币结算试点开始正式启动，为了探究人民币结算试点开展前后人民币国际化与有色金属价格变动之间的互动关系，本节以2009年7月，即人民币结算试点的开展为界，来观察人民币国际化与有色金属价格变动之间的非线性演变。结果如表6-8所示。

表6-8　基于人民币结算试点开展前后的非线性 Granger 因果关系检验

时间区间	原假设	T_n 检验的统计量（滞后阶数 Lx = Ly）					
		1	2	3	4	5	6
2004.03—2009.06	RMB 不是 Cu 的非线性 Granger 原因	-0.8910 (0.8135)	-0.5444 (0.7069)	-0.9217 (0.8217)	-0.6460 (0.7409)	-0.2760 (0.6087)	-0.6378 (0.7382)
	Cu 不是 RMB 的非线性 Granger 原因	0.8465 (0.1986)	0.8758 (0.1906)	0.7532 (0.2257)	0.5620 (0.2871)	1.0496 (0.1469)	1.0504 (0.1468)
	RMB 不是 Al 的非线性 Granger 原因	-1.0699 (0.8577)	0.9694 (0.1662)	-0.5780 (0.7184)	-0.2091 (0.5828)	-0.8250 (0.7953)	-0.9235 (0.8221)
	Al 不是 RMB 的非线性 Granger 原因	1.0141 (0.1553)	1.0464 (0.147)	1.0475 (0.1474)	1.0484 (0.1472)	1.0496 (0.1469)	1.0504 (0.1468)
2009.07—2016.01	RMB 不是 Cu 的非线性 Granger 原因	1.5888* (0.0560)	1.9129** (0.0279)	2.1575** (0.0155)	1.5938* (0.0555)	1.5326* (0.0627)	1.2467 (0.1063)
	Cu 不是 RMB 的非线性 Granger 原因	1.2041 (0.1143)	1.9796** (0.0239)	1.9114** (0.0280)	1.8394** (0.0329)	1.7646** (0.0388)	1.8056** (0.0355)
	RMB 不是 Al 的非线性 Granger 原因	0.3087 (0.3788)	0.1540 (0.4388)	-0.4305 (0.6666)	-0.4401 (0.6701)	-0.9141 (0.8197)	-1.0846 (0.8609)
	Al 不是 RMB 的非线性 Granger 原因	0.7739 (0.2195)	1.8077** (0.0353)	1.8613** (0.0313)	1.6235* (0.0522)	1.5688* (0.0583)	1.4220* (0.0775)

注：*、**分别表示在10%、5%的显著性水平下显著。

表 6-8 给出了人民币结算试点开展前后的非线性 Granger 因果关系检验结果。由表 6-8 可以看出，2004 年 3 月至 2009 年 6 月，即在人民币结算试点开展前，人民币国际化与铜价及铝价变动之间均不存在非线性 Granger 因果关系。

2009 年 7 月，人民币跨境贸易结算试点正式开展，扩大了人民币在国际贸易体系中的使用范围和地位，人民币国际化进程进一步加快，因而人民币国际化与有色金属价格波动之间的关系开始演变。如表 6-8 所示，2009 年 7 月至 2016 年 1 月，在滞后 1 阶到 5 阶显著拒绝"RMB 不是 Cu 的非线性 Granger 原因"的原假设，在滞后 2 阶到 6 阶显著拒绝"Cu 不是 RMB 的非线性 Granger 原因"的原假设，表明在这段时间里人民币国际化与铜价变动之间存在双向的非线性 Granger 因果关系。在人民币结算试点开展后，人民币国际化是铜价变动的非线性 Granger 原因，对于以美元定价的铜而言，人民币国际化能对铜价产生影响，说明人民币国际化有助于打破美元霸权，进而取得铜的定价权；铜价的变动是人民币国际化的非线性 Granger 原因，说明铜价的变化促进着人民币国际化进程的加快。

就人民币与铝而言，在滞后 2 阶到 6 阶显著拒绝"Al 不是 RMB 的非线性 Granger 原因"的原假设，但接受了"RMB 不是 Al 的非线性 Granger 原因"的原假设，表明在这期间存在着由铝价格变动到人民币国际化的单向非线性 Granger 因果关系。这一结果表明，与铜一样，铝价的变动促进着人民币国际化的变动，但人民币国际化不能对铝价产生影响，这是因为我国还未取得铝的定价权，人民币国际化的程度还难以撼动铝的定价。

简言之，在人民币结算试点开展前，人民币国际化与铜价及铝价变动之间均不存在非线性 Granger 因果关系，即人民币国际化与有色金属价格变动之间互不影响。人民币结算试点开展后，人民币国际化与铜、铝两种有色金属价格变动之间由无关联演变为复杂的非线性机制，且人民币国际化与铜、铝两种有色金属价格之间表现出不同的相关性和不同的因果关系，由此我们可知跨境贸易人民币结算试点的开展是一个很重要的转折点，迈出了人民币国际化的关键一步。

（四）DCC—MVGARCH 模型下的人民币国际化与有色金属价格变动的动态相关性

动态条件相关系数反映变量之间运行趋同程度大小。为了更加直观地展示出人民币国际化与铜、铝价格变动的动态条件相关系数的变化特征，做出了图 6-2。

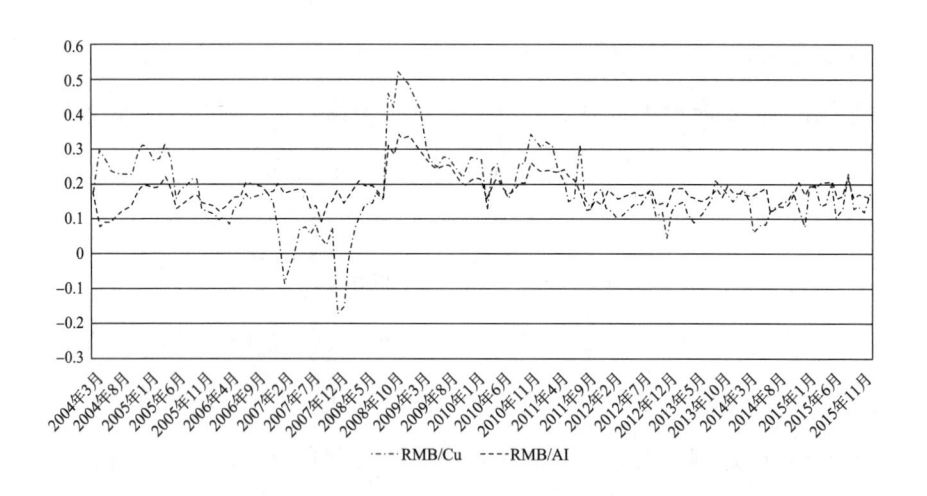

图 6-2　人民币国际化与有色金属价格变动的动态条件相关系数

从动态相关系数图可以看出，人民币国际化与铜、铝价格变动之间的相关系数都不是常数，而是随着时间的推移不断变化，呈现出时变特征。从总体来看，动态相关系数大部分为正值，少部分为负值，这就说明人民币国际化与铜、铝价格变动之间在大多数时间里呈现出一种正相关关系，只有少部分时间负相关；对铜、铝两种有色金属分开来看，人民币国际化指标与铝价格变动一直都是呈现出一种正相关关系；与铜价格变动在人民币结算试点开展前既有正相关关系也有负相关关系，其呈现负相关关系的区间集中于2007年2月、2007年12月及2008年2月，其呈现负相关的主要原因是受到了全球金融危机的影响，在人民币结算试点开展以来一直呈现正相关关系。对人民币国际化与铜、铝价格的动态条件相关系数做描述性统计分析，如表6-9所示。

表6-9　　　　　　　动态条件相关系数基本统计特征

统计量	RMB 和 Cu	RMB 和 Al
均值	0.1786	0.1826
中位数	0.1600	0.1761
最大值	0.5189	0.3385
最小值	-0.1720	0.0805
标准差	0.1084	0.0464

从动态条件相关系数的统计性特征可以看出，人民币国际化与铜、铝价格变动的动态条件相关系数的均值分别为0.1786、0.1826，中位数分别为0.1600、0.1761，表明人民币国际化与铜、铝的价格变动之间基本上呈现正相关关系，人民币国际化与铝的相关性较强。此外，结合动态条件相关系数图可以看出，人民币与铜价格变动之间的动态相关系数在2009年前的波动幅度大，先后达到了动态条件相关系数的最小值与最大值，但在2009年以后波动幅度已变得较为平稳，大部分动态条件相关系数位于 [0.1, 0.3] 区间。相比于人民币国际

化与铜价变动的动态条件相关系数而言，人民币国际化与铝价变动之间的动态条件相关系数总体上比较平稳，大部分相关系数在 0.1 到 0.2 区间运行。

三 结论

本节采用非线性 Granger 因果检验和 DCC – MVGARCH 模型，选取 2004 年 3 月至 2016 年 1 月的香港人民币存款余额、LME 铜、LME 铝价格的月度数据，对人民币国际化和有色金属价格变动之间的关联以及它的演变规律做了实证研究。得出的主要结论如下：

（1）BDS 检验结果显示 VAR 模型的大部分检验统计量均显著地拒绝了线性的原假设，表明人民币国际化与有色金属价格变动之间的关联并不表现为简单的线性方式，表现出高度的非线性复杂特征。

（2）以 2009 年 7 月人民币结算试点开展为分界点，人民币国际化与有色金属价格变动表现出不同的因果关系。总体来说，人民币结算试点开展前人民币国际化与有色金属价格变动之间互不影响，在人民币结算试点开展后，人民币国际化与铜价变动存在双向的非线性因果关系，人民币国际化与国际期铜定价相辅相成；对铝而言，则只存在由铝价变动到人民币国际化的单向非线性因果关系，人民币在期铝定价方面仍处于弱势地位。

（3）运用 DCC – MVGARCH 模型计算人民币国际化与有色金属价格变动的动态相关系数可知，人民币国际化与铝价变动呈现出正相关关系，而人民币国际化在大周期上保持与期铜价格变动正相关性的同时，受经济金融危机等极端事件的影响，有时也表现出负相关性。

第四节　推动金属资源人民币计价的政策建议

从本章的分析来看，努力培育金属资源人民币计价，以获取我国对金属资源的定价权，可以从以下方面入手。

一　加快金属资源国际交易平台建设

面对美元对大宗商品定价权的垄断，必须有序推动人民币金属资源国际交易平台的建设，逐步提高人民币作为金属资源计价货币的地位。上海自贸区的建立为金属资源人民币计价提供了契机，2014年推出的"上海金"、上海期货市场以及上海自贸区内面向国际的大宗商品现货市场的运行都提高了我国在金属资源方面的定价权。我国以上海自贸区为切入点，逐步打造与国际市场接轨，有国际市场竞争力的金属资源交易平台，这将提高金属资源的市场流动性和国际市场的联动性，进一步发挥市场功能，提升"中国价格"在全球商品定价体系中的地位，促进金属资源人民币定价，获取金属资源定价权。

二　扩大金属资源人民币计价范围

我国要进一步利用有色金属最大生产国和消费国的有利地位，借助人民币加入SDR的机遇，多手段推进金属资源领域的人民币计价，实现人民币在金属资源领域计价的突破，获取金属资源定价权。

我国应抓住"一带一路"的机遇，"一带一路"涉及60多个国家，在其基础建设过程中有色金属需求量大，努力培育"一带一路"沿线国家中金属资源使用人民币进行计价和结算的功能，并积极发展与"一带一路"相关性较大的人民币计价的有色金属期货期权等衍生品市场，逐步实现对"一带一路"的有色金属的定价，以此扩大金属资源人民币计价和结算的范围，促使金属资源定价权的获取。另外，在扩大金属资源人民币计价范围时，要根据不同金属品种属性，有针对性建立有色金属人民币定价规则及体系，在人民币成为影响期铜定价的关键货币的基础上，进一步加快体制改革，促进资本流通和对外开放，让更多的民营外资企业进来，逐步扩展到铝等有色金属定价领域，完善有色金属定价布局。

三　完善金属资源领域的配套金融服务

要实现金属资源人民币计价并获取金属资源的定价权，离不开现代高效健全的期货市场，美元的大宗商品定价地位也表明了期货市场的重要性。就铜等有色金属而言，LME 仍是主导全球有色金属等大宗原材料的定价中心。我国上海期货交易所虽然在近年来规模和市场份额逐渐扩大，但仍难以在全球范围内发挥期货市场的价格发现功能。一方面，期货市场尚未发达到能够汇集国内各种供需信息，反而简单地追随国际期货定价，但国际期货定价时常被华尔街所控制。另一方面，尽管国家陆续批准了 31 家国有企业从事境外期货套期保值，其中包括 21 家有色金属企业，但总体而言，与中国在有色金属产业中的生产国和消费国地位不相符，这也导致我国未能充分参与到国际市场中，使"中国因素"未能更全面、真实地反映到金属商品价格中。为此，必须大力推动我国期货市场的全球化发展，例如可以借助"商品通"的建设，推进交易的全球化参与，建立"有色金属—人民币"体系，推动形成人民币主权货币在国际有色金属贸易中崛起的新路径。

第七章 金属矿产资源国际定价权提升的期货市场发展问题研究

第一节 我国金属期货市场的发展现状与存在问题

一 我国金属期货市场的发展现状

随着我国资本市场的逐渐发展，期货市场的作用越来越明显。我国的期货市场历经 28 年的成长，影响力显著增强，逐渐成长为全球最大的商品期货交易市场和第一大农产品期货交易市场，并在螺纹钢、白银、铜、黄金、动力煤、股指期货以及众多农产品等品种上保持较高的国际影响力。迄今为止，我国共有 4 大期货交易所，51 个期货品种。涵盖多个品种体系，包括农产品、金属、能源化工产品和金融期货等。

金属期货市场，具备风险规避、价格发现、资产配置等功能。第一，金属期货能够通过套期保值的方式，对资产进行保值，分散价格风险。第二，金属合约是良好的保值工具，投资者买进期货合约也是一种良好的投资方式,避免投资品种单一带来的市场风险。第三,金属是用途广泛、流动性强的工业原料,期货合约交易频繁,变现能力强。

在我国四大期货交易所中,主要进行金属期货交易工作的交易所是上海期货交易所,这使各种金属期货交易的买卖可以在同一个交易市场上进行,有利于金属价格之间的相互关系,对于促进期货价格的形成也是一个有力举措。上海期货交易所里的金属品种,因其具备不同的自身物理属性,在生产和消费使用中发挥的作用也大有不同,因此参与这些金属交易的主体,会根据自身需求进行相应的交易,这使金属期货市场品种之间的活跃程度有着很大的差异。

二 我国金属期货市场存在的主要问题

成熟而健全的期货市场对提高定价权有莫大的意义。经过多年的发展,我国的期货市场虽然取得了卓有成效的发展,正逐步实现价格发现功能。但我国的期货市场仍存在很多问题。

(一)交易品种过少

我国金属期货交易市场,主要是上海期货交易市场,可以交易的金属品种过少。目前为止一共只有六种;伦敦交易市场的交易品种就显得更加广泛,包括铜、铝、铝合金、铅、锌、锡、镍和北美特种铝合金等十余种。

(二)市场参与者主体结构不均衡

相较于国外成熟的期货交易所,我国的金属期货市场参与主体的结构非常不均衡。据了解,在期货交易市场中,机构类主体如投资银行、期货基金等只占了5%,而个人投资者却占了超过95%的份额。个人投资者过多、机构投资者过少,会很容易引发投机问题,投机事态的蔓延很有可能会引发更大的市场价格动荡。

(三) 政府对金属期货市场监管存在疏漏

我国期货市场监管体制为三级管理体制，分别是中国证券监督管理委员会（以下简称"证监会"）、中国期货业协会和期货交易所。其中，中国证监会对期货市场实行集中统一的监督管理。中国证监会是全国期货市场的主管机关。经过数年的发展，这种管理体制也暴露出不少的问题，包括各级机构职能划分不够明确，相互间协调配合不够紧密；由于期货市场行政监管较多，自律监管不足，行业协会的自律作用和期货交易所的自我监管职能都未能得到充分发挥，削弱了政府监管的力度；我国至今尚未出台"期货法"或"期货交易法"，期货市场的风险防范和市场监督依然缺乏充分的法律依据和保障。

(四) 金属期货市场对外开放程度不足

我国期货市场的发展远远落后于我国现货市场的发展，期货市场开放度远低于现货市场，对境外投资者的吸引力不够。这使我国期货市场的价格无法如实反映供需关系，目前尚未形成可被国际接受的定价标准。金属期货市场的开放程度更低，而且缺乏国际化专业服务的能力，这直接制约了我国期货市场在国际市场上的价格影响力。

第二节 期货市场对金属矿产资源定价的促进作用

一 期货市场有助于促进金属行业市场化定价体系的形成

金属行业价格机制改革经历了"指令计划——双轨制——市场化"的历程，从政府定价到市场化定价的过程中，金属期货市场均扮演了重要的角色。

首先，期货市场保障了金属行业从计划向市场定价方式的顺利过渡。其次，期货市场促进了金属现货市场的完善和成熟。最后，期货均价体系的推广应用提高了企业利用期货工具的水平。

二 有效的期货市场显著提升了金属行业对价格信号的敏感度

在市场经济中，企业对市场价格的敏感度决定了企业是否能够很好地适应市场的变化。金属期货市场价格体系的有效传播和覆盖，使金属企业获取的信息从源头、质量和利用上都优于其他行业的企业，这就决定了金属企业具有更强的信息敏感度。

首先，从信息的源头方面，金属行业可以在期货市场上获得大量有价值的一手信息，而一手资料的获取能力和信息质量决定了一个行业对整体市场的把握能力。其次，从信息的质量方面，期货市场为金属行业提供了一个反应灵敏的统一市场定价体系。最后，从信息的利用方面，由于金属期货品种在产业链中处于上游位置，它的信息具有覆盖面广、传导度深的特点，这就意味着众多的下游企业可以充分利用期货价格信息。

三 发展期货市场是国家争夺大宗商品话语权的重要战略手段

一直以来，我国在国际大宗商品贸易中处于较为被动的局面，陷入"一买就涨""一卖就跌"这样的怪圈。作为"世界工厂"，我国长期处于高价购入原材料，再通过使用较为低廉的劳动力成本生产商品出口，产品附加值不高，形成了"高进低出"的格局。

发展期货市场是国家争夺大宗商品话语权的重要战略手段。面对这样的情况，我国急需获取与我国经济增量相匹配的话语权。沪铜期货合约作为我国推出最早、如今最成熟且最具国际影响力的金属期货品种，在国际市场上已初具话语权。

第三节 金属期货市场有效性相关问题研究：波动率预测及量价关系

理论上，满足市场上信息流动迅速，有效率、无交易成本，市场经常处于出清状态三个条件的市场就是有效资本市场。目前，对有效市场的研究包括对收益率可预测性的检验以及对是否存在异常性的检验，一个有效的期货市场具有价格发现、规避风险和规范投机的功能。中国有色金属期货市场历经近20年的发展，已成为金属交易量仅次于伦敦金属交易所（LME）的重要金属期货交易场所，有色金属在我国国民经济中占据着重要的战略地位。在金融化大背景下，全球有色金属商品金融化程度不断加深，与传统现货市场及资本市场的联动性不断增强，各个市场以及各个产业之间的相互作用和影响也变得愈加复杂。有色金属市场以期货引领定价，期货市场与现货市场并存。期货市场价格剧烈波动往往会影响到现货市场的正常运行，期货市场的出现与发展促进了我国的资本市场结构的完善，增加了我国资本市场的流动性和有效性。然而，期货也是一柄"双刃剑"，在为资本市场提供风险管理工具的同时也难以摆脱衍生产品固有的高风险特性。从宏观角度来说，与有色金属商品有关的社会经济生活都会伴随有色金属价格的波动而发生改变。同时，有色金属价格的难以预测也给政府监管部门的日常观测和政策制定带来了困难，难以进行有效的监督和控制。基于此，对价格波动预测及量价关系的研究就显得尤为重要。如何准确刻画和预测期货市场波动率及量价关系对投资者有效规避投资风险以及管理层科学发挥股指期货的市场调节功能，最终促进资本市场平稳发展成为一个极具研究价值的问题。接下来本节将从金属期货市场的价格波动预测及量价关系展开研究与讨论。

一 基于高频数据的我国有色金属期货市场波动率预测研究

考察有色金属期货市场的波动，通过期货市场的波动规律预测金属期货市场价格波动对金融交易者来说无疑是非常重要的。接下来我们将用 HAR 模型，使用高频数据来对我国有色金属期货市场波动率预测进行研究。

（一）波动率估计和跳跃检验统计量

1. 波动率估计

实现波动率（RV）是基于日内高频交易数据的波动率估计。Andersen 和 Bollerslev（1998）将已实现波动率定义为日内高频收益率的平方和。将每个交易日分为 M 个时间段，第 t 个交易日第 j 个时间段的收益率记为：

$$r_{t,j} = 100(p_{t,j/M} - p_{t,(j-1)/M})(j=1,2,3,\cdots,M) \qquad (7-1)$$

考虑到隔夜回报，我们遵循 Blair 等（2010）、Gong 等（2014）、Todorova（2015）的研究成果，将夜间收益率的平方直接加到已实现波动率作为日波动率的有效度量，并用该波动率预测中国有色金属期货市场每日的价格波动。因此本节交易日的日波动率 RV 可以表示为：

$$RV_t = \sum_{j=1}^{M} r_{t,j}^2 + r_{t,n}^2 \qquad (7-2)$$

其中，M 指交易日内等间隔观察的收盘价的个数，其值取决于采样频率。$r_{t,n}^2$ 是夜间平方隔夜收益，反映了当天开盘价与前一天的收盘价之间的差异。

近年来的理论和实证研究均表明金融资产价格并不一定是连续的，金融资产价格运行过程中普遍存在跳跃。

一般假设交易时间内金融资产价格 $p(\tau)$ 变化服从跳跃—扩散

过程：

$$\mathrm{d}p(\tau) = \mu(\tau)\mathrm{d}t + \sigma(\tau)\mathrm{d}W(\tau) + k(\tau)\mathrm{d}q(\tau) \qquad (7-3)$$

其中，$\mu(\tau)$ 为连续的局部有限变动的漂移系数，$\sigma(\tau) > 0$ 为随机波动率过程，$W(\tau)$ 为标准布朗运动，$q(\tau)$ 是泊松跳跃过程，$k(\tau)$ 为跳跃强度，$k(\tau)\mathrm{d}q(\tau)$ 表示纯跳跃部分。如果资产价格在 τ 时刻无跳跃，那么 $\mathrm{d}q(\tau) = 0$，否则，$\mathrm{d}q(\tau) = 1$；$k(\tau)$ 为跳跃的幅度。跳跃的幅度 $k(\tau)$ 和频率 $\lambda(\tau)$ 均为时变的。

基于以上假设，将二次变差分解为跳跃所带来的非连续变差 J_t 和随机波动所组成的连续变差 C_t 两部分，收益率从 τ 到 $\tau+1$ 的二次变差可以表示为：

$$QV_t = \int_{t-1}^{t} \sigma^2(\tau)\mathrm{d}\tau + \sum_{j=1}^{N_t} k_{t,j}^2 \qquad (7-4)$$

根据 Barndorff – Nielsen 和 Shephard 的研究，若资产价格过程不存在跳跃，当取样频率趋于无穷大时，已实现波动率是积分方差的一致估计；若资产价格过程存在跳跃时，已实现波动率依概率收敛于二次变差过程，即：

$$RV_t(M) \xrightarrow[M \to \infty]{P} QV_t \qquad (7-5)$$

2. 跳跃检验统计量以及连续变差和跳变差的分离

Barndoree – nielsen（2004）和 Shephard（2006）研究表明，由于信息冲击对市场和投资者行为的影响，金融资产的价格波动是不连续。为了分离出已实现波动率 RV 中的连续波动和跳跃波动，我们遵循 Barndoree – nielsen 和 Shephard 的研究成果，使用已实现双幂次变差方法和跳跃检验统计量。已实现双幂次变差（RBV）是日内总波动的一致估计量，其定义为：

$$RBV_t = \mu_1^{-2}\left(\frac{M}{M-2}\right)\sum_{j=3}^{M} |r_{t,j-2}||r_{t,j}| \xrightarrow[M \to \infty]{p} \int_{t-1}^{t} \sigma^2(\tau)\mathrm{d}\tau \qquad (7-6)$$

其中，$\mu_1 = \sqrt{2/\pi}$ 是标准正态随机变量的期望绝对值，$\frac{M}{M-2}$ 是样本容量的修正值。根据 Barndoree – nielsen 和 Shephard（2004）的研究，$RV_t(M)$ 和 $RBV_t(M)$ 的差依概率收敛与非连续跳跃波动，即：

$$RV_t(M) - RBV_t(M) \xrightarrow[M \to \infty]{p} J_t \tag{7-7}$$

为了从非连续跳跃方差中选择统计上显著的跳跃波动，本研究采用 Huang 和 Tauchen（2005）提出的跳检验统计量 Z_t。跳检验统计量 Z_t 的表达式定义为：

$$Z_t = \frac{(RV_t - RBV_t)/RV_t}{\sqrt{\left[\left(\frac{\pi}{2}\right)^2 + \pi - 5\right]\frac{1}{M}\max\left(1, \frac{RQV_t}{RBV_t^2}\right)}} \to N(0,1) \tag{7-8}$$

其中，RQV_t 是由定义的四次幂变化的估计量：

$$RQV_t = M\mu_{4/3}^{-3}\left(\frac{M}{M-4}\right)\sum_{j=5}^{M} |r_{t,j-4}|^{4/3} |r_{t,j-2}|^{4/3} |r_{t,j}|^{4/3} \tag{7-9}$$

本节采用 Andersen 等（2012）提出的一种全新的估计量已实现中位数波动率 $MedRV_t$ 代替传统的已实现二次幂变差以及相应的跳检验统计量（Z_t）将已实现波动率中的连续变差部分 C_t 和跳跃引起的非连续变差部分 J_t 分离。

$$MedRV_t = \frac{\pi}{6 - 4\sqrt{3} + \pi}\left(\frac{M}{M-2}\right)\sum_{i=2}^{M-1} Med(|r_{t,i-1}||r_{t,i}||r_{t,i+1}|)$$

$$\tag{7-10}$$

在价格过程是半鞅（Semi – Martingale）加有限跳跃过程的假设下，已实现中位数波动率（$MedRV_t$）依概率收敛于积分方差（IV）：

$$MedRV_t(M) \xrightarrow[M \to \infty]{P} \int_{t-1}^{t} \sigma^2(\tau) d\tau \tag{7-11}$$

结合式（7-3）和式（7-7）可以得出，已实现波动率 RV_t

(M)和已实现中位数波动率 $MedRV_t(M)$ 之差依概率收敛于二次变差过程中由跳跃形成的部分。

$$RV_t(M) - MedRV_t(M) \xrightarrow[M \to \infty]{P} \sum_{j=1}^{N_t} k_{t,j}^2 \qquad (7-12)$$

本节采用 Huang 和 Tauchen 所提出的近似服从正态分布的跳检验统计量 Z_t 检验跳跃的存在性:

$$Z_t = \frac{(RV_t - MedRV_t)/RV_t}{\sqrt{\left[\left(\frac{\pi}{2}\right)^2 + \pi - 5\right]\frac{1}{M}\max\left(1, \frac{RQV_t}{MedRV_t^2}\right)}} \qquad (7-13)$$

若资产价格运动过程中不存在跳跃,则 Z_t 检验统计量在 $n_t \to \infty$ 渐进标准正态分布,其中 RQV_t 是 t 日的四次方变差的估计量:

$$RQV_t = \frac{3\pi M}{9\pi + 72 + -52\sqrt{3}}\left(\frac{M}{M-2}\right)\sum_{i=2}^{M-1} Med(|r_{t,i-1}|, |r_{t,i}|, |r_{t,i+1}|^4) \qquad (7-14)$$

通过比较 Z_t 与标准正态分布在显著性水平 α 对应的临界值的大小,就可以判断跳跃波动率是否存在。基于跳检验统计量 Z_t,二次变差中的跳变差部分 J_t 可以用下式进行度量:

$$J_t = I(Z_t > \Phi_\alpha) \cdot (RV_t - MedRV_t) \qquad (7-15)$$

其中,$I(\cdot)$ 为示性函数,标准正态分布在显著性水平 α 对应的临界值为 Φ_α,借鉴已有研究经验,本研究选取 $\alpha = 0.99$。这一定义实现了已实现波动率连续部分和跳跃部分的非参数度量。相应地,二次变差中的连续部分的度量可以表示为:

$$C_t = I(Z_t \leq \Phi_\alpha) \cdot RV_t + I(Z_t > \Phi_\alpha) \cdot MedRV_t \qquad (7-16)$$

从而实现了连续变差 C_t 和跳变差 J_t 的分离。

(二) 数据选取和统计性描述

1. 数据选取

本节使用的实证数据来自上海期货交易所。样本区间选择为2010年7月1日至2015年7月1日（共1214天），研究对象是3月期铜和期铝，其中包括一分钟频率的交易实时数据和每日价格数据。交易价格从CSMAR（http：//www.gtarsc.com）获得。在抽样间隔内，上海期货交易所的交易时间是从上午8：59到上午11：29和下午13：30到下午15：00，每天总共有227个一分钟交易实时数据，因此，在本书中的 $M=227$。由于铜，铝都是流动性比较强的金属，本书在数据选取上异于以往的研究（以往研究大多使用五分钟采样频率），使用一分钟采样频率。由于估计的值 RBV_t 与样本频率密切相关，我们使用全新的估计量 $MedRV_t$ 作为估计量，而不是 RBV_t。

图7-1显示了样本期间铜、铝期货的交易价格系列，该图清晰地表明铜期货的价格走势类似于铝期货的价格走势。价格趋势图表明，在样本期开始时，价格水平呈现上升趋势，而后价格经历了从2011年下半年持续下降，尽管在后半段期间偶尔有小幅的价格增长。这可能是由于金属生产商开始时生产欲望快速膨胀，金属供应量持续大量增加，从而导致需求下降。

2. 统计性描述

为了更好地分析构成铜铝期货市场的每日收益变化的不同波动成分的特征，我们用图7-2和图7-3表示每日收益和每日已实现波动的不同波动成分。该图清楚地说明，无论铜期货或铝期货，每个序列都表现出波动从聚性，表明每个不同波动成分中都有不同程度的动态依赖性。

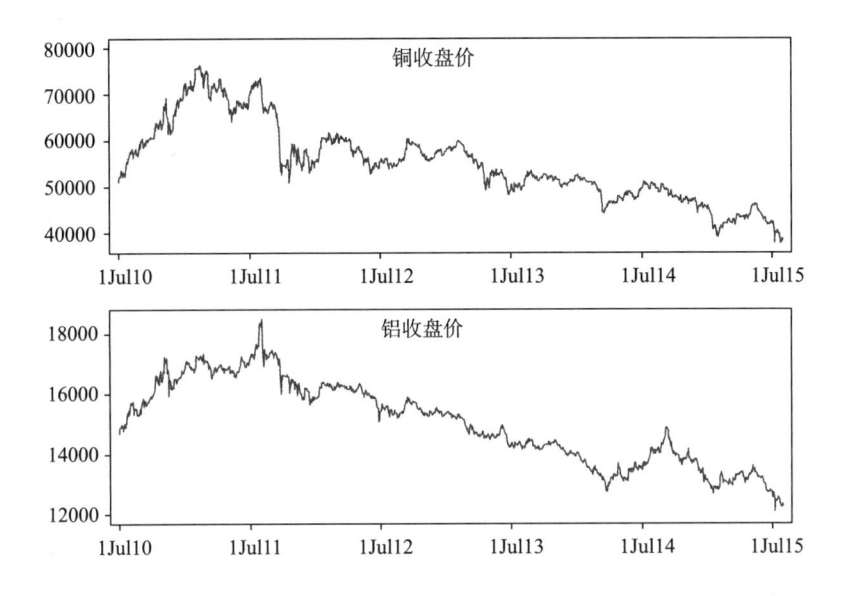

第七章　金属矿产资源国际定价权提升的期货市场发展问题研究

图 7-1　铜和铝期货收盘价趋势

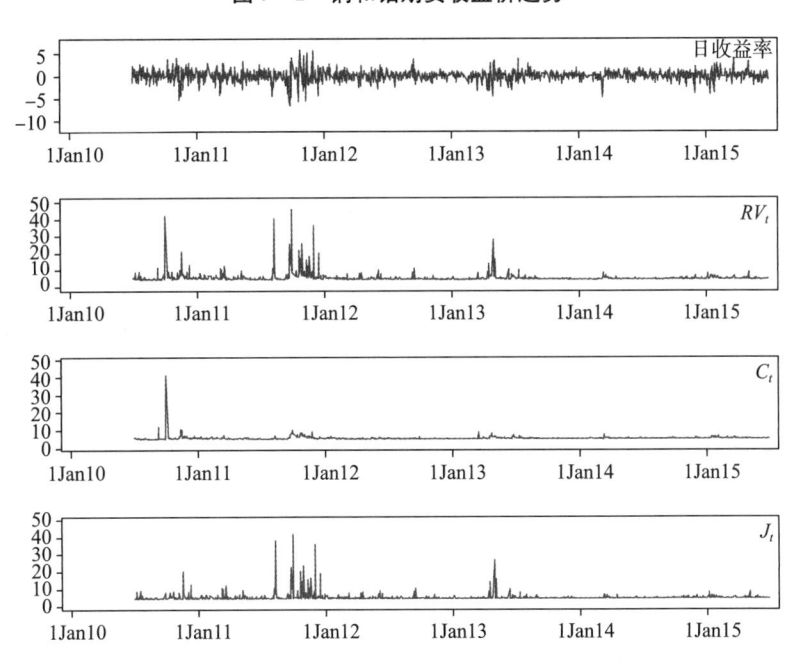

图 7-2　自 2010 年 7 月 1 日至 2015 年 7 月 1 日铜期货的日收益率，
已实现波动率及其连续和非连续的跳统计量

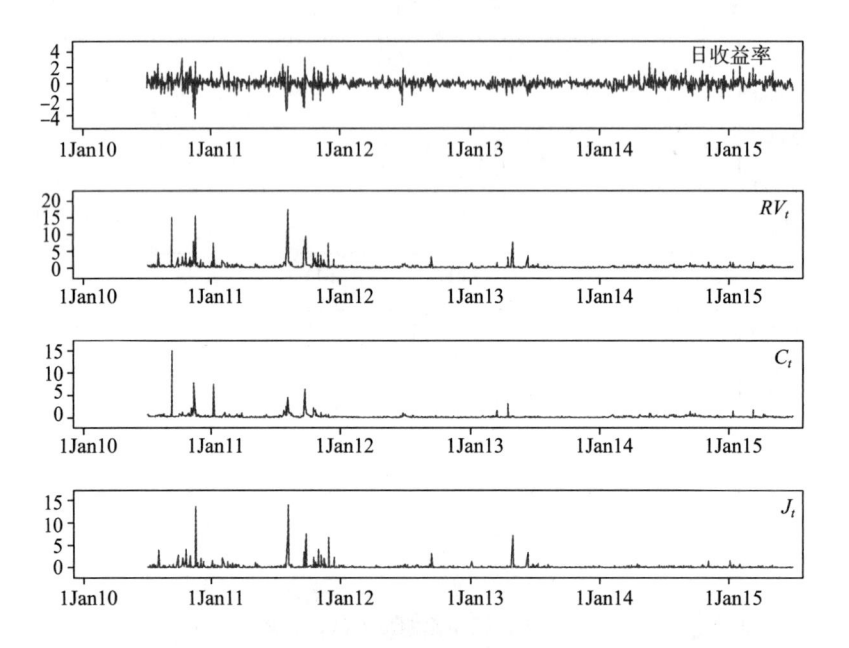

图7-3 2010年7月1日至2015年7月1日的铝期货的日收益率
实现波动率及其连续和非连续的跳统计量

表7-1给出了式（7-2）中定义的已实现波动率 RV_t 的描述性统计及其对数形式。样本均值表明铜的波动率要明显大于铝期货。相应地，标准差也说明了铜期货价格比铝期货价格波动更大。同时，标准差也反映了其波动的时变性质。此外，两种金属期货的日波动率都显示正偏差，峰度较大。日已实现波动率和日对数已实现波动率的 Ljung-Box Q 统计量说明，它们都具有很强序列自相关性。日已实现波动率 RV_t 与其对数形式的偏度和峰度的比较也表明，日已实现波动率的对数形式的分布更接近正态分布。因此，我们采用日已实现波动率的对数形式。

3. 波动率模型

异质自回归 HAR 模型最先由 Corsi（2004）提出。一般来说，金

表 7-1　铜和铝期货的日实现波动率和日对数实现波动率的描述性统计分析

数据		铜期货		铝期货	
		RV_t	$\ln(RV_t)$	RV_t	$\ln(RV_t)$
平均值		1.480	-0.242	0.496	-1.285
标准差		3.426	0.943	1.154	0.887
偏度		8.615	1.000	8.811	1.091
峰度		96.530	4.464	100.519	5.172
最小值		0.098	-2.322	0.032	0
最大值		49.642	3.905	17.305	45.273
样本量		1214	1214	1214	1214
Lags	5	332.82 (0.0000)	1686.4 (0.0000)	410.19 (0.0000)	1427.5 (0.0000)
	10	465.89 (0.0000)	2870 (0.0000)	471.28 (0.0000)	2355.8 (0.0000)
	15	589.4 (0.0000)	3698.3 (0.0000)	514.13 (0.0000)	3032.9 (0.0000)
	20	670.7 (0.0000)	4358.8 (0.0000)	541.04 (0.0000)	3592.2 (0.0000)

融市场参与者的交易频率不同。短期交易者容易受到短期和长期波动的影响，但反之则不然。因此，较长时间段内的价格波动对短时间段内的波动有很大的影响。HAR 模型通过聚合不同交易频率的日、周和月的波动来捕获波动率的长记忆特征。由于其表达简洁、易于估计并且具有良好的长期记忆特性，这种模型被广泛应用于大量研究。Andersen 等（2005）将已实现波动率的连续变差和跳变差分离开来，在原模型的基础上建立 HAR - CJ 模型。Corsi 和 Reno（2012）进一步观察到资产价格波动在受到负向冲击后比相同幅度的正冲击影响更大，这是所谓的杠杆效应。Corsi 和 Reno（2012）通过构建包含负向冲击的滞后一天、一周和一月的杠杆效应，在初始 HAR - CJ 模型中

加入了杠杆效应,提出了新的 LHAR – CJ 模型,其表达形式为:

$$\ln(RV_{t+1}) = \beta_0 + \beta_{CD}\ln(C_t) + \beta_{CW}\ln(C_{t-5,t}) + \beta_{CM}\ln(C_{t-22,t}) +$$
$$\beta_{ND}\ln(J_t+1) + \beta_{NW}\ln(J_{t-5,t}+1) + \beta_{NM}\ln(J_{t-22,t}+1) +$$
$$\gamma_d r_t^- + \gamma_w r_t^{5-} + \gamma_m r_t^{22-} + \varepsilon_{t+1}, \qquad (7-17)$$

与 Andersen 等(2011)的研究类似,其平方绝对残差的 Ljung – Box Q 统计量显示了明显的条件异方差性。因此,考虑到波动随时间变化的性质,本书进一步通过结合 GARCH 误差结构来扩展 LHAR – CJ 模型。此外,考虑到可能出现的重尾特征,我们假设误差满足条件 t 分布。为了保持模型的简约性,本研究采用 GARCH(1,1)模型对实现波动率的条件方差建模。因此,其扩展的模型为:

$$\ln(RV_{t+1}) = \beta_0 + \beta_{CD}\ln(C_t) + \beta_{CW}\ln(C_{t-5,t}) + \beta_{CM}\ln(C_{t-22,t}) +$$
$$\beta_{ND}\ln(J_t+1) + \beta_{NW}\ln(J_{t-5,t}+1) + \beta_{NM}\ln(J_{t-22,t}+1) +$$
$$\gamma_w r_t^{5-} + \sqrt{h_{t+1}}\varepsilon_{t+1}$$

$$h_{c,t+1} = \omega_c + \alpha_c u_{t,c}^2 + \beta_c h_{t,c} \qquad (7-18)$$

$$u_{t+1,c} = \sqrt{h_{t+1,c}}\varepsilon_{t+1,c}$$

$$\varepsilon_{t+1} \sim t(v)$$

其中,$C_{t-h,t} = \frac{1}{h}(C_{t-h+1} + \cdots + C_t)$,$J_{t-h,t} = \frac{1}{h}(J_{t-h} + \cdots + N_t)$。

我们将式(7 – 18)记为 LHAR – CJ – G 模型。在原始模型分析中,除了滞后一周的负面杠杆冲击效应,滞后一日和一月的杠杆效应也包括在方程中。然而,由于其相应的参数在铜和铝市场的回归模型中并不显著,因此日和月杠杆效应被省略。

对铜、铝期货价格波动的 LHAR – CJ 模型和扩展的 LHAR – CJ – G 模型估计结果如表 7 – 2 所示。表 7 – 2 左栏列出了 OLS 估计结果,右栏是扩展模型(带有 GARCH 模型误差修正项)的结果。

表 7-2　　LHAR-CJ 和 LHAR-CJ-G 模型的回归结果

	铜期货		铝期货	
	Homoskedastic	GARCH-t	Homoskedastic	GARCH-t
β_{CD}	0.257***	0.252***	0.337***	0.338***
	(0.0551)	(0.0451)	(0.0448)	(0.0360)
β_{CW}	0.224**	0.274***	0.123	0.146**
	(0.0745)	(0.0653)	(0.0675)	(0.0558)
β_{CM}	0.366***	0.302***	0.323***	0.275***
	(0.0777)	(0.0605)	(0.0672)	(0.0538)
β_{JD}	-0.0261	-0.0200	0.181	0.193*
	(0.0520)	(0.0451)	(0.109)	(0.0943)
β_{JW}	0.120	0.143*	0.110	0.233
	(0.0804)	(0.0687)	(0.141)	(0.151)
β_{JM}	0.112	0.122	-0.143	-0.159
	(0.0930)	(0.0740)	(0.193)	(0.164)
r_w	-0.453***	-0.380***	-0.408**	-0.273*
	(0.0709)	(0.0593)	(0.143)	(0.113)
β_0	0.135	0.0254	-0.0848	-0.205**
	(0.0728)	(0.0603)	(0.0901)	(0.0708)
α_c		0.0561*		0.0472**
		(0.0291)		(0.0166)
β_c		0.752***		0.927***
		(0.141)		(0.0250)
ω_c		0.0923		0.0119
		(0.0607)		(0.00629)
v		4.089***		4.685***
		(0.5561)		(0.6345)
N	1191	1191	1192	1192

注：括号内数值是标准差，$*p<0.05$，$**p<0.01$，$***p<0.001$。

资料来源：笔者利用 Stata14 软件测算。

接下来我们分析中国有色金属期货市场的杠杆效应。杠杆效应是指收益的变化趋势与波动的变化趋势呈负相关。实际上,这意味着由负收益引起的波动要大于正收益引起的波动,或者说坏消息将增加期货市场价格波动,而好消息将降低波动。滞后一周的负收益系数在两个市场都显著为负,表明中国有色金属期货市场存在中期的杠杆效应。

最后,从表 7-2 可以看出,ARCH 和 GARCH 系数(分别为 α_c 和 β_c)都具有统计显著性,说明已实现波动率的波动从聚性。此外,GARCH 系数相对较大且为正,意味着上一期的波动对实际波动率的当前波动率有正面影响。这也证实了中国有色金属期货市场的已实现波动率存在波动从聚现象。

4. 预测

下面将进行样本内预测与样本外预测。

(1) 样本内预测。为了评估扩展的 LHAR-CJ-G 模型预测的准确性,我们采用损失函数来评估中国有色金属期货市场的波动预测性能。本书采用的损失函数包括平均绝对误差(MAE)和均方误差(MSE),其形式如下:

$$MAE = N^{-1} \sum_{i=1}^{N} | \log(RV_{t+1}) - \log(V_{t+1,M}) | \qquad (7-19)$$

$$MSE = N^{-1} \sum_{i=1}^{N} [\log(RV_{t+1}) - \log(V_{t+1,M})]^2 \qquad (7-20)$$

其中,RV_{t+1} 和 $V_{t+1,M}$ 表示分别从日已实现波动率的实际值和模型 M 的超前一期的预测值,N 是观察到的样本天数。

表 7-3 报告了基于全样本期间 LHAR-CJ-G 模型和其他三个 HAR 模型的铜和铝期货的超前一天的样本内预测的 MAE 和 MSE 值。Diebold 和 Mariano 检验的相应 p 值见表 7-3 括号内数据。Diebold 和 Mariano 提出要在预测评价中检验损失函数 MAE 和

MSE 是否存在统计显著性差异。这里的 Diebold 和 Mariano 检验是基于已有的三个 HAR 模型与新扩展的 LHAR – CJ – G 模型的预测结果的比较。

表 7 – 3　　样本预测的 M – Z 回归的损失函数和统计结果

模型	铜期货			铝期货		
	MAE	MSE	R^2	MAE	MSE	R^2
HAR – RV	0.532	0.5047	0.4312	0.5179	0.4862	0.3844
	0.0000	0.0110		0.0000	0.0002	
HAR – CJ	0.5118	0.4715	0.4702	0.4994	0.4495	0.4309
	0.0000	0.1698		0.0024	0.4180	
LHAR – CJ	0.5035	0.453	0.4910	0.4973	0.4457	0.4356
	0.0004	0.0282		0.0033	0.0742	
LHAR – CJ – G	0.4909	0.4635	0.4902	0.4882	0.4535	0.4344

从表 7 – 3 可以推断，复杂的 LHAR – CJ – G 模型在铜和铝期货的 MAE 标准中是最低的。此外，括号中 DM 检验的相应 p 值表明两者的损失函数值具有显著性差异。然而，对于 MSE 标准，铜和铝期货中值最小的是 LHAR – CJ 模型，而不是 LHAR – CJ – G 模型，相应地，DM 检验的 p 值表示两者略有显著性差异。因此，总的来说，LHAR – CJ – G 和 LHAR – CJ 模型提供了良好的样本内预测性能。

为了进一步分析 LHAR – CJ – G 模型的相对预测性能，我们还考虑 Mincer – Zarnowitz 回归。M – Z 回归广泛用于评估样本预测，这是由 Mincer 和 Zarnowitz（1969）提出的。其回归方程为：

$$\log(RV_{t+1}) = \alpha + \beta\log(V_{t+1,M}) + \mu_{t+1} \qquad (7-21)$$

其中，$V_{t+1,M}$ 是指模型 M 在时间 t 的超前一步预测。如果模型构建准确，则有 $E[\log(V_{t+1,M})] = \log(RV_{t+1})$。因此，可决系数 R^2 越大，

预测性能越好。表 7-3 中来自 Mincer-Zarnowitz 回归的统计数据表明，M-Z 回归的结果似乎更支持 LHAR-CJ 模型。这可以解释为，新扩展的 LHAR-CJ-G 模型由于考虑了已实现波动的条件异方差这一创新而导致了更多的参数估计，参数不确定性增大，这可能会降低预测性能。

（2）样本外预测。与样本内预测相比，样本外预测可能更为重要，因为它可以更接近地模拟真实世界的预测情况。为了更好地评估模型的样本外预测性能，我们将整个样本间隔从 2010 年 7 月 1 日至 2015 年 7 月 1 日分为两部分。从 2010 年 7 月 1 日至 2013 年 12 月 31 日的交易数据作为估计样本。在此前提下，我们预测 2014 年 1 月 1 日至 2015 年 7 月 1 日的样本日已实现波动率，其中预测样本有 364 个。评估样本外预测性能的方法与样本内预测方法相同，即使用损失函数和 Mincer-Zarnowitz 回归。

表 7-4 报告了铜和铝期货的样本外预测的损失函数值和 M-Z 回归的可决系数值 R^2。MAE 和 MSE 标准都表明 LHAR-CJ-G 模型取得最低值，且不管铜期货还是铝期货 DM 检验的 p 值都表明确实存在统计显著性差异。预测结果支持 LHAR-CJ-G 模型。对于铜期货，LHAR-CJ-G 模型的 M-Z 回归的 R^2 最高，而铝期货则为 HAR-CJ 模型。但与 LHAR-CJ-G 模型的差异不明显。总之，复杂的 LHAR-CJ-G 模型通过考虑杠杆效应及其随时间变化的性质，在四个模型中表现出最好的样本外预测性能。

为了使波动率预测可视化，图 7-4 和图 7-5 分别显示了铜期货和铝期货的其他三个 HAR 模型和 LHAR-CJ-G 模型的超前一期样本外预测。从图 7-4 和图 7-5 可以发现，预测值都非常接近四个模型中的实际值，并且看起来更难以区分四个模型预测中的任何形状差异。总体来说,这四个模型都具有良好的预测性能,而 LHAR – CJ – G 模型似乎更好地反映了波动率的变化,并且随着真实波动性具有更快的调整速度。

表 7 – 4 损失函数值和样本外预测的 M – Z 回归

模型	铜期货			铝期货		
	MAE	MSE	R^2	MAE	MSE	R^2
HAR – RV	0.4768 (0.9453]	0.3582 (0.8020)	0.2832	0.3994 (0.7122)	0.282 (0.0052)	0.1979
HAR – CJ	0.5048 (0.0000)	0.3771 (0.0001)	0.2980	0.4088 (0.1714)	0.2678 (0.1997)	0.2466
LHAR – CJ	0.5193 (0.0000)	0.3893 (0.0000)	0.2999	0.4251 (0.0002)	0.2798 (0.0453)	0.2323
LHAR – CJ – G	0.4758	0.3545	0.3026	0.3964	0.2645	0.2277

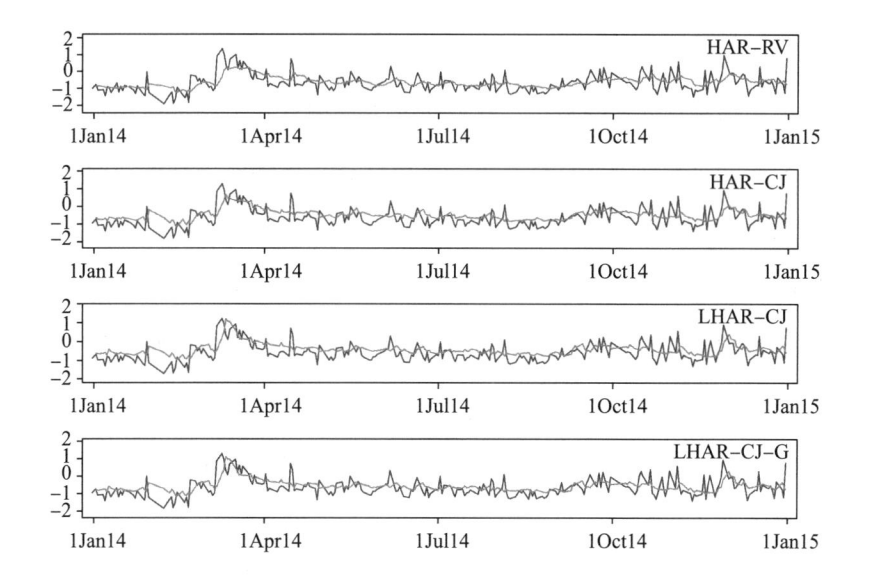

图 7 – 4 铜期货的一天前样本外预测

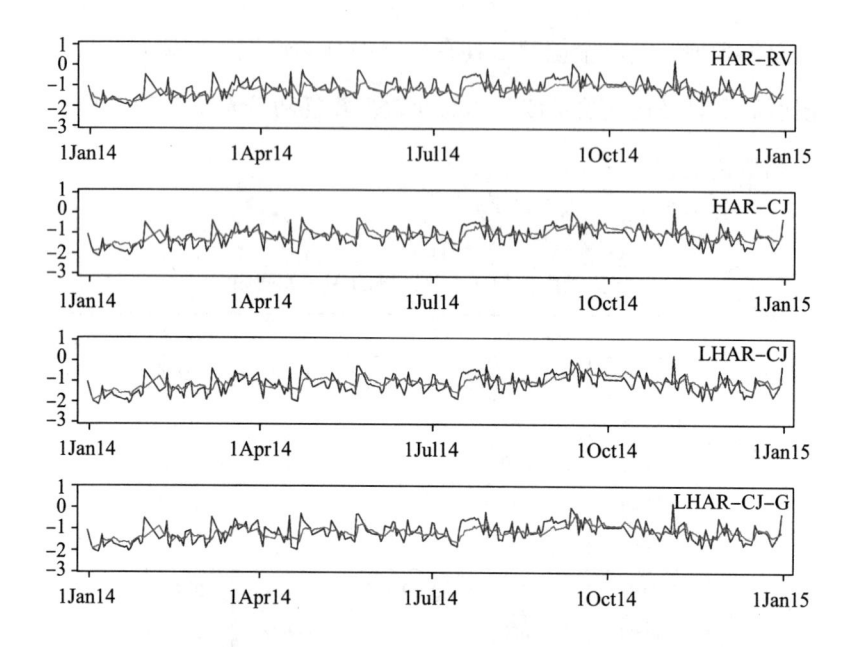

图7-5 铝期货的一天前样本外预测

5. 结论

使用高频日内交易数据,我们研究了铜期货和铝期货市场日已实现波动率的时变性质和杠杆效应。考虑到波动率的波动丛聚性和已实现波动率的时变性质,我们通过结合 GARCH 误差结构来扩展 LHAR - CJ模型。此外,本节还考虑中国有色金属期货市场的潜在不对称。模型的估计结果说明,除每日已实现波动率的长期记忆以外,还存在显著的周杠杆效应和动态依赖性。

二 基于交易外信息和杠杆效应的中国有色金属期货市场高频波动率预测

已有高频波动率预测的研究大多基于正常交易时段的信息,然而,在交易时段之外的隔夜信息对于波动率预测也是非常重要的,这些信息直接影响投资者的行为。

第七章 金属矿产资源国际定价权提升的期货市场发展问题研究

（一）数据选取和统计性描述

1. 数据选取

本次研究中使用的是从2010年7月1日至2015年12月31日上海期货交易所三个月铜及铝期货合约共计1338个交易日的数据，其中包含5分钟的价格数据和每日价格数据。上海期货交易所交易时间为上午9：00至11：30，下午13：30至15：00，每天共有47个五分钟时间间隔的收盘价数据，从而 M = 47。交易价格是从 CSMAR（http：//www.gtarsc.com/）获得的。

图7-6显示了铜和铝期货2010年7月1日至2015年12月31日的收盘价。价格趋势图显示，在样本开始时，价格水平呈现上涨趋势，而后价格自2011年下半年以来一直持续下降，尽管样本期间存在小幅上涨。这可能是由于一开始就不可持续的金属生产快速扩张而导致的金属供应增加，而需求却在减少。

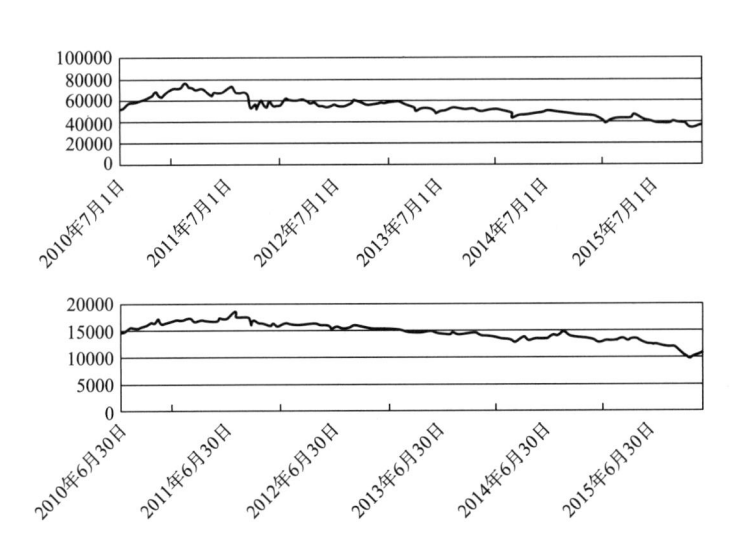

图7-6　2010年7月1日至2015年12月31日铜期货和铝期货的收盘价

2. 统计性描述

表7-5显示了铜和铝期货日波动率的描述性统计及其对数形式。样本均值表明铜的波动明显高于铝期货的波动并且铜期货价格偏高，标准偏差也反映了时变性质。而且，两种金属期货的日均波动均呈现出偏度偏高和峰度过高的性质。Ljung-Box Q 统计量显示波动率都具有强自相关性。已实现波动率的偏度和峰度与其对数形式的描述性统计量结果表明，日波动率的对数形式的分布接近正态分布。因此，在具体的波动率方程中，本节使用日已实现波动率的对数形式。

表7-5 铜和铝期货日常描述统计分析已实现波动及其对数形式

统计量		铜期货 RV_t	$\ln(RV_t)$	铝期货 RV_t	$\ln(RV_t)$
平均值		1.4015	-0.4037	0.4518	-1.5638
标准差		3.2919	1.0811	1.0935	1.1091
偏度		8.2445	0.5607	8.7146	0.5161
峰度		90.2797	3.7522	1.1988	3.6329
最小值		0.0368	-3.3033	0.0111	-4.4983
最大值		48.2921	3.8773	16.6647	2.8133
样本量		1338	1338	1338	1338
Lags	5	382.5525 (0.0000)	1297.4874 (0.0000)	643.0296 (0.0000)	1123.1896 (0.0000)
	10	561.4481 (0.0000)	2144.5687 (0.0000)	711.3901 (0.0000)	1794.0118 (0.0000)
	15	729.9853 (0.0000)	2720.9226 (0.0000)	754.2258 (0.0000)	2238.3607 (0.0000)
	20	838.9284 (0.0000)	3204.8948 (0.0000)	789.6203 (0.0000)	2620.5843 (0.0000)

注：括号内为 Ljung-Box Q 统计量的 p 值。

(二) 波动率模型

在以下部分中，我们提出了高频波动率预测模型，其中包括 Corsi

(2009) 提出的标准异质自回归（HAR）模型及其扩展模型。通过考虑杠杆效应、交易时段外信息以及已实现波动率的条件方差对波动率预测的影响，拓展了 HAR 模型。

扩展的 HAR 模型（即 HAR – LA 模型）表示如下：

$$\begin{aligned}\ln(RV_{t+1}) = &\beta_0 + \beta_c \ln(RV_t) + \beta_w \ln(RV_{t-5,t}) + \beta_m \ln(RV_{t-22,t}) + \\ &\gamma_d r_t^- + \gamma_w r_t^{5-} + \gamma_m r_t^{22-} + \gamma_0 r_{t,on} + \gamma_1 r_{t,on}^- + \lambda_0 r_{t,lunch} + \\ &\lambda_1 r_{t,lunch}^- + \varepsilon_{t+1}\end{aligned} \quad (7-22)$$

其中，$RV_{t-i,t} = (RV_t + RV_{t-1} + \cdots + RV_{t-(i-1)})/i$，$(i = 5, 22)$ 表示每周和每月的已实现波动率的平均值。$r_{t,on}$ 和 $r_{t,lunch}$ 分别是隔夜收益和午间收益。$r_t^- = \min(r_t, 0)$，$r_t^{5-} = \min\left[\frac{1}{5}(r_{t-4} + r_{t-3} + \cdots + r_t), 0\right]$ 和 $r_t^{22-} = \min\left[\frac{1}{22}(r_{t-21} + r_{t-20} + \cdots + r_t), 0\right]$ 分别表示滞后一天、滞后一周和滞后一月的日收益率的杠杆效应。

（三）HAR – LA – GARCH 模型

拓展的 HAR – LA – GARCH 模型表示为：

$$\begin{aligned}\ln(RV_{t+1}) = &\beta_0 + \beta_C \ln(RV_t) + \beta_W \ln(RV_{t-5,t}) + \beta_M \ln(RV_{t-22,t}) + \\ &\gamma_d r_t^- + \gamma_w r_t^{5-} + \gamma_m r_t^{22-} + \gamma_0 r_{t,on} + \gamma_1 r_{t,on}^- + \lambda_0 r_{t,lunch} + \\ &\lambda_1 r_{t,lunch}^- + \sqrt{h_{t+1}}\varepsilon_{t+1}\end{aligned}$$

$$h_{t+1} = \omega + \alpha u_t^2 + \beta h_t \quad (7-23)$$

$$u_{t+1} = \sqrt{h_{t+1}}\varepsilon_{t+1}$$

$$\varepsilon_{t+1} \mid \Omega_t \sim (0, 1)$$

（四）样本内分析

表 7 – 6 和表 7 – 7 分别报告了铜、铝期货基于 Corsi（2009）提出的 HAR 模型及其扩展模型（HAR – GARCH、HAR – L、HAR – L –

GARCH、HAR – LA 和 HAR – LA – GARCH 模型）的估计结果。

表 7 – 6　铜期货的标准 HAR 模型及其扩展模型的估计结果

变量	HAR	HAR – GARCH	HAR – L	HAR – L – GARCH	HAR – LA	HAR – LA – GARCH
β_D	0.0658*	0.0452	0.00713	0.00333	0.0729*	0.0642
	(0.0346)	(0.0363)	(0.0345)	(0.0381)	(0.0425)	(0.0475)
β_W	0.416***	0.421***	0.298***	0.308***	0.293***	0.298***
	(0.0561)	(0.0576)	(0.0573)	(0.0586)	(0.0573)	(0.0584)
β_M	0.309***	0.328***	0.408***	0.414***	0.394***	0.403***
	(0.0529)	(0.0507)	(0.0539)	(0.0515)	(0.0542)	(0.0514)
r_t^-			–0.0358	–0.0292	–0.0635	–0.0626
			(0.0371)	(0.0367)	(0.0445)	(0.0452)
r_t^{5-}			–0.427***	–0.410***	–0.420***	–0.412***
			(0.0904)	(0.0879)	(0.0897)	(0.0907)
r_t^{22-}			–0.333*	–0.343**	–0.316*	–0.323*
			(0.170)	(0.166)	(0.167)	(0.169)
$r_{t,on}$					–0.131**	–0.123
					(0.0610)	(0.0804)
$r_{t,on}^-$					0.314***	0.310**
					(0.101)	(0.128)
$r_{t,lunch}$					0.220	0.259
					(0.215)	(0.281)
$r_{t,lunch}^-$					–0.425	–0.435
					(0.313)	(0.429)
α		0.0587***		0.0330*		0.0265*
		(0.0191)		(0.0173)		(0.0160)
β		0.771***		0.816***		0.845***
		(0.0878)		(0.116)		(0.114)
R^2	0.339		0.368		0.374	

注：本表提供了从 2010 年 7 月 1 日至 2015 年 12 月 31 日的整个样本期间 HAR 及其扩展实现波动率模型的参数估计结果。括号中的数字是稳健的标准误差。*、** 和 *** 分别表示在 10%、5% 和 1% 的显著性水平下显著。

表7-7 铝期货的标准 HAR 模型及其扩展模型的估计结果

变量	HAR	HAR-GARCH	HAR-L	HAR-L-GARCH	HAR-LA	HAR-LA-GARCH
β_D	0.244*** (0.0331)	0.239*** (0.0333)	0.213*** (0.0342)	0.214*** (0.0344)	0.284*** (0.0400)	0.287*** (0.0402)
β_W	0.274*** (0.0549)	0.271*** (0.0525)	0.244*** (0.0547)	0.240*** (0.0533)	0.227*** (0.0542)	0.223*** (0.0519)
β_M	0.258*** (0.0556)	0.280*** (0.0485)	0.268*** (0.0557)	0.287*** (0.0491)	0.244*** (0.0559)	0.257*** (0.0476)
r_t^-			-0.0379 (0.0662)	-0.00146 (0.0718)	-0.0173 (0.0770)	0.0293 (0.0767)
r_t^{5-}			-0.528*** (0.170)	-0.485*** (0.179)	-0.595*** (0.174)	-0.534*** (0.173)
r_t^{22-}			-0.321 (0.275)	-0.457 (0.316)	-0.147 (0.286)	-0.285 (0.311)
$r_{t,on}$					-0.459*** (0.139)	-0.480*** (0.132)
$r_{t,on}^-$					0.892*** (0.223)	0.910*** (0.207)
$r_{t,lunch}$					1.162** (0.452)	0.997** (0.461)
$r_{t,lunch}^-$					-1.982*** (0.732)	-1.930*** (0.653)
α		0.0113** (0.00528)		0.0140** (0.00660)		0.00639** (0.00320)
β		0.983*** (0.00989)		0.977*** (0.0141)		0.992*** (0.00480)
R^2	0.316		0.327		0.342	

注：本表提供了从2010年7月1日至2015年12月31日铝期货整体采购期间HAR及其扩展实现波动率模型的参数估计结果。括号中的数字是稳健的标准误差。*、**和***分别表示在10%、5%和1%的显著性水平下显著。

(五) 样本外预测

我们考虑了有色金属期货市场基于拓展的 HAR 模型的一步向前样本外预测。此外,为了比较各预测模型的优劣,本书比较了包括 HAR、HAR－L、HAR－LA、HAR－GARCH、HAR－L－GARCH 和 HAR－LA－GARCH 在内的六个波动率模型的一步向前预测能力,评估哪种模型具有更精确的波动率预测能力。

(六) 模型评估方法

为了评估扩展 HAR 模型预测的准确性,采用损失函数来评估波动率预测性能。损失函数包括平均绝对误差(MAE)和均方差(MSE),定义为

$$MAE = N^{-1} \sum_{i=1}^{N} |(\log(RV_{t+1}) - \log(V_{t+1,M}))| \quad (7-24)$$

$$MSE = N^{-1} \sum_{i=1}^{N} (\log(RV_{t+1}) - \log(V_{t+1,M}))^2 \quad (7-25)$$

RV_{t+1} 和 $V_{t+1,M}$ 分别表示来自 M 模型的日已实现波动的实际值和预测值。

为了对比损失函数的差异是否具有统计学意义,本书采用了 Diebold 和 Mariano 检验。这里应用的 Diebold 和 Mariano 检验是对来自每个扩展 HAR 模型的预测值与标准 HAR 模型的预测值进行对比的结果。该检验使用 t 统计量或 p 值来衡量两个波动率预测的损失函数差异的显著性。原假设如下:

$$H_0 = E[L(i)] - E[L(j)] = E[L(i) - L(j)] = E[L(i,j)] = 0 \quad (7-26)$$

$L(i)$ 代表的是 i 模型的损失函数,$L(i,j)$ 表示对于给定的损失函数,两个模型 i 和 j 之间的损失函数的差值。检验统计量表示为:

$$t_L(i,j) = \frac{DL(i,j)}{\sqrt{V[DL(i,j)]}} \quad (7-27)$$

$DL(i,j) = 1/m \sum_{t=1}^{m} dL(i,j)$,$V[DL(i,j)]$ 是 Newey - West 方差估计值,并且检验统计量为标准化正态渐近分布。为了便于比较,我们只给出了 Diebold 和 Mariano (2002) 检验的 p 值。此外,还进一步考虑了 Mincer - Zarnowitz (M - Z) 回归的结果。Mincer 和 Zarnowitz (1969) 提出的 M - Z 回归被广泛用于评估波动率模型的预测能力。其回归方程为:

$$\log(RV_{t+1}) = \alpha + \beta \log(V_{t+1,M}) + \mu_{t+1} \tag{7-28}$$

Andersen 和 Bollerslev (1998) 研究发现,M - Z 回归的 R^2 统计量可以很好地用于波动率预测的评估。

(七) 样本外预测

为了评估不同模型的样本外预测的能力,我们计算了 2014 年 8 月 14 日至 2015 年 12 月 31 日的一步向前滚动回归预测,产生了 338 次日已实现波动率的预测结果。波动率预测是通过固定窗口滚动方法获得的。

表 7-8 显示了六个波动率模型 MAE、MSE 以及 M - Z 回归的 R^2 统计量。此外,中括号中列出了相应的 Diebold - Mariano 检验的 P 值。根据铜期货的预测结果,发现基于杠杆效应和交易外信息的扩展 HAR 模型 (HAR - L、HAR - L - GARCH、HAR - LA 和 HAR - LA - GARCH 模型) 的 *MAE* 和 *MSE* 的结果都小于标准 HAR 模型。而且括号中相应的 Diebold 和 Mariano 检验的 p 值表明评估结果具有统计显著性差异,表明杠杆效应和交易外信息可以显著改善样本预测能力。比较这些模型的相对性能,我们观察到扩展 HAR - LA 模型在对铜期货预测能力方面表现最好。关于铝期货,MAE、MSE 和 M - Z 回归的 R^2 统计量更倾向于 HAR - LA 模型。

表7-8　　　　　　铜和铝损失函数的样本外预测值

模型	铜			铝		
	MAE	MSE	R^2	MAE	MSE	R^2
HAR	0.7034	0.7717	0.1715	0.6779	0.7338	0.3203
HAR-GARCH	0.7061***	0.7745	0.1684	0.6750	0.7272*	0.3236
	(0.0044)	(0.1399)		(0.1254)	(0.0959)	
HAR-L	0.6799*	0.7288**	0.2188	0.6782	0.7283	0.3087
	(0.0601)	(0.0463)		(0.9860)	(0.8809)	
HAR-L-GARCH	0.6816*	0.7312*	0.2170	0.6722	0.7173	0.2882
	(0.0814)	(0.0637)		(0.6964)	(0.6274)	
HAR-LA	0.6785*	0.7263**	0.2246	0.6764	0.7194	0.3144
	(0.0542)	(0.0353)		(0.9188)	(0.6421)	
HAR-LA-GARCH	0.6791*	0.7268**	0.2245	0.6689	0.7136	0.3378
	(0.0646)	(0.0419)		(0.6391)	(0.5298)	

注：括号的值是Diebold和Mariano测试的p值，这是五个扩展HAR模型中的每一个的预测与来自标准HAR模型的预测的成对比较。*、**和***分别表示Diebold和Mariano测试在10%、5%和1%显著性水平下显著。

（八）稳健性检验

在本小节中，我们检验我们的结果对不同的样本频率是否是稳健的，即评估模型对采样频率的敏感性。

表7-9　　　　　　铜期货模型估计

	HAR-LA				HAR-LA-GARCH			
频率	1分钟	5分钟	10分钟	15分钟	1分钟	5分钟	10分钟	15分钟
β_D	0.187***	0.0729*	0.0435	0.0227	0.182***	0.0642	0.0363	0.0156
	(0.0473)	(0.0425)	(0.0402)	(0.0401)	(0.0501)	(0.0475)	(0.0465)	(0.0451)
β_W	0.248***	0.293***	0.279***	0.261***	0.254***	0.298***	0.282***	0.264***
	(0.0538)	(0.0573)	(0.0591)	(0.0596)	(0.0548)	(0.0584)	(0.0604)	(0.0628)
β_M	0.357***	0.394***	0.426***	0.453***	0.366***	0.403***	0.433***	0.455***
	(0.0503)	(0.0542)	(0.0570)	(0.0587)	(0.0467)	(0.0514)	(0.0545)	(0.0570)

续表

频率	HAR-LA				HAR-LA-GARCH			
	1分钟	5分钟	10分钟	15分钟	1分钟	5分钟	10分钟	15分钟
r_d	-0.0522	-0.0635	-0.0458	-0.0388	-0.0506	-0.0626	-0.0458	-0.0416
	(0.0408)	(0.0445)	(0.0480)	(0.0493)	(0.0406)	(0.0452)	(0.0470)	(0.0503)
r_w	-0.413***	-0.420***	-0.430***	-0.452***	-0.397***	-0.412***	-0.426***	-0.447***
	(0.0818)	(0.0897)	(0.0947)	(0.0990)	(0.0834)	(0.0907)	(0.0950)	(0.0984)
r_m	-0.307**	-0.316*	-0.317*	-0.312*	-0.305**	-0.323*	-0.315*	-0.299
	(0.151)	(0.167)	(0.176)	(0.183)	(0.154)	(0.169)	(0.177)	(0.185)
$r_{t,on}$	-0.215***	-0.131**	-0.104	-0.0703	-0.211***	-0.123	-0.0954	-0.0584
	(0.0585)	(0.0610)	(0.0644)	(0.0676)	(0.0768)	(0.0804)	(0.0806)	(0.0819)
$r^-_{t,on}$	0.474***	0.314***	0.243**	0.180*	0.478***	0.310**	0.234*	0.167
	(0.0976)	(0.101)	(0.104)	(0.108)	(0.127)	(0.128)	(0.129)	(0.134)
$r_{t,lunch}$	0.162	0.220	0.306	0.393*	0.208	0.259	0.327	0.419
	(0.190)	(0.215)	(0.221)	(0.226)	(0.260)	(0.281)	(0.304)	(0.323)
$r^-_{t,lunch}$	-0.364	-0.425	-0.541*	-0.669**	-0.382	-0.435	-0.539	-0.679
	(0.287)	(0.313)	(0.323)	(0.334)	(0.387)	(0.429)	(0.459)	(0.480)
α					0.0364**	0.0265*	0.0240	0.0329*
					(0.0167)	(0.0160)	(0.0175)	(0.0197)
β					0.807***	0.845***	0.790***	0.649*
					(0.105)	(0.114)	(0.219)	(0.345)
R^2	0.415	0.374	0.349	0.331				

注：表格提供了从2010年7月1日至2015年12月31日的整个样本期间的扩展实现波动率模型的参数估计结果。括号中的数字是标准误差。*、**和***分别表示在10%、5%和1%的显著性水平下显著。

表7-10　　　　　　　　　　铝期货模型估计

频率	HAR-LA				HAR-LA-GARCH			
	1分钟	5分钟	10分钟	15分钟	1分钟	5分钟	10分钟	15分钟
β_D	0.365***	0.285***	0.236***	0.195***	0.372***	0.291***	0.242***	0.195***
	(0.0409)	(0.0400)	(0.0396)	(0.0395)	(0.0403)	(0.0399)	(0.0410)	(0.0410)

续表

频率	HAR – LA				HAR – LA – GARCH			
	1 分钟	5 分钟	10 分钟	15 分钟	1 分钟	5 分钟	10 分钟	15 分钟
β_W	0.199 ***	0.225 ***	0.246 ***	0.258 ***	0.197 ***	0.221 ***	0.244 ***	0.258 ***
	(0.0482)	(0.0518)	(0.0539)	(0.0552)	(0.0509)	(0.0517)	(0.0545)	(0.0539)
β_M	0.230 ***	0.248 ***	0.252 ***	0.261 ***	0.248 ***	0.263 ***	0.268 ***	0.262 ***
	(0.0451)	(0.0497)	(0.0524)	(0.0540)	(0.0452)	(0.0472)	(0.0504)	(0.0496)
r_d	-0.0510	-0.0189	0.000629	-0.0144	-0.0107	0.0245	0.0438	-0.0184
	(0.0663)	(0.0767)	(0.0831)	(0.0863)	(0.0660)	(0.0763)	(0.0843)	(0.0893)
r_w	-0.535 ***	-0.632 ***	-0.654 ***	-0.671 ***	-0.519 ***	-0.612 ***	-0.627 ***	-0.667 ***
	(0.137)	(0.158)	(0.170)	(0.176)	(0.134)	(0.154)	(0.168)	(0.182)
$r_{t,on}$	-0.532 ***	-0.466 ***	-0.406 ***	-0.348 **	-0.589 ***	-0.494 ***	-0.432 ***	-0.349 **
	(0.117)	(0.133)	(0.141)	(0.145)	(0.119)	(0.130)	(0.144)	(0.144)
$r^-_{t,on}$	1.052 ***	0.910 ***	0.760 ***	0.664 ***	1.141 ***	0.946 ***	0.803 ***	0.668 ***
	(0.183)	(0.205)	(0.217)	(0.222)	(0.186)	(0.201)	(0.220)	(0.217)
$r_{t,lunch}$	1.133 ***	1.151 **	1.019 **	1.052 **	0.895 **	0.983 **	0.846 *	1.069 **
	(0.393)	(0.451)	(0.484)	(0.500)	(0.418)	(0.459)	(0.490)	(0.515)
$r^-_{t,lunch}$	-1.830 ***	-1.955 ***	-1.890 ***	-1.956 ***	-1.599 ***	-1.878 ***	-1.760 **	-1.981 ***
	(0.581)	(0.665)	(0.714)	(0.735)	(0.588)	(0.643)	(0.690)	(0.700)
α					0.0190 ***	0.00577 *	0.00887 **	-0.00390
					(0.00682)	(0.00304)	(0.00445)	(0.0138)
β					0.965 ***	0.993 ***	0.987 ***	-0.903 **
					(0.0155)	(0.00458)	(0.00799)	(0.447)
R^2	0.404	0.342	0.304	0.285				

注：该表提供了从 2010 年 7 月 1 日至 2015 年 12 月 31 日的整个样本期间的扩展实现波动率模型的参数估计结果。括号中的数字为标准误差。星号 *、** 和 *** 分别表示在 10%、5% 和 1% 的显著性水平下显著。

表 7-11 到表 7-12 分别显示了 1 分钟、5 分钟、10 分钟和 15 分钟频率的模型估计结果和预测性能。值得注意的是，这些发现与前面讨论的结果相似。简言之，它显示了对不同频率的结果是稳健的。

表7-11　铜和铝期货 HAR-LA 模型的样本外预测性能

频率	铜				铝			
	1分钟	5分钟	10分钟	15分钟	1分钟	5分钟	10分钟	15分钟
MAE	0.593 [0.1429]	0.6785* [0.0542]	0.7398* [0.0685]	0.7822 [0.1457]	0.5613 [0.7394]	0.6764 [0.9188]	0.7336 [0.5922]	0.7748 [0.5082]
MSE	0.5565* [0.0644]	0.7263** [0.0353]	0.8592* [0.0712]	0.976 [0.1045]	0.5069 [0.8872]	0.7194 [0.6421]	0.8590 [0.6182]	0.9561 [0.6399]
R^2	0.2713	0.2246	0.1915	0.1763	0.3899	0.3144	0.2512	0.2234

注：括号内的值是 Diebold 和 Mariano 测试的 p 值，这是 HAR-LA 模型的预测与 HAR 模型的预测的成对比较。

表7-12　铜和铝期货 HAR-LA-GARCH 模型的样本外预测性能

频率	铜				铝			
	1分钟	5分钟	10分钟	15分钟	1分钟	5分钟	10分钟	15分钟
MAE	0.5941 [0.2442]	0.6791* [0.0646]	0.7429 [0.1233]	0.7840 [0.1968]	0.5528 [0.7039]	0.6689 [0.6391]	0.7260 [0.9737]	0.7687 [0.8434]
MSE	0.5570* [0.0663]	0.7268** [0.0419]	0.8614* [0.0879]	0.9781 [0.1303]	0.4920 [0.4417]	0.7136 [0.5298]	0.8398 [0.7744]	0.9402 [0.8227]
R^2	0.2708	0.2245	0.1896	0.1747	0.4029	0.3378	0.2629	0.2329

注：括号内的值为 Diebold 和 Mariano 测试的 p 值，这是 HAR-LA-GARCH 模型的预测与 HAR 模型的预测的成对比较。

（九）结论

本节研究的主要目的是对波动率进行建模并预测，并将该模型应用于中国有色金属期货市场。与大多数实证文献中使用的通常的波动率预测模型不同，我们探究了包括隔夜和午间在内的非交易时间段的信息对中国有色金属期货市场的波动率预测的影响。我们将隔夜收益和午间收益作为额外的解释变量。除通常的杠杆效应外，还考虑了对隔夜收益和午间收益的额外杠杆效应。对扩展的波动率模型的估计结果总结如下：首先，中国有色金属期货市场波动存在显著的动态依赖性。此外，两个市场都发现了杠杆效应的周期性。此外，铜期货市场每月有杠杆效应。

三　基于高频数据的我国有色金属期货市场量价关系研究

本书将成交量分解为可预期部分和非可预期部分，并将高频已实现波动率分解为连续波动部分和跳跃部分，以铜铝期货为例研究了中国有色金属期货市场上成交量各部分与已实现波动率各部分之间的关系。此外，进一步探究了期货市场量价关系的非对称性。

（一）研究方法介绍

考虑到期货市场中价格波动的复杂性，本部分将从基本量价关系、基于成交量分解的量价关系和量价关系非对称性三个方面来建立回归模型，对我国有色金属期货市场的价格波动进行综合考察。

1. 量价关系基础模型

量价关系基础模型主要探讨的是波动率及其分解部分与成交量之间的关系。首先参考 Barndorff 和 Shephard 提出的已实现双幂次变差（Realized Bipower Variation，RBV），将已实现波动率分解为连续部分和跳跃部分，并引入周内虚拟变量 $DUMMY_{i,t}$，讨论周内新信息释放对有色金属期货价格波动可能造成的"周内效应"。同时，仿效 Giot、Chevallier 和 Sévi，以及 Slim 和 Dahmene 的建模方法，选取波动率的连续滞后 12 阶消除已实现波动率及其连续部分的自相关性，构建模型如下：

$$RV_{i,t} = \alpha_i + \delta_i DUMMY_{i,t} + \sum_{j=1}^{12} \rho_{i,j} RV_{i,t-j} + \beta_i V_{i,t} + \varepsilon_{i,t} \quad (7-29)$$

$$CV_{i,t} = \alpha_i + \delta_i DUMMY_{i,t} + \sum_{j=1}^{12} \rho_{i,j} CV_{i,t-j} + \beta_i V_{i,t} + \varepsilon_{i,t} \quad (7-30)$$

$$J_{i,t} = \alpha_i + \delta_i DUMMY_{i,t} + \beta V_{i,t} + \varepsilon_{i,t} \qquad (7-31)$$

其中，$RV_{i,t}$为期货 i 在第 t 天的已实现波动率，已实现波动率定义为日内高频收益的平方和；$CV_{i,t}$，$J_{i,t}$为基于已实现双幂次变差（RBV）分解的连续变差和跳跃变差，$V_{i,t}$为总成交量；$DUMMY_{i,t}$是考虑周内新信息释放对有色金属期货市场价格的影响的周内虚拟变量（Dummy Variable），本书中为周三虚拟变量；$\varepsilon_{i,t}$表示随机误差项。

2. 基于成交量分解的量价关系模型

基于成交量分解量价关系模型主要探讨预期成交量（非信息成交量）和由于新信息到达所引起的非预期成交量对价格波动的影响。从已有研究得知，外来信息会引起金融资产价格波动，这是基于一定的假设前提：投资者无法对未来的信息进行预测。可见，可预期的成交量与不可预期的成交量对价格波动的影响不同，因此有必要对成交量进行分解，从更微观的角度探讨成交量分解部分与价格波动的关系。

对铜铝期货的成交量数据取对数后进行自相关检验，可发现两种金属期货成交量序列本身都存在高度的自相关性。为消除序列的自相关性，参考 Bessembinder 和 Seguin 的研究，利用自回归移动平均模型 $ARMA(p, q)$ 对成交量序列进行回归：

$$V_{i,t} = \sum_{s=1}^{p} \alpha_{i,t} V_{i,t-s} + \sum_{j=1}^{q} \beta_{i,j} \varepsilon_{i,t-j} \qquad (7-32)$$

预期成交量为通过 $ARMA(p, q)$ 模型计算出的拟合值，记为 $EV_{i,t}$；非预期成交量为成交量剔除序列相关后的值，即回归残差的估计值，也是实际值与拟合值之差，记为 $UV_{i,t}$。$ARMA(p, q)$ 模型中滞后项的选择基于 AIC 准则和 SC 准则。将预期成交量和非预期成交量作为解释变量引入基本模型，得到：

$$RV_{i,t} = \alpha_i + \delta_i DUMMY_{i,t} + \sum_{j=1}^{12} \rho_{i,j} RV_{i,t-j} + \beta_{1i} EV_{i,t} + \beta_{2i} UV_{i,t} + \varepsilon_{i,t}$$

$$(7-33)$$

$$CV_{i,t} = \alpha_i + \delta_i DUMMY_{i,t} + \sum_{j=1}^{12} \rho_{i,j} CV_{i,t-j} + \beta_{1i} EV_{i,t} + \beta_{2i} UV_{i,t} + \varepsilon_{i,t}$$

(7-34)

$$J_{i,t} = \alpha_i + \delta_i DUMMY_{i,t} + \beta_{1i} EV_{i,t} + \beta_{2i} UV_{i,t} + \varepsilon_{i,t} \quad (7-35)$$

其中，$EV_{i,t}$、$UV_{i,t}$ 分别表示期货 i 第 t 日的预期成交量和非预期成交量。

3. 量价关系非对称性模型

本部分从已实现波动率和成交量两个角度分别探讨了中国有色金属期货市场量价关系的非对称性，即分别探讨了成交量对正负已实现半方差的不同影响以及正负成交量的不同冲击对价格波动的不同影响。

从已实现波动率的角度出发，研究价格上行和下行风险对投资者交易策略产生的影响，Barndorff 等针对已实现波动率提出上偏已实现半方差（RS_t^+）和下偏已实现半方差（RS_t^-）的概念。Chevallier 和 Sévi (2012) 将上下偏已实现半方差应用到量价关系的非对称研究中，参照其研究成果，本部分构建如下模型：

$$RM_{i,t} = \alpha_i + \delta_i DUMMY_{i,t} + \sum_{j=1}^{12} \rho_{i,j} RM_{i,t-j} + \beta_i EV_{i,t} + \gamma_i UV_{i,t} + \varepsilon_{i,t}$$

(7-36)

其中，$RM_{i,t} = \{RS_{i,t}^+, RS_{i,t}^-\}$，$RS_t^+$、$RS_t^-$ 分别表示已实现波动率的上偏已实现半方差和下偏已实现半方差，$RV_{i,t} = RS_t^+ + RS_t^-$，且有 $RS_t^+ = \sum_{i=1}^{t_i \leqslant 1} (r_{t,i} - r_{t,i-1})^2 I(r_{t,i} - r_{t,i-1} \geqslant 0)$，$RS_t^- = \sum_{i=1}^{t_i \leqslant 1} (r_{t,i} - r_{t,i-1})^2 I(r_{t,i} - r_{t,i-1} \leqslant 0)$。

从成交量的角度出发，研究正负非预期成交量对期货市场价格波动的不同冲击。在成交量分解的基础上，本部分引入正的非预期成交

量 $UV_{i,t}^+$，构建如下模型：

$$RV_{i,t} = \alpha_i + \delta_i DUMMY_{i,t} + \sum_{j=1}^{12} \rho_{i,j} RV_{i,t-j} + \beta_{1i} EV_{i,t} + \gamma_i UV_{i,t} + \beta_{2i} UV_{i,t}^+ + \varepsilon_{i,t} \qquad (7-37)$$

当非预期成交量 $UV_t > 0$ 时，$\beta_{2i} = 1$；否则 $\beta_{2i} = 0$。

为了消除模型估计结果残差本身可能存在的自相关或异方差性，本部分除跳跃波动外的实证都采用 OLS with Newey West 估计法进行参数估计，对于跳跃波动参照 Giot 等的研究采取 TOBIT 回归进行估计。

（二）实证分析

本部分以我国两种最典型的有色金属期货品种——铜期货和铝期货为例，选取上海期货交易所 3 个月到期的铜铝期货的 1 分钟收盘价高频数据为研究对象进行实证分析。样本区间选取 2010 年 7 月 1 日至 2015 年 7 月 1 日（除去节假日，共计 1214 个交易日），交易时间为上午 8：59 到 11：29 以及下午 13：30 到 15：00，每天共计 227 个时间间隔，即 M = 227。选取的样本指标为交易时间、收盘价、开盘价、成交量，数据全部来自国泰安数据库。数据处理软件为 MATLAB2013a 和 STATA14.0。以下将对样本数据选取和描述性统计及实证的结果进行分析。

1. 样本数据描述性统计

表 7-13 和表 7-14 记录了铜铝期货各指标的描述性统计量。结果显示，铜铝期货已实现波动率及其分解量序列的偏度和峰度表明价格波动具有显著的尖峰厚尾特征。除铝期货跳跃成分与非预期成交量外，各统计量滞后 12 阶均具有高强度的自相关性，并通过 ADF 的单位根检验，说明针对各变量相关性影响的建模分析具有一定统计基础。具体来看，铜铝期货连续波动成分占比均大于跳跃成分（连续波

动占比铜期货为88.5%,铝期货为70.6%),这说明已实现波动率中连续波动成分占据了主导位置,而跳跃成分的影响相对较小。

表7–13 中国铜期货各指标描述性统计分析

	平均值	标准差	偏度	峰度	Q(12)	ADF-t	样本量
RV	0.6974	0.8533	5.2383	42.198	2444.5***	-18.088***	1214
C	0.6173	0.6843	4.1569	27.668	3658.9***	-13.948***	1214
J	0.0802	0.3327	16.498	356.113	32.765***	-32.841***	1214
RS^+	0.3463	0.3962	4.1025	26.299	2660.5***	-17.298***	1214
RS^-	0.3511	0.5180	7.6943	85.953	1412.3***	-21.866***	1214
V	11.8994	0.9233	-0.5150	2.9653	2402***	-10.857***	1214
EV	11.9030	0.7619	-0.5164	2.9814	2795.5***	-10.327***	1214
UV	-0.0036	0.5234	0.2105	11.483	40.129***	-35.663***	1214

注:***代表在1%的显著性水平下显著。

表7–14 中国铝期货各指标描述性统计分析

	平均值	标准差	偏度	峰度	Q(12)	ADF-t	样本量
RV	0.3126	0.6619	12.816	234.215	240.42***	-21.703***	1214
C	0.2207	0.5133	11.679	194.185	397.25***	-19.622***	1214
J	0.0918	0.2102	16.781	347.910	8.2273	-23.000***	1214
RS^+	0.1512	0.2681	7.6117	77.4900	540.13***	-17.481***	1214
RS^-	0.1614	0.4332	17.500	410.206	84.722***	-25.015***	1214
V	9.6920	0.9446	0.5825	3.2843	3022.5***	-8.822***	1214
EV	9.6964	0.8068	0.5787	3.0517	3968.2***	-6.489***	1214
UV	-0.0044	0.4912	0.0223	4.8697	4.335	-33.430***	1214

注:***代表在1%的显著性水平下显著。

表7–15和表7–16给出了铜铝期货各统计量之间的相关系数。数据表明,铜铝期货成交量对其对应的已实现波动率及其分解量均存在不同程度的正向影响,即期货价格波动随成交量的放大而加剧。在两个期货市场中,成交量及其分解量与上偏已实现半方差的相关系数明显高于与下偏已实现半方差的相关系数,说明成交量对价格上涨的

风险更敏感。成交量及其分解量与连续波动成分的相关系数明显高于与跳跃成分的相关系数，说明连续波动成分与成交量及分解量间存在更强的相关性。

表 7-15　　　　　中国铜期货各统计量相关系数矩阵

	RV	C	J	RS$^+$	RS$^-$	V	EV	UV
RV	1							
C	0.9297	1						
J	0.6526	0.3276	1					
RS$^+$	0.9121	0.9014	0.4854	1				
RS$^-$	0.9496	0.8419	0.7037	0.7375	1			
V	0.2463	0.2807	0.0543	0.2454	0.218	1		
EV	0.1849	0.2179	0.0261	0.186	0.1623	0.8238	1	
UV	0.1653	0.1780	0.0578	0.1621	0.1483	0.5648	-0.0025	1

表 7-16　　　　　中国铝期货各统计量相关系数矩阵

	RV	C	J	RS$^+$	RS$^-$	V	EV	UV
RV	1							
C	0.9674	1						
J	0.7862	0.6042	1					
RS$^+$	0.908	0.8956	0.6719	1				
RS$^-$	0.9658	0.9237	0.7853	0.7683	1			
V	0.4418	0.4858	0.2048	0.5123	0.3578	1		
EV	0.3714	0.4154	0.1552	0.4273	0.303	0.8542	1	
UV	0.2394	0.2518	0.1389	0.2832	0.1905	0.5200	-0.0000	1

2. 实证结果及分析

在对各项指标进行描述性及相关性分析的基础上，本部分利用铜铝期货市场的相关数据对模型进行论证。考虑到篇幅有限,在此只列出各主要变量的参数估计结果,并结合有色金属期货市场现实情况进行分析。

(1) 量价关系基础模型参数估计。表7-17和表7-18给出了铜铝期货量价关系基础模型的估计结果,鉴于跳变差的量价关系模型使用的是 TOBIT 回归方法,所以其拟合优度的值无意义,故用 NA 表示。表7-17结果表明铜期货市场成交量序列对已实现波动率序列和连续波动序列都存在正向影响,且该影响在1%的显著性水平下显著。铝期货市场也存在相同的结果(见表7-18)。这说明铜铝期货的价格波动伴随成交量的放大而加剧,伴随成交量的减小而放缓,即铜铝两个期货市场中均存在"量价齐涨"和"量价齐跌"的现象。代表周内新信息释放的周三虚拟变量对铜铝期货市场的已实现波动率和连续部分影响的对应参数均显著,且系数均为负(对铜期货的 RV 和 C 系数分别为 -0.105 和 -0.0528,对铝期货的系数分别为 -0.0554 和 -0.0385),说明铜铝期货价格波动中的已实现波动率和连续波动部分受到周内效应明显的负向影响,即周内效应对铜铝期货市场的价格波动和价格连续波动存在一定的"吸收"作用;同时虚拟变量对跳跃波动影响对应的参数不显著,说明周内效应对跳跃部分无明显影响。成交量对跳变差的影响在铜铝期货市场有不同的表现,在铜期货市场上,成交量对跳变差无显著影响,而在铝期货市场则有显著的影响。两表中连续波动成分的 Adjusted R^2 均高于已实现波动率的 Adjusted R^2,说明在剔除跳跃波动后,量价基础模型的调整拟合优度有明显改善,这反映出铜铝期货量价关系受到跳跃波动所带来的噪声影响。

表7-17　中国铜期货量价关系基础模型的估计结果

Variable	RV	C	J
V	0.0967***	0.0874***	-0.0257
	(0.0249)	(0.0191)	(0.0198)
Dummy	-0.105***	-0.0528*	-0.0610
	(0.0357)	(0.0275)	(0.0468)
Adjusted R^2	0.4677	0.5969	NA

注：括号中的数值为标准差，***、**、*分别表示在1%、5%和10%的显著性水平下显著（下同）。

表7-18　中国铝期货量价关系基础模型的估计结果

Variable	RV	C	J
V	0.241***	0.188***	0.031***
	(0.0603)	(0.0461)	(0.00689)
Dummy	-0.0554**	-0.0385**	-0.0127
	(0.0232)	(0.0161)	(0.01597)
Adjusted R^2	0.2339	0.3012	NA

（2）基于成交量分解的量价关系模型参数估计。表7-19和表7-20给出铜铝期货基于成交量分解的量价关系模型估计结果。从表中看到，铜期货市场成交量序列分解得到的非预期成交量与波动率及其连续波动成分存在显著的正向影响（1%的显著性水平下），而预期成交量对应的系数不显著。铝期货市场无论是预期成交量还是非预期成交量，对已实现波动率及分解量都存在显著的正向影响（1%的显著性水平下），且非预期成交量对应系数分别大于预期成交量对应系数（对已实现波动率有0.326>0.190，对连续波动成分有0.262>0.141，对跳跃波动有0.052>0.023）。综合铜铝期货的估计结果，可推断出有色金属期货市场中非预期成交量对价格波动的影响大于预期

成交量对价格波动的影响,由于非预期成交量代表的是由新到达市场信息引起的信息成交量,预期成交量代表的是由市场发展、投资者头寸调整或者流动性需求引起的非信息成交量,这说明非信息成交量对有色金属期货市场价格波动的驱动力较小,投资者在制定投资战略时会更多地参考新到达市场的信息,这与 Bessembinder 和 Seguin 的结论是一致的。代表周内效应的 Dummy 变量对铜铝期货市场已实现波动率及连续成分影响的对应参数均显著且为负,说明铜铝期货市场受到周内效应的负向影响。此外,从 Adjusted R^2 来看,在剔除跳跃波动后,基于成交量分解的量价关系模型调整拟合优度也同样得到明显改善。

表 7-19 中国铜期货基于成交量分解的量价关系模型估计结果

Variable	RV	C	J
EV	0.0320	0.0183	-0.0403 *
	(0.0220)	(0.0156)	(0.0241)
UV	0.226 ***	0.223 ***	0.0049
	(0.0451)	(0.0362)	(0.0348)
Dummy	-0.106 ***	-0.0543 **	-0.0621
	(0.0353)	(0.0268)	(0.0468)
Adjusted R^2	0.4771	0.6129	NA

表 7-20 中国铝期货基于成交量分解的量价关系模型估计结果

Variable	RV	C	J
EV	0.190 ***	0.141 ***	0.023 ***
	(0.0697)	(0.0527)	(0.0081)
UV	0.326 ***	0.262 ***	0.052 ***
	(0.0655)	(0.0500)	(0.0131)
Dummy	-0.0553 **	-0.0385 **	-0.0126
	(0.0235)	(0.0164)	(0.01596)
Adjusted R^2	0.2400	0.3092	NA

（3）量价关系非对称模型参数估计。量价关系非对称性模型主要表现在已实现波动率的非对称性和基于成交量的非对称性上。主要研究的成交量分解量对正负价格波动影响的不同，以及正负非预期成交量对波动率的影响的不同，估计结果如表7-21和表7-22所示。

表7-21　　中国铜期货的量价关系非对称模型估计结果

Variable	RS+	RS-	RV
EV	0.0162 (0.0113)	0.0253* (0.0144)	0.0419* (0.0237)
UV	0.112*** (0.0211)	0.119*** (0.0270)	0.124*** (0.0388)
UV+			0.203* (0.114)
Dummy	-0.0328 (0.0206)	-0.0660*** (0.0222)	-0.105*** (0.0355)
Adjusted R^2	0.4868	0.3533	0.4792

表7-22　　中国铝期货的量价关系非对称模型估计结果

Variable	RS+	RS-	RV
EV	0.0617*** (0.0166)	0.130*** (0.0456)	0.185*** (0.0675)
UV	0.156*** (0.0294)	0.170*** (0.0379)	0.0176 (0.0310)
UV+			0.593*** (0.145)
Dummy	-0.0210** (0.00966)	-0.0330** (0.0162)	-0.0498** (0.0232)
Adjusted R^2	0.3770	0.1435	0.2608

首先，从已实现波动率的非对称性来看。如表7-21所示，铜期

货市场的预期成交量对其上偏已实现半方差不存在显著影响，对下偏已实现半方差存在明显正向影响（在10%的显著性水平下）；非预期成交量对其上下偏已实现半方差均存在显著正向影响（在1%的显著性水平下），但对其下偏已实现半方差影响的对应系数（0.119）约大于对其上偏已实现半方差影响的对应系数（0.112）。而铝期货市场上预期成交量和非预期成交量都对上下偏已实现半方差存在显著的正向影响（在1%的显著性水平下），同样对其下偏已实现半方差影响的对应系数均大于对其上偏已实现半方差影响的对应系数（预期成交量下有0.130 > 0.0617；非预期成交量下有0.170 > 0.156）。结合铜铝市场的估计结果，可推断出在我国有色金属期货市场中，成交量分解量对下偏已实现半方差的影响要大于对上偏已实现半方差的影响。这说明当市场上价格波动为负的时候，成交量变动引起的价格波动幅度更大。但综观表7-21和表7-22所对应的 Adjusted R^2，上偏已实现半方差量价关系模型的调整拟合优度明显大于下偏已实现半方差量价关系模型（对铜期货有 0.4868 > 0.3533，对铝期货有 0.3370 > 0.1435），这说明成交量分解量对上偏已实现半方差有更强的解释能力，也间接说明上偏已实现半方差比下偏已实现半方差包含更多的量价关系信息。这一点与 Potton 和 Sheppard 得出的研究结论相反。

其次，从成交量的非对称性来看。由于前文已明确非预期成交量对期货市场价格波动有更大影响，因此，在此选取非预期成交量进行正负冲击检验，将虚拟变量 β_{2i} 引入参数估计。当非预期成交量为正的冲击时，$\beta_{2i}=1$，否则 $\beta_{2i}=0$。从表7-21中可看到，正向非预期成交量对应的虚拟变量系数在铜期货市场中显著为正（在10%的显著性水平下），且明显大于非预期成交量和预期成交量的对应系数（0.203 > 0.124 > 0.0419）。在铝期货市场中，同样有正向非预期成交量对应的虚拟变量系数显著为正（在1%的显著性水平下），且远远大于预期成交量的对应系数（0.593 > 0.185）（见表 7 - 22）。综合铜铝期货的估计结果，可推断出在我国有色金属期货市场上，正的成交量冲击对价格波动的影响大于负的成交量冲击对价格波动的影响。这说明我国期货投资者在制定交易决策时，成交量放大的信息比成交量萎缩的信息影响更大，即投资者对"利好"消息的敏感程度高于对"利空"消息的敏感程度，从侧面反映出我国的有色金属期货投资者在进行交易时投机性较强。

（三）稳健性检验

该部分我们采用其他方法验证上述量价关系结果的稳健性，如针对已实现双幂次变差（RBV）不同的跳检验门槛（如在5%和0.1%显著性水平下），采用更稳健的跳检验估计量 MedRV 代替 RBV，针对 MedRV 的不同的跳检验门槛等，限于篇幅所限，本部分仅给出采用更稳健的跳检验估计量 MedRV 的估计结果。

当采样频率不趋于无穷（实证检验中通常遇见的情况），价格波动往往会出现上偏，这是因为波动率具有波动聚集的特征，一个很大的波动后面一般不会跟一个很小的波动。为了减小上述实证结果中可能出现的条件异方差，本部分参考 Andersen 等的研究思路，以新的估计量 MedRV 作为度量跳跃波动稳健估计量的指标代替 RV，重新进行估计。其中：

$$MedRV_{i,t} = \frac{\pi}{6 - 4\sqrt{3} + \pi}\left(\frac{N}{N-2}\right)\sum_{j=2}^{N-1} med(|r_{i,j-1}|,|r_{i,j}|,|r_{i,j+1}|)^2$$

$$(7-38)$$

相应的，Z_t 统计量中 $RTO_{i,t}$ 也将由 $MedRTO_{i,t}$ 来替代，即：

$$MedRTQ_{i,t} = \frac{3\pi N}{9\pi + 72 - 52\sqrt{3}}\left(\frac{N}{N-2}\right)$$

$$\sum_{j=2}^{N-1} med(\mid r_{i,j-1}\mid, \mid r_{i,j}\mid, \mid r_{i,j+1}\mid)^2 \qquad (7-39)$$

当 $MedRTO_{i,t}$ 统计量显著时,跳跃波动可用如下公式表示:

$$J_{t+1}^{MedRV}(\Delta) = \max[RV_{t+1}(\Delta) - MedRV_{t+1}(\Delta), 0] \qquad (7-40)$$

有了跳跃波动,连续波动部分就很容易通过已实现波动率与跳跃部分的差来表示。基于 $J_{t+1}^{MedRV}(\Delta)$ 重新进行估计,表 7-23 和表 7-24 给出了新的估计结果。从估计结果来看,虽然与从定量分析的角度有些许差异,但定性的结果分析与之前使用已实现双幂次变差(RBV)得到的结果分析是一致的,因此验证了量价关系结果的稳健性。对其他两种稳健性检验方法如针对已实现双幂次变差(RBV)不同的跳检验门槛和针对 MedRV 的不同的跳检验门槛等同样可以得出相似的结论,从而再一次验证了我们结果的稳健性。

表 7-23　　中国铜期货稳健性检验的估计结果(MedRV)

Variable	C	J	C	J
V	0.0897 *** (0.0228)	0.0392 (0.0273)		
EV			0.0298 (0.0202)	0.0132 (0.0327)
UV			0.209 *** (0.0436)	0.0971 ** (0.0487)
Dummy	-0.0541 (0.0347)	-0.179 *** (0.0688)	-0.0553 (0.0344)	-0.182 *** (0.0690)
Adjusted R^2	0.4845	NA	0.4943	NA

注:MedRV 仅仅用于对已实现波动率分解为连续部分和跳跃部分,故稳健性检验中只涉及连续变差和跳变差。

表 7-24　中国铝期货稳健性检验的估计结果（MedRV）

Variable	C	J	C	J
V	0.240*** (0.0586)	0.00504 (0.00958)		
EV			0.197*** (0.0690)	0.00997 (0.0113)
UV			0.310*** (0.0603)	-0.00781 (0.0186)
Dummy	-0.0519** (0.0215)	0.00429 (0.0229)	-0.0518** (0.0218)	0.00410 (0.0229)
Adjuste R^2	0.2114	NA	0.2159	NA

（四）研究结论

本部分以铜和铝两种期货作为研究对象，基于1分钟高频数据对我国有色金属期货市场的价格波动率与成交量的关系进行了研究。基于实证分析，得出以下结论：

第一，有色金属期货的价格波动率与成交量之间存在明显的正相关关系，即有色金属期货市场存在"量价齐涨"和"量价齐跌"的现象。第二，有色金属期货价格波动率中不同波动成分受到的成交量影响程度也不同。第三，成交量可作为市场信息的代替指标，但不同的成交量指标对于市场价格波动的影响也不相同。第四，成交量的变化对有色金属期货市场价格波动的冲击是不对称的。

第四节　促进国家金属期货市场发展的战略

一　加快发展我国金属期货市场的战略取向

我们要从我国长远发展的战略高度和国民经济健康稳定发展的角

度重新审视我国期货市场的战略地位。目前我国期货市场正处在由量的扩张向质的提升的进程中，期货市场应积极承担历史责任，充分发挥自身优势，为我国经济的腾飞贡献力量。

(一) 科学利用期货市场特殊地位，为国家和平崛起战略服务

近年来，在全球经济一体化的背景下，和平、稳定、快速发展还将成为未来相当一段时期内我国经济发展的主题。全球经济一体化是保障我国经济发展极为主要的外部条件和环境，在过去相当一段时期，我国是全球经济一体化的最大最直接的受益者。但在当前，贸易保护主义抬头，贸易冲突不断升级，尤其是在大宗原料资源领域极为突出。在这种环境中，期货市场作用的全球化特性凸显。它超越政治、超越信仰、超越国界、超越纠纷、超越壁垒、超越习惯，同时保持全球范围的权威性与有效流动性，使各利益主体都能够接受并遵守一个信用贸易模式，这对于我国实施大国和平崛起方针具有重要的战略意义。我们应该充分发展完善我国期货市场体系，按照国际惯例与我国特色，将其做大做强，使之既能保持国际化，又具有我国特色。通过强大自己，融入全球期货市场体系，建立增量经济话语权，实现我国大国和平发展与崛起的战略目标。

(二) 超常规发展我国期货市场，在国际竞争中占领制高点

我国期货市场经过 20 多年的发展，已经比较成熟，在尊重国际惯例的基础上，也十分注重中国特色。尤其是在针对我国投资者、机构以及实体企业上，我国期货市场无论从市场结构、合约设计、规则制定、交割体系、市场监管等方面都注重迎合中国投资者的特点与习惯。具备较大的优势地位，积累了丰富的发展经验。这就使我国期货市场本身具有建立话语权的优势与站在制高点上。问题的核心在于如何加快国际化的步伐，融入国际市场体系。因此，尽快选择我国期货

市场优势品种开展国际化试点十分重要，也是当务之急。在这种选择中，要充分考虑该品种相对应的产业的成熟度与运用期货工具的水平。尤其是其中具有龙头企业地位的群体企业的竞争力。期货市场的走出去实际上就是实体企业与行业同期货市场一同捆绑走出去。

（三）有效运用期货市场的独特功能，为国民经济持续稳定快速发展保驾护航

随着中国的发展与强大，我国对外资源依存度越来越高。而国外势力对中国走出去的做法十分警觉，处处设置障碍。因此，从资源长期保障的角度，我国经济发展面临两大难题：一是能不能拿到资源，二是能否以合理价格拿到资源。在解决上述难题过程中，充分发挥期货市场的作用是最佳途径。我们可以运用期货市场在两个层面获取资源。

一是通过企业的海外并购获取长期稳定的资源，既能满足国家对资源的需求，又能获取利润。在并购过程中，科学地运用期货市场价格趋势工具进行海外并购是最有效的方式之一。

二是通过运用期货市场的手段增加国家和企业的战略储备，保障国家的经济安全与战略发展。实际上，我国在经济发展早期，已有通过期货市场成功获取海外资源的案例。如20世纪60年代初，我国通过境外期货市场获取大量基本金属满足战略储备的需要，以及20世纪70年代后运用期货市场大量采购贵金属满足国家储备需要。这些储备都在我国经济与金融的长期稳定中发挥了重要作用。

（四）充分发挥期货市场的"排头兵"作用，推动我国资本市场走向国际化

我国证券市场和期货市场发展20多年，克服了很多国外资本市场所没有的困难与障碍，发展速度很快，取得了很大的成就，也积累

了丰富的经验。但在国际化的进程中,还有相当长的路要走,在这方面我们的经验还不多。当然,这期间存在内在的条件和外部的环境,如货币条件等。但我国经济发展到现阶段,特别是在经历了国际金融风暴以后,我们正面临着前所未有的挑战与机遇,这都要求我们要加快国际化步伐,以满足我国政治经济发展的需要。在我国资本市场结构中,大宗商品期货市场处于非常特殊的位置。无论从内在与外在条件上,我国大宗商品期货市场都站在了走向国际化的"排头兵"。应该充分认识到这一优势,发挥这一优势,积极选择部分优势品种推向国际,争取尽快摸索国际化发展经验,带动我国期货市场乃至资本市场的整体国际化步伐。

二 进一步完善金属期货市场的措施

虽然我国金属期货市场在逐步发展完善,但与国外同行相比,还有很大差距。如何促进金属期货市场继续健康快速发展,是我们研究的重点。

(一)完善金属期货品种结构

目前,我国金属期货市场的铜、铝、锌三个品种各具特色,满足新常态下国民经济与实体产业的快速发展需要,在国际金属期货市场上的地位逐渐提高。随着铅期货在上期所发行,我国的金属期货市场已经具备了较为齐全的金属期货品种,对提升整个产业的定价效率有着十分重要的作用。同时,交易所加强了对锡、镍的研究,并陆续推出了锡、镍两种品种。对金属指数期货的研究工作也持续推进,金属指数期货的推出不仅能够反映国民经济和金属产业的发展趋势,更能够方便非上市小品种企业利用金属指数期货套期保值管理风险。

(二)延伸交割体系,优化全球资源配置能力

由于自身的资源短缺,难以满足中国经济发展对大宗商品资源日益增长的需求，这就要求我国必须在全球市场上合理配置资源。在这种资源配置中，交割体系建设至关重要。

交割系统在我国期货市场中发挥了至关重要的作用，目前我国仍需要在交割体系的建设上下一番功夫。上期所已开展保税交割试点。在此基础上，境外保税交割仓库也需要尽快建立起来。只有这样才能提升上期所金属商品的物流辐射半径。同时，加快交割仓库发展的最佳途径是充分利用资本市场，鼓励交割仓库上市，扩大规模和影响力。

（三）加强对品牌注册的无形资产评估，提高企业的品牌效应

上期所注册品牌战略的成功实施成就了大量优质交割品牌，这些品牌的产品质量过硬、流动性较强，是企业一项巨大的无形资产。交易所应加强对国内注册品牌的无形资产评估，进一步深化交割体系建设和服务内涵。对国内企业注册品牌的无形资产评估能够进一步提升企业的品牌意识，强化品牌建设，进而提升我国境内品牌的国际竞争力。无形资产的评估应该做到客观、公正，利用交易所权威平台定期向社会公布评估结果。

（四）以风险管理理念为基础，形成有色金属行业多元化的风险管理文化

如今，有色金属行业龙头企业通过学习与借鉴国际上先进的管理经验，已经形成了较为成熟的风险管理理念。在有色金属企业中，风险管理绝不仅仅是经理层和风险管理部门的事情，而是渗透于整个企业经营管理的各个环节，与每一个人息息相关，关系到企业生存和发展的重大事情。同样使用期货工具，不同行业参与套期保值的程度参差不齐，企业的感受更是千差万别，就其根本原因就是风险管理文化的认识和接受程度的差异。

（五）充分发挥交易所注册品牌导向作用，促进国家产业政策实施

近年来，金属产业得以平稳快速的方式完成产品与产业升级。企业得以不断地提高产品品质，不断地在选用新装备、新工艺的基础上扩展规模，提高了产业集中度，在全球范围内树立了品牌，这与多年来有色金属企业成功运用上期所的交割品牌制度息息相关。

上期所的品牌注册是按照企业产品质量划分的，并设置了品质升贴水，同时对产品、产能、产量有规模要求。这就为企业改进产品质量、提高产业集中度提供了激励，企业也可运用品牌效应提高利润和市场占有率，开展并购，扩展规模。上期所积极发挥交割体系的导向作用，与国家产业政策保持一致对金属产业的结构调整和升级起到了良好的促进作用。上期所注册品牌政策与时俱进。在期货市场成立初期，有色金属企业生产水平落后，与国外大型企业存在不小差距，因此上期所并未将交割质量标准设定在较高的水平，这符合当时企业的发展实际。

（六）实体行业协会与交易所密切合作，共同推进实体行业发展

为了推动实体企业的发展，多年来，有色金属行业协会与期货市场开展了各种各样的交流与合作，从期货知识普及专业人才培训，从行业论坛、专题座谈会到专题培训和调查研究，从现有品种的制度优化到新产品上市，从产业发展政策的意见到期货市场的跟进服务，形成了积极互动的良好局面。有色金属行业发展经验表明在实体行业的发展过程中，期货交易所、行业协会、市场主体缺一不可。

第八章　产业链视角下有色金属价格波动对我国宏观经济的影响

有色金属是国民经济建设的重要物质基础,我国作为世界第二大经济体,至 2016 年已经连续 14 年稳居世界生产和消费量第一位。作为有色金属生产和消费大国自然希望价格保持稳定,而现实却是由于有色金属资源有限、需求变化快,特别是近年来随着大宗商品金融化趋势日益明显,金融化进程中的投机行为与价格操纵导致有色金属供需扭曲,有色金属价格暴涨暴跌成为国际有色金属市场的新现象。另外,我国长期实行充分利用"国内国外两种资源、两个市场"的战略举措,虽然在一定程度上缓解了中国有色金属资源供给短缺"瓶颈",但导致主要有色金属对外依存度居高不下。从进口来看,2015 年铝土矿对外依存度为 45%,铜矿和镍矿分别高达 73% 和 86%。在高依存度下,由于有色金属资源市场的国际化,在价格传导机制的作用下,有色金属价格的波动将直接影响我国以有色金属为主要原材料的相关产业的成本,导致我国有色金属国际贸易长期面临"一买就涨"的窘境。铜、铝等我国主要有色金属价格在震荡中攀升,国际铜价格从 2001 年的 1599 美元/吨上涨到 2011 年的 8840 美元/吨,虽然从 2012

年开始一路下行，下降到 2015 年的 5500 美元/吨，但从 2016 年开始又开始回升。近 10 年来，中国铁矿石、铜和铝资源进口累计损失达 3000 亿—3500 亿美元，有色金属资源定价权的长期缺失给我国资源安全和经济平稳增长带来严重的负面影响。由于有色金属资源市场的国际化，在价格传导机制的作用下，国际有色金属价格的波动将直接影响我国以有色金属为主要原材料的相关产业的成本，然而，这种影响并非均匀地作用于工业体系中的各个部门，而是通过具有内在联系的产业链逐步传导到其他部门，并最终影响总产出和总体价格水平等宏观经济指标。因此，在此背景下，深入分析有色金属价格波动导致的定价权缺失对我国宏观经济的影响，特别是从产业链角度厘清有色金属价格波动与宏观经济变量之间的内在关联和传导路径，对于在经济新常态下有效规避价格输入性风险，调整优化产业结构，有针对性地争取国际有色金属定价权，进而保障我国经济平稳增长与经济安全具有重要的现实意义。

第一节 产业链视角下有色金属价格波动对我国宏观经济的影响机理分析

一 有色金属产业链的界定

产业链是价格传导的基础，价格传递是通过产业链完成的，国际有色金属价格冲击通过具有内在联系的产业链逐步传导到其他部门，并最终影响总产出和总体价格水平等宏观经济指标。

首先以铜和铝为例，来分析典型有色金属的产业链，图 8-1 显示了以铜为例的产业链示意图，铜产业链分别包括上游的铜矿开采行业、中游的铜加工行业和下游的电气、轻工、机械制造、建筑和交通

第八章 产业链视角下有色金属价格波动对我国宏观经济的影响

运输等领域。

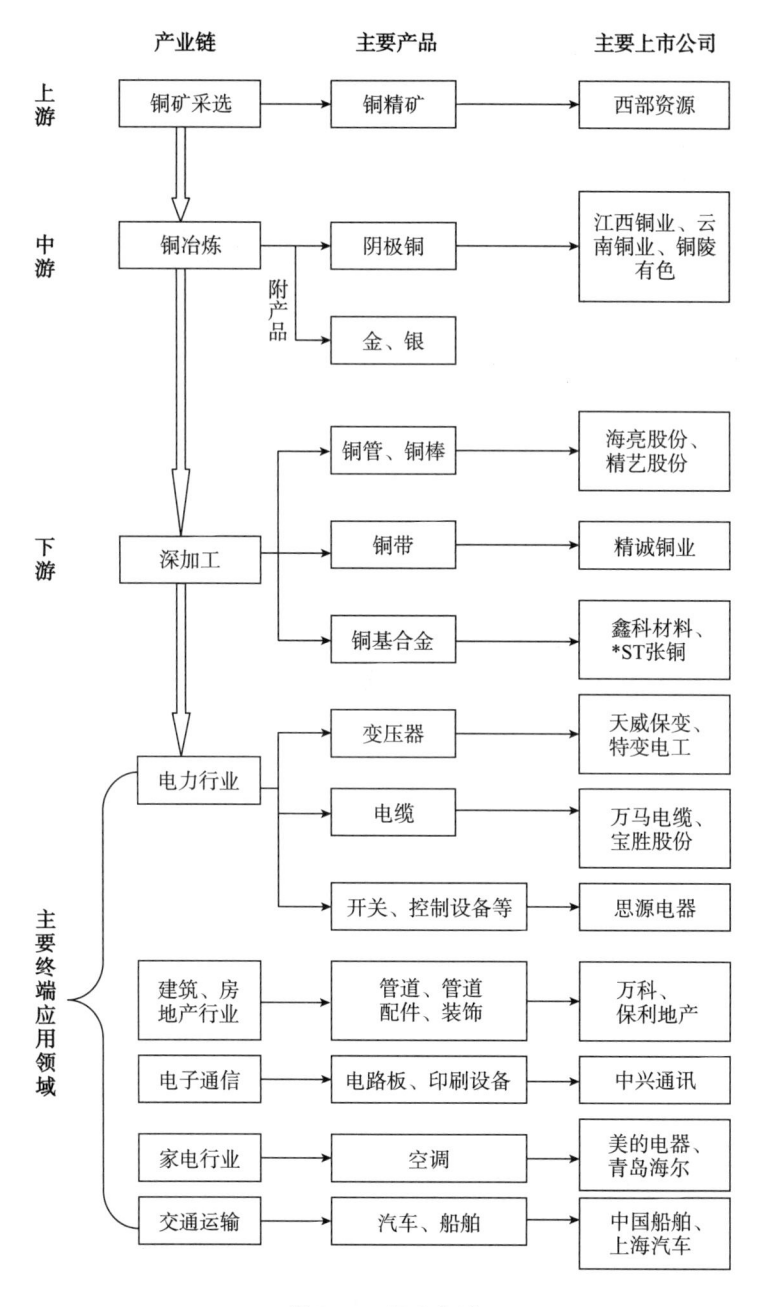

产业链	主要产品	主要上市公司
上游 铜矿采选	铜精矿	西部资源
中游 铜冶炼	阴极铜	江西铜业、云南铜业、铜陵有色
	附产品 金、银	
下游 深加工	铜管、铜棒	海亮股份、精艺股份
	铜带	精诚铜业
	铜基合金	鑫科材料、*ST张铜
主要终端应用领域 电力行业	变压器	天威保变、特变电工
	电缆	万马电缆、宝胜股份
	开关、控制设备等	思源电器
建筑、房地产行业	管道、管道配件、装饰	万科、保利地产
电子通信	电路板、印刷设备	中兴通讯
家电行业	空调	美的电器、青岛海尔
交通运输	汽车、船舶	中国船舶、上海汽车

图 8-1 铜产业链

图 8-2 显示了以铝为例的产业链示意图，铝产业链的突出特点是上游行业铝土矿进口依存度高，中游氧化铝存在严重产能过剩，而下游行业主要集中在建筑、汽车、电子、包装等行业。

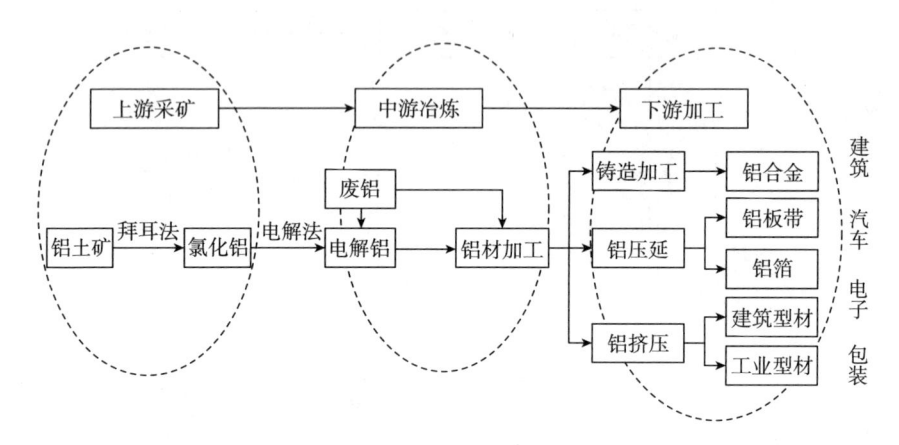

图 8-2 铝产业链

通过分析典型有色金属的产业链，图 8-3 显示了以有色金属原材料投入为起点的工业系统完整的有色金属产业链，根据不同行业所在的位置，分为三类：

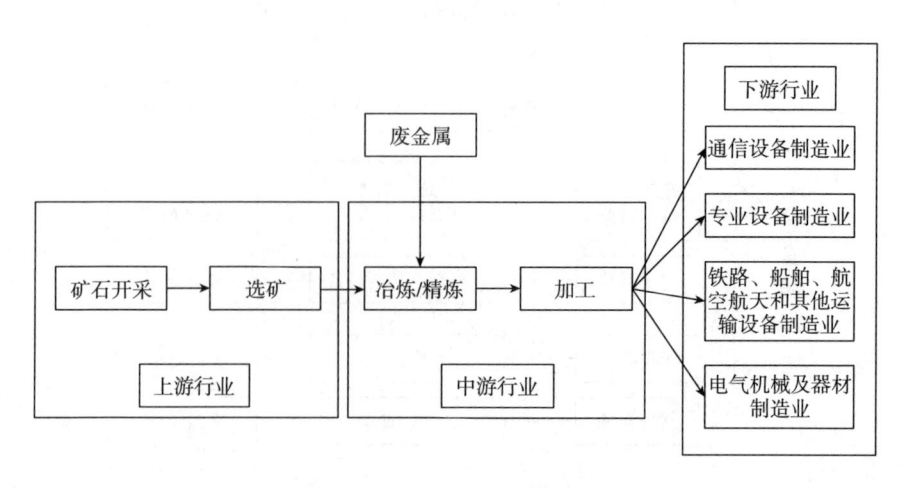

图 8-3 有色金属产业链

第八章 产业链视角下有色金属价格波动对我国宏观经济的影响

上游产业：主要是开采行业，提供资源品，包括黑色金属矿采选业、有色金属矿采选业等；

中游产业：主要是冶炼加工行业，提供中间品，包括黑色金属冶炼及压延加工业、有色金属冶炼及压延加工业等；

下游产业：主要是金属终端消费行业，生产终端消费品，包括通用设备制造业、专用设备制造业、铁路、船舶、航空航天和其他运输设备制造业、电气机械及器材制造业等。

二 有色金属价格波动对我国宏观经济的传导机制

有色金属资源作为重要的工业基础原材料，其价格波动会对我国宏观经济产生直接和间接效应。如图 8-4 所示。

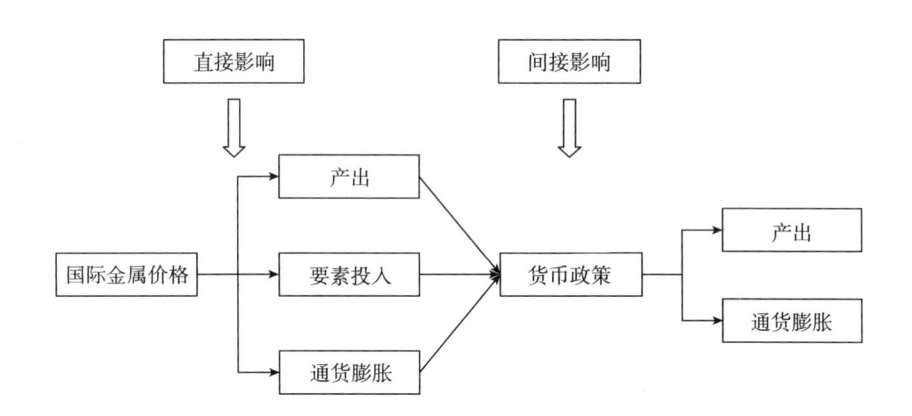

图 8-4 国际有色金属价格冲击的双重效应

（一）有色金属价格冲击的直接影响

有色金属价格冲击会提高很多行业的生产成本，从而通过成本效应造成产出下降和价格上升，这是直接影响。

对于产出的影响，主要是通过三条路径实现的。

首先是投资途径，有色金属原材料价格的上涨，通过成本效应提高了下游行业的成本，压缩了行业利润，资本逐利的空间缩小，导致投资下降、产出下降；其次是消费途径，有色金属原材料价格的上涨会导致我国进口成本增加，导致实际购买力下降，从而抑制需求，造成产出下降；最后是出口途径，高有色金属价格通过成本效应提升了出口产品的成本，从而在国际竞争中不具价格优势，造成出口萎靡，并导致产出下降。

对于通货膨胀的影响，国际有色金属价格的输入型通货膨胀主要通过三种传递方式（朱学红等，2016）（如图 8-5 所示）。

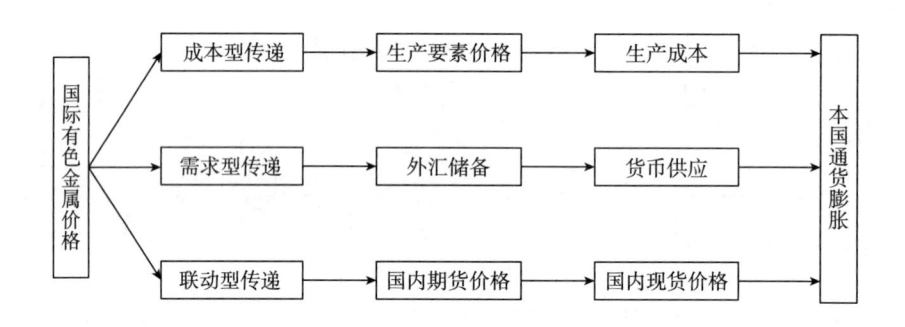

图 8-5　国际有色金属价格冲击对我国通货膨胀的传导机制

一是通过成本型传递，一方面国际有色金属价格上涨直接使有色金属进口价格提高；另一方面，有色金属价格的上涨推动了国内流通环节的生产资料价格上涨，这两方面的作用引起企业生产成本的提高，为了维持原有利润或者获得更大的利润，企业将提高产成品的价格，致使工业品出厂价格升高，从而影响了居民的消费价格。

二是通过需求型传递，当国际有色金属价格上涨时，就会造成国内有色金属的需求增加，使本国的有色金属贸易出现顺差，外汇储备顺应增加，增加了人民币升值的压力。为了稳定人民币汇率，央行增发人民币，造成流动性过剩，从而导致需求拉动通货膨胀。

三是通过联动型传递，随着世界期货市场的不断完善，国际有色金属期货价格的上涨，也会带动国内有色金属期货价格的上涨，由于市场间的联动性，国内有色金属期货价格的上涨带动有色金属现货价格的提高，从而影响着国内总体物价水平。

（二）有色金属价格冲击的间接影响

在直接效应的基础上，产出下降与价格上涨会促使央行货币政策进行有针对性应对，从而带来产出和价格水平的第二轮变化，这是间接影响（张斌和徐建炜，2010；姚小剑和扈文秀，2016）。按照 Segal（2007）、唐运舒和焦建玲（2012）的总结，有色金属价格波动通过货币政策产生的间接效应主要表现为两个方面：第一，有色金属价格上涨导致物价水平上升，真实货币余额减少，致使真实利率提高，进而对产出造成负面冲击。第二，为了遏制通货膨胀而采取的紧缩货币政策又进一步放大了有色金属价格上涨对产出的冲击。

三　嵌入产业链的有色金属价格波动对我国宏观经济的传导机制

有色金属价格冲击传导到宏观经济，主要是通过产业链完成的，在国际有色金属价格冲击下，会表现为生产成本上升，进而产出品价格上涨。理论上，这种成本冲击会沿着产业链从上游向下游逐渐传导，并在传导过程中不断衰减。然而，我国市场上的价格管制等，都使价格调整非常黏滞，并且产业链不同环节的行业具有不同的传导时滞，因此对有色金属产业链不同环节的传导效应也会具有差异性。

如前所述，国际有色金属价格通过产业链传导引起 PPI 上升，并最终引起 CPI 上涨，而 CPI 上涨又会反作用于工资、利率，进一步导致全国性的通货膨胀；与此同时，通过投资、消费、出口三条渠道引起产出下降，而为抑制通货膨胀，政府往往会采取紧缩性的货币政策，从而抑制产出。虽然央行为缓解经济衰退，在短期内会采取宽松的货币政策以稳定产出，但从长期看，为抑制通货膨胀，往往提高利率，从而不可避免对宏观经济造成负面影响。整个过程如图 8-6 所示。

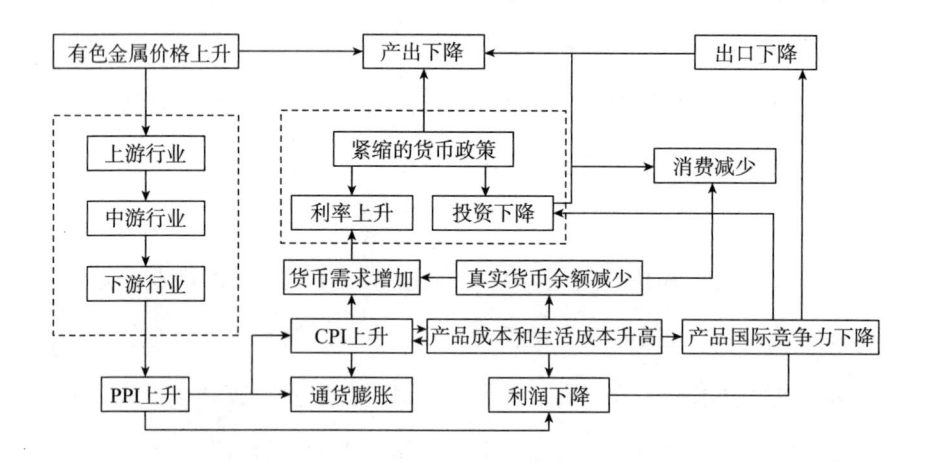

图 8-6　嵌入产业链的有色金属价格波动对我国宏观经济的传导机制

第二节　产业链视角下有色金属价格波动对我国宏观经济影响的实证分析

国际有色金属价格波动对中国宏观经济造成的影响，可以客观、真实地反映有色金属定价权缺失对中国经济造成的危害。因此，本节将从产业链角度，采用 SVAR 模型，定量研究国际有色金属价格波动导致的定价权缺失对中国经济的影响，从现有文献来看，国内外学者主要从宏观经济与行业层面研究大宗商品价格冲击的传导效应。在宏观经济层面，主要关注对一国经济增长和通货膨胀等方面的影响。如

第八章　产业链视角下有色金属价格波动对我国宏观经济的影响

Hamilton（1983）采用向量自回归模型（VAR）考察了国际石油价格与美国 GNP 的关系，发现国际油价冲击对经济增长具有负向影响；Cunado 和 Gracia（2003）以 14 个欧洲国家为研究对象，考察了油价冲击对工业产量与 CPI 的影响；吴振信等（2011）、李治国和郭景刚（2013）、Zhao 等（2014）、Wei 和 Guo（2016）、陈文等（2017）则研究了石油价格冲击对我国宏观经济的影响；丁志华等（2013）鉴于煤炭在我国一次能源生产和消费结构中的主导地位，研究煤炭价格波动对我国 GDP 的影响，发现煤炭价格波动对我国 GDP 具有较为明显的短期负向效力和长期正向冲击效力；李文博等（2015）也发现与煤炭价格上涨相比，煤炭价格下跌对中国经济增长的影响更为显著。也有学者将大宗商品价格冲击分解为供给冲击、需求冲击以及特定需求冲击，从不同来源研究其对宏观经济的影响，如 Kilian（2009）发现，相对需求冲击，供给冲击引起的油价上涨对美国 GDP 和通货膨胀的影响要小；侯乃堃和齐中英（2009）发现供给冲击和预防性需求冲击引起的油价上涨对我国经济增长具有负向影响，经济需求冲击则具有拉动作用；孙薇和齐中英（2011）发现，我国 2000—2008 年进口价格波动主要是油价冲击和国内经济需求冲击共同作用的结果；Cashin 等（2014）发现供给驱动的油价冲击与需求驱动的油价冲击对宏观经济影响不同，并且在石油出口国与进口国也表现出差异性；Cunado 等（2015）则发现石油供给冲击对日本、韩国、印度以及印度尼西亚亚洲四个主要石油消费国家 GDP 的影响较小，而需求冲击则对四国经济都具有正向影响；Sotoudeh 和 Andrew（2016）发现，全球经济活动带来的油价上涨对澳大利亚货物出口有显著影响，并且影响持续时间超过一年。

由于各行业产业结构、生产技术和消费习惯等存在差异，很多学者发现大宗商品价格冲击具有行业差异性,因此,近年来不少学者从细分行业角度来展开相关研究,如 Lee 和 Ni (2002) 的研究表明,油价上涨对部分行业的产出价格具有推动作用,而对另一些行业则具有抑制作用; Jiménez–Rodríguez (2008) 以法国、德国等六个 OECD 国家为例,发现油价冲击的影响同样存在行业差异性;刘建和蒋殿春 (2010) 发现国际原油价格波动对生产资料价格以及石化行业等高耗能行业具有重要影响;金洪飞和金荦 (2010) 发现国际石油价格与中国石油和天然气行业的股票收益率存在显著正相关,对汽车和零件行业等七个行业的股票收益率则具有显著的抑制作用;钱浩祺等 (2014) 发现,上游产业受油价冲击的影响主要表现为成本效应,下游产业则主要受需求冲击影响;谭小芬等 (2015) 系统考察结构性油价冲击对中国工业部门的影响,发现工业行业对不同结构性油价冲击的反应具有差异性,同时不同工业行业对同一种油价冲击的反应也是不同的;Tsai (2015) 发现,在后国际金融危机时代,能源密集度低的制造业股票回报率对油价冲击的反应比能源密集度高的行业要小;苏桂芳等 (2015) 采用 GVAR 模型分析外部资源价格冲击对工业部门价格和产出波动的短期效应,发现原油价格冲击的影响集中在能源、化工和基础原材料部门,而国际工业原材料价格冲击对冶金和国民经济的重点产业影响较大。

从国内外研究动态来看,首先,受限于我国经济对能源资源(煤炭、石油)的高度依赖性,现有研究主要关注煤炭、石油等国际大宗商品价格波动对我国宏观经济的影响,但对于国际大宗商品的有色金属与宏观经济之间的关系鲜有研究,与有色金属重要性的地位不匹配。其次,现有研究侧重大宗商品价格波动对宏观经济与细分行业的冲击,但并没有结合具体的大宗商品产业链进行分析,对于大宗商品价格冲击对产业链各个环节影响程度的差异、传递机制等问题还有待进一步回答。最后，现有研究主要集中在对经济增长或通货膨胀的直接效应，对大宗商品价格波动通过货币政策等所产生的间接效应未加以考虑，因而缺乏对影响效应的全面考察和动态分析。因此，本节主要从产业链的新视角进行探索，选取有色金属这一大宗商品组别为研究对象，选择代表性工业行业以构建反映有色金属产业链内在联系的 SVAR 模型，通过分析国际有色金属价格冲击对我国有色金属产业链各个环节产出与价格的直接效应与间接效应，以建立国际有色金属价格冲击与我国产出、物价等主要宏观经济变量的内在关联框架，并进一步将有色金属价格波动的结构性冲击分解为供给冲击、经济需求冲击和预防性需求冲击，分析不同来源的国际有色金属价格冲击对我国有色金属产业链影响，还结合 2011 年下半年以来的国际有色金属价格下行趋势，对比分析对我国经济影响的差异性，以从产业链的角度，提出规避有色金属价格冲击不利影响、提升有色金属国际定价权的对策。

一 产业链视角下国际有色金属价格冲击的宏观经济效应研究

本小节主要从产业链的新视角进行探索，选取有色金属这一大宗商品组别为研究对象，选择中国八个工业行业以构建反映有色金属产业链内在联系的 SVAR 模型，试图建立国际有色金属价格冲击对我国有色金属产业链影响的研究框架，分析国际有色金属价格冲击对我国有色金属产业链各个环节产出与价格的影响，以厘清国际有色金属价格冲击与产出、价格等主要宏观经济变量的内在关联，并比较分析国际有色金属价格冲击的直接效应与间接效应。

（一）SVAR 模型的构建及估计

Sims 和 Bernanke（1986）对 VAR 模型进行改进，提出了包含变量当期影响的结构向量自回归模型（SVAR），它基于 VAR 模型的基础之上，VAR 模型的公式为：

$$y_t = \varphi_1 y_{t-1} + \cdots + \varphi_p y_{t-p} + e_t \qquad (8-1)$$

其中，y_t 为内生向量，p 为滞后阶数，e_t 为扰动项，φ_1，$\cdots$，φ_p 是需要估计的参数矩阵。

通过考察国际有色金属价格冲击对我国有色金属行业产业链不同环节产出与价格的直接影响与间接影响，来探讨国际有色金属价格冲击对我国主要宏观经济变量产出、物价、利率的影响，因此，本小节建立一个包含国际有色金属价格、产出、PPI 以及利率四个内生变量的 SVAR 的模型。上述四个变量组成的 SVAR 模型如下：

$$A y_t = \varphi_1 y_{t-1} + \cdots + \varphi_p y_{t-p} + \varepsilon_t \qquad (8-2)$$

其中，$y_t = (METAL, IAV, PPI, IR)$，METAL 是国际有色金属价格，IAV 是我国工业增加值同比增速，PPI 是工业出厂品价格指数，IR 为利率，ε_t 为白噪声向量，A 为内生变量之间的同期关系矩阵，SVAR 模型的首要任务就是要识别同期关系矩阵 A，将式(8-1)两边同时左乘 A，有：

$$A y_t = A \varphi_1 y_{t-1} + \cdots + A \varphi_p y_{t-p} + A e_t \qquad (8-3)$$

比较式（8-3）与式（8-2），得：

$$A e_t = \varepsilon_t \qquad (8-4)$$

将 ε_t 标准正交化为 $\varepsilon_t = B u_t$，则 SVAR 的估计模型可写为：

$$A e_t = B u_t \qquad (8-5)$$

式（8-5）称为 AB-型 SVAR 模型，其中，$E(u_t u'_t) = I$，u_t 是结构性冲击向量，为确保模型能够有效识别，一个关键步骤是对矩阵 A 设置约束条件，对于 AB-型 SVAR 模型而言，假设其具有 k 个内生解释变量，一般需对矩阵 A 设置 $k(k-1)/2$ 个约束条件才能恰好

第八章 产业链视角下有色金属价格波动对我国宏观经济的影响

识别：

$$A = \begin{pmatrix} 1 & a_{12} & a_{13} & a_{14} \\ a_{21} & 1 & a_{23} & a_{24} \\ a_{31} & a_{32} & 1 & a_{34} \\ a_{41} & a_{42} & a_{43} & 1 \end{pmatrix} \qquad (8-6)$$

本小节选择短期约束，施加 $4 \times (4-1)/2 = 6$ 个约束条件，为此，我们做如下假设：(1) 当期的国际有色金属价格变动不受当期其他任何变量的影响，即 $a_{12} = a_{13} = a_{14} = 0$；(2) 当期的产出不受本期国际有色金属价格之外的当期其他变量的影响，也就是说通货膨胀、利率对产出的影响具有滞后性，即 $a_{23} = a_{24} = 0$；(3) 当期通货膨胀只受本期国际有色金属价格和产出的影响，即 $a_{34} = 0$；(4) 当期利率受国际金属价格、产出和 PPI 的共同影响。但需要注意的是，我们所做的假设仅适用于当期，并不表示长期内后续变量不会对前面的变量产生影响。通过以上假定，式(8-5)的估计形式为：

$$\begin{pmatrix} 1 & 0 & 0 & 0 \\ a_{21} & 1 & 0 & 0 \\ a_{31} & a_{32} & 1 & 0 \\ a_{41} & a_{42} & a_{43} & 1 \end{pmatrix} \begin{pmatrix} e_{METAL} \\ e_{IAV} \\ e_{PPI} \\ e_{IR} \end{pmatrix} = \begin{pmatrix} b_{11} & 0 & 0 & 0 \\ 0 & b_{22} & 0 & 0 \\ 0 & 0 & b_{33} & 0 \\ 0 & 0 & 0 & b_{44} \end{pmatrix} \begin{pmatrix} u_{METAL} \\ u_{IAV} \\ u_{PPI} \\ u_{IR} \end{pmatrix} \qquad (8-7)$$

(二) 实证结果与分析

1. 变量选择与数据处理

选取 CRB 金属指数来测度国际有色金属价格，记为 METAL；依据前文分析，有色金属产业链分别包括上游的有色金属开采行业，中游的冶炼加工行业和下游的电气、机械制造、交通等终端消费领域，因此，对于产业链产出与价格数据的选取，首先界定产业链的上中下游行业，即上游行业：黑色金属矿采选业（M3）、有色金属矿采选业（M4）；中游行业：黑色金属冶炼及压延加工业（M24）、有色金属冶炼及压延加工业（M25）；下游行业：通用设备制造业（M27），专用设备制造业（M28），铁路、船舶、航空航天和其他运输设备制造业（M29），电气机械及器材制造业（M30），然后以这八个行业的工业增加值同比增速作为衡量行业产出情况的指标，记为 IAV，以工业出厂品价格指数作为衡量行业价格的指标，记为 PPI；利率则选择银行间七天同业拆借加权平均利率，数据均为月度数据，样本区间为 2006 年 2 月至 2015 年 12 月，并对变量进行单位根检验，检验结果显示，IAV、PPI、IR 的原序列为平稳时间序列，而 METAL 的一阶差分序列为平稳时间序列。[①]

2. SVAR 模型滞后阶数确定和稳定性检验

本小节通过构建 SVAR 模型来刻画有色金属价格冲击对我国宏观经济的动态影响。在开展实证分析前，需要确定 SVAR 模型的滞后阶数。根据 AIC 准则，建立滞后 2 阶 SVAR 模型，并进行稳定性检验，发现模型特征方程的特征根的绝对值小于 1，表明所构建的 SVAR 模型具有良好的稳定性。

3. 国际有色金属价格冲击对我国主要宏观经济变量的影响

图 8-7 和图 8-9 显示了给定结构性残差一个标准差的变动，在前 36 期内我国产出、价格以及利率受国际有色金属价格结构性冲击影响的情况。可以看出，我国工业 PPI 对国际有色金属价格冲击的即期反应为正，并在第 2 期达到最大值 0.0130，一般来讲，国际有色金属价格上涨会提高工业生产的边际生产成本，迫使生产者调整产能利

---

① 资料来源于 Wind 数据库。

用率，造成产能萎缩，即期反应为正表明在短期内我国工业行业增长有较大的增长惯性来抵御国际有色金属价格上涨带来的不利冲击，这主要是由于初期，国际有色金属价格上涨，消费者消费习惯一时难以改变且企业不能及时改变投资方案，由于惯性产出中的消费和投资继续增长，导致国际有色金属价格冲击对工业增加值增速在短期内具有

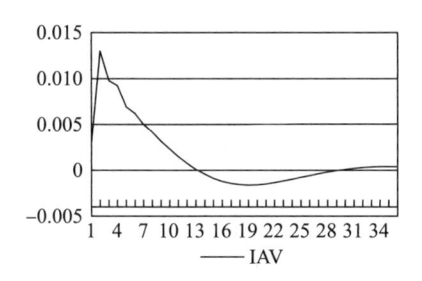

图 8-7　有色金属价格冲击对产出的影响

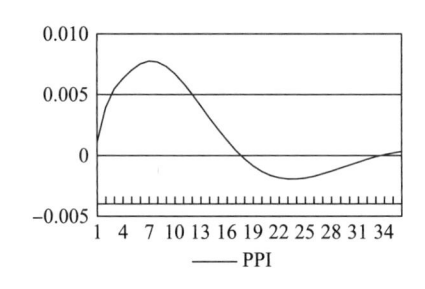

图 8-8　有色金属价格冲击对物价的影响

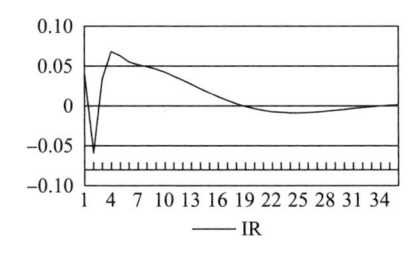

图 8-9　有色金属价格冲击对利率的影响

正向影响。但从第 3 个月开始，正向影响逐渐减弱，并在第 14 个月由正转负，国际有色金属价格的负向影响效应显现，使我国产出增长下降。

国际有色金属价格冲击对我国 PPI 的影响则比较迅速，从第 1 期开始就产生了显著正向影响，这主要是由于我国对国际有色金属资源的进口依存度很大，国际有色金属价格上涨会通过成本端传递到各个行业，提高工业生产的边际生产成本，促使工业企业提升产品出厂价格。

面对国际有色金属价格上涨带来的通货膨胀，我国货币政策也从第 3 个月开始做出反应，在随后几个月内通过提高利率来以避免过度的通货膨胀，使国际有色金属价格对利率产生正向效应；而如图 8-10 所示，从第 2 个月开始，产出面对利率的一个标准差冲击会产生负向响应，可见，国际有色金属价格冲击通过引发紧缩性货币政策的实施间接降低了产出的增长。

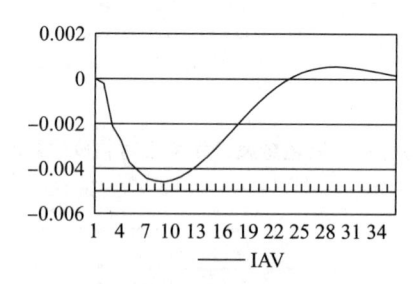

图 8-10　利率冲击对我国产出的影响

4. 国际有色金属价格冲击对产业链的影响

（1）国际有色金属价格冲击对上游行业的影响。接下来将从产业链角度来进一步分析国际有色金属价格冲击对产业链不同环节产出与

第八章 产业链视角下有色金属价格波动对我国宏观经济的影响

价格的影响，上游环节主要是开采行业，本小节选取黑色金属矿采选业（M3）、有色金属矿采选业（M4）作为产业链上游的代表性行业，首先测度上游行业产出与价格受到国际有色金属价格冲击的脉冲响应，如图 8-11 至图 8-12 所示，在一单位的国际有色金属价格标准差正向冲击下，黑色金属矿采选业与有色金属矿采选业的 PPI 在当期即受到显著正向影响，并分别在第 7 期和第 5 期达到最大值 0.0295 和 0.0232，显示传导速度较快，但上游行业产出在面对国际有色金属价格上涨时不降反升，这与理论预期不符，这主要是因为这两个行业距离产业链条近，议价能力相对较强，能够很快地将有色金属成本转移到下游企业，因而受国际有色金属价格冲击的负面影响较小，维持较强的增长惯性；利率对国际有色金属价格冲击的响应依旧为正向响应，并且利率变动从第 3 个月开始对黑色金属矿采选业与有色金属矿采选业产出的影响为负，并分别在第 10 期和第 7 期达到负向最大值 0.0054 和 0.0047，可见，虽然国际有色金属价格冲击对上游行业产出的直接抑制效应较小，但通过引发紧缩性货币政策的实施产生了较强的间接抑制效应，促使上游行业产出下降。

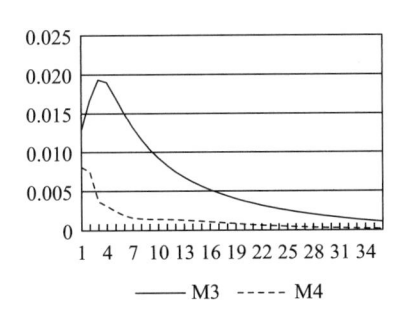

图 8-11 价格冲击对上游行业产出的影响

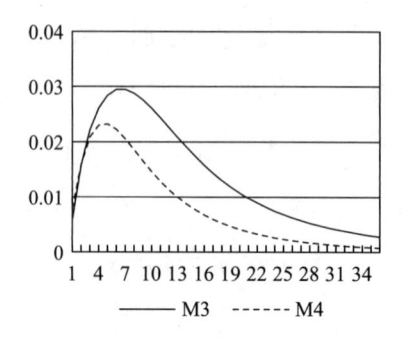

图 8-12　价格冲击对上游行业价格的影响

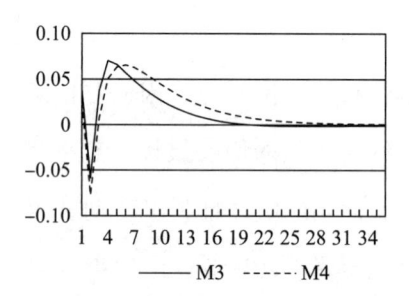

图 8-13　有色金属价格冲击对利率的影响

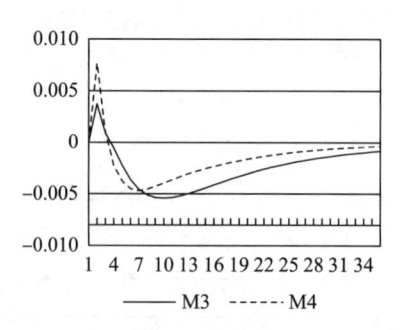

图 8-14　利率冲击对上游行业产出的影响

（2）国际有色金属价格冲击对中游行业的影响。中游环节主要是冶炼加工行业，本小节选取黑色金属冶炼及压延加工业（M24）、有

第八章 产业链视角下有色金属价格波动对我国宏观经济的影响

色金属冶炼及压延加工业（M25）作为产业链中游的代表性行业，首先测度中游行业产出与价格受到国际有色金属价格冲击的脉冲响应，如图8-15和图8-16所示，面对一单位的国际有色金属价格标准差冲击，黑色金属冶炼及压延加工业与有色金属冶炼及压延加工业的PPI响应同上游行业一样，在当期即受到显著正向影响，并分别在第6期和第5期达到最大值0.0237和0.0265，显示传导速度也较快；但与上游行业不同，黑色金属冶炼及压延加工业与有色金属冶炼及压延加工业的产出在面对国际有色金属价格冲击时，首先表现出正向响应，但分别从第11个月与第14个月开始，国际有色金属价格的负向影响效应开始显现，使这两个行业的产出增长下降，可见，国际有色金属价格冲击对我国中游行业的负面影响相对上游行业更为严重，这是因为中游冶炼加工行业存在较为严重的产能过剩，只能通过减少产出来对应外部冲击；利率对国际有色金属价格冲击的响应依旧为正向响应，并且利率变动对黑色金属冶炼及压延加工业与有色金属冶炼及压延加工业产出的影响为负，并分别在第9期达到负向最大值0.0033和0.0037，可见，国际有色金属价格冲击通过紧缩性货币政策也对中游行业产出产生了间接抑制效应，但影响程度相对较小。

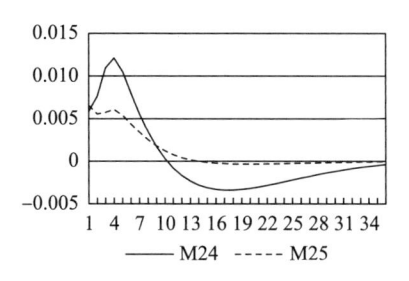

图8-15 价格冲击对中游行业产出的影响

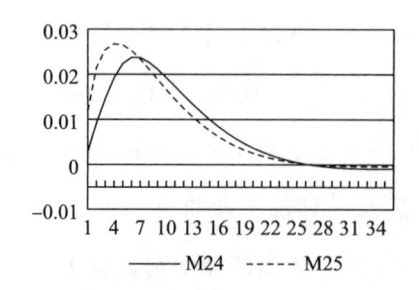

图 8-16 价格冲击对中游行业价格的影响

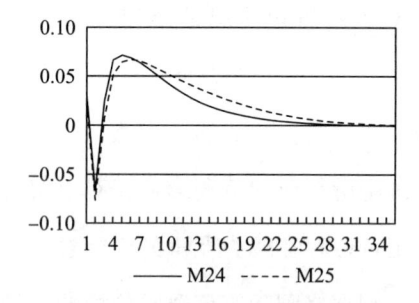

图 8-17 价格冲击对利率的影响

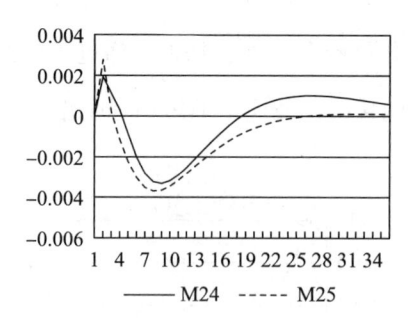

图 8-18 利率冲击对中游行业产出的影响

(3) 国际有色金属价格冲击对下游行业的影响。下游环节主要是终端消费领域,而装备制造业是有色金属消费的主要部门,选取通用设备制造业（M27），专用设备制造业（M28），铁路、船舶、航空航天和其他运输设备制造业（M29），电气机械及器材制造业（M30）作为产业链下游的代表性行业，首先测度下游行业产出与价格受到国际有色金属价格冲击的脉冲响应，如图 8-19 和图 8-20 所示，国际有色金属价格对下游行业 PPI 的影响集中在电气机械及器材制造业，对其他行业影响较小，电气机械及器材制造业 PPI 在当期即显示出正向响应，并在第 5 期达到最大值 0.0065，而其他行业 PPI 对国际有色金属价格冲击响应的最大值都不超过 0.0014，几乎可以忽略不计；通用设备制造业，专用设备制造业，铁路、船舶、航空航天和其他运输设备制造业，电气机械及器材制造业的产出在面对国际有色金属价格冲击时，都表现出正向响应，通用设备制造业、专用设备制造业、电气机械及器材制造业的产出在滞后 1 期就分别达到最大值 0.0074、0.0112 和 0.0072，而铁路、船舶、航空航天和其他运输设备制造业的产出则在滞后 2 期达到最大值 0.0125，按照预期，装备制造业是有色金属原材料的直接下游产业，该会受到显著负向影响，结果与预期相反，主要是因为我国市场需求不足、价格管制干扰市场，使价格传导黏滞，价格冲击止步于中游行业，无法迅速传导至下游行业，对下游行业 PPI 的影响较小，同时产出也没有受到不利影响，但这种价格调整的阻滞恶化了国际有色金属价格冲击对中游行业的不利影响，加剧了中游环节的风险；利率对国际有色金属价格冲击的响应依旧为正向响应，并且利率变动对通用设备制造业，专用设备制造业，铁路、船舶、航空航天和其他运输设备制造业，电气机械及器材制造业产出的影响为负，通用设备制造业的产出在第 11 个月后达到负向最大值 0.01047，专用设备制造业、铁路、船舶、航空航天和其他运输设备制造业的产出分别在第 7 个月后达到负向最大值 0.0047 和 0.0133，而电气机械及器材制造业的产出在第 13 个月后达到负向最大值 0.0043，可见，国际有色金属价格冲击通过紧缩性货币政策也对下游行业产出产生了间接抑制效应，并且影响程度相对较大。

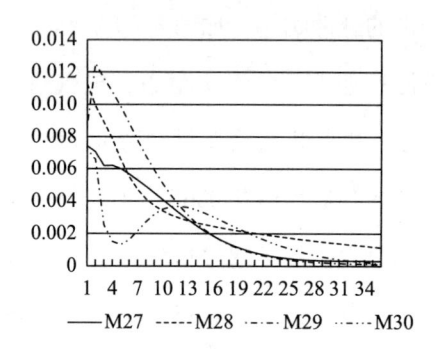

图 8-19 价格冲击对下游行业产出的影响

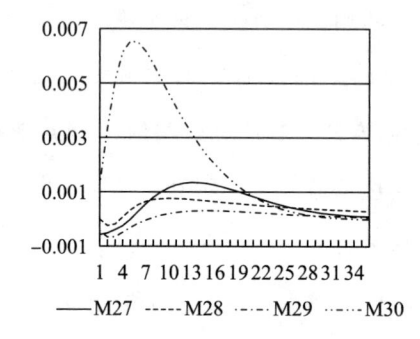

图 8-20 价格冲击对下游行业价格的影响

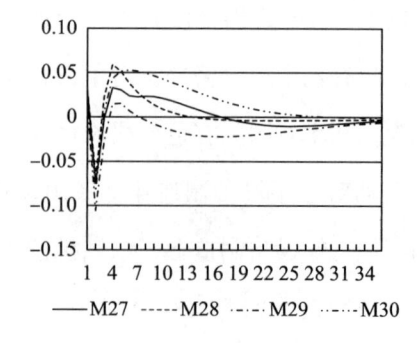

图 8-21 价格冲击对我国利率的影响

第八章　产业链视角下有色金属价格波动对我国宏观经济的影响

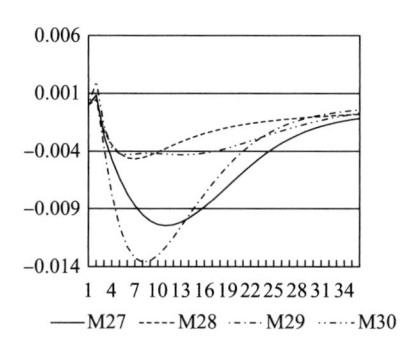

图 8-22　利率冲击对下游行业产出的影响

5. 方差分解分析

接下来进一步采用方差分解来量化国际有色金属价格冲击对各宏观经济变量的影响程度。表 8-1 为各变量在第 36 期稳定时的方差分解结果。

表 8-1　　　　　　　各变量方差分解结果

单位:%

	行业代码	METAL	IAV	PPI	IR
产出的 方差分解	整体	21.6963	64.7469	3.9119	8.3265
	M3	19.0430	69.3903	8.8413	2.7253
	M4	9.7680	89.6627	0.1908	0.3784
	M24	14.0042	60.3670	23.9408	1.6880
	M25	9.3842	83.9299	1.8272	4.8587
	M27	7.8192	55.4431	7.8050	28.9327
	M28	11.1227	72.9081	11.7480	4.2211
	M29	12.4783	52.4191	9.0729	26.0298
	M30	10.3511	62.5776	12.3841	14.6872
价格的 方差分解	整体	22.9097	41.2262	24.5370	5.2313
	M3	21.3921	30.7564	46.0148	1.8367
	M4	47.6162	15.1182	30.4358	6.8298

续表

	行业代码	METAL	IAV	PPI	IR
价格的方差分解	M24	23.6321	48.9186	24.4641	2.9851
	M25	30.7510	19.7577	34.7848	14.7065
	M27	4.1316	51.1113	28.9014	15.8557
	M28	4.3014	55.4941	38.3532	1.8513
	M29	4.5428	51.4841	35.1008	8.8723
	M30	26.5532	0.4832	55.7930	17.1706
利率的方差分解	整体	2.7165	1.9081	1.5701	92.0972
	M3	1.9573	1.9731	7.5695	88.5001
	M4	2.4448	5.6640	2.3851	89.5062
	M24	2.7700	0.7336	5.0365	91.4599
	M25	3.2878	0.3904	2.4576	93.8642
	M27	0.9780	2.9276	4.9512	91.1433
	M28	1.1585	0.9811	1.9944	95.8660
	M29	1.4774	10.3209	2.5568	85.6449
	M30	2.2931	1.5330	2.9084	93.2655

由表8-1可知，国际有色金属价格冲击对我国产出预测方差的影响较大，在第36期稳定时，达到21.6963%，仅次于产出自身的变化，但利率冲击的影响较小，仅为8.3265%，这说明尽管国际有色金属价格会通过紧缩性货币政策间接影响产出，但是这种影响效应较小。进一步分析国际有色金属价格冲击与利率冲击对不同产业链环节的影响，可以发现两者对产业链不同环节PPI的贡献度不尽相同，国际有色金属价格冲击、利率冲击对上游行业（M3、M4）产出的贡献率分别为28.811%和3.1037%，对中游行业（M24、M25）产出的贡献率分别为23.3884%和6.5467%，国际有色金属价格冲击对上中游行业的影响程度要大于利率冲击，而两者对下游行业（M27、M28、M29、M30）产出的贡献率分别为41.7713%和73.8708%，国际有色

金属价格冲击的影响程度要小于利率冲击，这也再次证明国际有色金属价格冲击对产业链产出的直接影响主要集中于上中游行业，下游行业则主要受间接影响。

国际有色金属冲击对我国 PPI 的预测方差影响在第 36 期稳定时达到 22.9097%，仅次于自身变化与产出的影响，这说明国际有色金属价格冲击是推动 PPI 上涨的一个非常重要的因素。国际有色金属价格冲击对上游行业（M3、M4）、中游行业（M24、M25）、下游行业（M27、M28、M29、M30）PPI 的贡献率分别为 69.0083%、54.3831% 和 39.529%，这表明国际有色金属价格冲击沿着产业链的单向传导路径：先影响上游的有色金属开采，再影响有色金属冶炼及压延加工业，然后再传导到下游的电气机械及器材制造业等行业，并且价格冲击影响逐渐减弱。

利率的预测方差主要受到自身变化，但国际有色金属价格冲击对其影响占据第二位，大于产出与 PPI 的影响，显示我国货币政策对国际有色金属价格冲击做出了一定反应，但在不同产业链环节反应程度不同。

6. 实证结果

本小节基于细分的产业链视角，选择中国八个工业行业以构建反映产业链内在联系的 SVAR 模型，借助脉冲响应函数与方差分解等方法，通过分析有色金属产业链不同环节产出与价格对国际有色金属价格冲击的响应模式与主要动因，探究国际有色金属价格冲击对我国经济的动态传导效应，得出主要研究结论如下：

（1）在短期内，由于消费者的消费习惯一时难以改变、企业不能及时改变投资方案，我国经济增长有较强的增长惯性来抵御国际有色金属价格上涨带来的不利冲击，但在价格冲击发生 14 个月后，国际有色金属价格冲击对我国经济增长的消极影响开始显现，加之国际有色金属价格冲击还通过加大国内通货膨胀压力、促使紧缩性货币政策的实施间接抑制产出增长，这种双重叠加效应在未来我国有色金属对外依存度仍居高不下的情境下，将给我国经济持续平稳增长带来极大挑战。

（2）国际有色金属价格冲击对我国有色金属产业链产出的直接影响主要集中在上中游行业，尤其是中游行业面临较大的减产压力，由于我国市场需求不足、价格管制干扰市场等因素，使价格传导黏滞，下游行业受国际有色金属价格冲击的直接影响较小，国际有色金属价格冲击通过紧缩性货币政策实施所产生的间接抑制效应对其影响很大。

（3）国际有色金属价格冲击对我国有色金属产业链不同环节PPI均具有推动作用，显示国际有色金属价格波动均会加剧我国输入型通货膨胀，并且这种冲击作用沿着有色金属产业链的单向路径进行传导，即先影响上游的有色金属开采行业，再影响有色金属冶炼及压延加工业，然后再随价值链转移到下游的电气机械及器材制造业等行业，并且冲击影响逐步减弱。在这种不完全传导情境下，国际有色金属价格不能顺利传导到消费领域，从而加重冶炼加工等中游行业的风险。

二 产业链视角下结构性国际有色金属价格冲击的行业传导效应

借鉴Kilian（2009）的方法，将国际有色金属价格波动的结构性冲击分解为供给冲击、经济需求冲击和预防性需求冲击，试图建立不同来源的国际有色金属价格冲击对我国有色金属产业链影响的研究框架，分析不同来源有色金属价格冲击对我国有色金属产业链各环节产出与价格影响的差异性。

(一) 基于SVAR模型的国际有色金属价格冲击分解

1. SVAR模型构建

借鉴 Kilian (2009) 的研究框架,进一步构建包含供给冲击、经济需求冲击以及预防性需求冲击的 SVAR 模型,以刻画不同类型冲击对国际有色金属价格波动的影响。上述三个变量组成的 SVAR 模型如下:

$$Ay_t = \varphi_1 y_{t-1} + \cdots + \varphi_p y_{t-p} + \varepsilon_t \tag{8-8}$$

其中,$y_t = (Supply, Demand, Metal)$,$METAL$ 是国际有色金属价格,$Supply$ 代表国际有色金属供给,$Demand$ 代表经济需求,ε_t 为白噪声向量,A 为内生变量之间的同期关系矩阵,SVAR 模型的首要任务就是要识别同期关系矩阵 A,将式(8-8)两边同时乘以 A,有:

$$Ay_t = A\varphi_1 y_{t-1} + \cdots + A\varphi_p y_{t-p} + Ae_t \tag{8-9}$$

比较式 (8-9) 与式 (8-8), 得:

$$Ae_t = \varepsilon_t \tag{8-10}$$

将 ε_t 标准正交化为 $\varepsilon_t = Bu_t$,则 SVAR 的估计模型可写为:

$$Ae_t = Bu_t \tag{8-11}$$

式 (8-11) 称为 AB-型 SVAR 模型,其中,$E(u_t u'_t) = I$,u_t 是结构性冲击向量,分别代表国际有色金属供给冲击、经济需求冲击和有色金属预防性需求冲击,为确保模型能够有效识别,一个关键步骤是对矩阵 A 设置约束条件,对于 AB-型 SVAR 模型而言,假设其具有 k 个内生解释变量,一般需对矩阵 A 设置 $k(k-1)/2$ 个约束条件才能恰好识别,矩阵 A 的具体形式如下:

$$A = \begin{pmatrix} 1 & \alpha_{12} & \alpha_{13} \\ \alpha_{21} & 1 & \alpha_{23} \\ \alpha_{31} & \alpha_{32} & 1 \end{pmatrix} \tag{8-12}$$

本小节选择短期约束,施加 $3×(3-1)/2=3$ 个约束条件,为此,我们做如下假设:①由于有色金属生产规模调整周期较长,当期的国际有色金属供给不受当期经济需求冲击以及预防性需求冲击的影响,即 $\alpha_{12}=\alpha_{13}=0$;②当期的经济活动不受预防性需求冲击的影响,但受供给冲击的影响,即 $\alpha_{23}=0$;③有色金属价格波动中不能被供给冲击与经济需求冲击所解释的成分为预防性需求冲击,它是基于未来有色金属供给不确定而产生的预防性需求,同时也能反映库存以及金融投机等需求因素的变化,受到供给冲击以及经济需求冲击的共同影响。但这里需要说明的是,本小节所做的一系列假设仅适用于当期。通过以上假定,式(8-11)的估计形式为:

$$\begin{pmatrix} 1 & 0 & 0 \\ \alpha_{21} & 1 & 0 \\ \alpha_{31} & \alpha_{32} & 1 \end{pmatrix} \begin{pmatrix} e_{Supply} \\ e_{Demand} \\ e_{Metal} \end{pmatrix} = \begin{pmatrix} b_{11} & 0 & 0 \\ 0 & b_{22} & 0 \\ 0 & 0 & b_{33} \end{pmatrix} \begin{pmatrix} \mu_{Supply} \\ \mu_{Demand} \\ \mu_{Metal} \end{pmatrix} \quad (8-13)$$

2. 变量选择与数据来源

伦敦金属交易所(LME)公布的金属期货价格指数涵盖铜、铝、铅、锌、锡、镍六种有色金属期货合约,为国际有色金属价格波动的重要参考指标,本小节选取 LME 金属期货价格指数来测度国际有色金属价格,记为 METAL;有色金属产量通过加总计算全球铜、铝、铅、锌、锡、镍六种有色金属的产量得到,记为 Supply;为衡量全球经济的活跃程度,参照 Kilian(2009)、谭小芬等(2015)的文献,采用波罗的海干散货指数,衡量经济需求冲击,记为 Demand,数据均为月度数据,并对各变量取自然对数,样本区间为 2006 年 8 月至 2016 年 4 月,资料来源于 Wind 数据库,对变量进行单位根检验,检验结果显示,Supply、Demand 的原序列为平稳时间序列,而 METAL 的一阶差分序列为平稳时间序列。

第八章 产业链视角下有色金属价格波动对我国宏观经济的影响

3. SVAR 模型结果分析

图 8-23 显示了给定结构性残差一个标准差的变动,在前 36 期内国际有色金属价格波动受供给冲击、经济需求冲击和预防性需求冲击三种结构性冲击影响的情况。可以看出:①石油供给冲击对有色金属价格波动的即期影响为负,并在第 3 期达到负向最大值 0.0081,之后负向影响减弱,在第 10 期后趋于 0,这表明供给冲击对国际有色金属价格波动具有负向影响;②经济需求冲击在前 3 期对国际有色金属价格波动的影响显著为正,并在第 3 期达到最大值 0.0084,之后由正向影响转为负向影响,但从第 12 期开始,又转为正向影响,并逐渐收敛于 0,这意味着全球经济的繁荣加大了对有色金属的需求,推动有色金属价格上涨;③预防性需求冲击对有色金属价格波动的影响在前 3 期显著为正,第 1 期响应系数最大,为 0.0571,随后冲击效应由正转负,但从第 13 期开始又变为正向影响,并收敛于 0。可以看出,在三种结构性冲击中,预防性需求冲击对有色金属价格波动的影响最大。

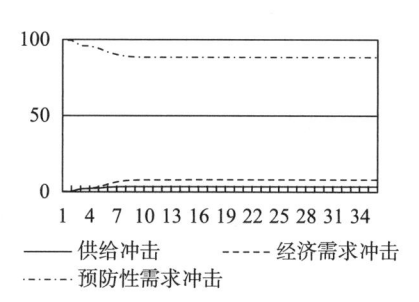

图 8-23 结构冲击对国际有色金属价格的影响

进一步进行方差结果检验,如图 8-24 所示,在三种结构性冲击中，预防性需求冲击对国际有色金属价格波动的贡献率最大，其次为经济需求冲击，供给冲击的贡献率最低。同时，在变化趋势上，供给冲击与经济需求冲击的贡献率都随着滞后期数的增加，呈现缓慢增加趋势，在第36期时分别稳定在3.5305%和7.9898%，而预防性需求冲击的贡献率则呈缓慢下降趋势，最后稳定在88.4797%。脉冲响应函数和方差分解的结果都表明，近年来国际有色金属价格的波动主要来源于预防性需求冲击的影响，并且国际有色金属价格冲击的来源不同，其对宏观经济的影响效应也呈差异性。因此，有必要从有色金属价格冲击的来源入手，对不同类型结构性冲击的影响进行差异性分析。

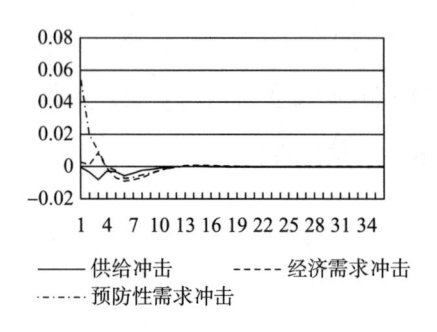

图 8-24 国际有色金属价格的方差分解

（二）不同来源冲击下有色金属产业链的价格传导效应分析

前文已采用SVAR模型分解出供给冲击、经济需求冲击和预防性需求冲击，接下来将首先从理论上厘清这三种结构性冲击的传导机制。

1. 不同来源的有色金属价格冲击的传导机制

有色金属供给冲击是指能够对产量产生影响并带来有色金属价格

第八章 产业链视角下有色金属价格波动对我国宏观经济的影响

波动的因素，预防性需求冲击指为防止未来有色金属价格波动，通过进行库存调整而对需求产生影响并带来有色金属价格波动的因素，事实上，这两种冲击都是通过成本效应影响产出与价格，因此可划分为一类，区别在于供给冲击推动有色金属价格上涨是通过产量减少，而预防性需求冲击推动金属价格上涨是通过产量增加导致的。在供给冲击与预防性需求冲击下，有色金属价格波动会从成本端传导到各个行业，成本上涨带来的相对价格变化，通过减少短期要素投入造成产出下降和价格上升。而经济需求冲击是指对世界有色金属需求产生影响并带来有色金属价格波动的世界经济因素，由于它是由外部需求冲击导致的，并且有色金属价格的正向需求冲击一般是在繁荣的经济环境下发生的，会造成产出上升和价格上升。

但无论是成本效应还是需求效应（钱浩祺，2014），价格传递是通过产业链完成的，在成本效应下，当供给冲击与预防性需求冲击发生后，会表现为生产成本上升，进而产出品价格上涨。这种成本冲击理论上会沿着产业链从上游向下游逐渐传导，并在传导过程中不断衰减（钱浩祺，2014）。但在我国市场，由于存在价格管制，这使价格调整非常黏滞，并且产业链不同环节的行业具有不同的传导时滞，因此对有色金属产业链不同环节的传导效应也会具有差异性。

而需求效应的作用方向则相反，当经济需求冲击发生后，它是从下游终端需求逆向向上游行业逐渐传导。传导速度取决于各行业产量调整的灵活性，假设库存总量不会长期偏离平均水平，那么产量调整越快，需求冲击的传导也就越迅速（钱浩祺，2014）。由于我国市场存在需求不足，因此，需求冲击效应也会存在行业差别。图8-25列出了两种不同来源国际有色金属价格冲击在产业链间的传导机制。

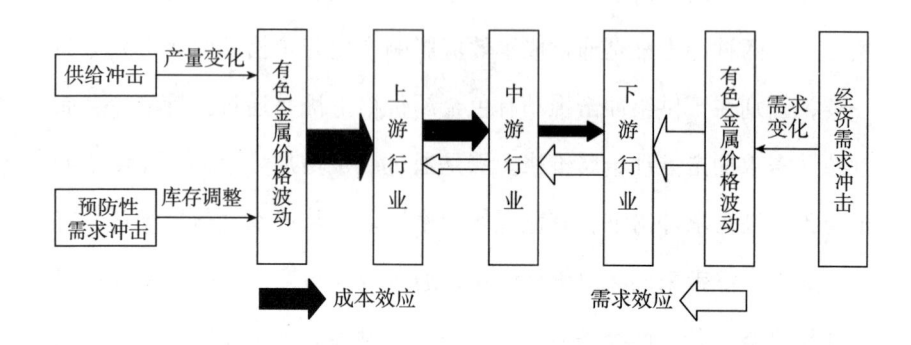

图 8-25　不同来源国际有色金属价格冲击在产业链间的传导机制

2. 不同来源有色金属价格冲击对有色金属产业链影响的 SVAR 模型构建

有色金属产业链分别包括上游的有色金属开采行业、中游的冶炼加工行业和下游的电气、机械制造、交通和电子通信等终端消费领域，因此，对于有色金属行业产业链的产出与价格数据的选取，首先依据相关文献，界定有色金属产业链的上中下游行业，即上游行业：有色金属矿采选业（M4）；中游行业：有色金属冶炼及压延加工业（M25）；下游行业：通用设备制造业（M27），专用设备制造业（M28），铁路、船舶、航空航天和其他运输设备制造业（M29），电气机械及器材制造业（M30），然后以这六个行业的工业增加值同比增速作为衡量行业产出情况的指标，记为 IAV，以工业出厂品价格指数作为衡量行业价格的指标，记为 PPI，同前文的供给冲击、经济需求冲击以及预防性需求冲击构建一个五变量 SVAR 模型：

$$Ay_t = \varphi_1 y_{t-1} + \cdots + \varphi_p y_{t-p} + \varepsilon_t \qquad (8-14)$$

其中，$y_t = (Supply, Demand, Metal, IAV, PPI)$，METAL 是国际

有色金属价格，Supply 代表国际有色金属供给，Demand 代表经济需求，ε_t 为白噪声向量，A 为内生变量之间的同期关系矩阵，对矩阵 A 施加 $5 \times (5-1)/2 = 10$ 个约束条件，为此，做如下假设：①当期的供给冲击变量不受当期其他任何变量的影响，即 $a_{12} = a_{13} = a_{14} = a_{15} = 0$；②当期的经济需求冲击变量不受本期供给冲击变量之外的当期其他变量的影响，即 $a_{23} = a_{24} = \alpha_{25} = 0$；③当期预防性需求冲击只受本期供给冲击和经济需求冲击的影响，即 $a_{34} = \alpha_{35} = 0$；④当期产出只受本期供给冲击、经济需求冲击以及预防性需求冲击的影响，即 $a_{45} = 0$；⑤当期价格受国际有色金属价格冲击、产出的共同影响。同样需要说明的是，本小节所做的假设仅仅适用于当期。通过以上假定，估计形式为：

$$\begin{pmatrix} 1 & 0 & 0 & 0 & 0 \\ \alpha_{21} & 1 & 0 & 0 & 0 \\ \alpha_{31} & \alpha_{32} & 1 & 0 & 0 \\ \alpha_{41} & \alpha_{42} & \alpha_{43} & 1 & 0 \\ \alpha_{51} & \alpha_{52} & \alpha_{53} & \alpha_{54} & 1 \end{pmatrix} \begin{pmatrix} e_{Supply} \\ e_{Demand} \\ e_{Metal} \\ e_{IAV} \\ e_{PPI} \end{pmatrix} = \begin{pmatrix} b_{11} & 0 & 0 & 0 & 0 \\ 0 & b_{22} & 0 & 0 & 0 \\ 0 & 0 & b_{33} & 0 & 0 \\ 0 & 0 & 0 & b_{44} & 0 \\ 0 & 0 & 0 & 0 & b_{55} \end{pmatrix} \begin{pmatrix} \mu_{Supply} \\ \mu_{Demand} \\ \mu_{Metal} \\ \mu_{IAV} \\ \mu_{PPI} \end{pmatrix}$$

(8-15)

3. SVAR 模型滞后阶数确定和稳定性检验

通过构建 SVAR 模型来刻画不同来源的有色金属价格冲击对我国有色金属产业链的动态影响。在开展实证分析前，需要确定 SVAR 模型的滞后阶数。根据 AIC 准则，建立滞后 3 阶 SVAR 模型，并进行稳定性检验，发现模型特征方程的特征根的绝对值小于 1，表明所构建的 SVAR 模型具有良好的稳定性；同时对变量 IAV 与 PPI 进行单位根检验，发现 IAV 与 PPI 原序列均为平稳序列。

4. 脉冲响应分析

（1）供给冲击对我国有色金属产业链的影响。如前文所述，供给冲击对国际有色金属价格波动具有负向影响，因此为研究供给冲击带来的有色金属价格上涨对我国有色金属产业链的影响，给定供给冲击一个标准差的负向变动，探究在前36期内我国工业整体、有色金属产业链上中下游产出的响应情况，如图8－26所示。可以看出，我国工业整体对有色金属供给冲击的即期反应为负，并在第3期达到负向最大值0.00023，但从第4期开始，但从第4期开始，供给冲击对工业产出的影响由负转正，可见，供给冲击带来的国际有色金属价格上涨会提高我国工业生产的边际生产成本，迫使生产者调整产能利用率，造成产能萎缩，但这种负面影响比较短暂。再看我国有色金属产业链产出的响应情况，可以发现，有色金属矿采选业以及有色金属冶炼及压延加工业产出的即期反应也为负，并分别在第3期达到负向最大值0.0037和0.00054，但负向影响的持续期也较短，两个行业分别在第4期和第5期转为正向影响；而有色金属产业链下游行业通用设备制造业，专用设备制造业，铁路、船舶、航空航天和其他运输设备

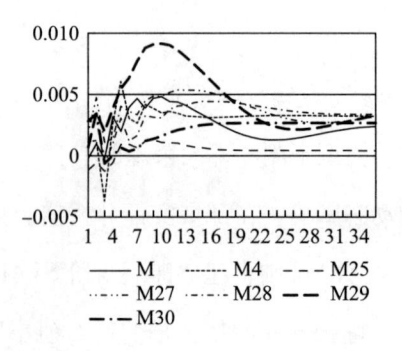

图8－26 供给冲击对产业链产出的影响

制造业、电气机械及器材制造业在前36期内的反应系数都为正,表明其没有受到有色金属供给冲击的负面影响,按照预期,装备制造业是有色金属原材料的直接下游产业,该会受到显著负向影响,结果与预期相反主要是因为我国市场需求不足、价格管制干扰市场,使价格传导黏滞,价格冲击止步于中游行业,无法迅速传导到下游行业。

图8-27显示了工业整体以及有色金属产业链PPI对供给冲击的响应情况,可以看出,我国工业整体PPI对负向供给冲击的即期响应为负,在第3期达到负向最大值0.0015,但从第8期开始,供给冲击对价格的影响由负转正,并且正向影响呈增大趋势,在第16期达到最大值0.00416,之后影响逐渐消失。供给冲击带来的价格上涨会给我国工业行业带来成本型通货膨胀,当国际有色金属价格上涨时,有色金属原材料作为生产要素直接带来与有色金属有关的商品价格的上涨,此时生产商为了获得更多利润,以成本增加为借口,使产品价格上升幅度大于成本增加幅度,进一步带来通货膨胀率增加,当然,供给冲击带来的成本型通货膨胀具有滞后效应;各个有色金属产业链环节PPI对供给冲击的响应模式同工业整体类似,即期反应为负,持续一段时间以后转变为正向影响,并且上游行业有色金属矿采选业的响应幅度最大,在第6期由负转正,并在第12期达到最大值0.00571,之后逐渐收敛于0,可见,供给冲击带来的国际有色金属价格上涨对我国有色金属产业链各个环节的通货膨胀具有推动作用,但产业链位置不同,各个环节的影响幅度具有差异性。

(2)经济需求冲击对我国有色金属产业链的影响。图8-28显示给定经济需求冲击一个标准差的正向变动,探究在前36期内我国工业整体、有色金属产业链上中下游产出的响应情况,可以看出,我国工业整体对正向的经济需求冲击的即期反应为正,并在第3期达到最

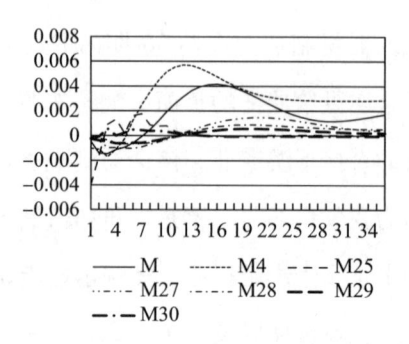

图 8-27　供给冲击对产业链 PPI 的影响

大值 0.00822，之后正向影响逐渐减弱，但在前 7 期，经济需求冲击引起的有色金属价格上涨使得工业整体产出扩张，这是因为有色金属价格的正向需求冲击一般发生在经济繁荣时期，这使工业整体产出呈现扩张态势。但从第 8 期开始，经济需求冲击引起的有色金属价格上涨开始抑制工业产出，这是由于面对经济过热产生的通货膨胀压力，国家会实施紧缩性宏观经济政策，导致产出扩张放慢甚至下降，但随着紧缩性政策的推出，从第 17 期开始，需求扩张引起的有色金属价格上涨又开始导致产出扩张。接着看有色金属产业链各个环节产出的响应情况，可以发现，有色金属矿采选业，有色金属冶炼及压延加工业，通用设备制造业以及铁路、船舶、航空航天和其他运输设备制造业产出的响应模式同工业整体类似，呈现出"扩张—收缩—扩张"的响应轨迹，正向最大值分别达到 0.00690、0.00869、0.00396 和 0.00618，而专用设备制造业与电气机械及器材制造业产出在前 36 期内的响应都为正，正向最大值分别为 0.00625 和 0.00598，显示经济需求冲击引发的价格上涨对这两个行业产出具有强劲的推动作用。

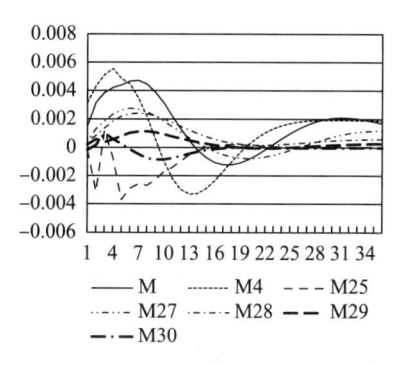

图 8-28　经济需求冲击对产业链产出的影响

图 8-29 显示了工业整体以及有色金属产业链 PPI 对经济需求冲击的响应情况,可以看出,我国工业整体 PPI 对经济需求冲击的即期响应为正,在第 7 期达到正向最大值 0.00472,之后从第 14 期开始,经济需求冲击对价格的影响由正转负,但负向效应维持的时间很短,从第 23 期开始,又开始转变为正向影响,并逐渐收敛。可见,与经济需求冲击对工业整体产出的影响轨迹同步,PPI 也呈现"上涨—下降—上涨"的响应模式。总体来讲,经济需求冲击带来的价格上涨会给我国工业行业带来需求拉动型通货膨胀。也就是说,较多的货币追求过少的商品,因此带来价格水平的显著上涨;各个有色金属产业链环节 PPI 对经济需求冲击的响应模式除有色金属冶炼及压延加工业以及专用设备制造业外,基本同工业整体类似,即期反应为正,持续一段时间以后转变为负向影响,而有色金属冶炼及压延加工业的 PPI 在面对经济需求冲击时,在前 15 期内的影响系数都为负,这主要是因为有色金属冶炼及压延加工业产能过剩较为严重,加之激烈的市场竞争,单纯通过提高产品价格无法有效转移高成本压力,还必须通过减少产出来应对有色金属价格冲击,因此造成经济需求冲击对其 PPI 的

影响为负，专用设备制造业 PPI 的响应系数在前 36 期内都为正，这也与行业产出对经济需求冲击的响应系数全为正相对应。

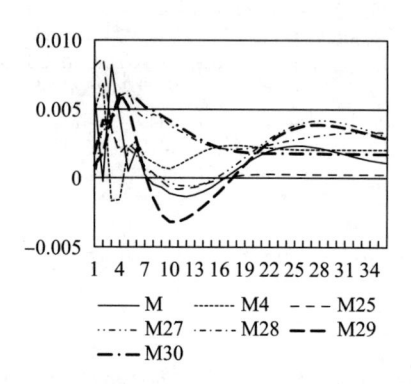

图 8-29　经济需求冲击对产业链 PPI 的影响

（3）预防性需求冲击对我国有色金属产业链的影响。图 8-30 显示给定预防性需求冲击一个标准差的变动，在前 36 期内我国工业整体、有色金属产业链上中下游产出的响应情况。可以看出，我国工业整体对预防性需求冲击的即期反应为负，但在第 2 期转变为正向影响并达到最大值 0.00907，之后正向影响逐渐减弱，并在第 7 期由正转负，在第 13 期达到负向最大值 0.00432，可见，预防性需求冲击造成的有色金属价格上涨对国内工业的负向影响具有时滞；再看我国有色金属产业链产出的响应情况，可以发现，有色金属产业链各环节产出的即期响应都为正，从第 5 期至第 11 期开始，受到预防性需求冲击的不利影响十分明显，其中铁路、船舶、航空航天和其他运输设备制造业产出受到的负面影响尤为显著，在第 13 期达到负向最大值 0.00493，这表明，由于对供求因素的预期引发的冲击抬高了有色金属价格，提高工业行业的成本，抑制了我国有色金属产业链各个环节

第八章 产业链视角下有色金属价格波动对我国宏观经济的影响

产出的扩张。

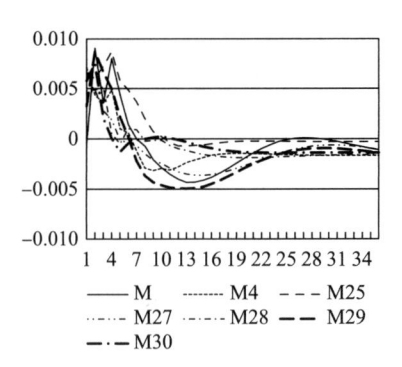

图 8–30 预防性需求冲击对产业链产出的影响

图 8–31 显示了工业整体以及有色金属产业链 PPI 对预防性需求冲击的响应情况，可以看出，我国工业整体 PPI 对预防性需求冲击的即期响应为正，在第 5 期达到最大值 0.00806，但从第 14 期开始，预防性冲击对 PPI 的影响由正转负，并且负向影响呈增大趋势，在第 19 期达到最大值 0.00380，之后影响逐渐消失。预防性需求是由供需预期引发的价格冲击，其带来的价格上涨也会给我国工业行业带来成本型通货膨胀，并且预防性冲击带来的成本型通货膨胀不具有滞后效应；各个有色金属产业链环节 PPI 除铁路、船舶、航空航天和其他运输设备制造业外对预防性需求冲击的响应模式同工业整体类似，即期反应为正，持续一段时间以后转变为负向影响，并且上游行业有色金属矿采选业的响应幅度最大，在第 5 期达到最大值 0.02766，这主要是由于其距离有色金属产业链条的位置更近，对有色金属供需变动引起的价格变化反应也更敏感和更迅速，因此，对其 PPI 的影响最大。

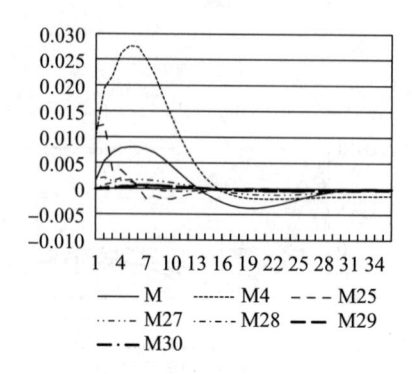

图 8-31　预防性需求冲击对产业链 PPI 的影响

5. 方差分解分析

接下来进一步采用方差分解来量化不同类型结构性冲击对有色金属产业链产出与价格的影响程度。表 8-2 为各变量在第 36 期稳定时的方差分解结果。

表 8-2　　　　　　　方差分解结果

单位:%

	行业代码	Supply	Demand	Metal	IAV	PPI
产出的方差分解	整体	13.7226	9.9137	16.4225	54.5394	5.4018
	M4	10.0377	5.1787	5.5141	74.9484	4.3211
	M25	0.8292	7.8893	13.2112	76.6655	1.4048
	M27	19.3764	9.3781	7.1172	53.7029	10.4254
	M28	15.8669	14.7026	5.0428	62.1738	2.21399
	M29	17.8038	6.1951	8.1481	51.8130	16.0400
	M30	11.0293	18.9928	7.3533	57.1148	5.5098
价格的方差分解	整体	9.3703	9.8515	26.4361	27.7691	26.5730
	M4	3.5978	2.0143	40.6537	11.5985	42.1357
	M25	2.3290	4.7644	27.8587	10.5845	54.4634
	M27	7.3032	16.0727	8.4508	38.8171	29.3563
	M28	12.9197	36.3475	2.9804	21.4933	26.2591
	M29	14.2119	20.2641	7.8694	15.5364	42.1082
	M30	2.0853	7.6570	27.1685	3.8432	59.2460

由表 8-2 可知，在不同来源有色金属价格冲击中，预防性需求冲击对工业整体产出预测方差的影响最大，在第 36 期稳定时，达到 16.4225%，仅次于工业产出自身的变化，供给冲击的影响次之，预测方差贡献度为 13.7226%，经济需求冲击的影响最小，仅为 9.9137%，进一步分析不同来源有色金属价格冲击对不同产业链环节产出的影响，可以发现对产业链不同环节产出的贡献度不尽相同，三种结构性冲击对上游行业（M4）产出的贡献率分别为 10.0377%、5.1787% 和 5.5141%，表明上游行业产出主要受供给冲击的影响；有色金属价格不同来源冲击对中游行业（M25）产出的贡献率分别为 0.8292%、7.8893% 和 13.2112%，显示中游行业产出主要受预防性需求冲击的影响，而下游行业中的通用设备制造业，专用设备制造业，铁路、船舶、航空航天和其他运输设备制造业产出受供给冲击的影响最大，方差贡献度分别达到 19.3764%、15.8669%、17.8038%，经济需求冲击的影响次之，分别达到 9.3781%、14.7026%、6.1951% 和 18.9928%，电气机械及器材制造业产出则受经济需求冲击的影响最大，方差贡献度达到 18.9928%，但联系前文的脉冲响应分析，下游行业在受供给冲击时，产出不降反升，显示其受供给冲击的负向影响很小，方差分解的结果只表明影响程度，综合分析可得，下游行业产出主要受经济需求冲击的影响。

在不同来源有色金属价格冲击中，预防性需求冲击对工业整体 PPI 的预测方差的影响最大，在第 36 期稳定时达到 26.4361%，仅次于自身变化与产出的影响，经济需求冲击的影响次之，预测方差贡献度为 9.8515%，供给冲击的影响最小，为 9.3703%，进一步分析不同来源有色金属价格冲击对不同产业链环节 PPI 的影响，供给冲击与预防性需求冲击合计引发的价格上涨对上游行业（M4）、中游行业

（M25）、下游行业（M27、M28、M29、M30）PPI 的贡献率分别为 44.2515%、30.1877%、15.754%、15.9001%、22.0813% 和 29.2538%，这表明供给冲击与预防性需求冲击引发的成本推动型通货膨胀沿着有色金属产业链上游往下游的单向传导路径：先影响上游的有色金属开采，再影响有色金属冶炼及压延加工业，然后再传导到下游的电气机械及器材制造业等行业，并且价格冲击影响逐渐减弱；而经济需求冲击引发的价格上涨对上游行业（M4）、中游行业（M25）、下游行业（M27、M28、M29、M30）PPI 的贡献率分别为 2.0143%、4.7644%、16.0727%、36.3475%、20.2741% 和 7.6570%，显示经济需求冲击引发的需求拉动型通货膨胀沿着有色金属产业链下游往上游的逆向传导路径：先影响下游的终端消费部门，再影响有色金属冶炼及压延加工业，然后再传导到上游的有色金属矿采选业，并且价格冲击影响逐渐减弱。

6. 实证结果

本小节基于细分的产业链视角，选择中国有代表性的六个工业部门以构建反映有色金属产业链内在联系的 SVAR 模型，借助脉冲响应函数与方差分解等方法，通过分析有色金属产业链不同环节产出与价格对不同来源国际有色金属价格冲击的响应模式与主要动因，探究国际有色金属价格冲击的主要传导路径，得出主要研究结论如下：

（1）供给冲击与预防性需求冲击带来的国际有色金属价格上涨对我国工业行业产出具有负面影响，而经济需求冲击带来的国际有色金属价格上涨会扩张工业行业产出。

（2）产业链位置不同，各行业产出对国际有色金属价格冲击的反应模式也呈现出差异性，供给冲击对我国有色金属产业链产出的影响主要集中在上游行业,由于距离终端需求比较近,下游行业产出主要受经济需求冲击的影响,而预防性冲击对中游行业产出的影响较大。

(3) 供给冲击与预防性需求冲击带来的国际有色金属价格上涨会产生成本推动型通货膨胀,并且冲击作用沿着产业链的上游往下游的正向传导路径:先影响上游的有色金属矿采选业,再影响有色金属冶炼及压延加工业,然后再传导到下游的电气机械及器材制造业等行业,并且价格冲击影响逐渐减弱。

(4) 经济需求冲击带来的国际有色金属价格上涨会产生需求拉动型通货膨胀,并且冲击作用沿着产业链下游往上游的逆向传导路径:先影响下游的终端消费部门,再影响有色金属冶炼及压延加工业,然后再传导到上游的有色金属矿采选业,并且价格冲击影响依次减弱。

第三节 价格下行以来有色金属价格波动对宏观经济影响的对比分析

多年以来,有色金属等国际大宗商品价格波动始终是影响我国宏观经济的重要外部变量。但进入21世纪以来,2001年初至2010年末是大宗商品的牛市时期,从2011年7月开始进入价格下行阶段,如CRB指数从2011年7月的560点迅速下降至2016年2月的400点,CRB金属指数则从2001年7月的1100点下降至2016年2月的700点,未来一段时期仍将持续低迷。在此背景下,有色金属等国际大宗商品市场加速进入买方市场,有利于我国充分发挥买方优势争取定价权,因此,本节将构建SVAR模型,基于产业链视角,深入分析2011年7月国际有色金属价格下跌对我国产出、价格以及利率等宏观经济变量的影响,并与前文做对比分析,以把握有色金属价格下行带来的战略机遇窗口,有针对性争取我国有色金属国际定价权。首先,本节从理论上分析价格下行对我国宏观经济的影响机制。

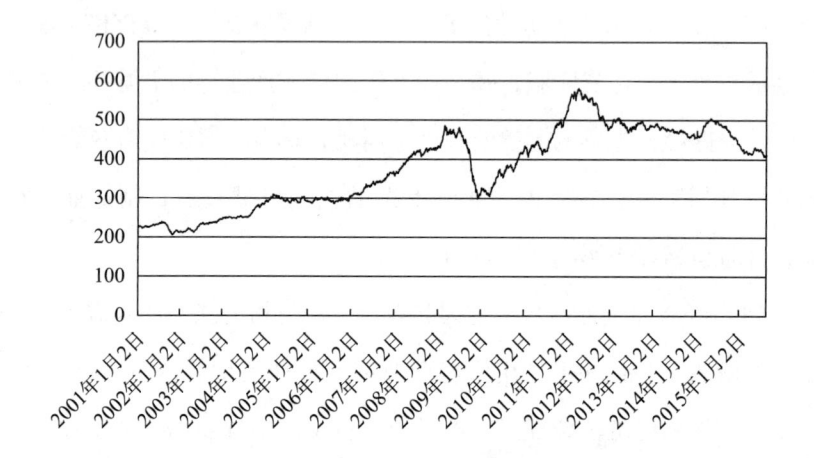

图 8-32　2001 年以来 CRB 现货指数走势

资料来源:Wind 数据库。

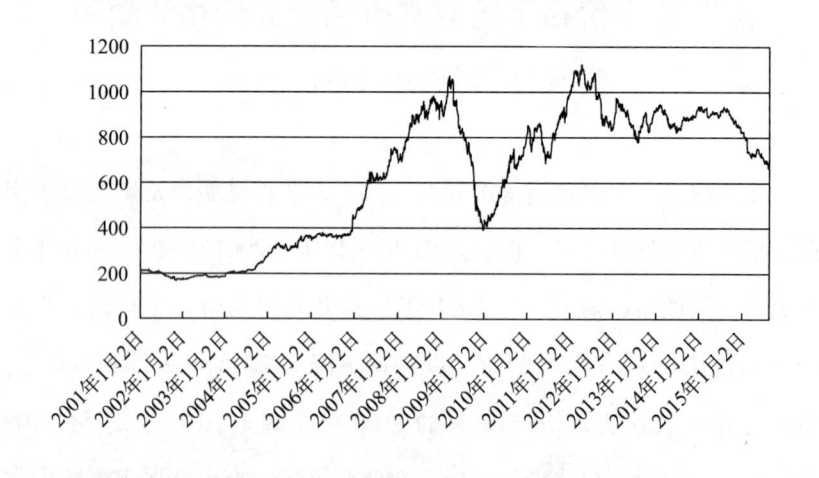

图 8-33　2001 年以来 CRB 金属指数走势

资料来源:Wind 数据库。

一　有色金属价格下行对我国宏观经济的影响机制

我国是有色金属第一生产大国与消费国,有色金属市场进入下行周期，将使我国有色金属行业获得一定成本红利，但也可能带来通货紧缩。一般来讲，有色金属价格下行将通过四条路径影响我国宏观经济（见图 8-34）：一是通过进口渠道，价格下行将使我国进口成本降低，从而获得贸易红利；二是通过输入型价格传导，降低我国整体物价水平；三是通过成本渠道，降低生产商的采购成本，从而扩大生产商的利润区间；四是通过较低的物价，促进中国居民消费水平。

（一）有利于降低进口成本，获得贸易红利

如图 8-34 显示，国际有色金属价格的下行将有助于降低我国进口成本，获得贸易红利。以铜为例，2012 年、2013 年、2014 年、2015 年及 2016 年铜矿砂及精矿进口量分别为 0.0783 亿吨、0.1008 亿吨、0.1186 亿吨、0.1331 亿吨及 0.1705 亿吨，而进口平均价格则分别为 2160.33 美元/吨、1986.53 美元/吨、1841.09 美元/吨、1459.66 美元/吨、1203.46 美元/吨，平均价格呈现连续下降趋势，若分别按照上一年度平均价格计算，2012—2016 年分别节省开支 20.51 亿元、17.52 亿元、17.21 亿元、50.64 亿元及 43.68 亿元；以铝为例，2012 年、2013 年、2014 年、2015 年及 2016 年氧化铝进口量分别为 0.0502 亿吨、0.0383 亿吨、0.0528 亿吨、0.0465 亿吨及 0.0303 亿吨，而进口平均价格则分别为 361.94 美元/吨、366.59 美元/吨、364.70 美元/吨、350.72 美元/吨及 287.74 美元/吨，若分别按照上一年度平均价格计算，除 2013 年开支小幅提升外，2012 年、2014 年、2015 年及 2016 年分别节省开支 2.62 亿美元、0.12 亿美元、0.64 亿美元及 1.91 亿美元。这样算来，将显著改善我国有色金属贸易条件。

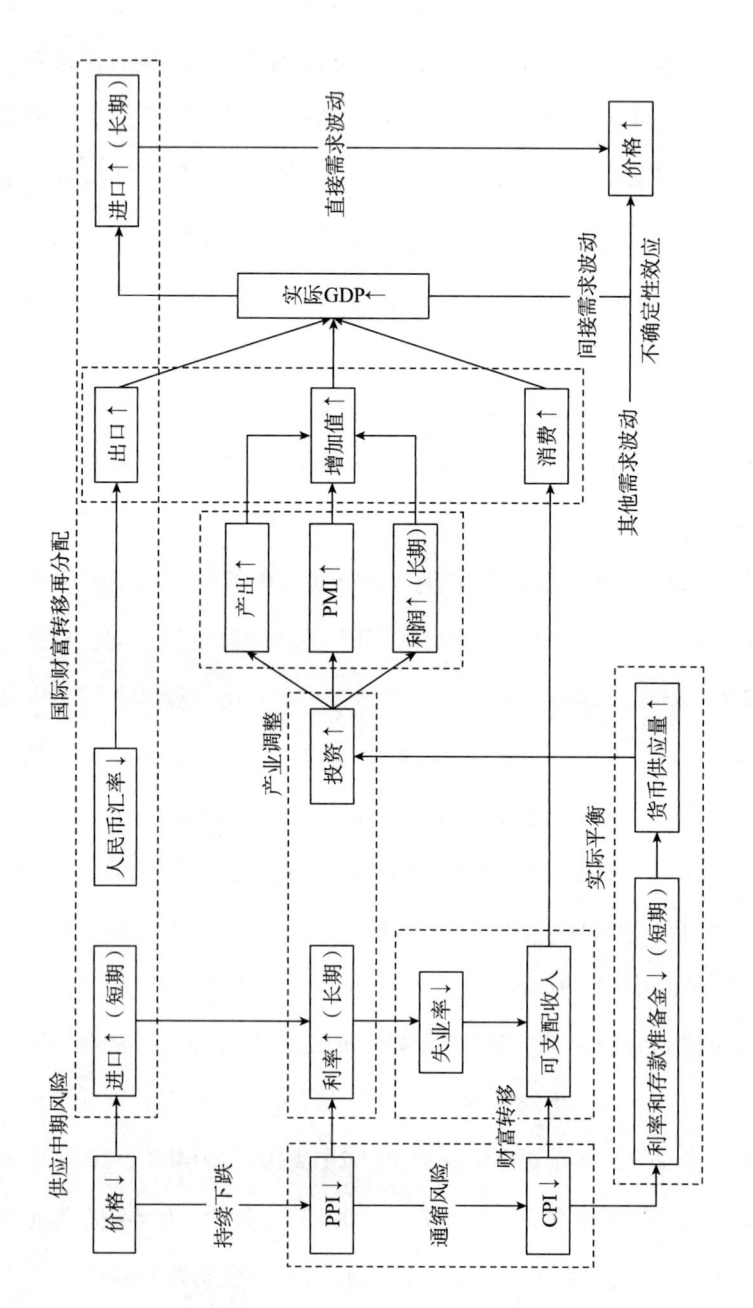

图 8-34 有色金属价格下行对我国宏观经济的影响机制

表 8-3　　　　主要有色金属进口额、平均单价及节省支出

	2012 年				2013 年			
	进口量（亿吨）	进口额（亿美元）	平均单价（美元/吨）	节省支出（亿美元）	进口量（亿吨）	进口额（亿美元）	平均单价（美元/吨）	节省支出（亿美元）
铜矿砂及其精矿	0.0783	169.18	2160.33	20.51	0.1008	200.24	1986.53	17.52
氧化铝	0.0502	18.1662	361.94	2.62	0.0383	14.0443	366.59	-0.18
	2014 年				2015 年			
	进口量（亿吨）	进口额（亿美元）	平均单价（美元/吨）	节省支出（亿美元）	进口量（亿吨）	进口额（亿美元）	平均单价（美元/吨）	节省支出（亿美元）
铜矿砂及其精矿	0.1186	218.39	1841.09	17.21	0.1331	194.41	1459.66	50.64
氧化铝	0.0528	19.24	364.70	0.12	0.0465	16.3207	350.72	0.64
	2016 年							
	进口量（亿吨）	进口额（亿美元）	平均单价（美元/吨）	节省支出（亿美元）				
铜矿砂及其精矿	0.1705	205.19	1203.46	43.68				
氧化铝	0.0303	8.7185	287.74	1.91				

资料来源：海关总署。

（二）有助于缓解经济下行压力

当前，我国已进入工业化中后期，对有色金属等大宗原材料的需求峰值仍未到来，进口依存度比较高。国际有色金属价格的下跌将通过成本渠道引致最终商品价格下降，有助于增加企业盈利空间，获得成本红利，从而一定程度上抵消我国进入经济新常态后的经济增速放缓。据学者估算，有色金属等大宗商品价格下行带来的贸易红利，将有助于提高我国净出口，从而促进我国经济发展，这种贸易红利约占到 GDP 的 2%—3%。国际有色金属价格的下行还有助于提高消费者福利水平，价格的下跌有助于刺激居民消费，从而带动经济发展。

（三）有助于有色金属产业转型升级

国际金融危机以来，随着国际经济格局的深度调整以及国内外市场需求增速的放缓，中国有色金属行业的产能过剩问题突出，高进口价格以及低出口价格给相关企业带来巨大生存压力，而国际有色金属原材料价格的下降，将在一定程度上是企业获得成本红利，缓解债务压力。同时这波下行行情也为加速资源品价格机制改革、进一步转移过剩产能提供了契机。国际有色金属行业下行有助于我国金属企业加快国际化步伐，加快海外并购与投资，从而获得廉价优质资源，促进转型升级与结构调整。

（四）可能引发输入性通缩

国际有色金属价格的下行，容易引发输入性通缩。由于我国对国际有色金属市场的依存度比较高，受这轮有色金属价格下行行情影响，我国PPI指数已经连续呈现负增长，给我国带来较为严重的通缩压力。与此同时，直观反映原材料进口价格的PPIRM指数也呈现连续下降趋势，因此，国际有色金属原材料价格下跌是PPI持续下跌的直接因素，然而，在我国，由于价格传导的黏滞，价格传导机制具有不完全性，然而此轮下行行情已经影响CPI，引发通货紧缩担忧。

二 样本选择与数据来源

接下来通过构建SVAR模型，从产业链视角，深入分析2011年7月以来国际有色金属价格下跌对我国产出、物价以及利率等宏观经济变量的影响，并与前文做对比分析，如前所述，依旧选取CRB金属指数来测度国际有色金属价格，记为METAL；然后界定产业链的上中下游行业，即上游行业：黑色金属矿采选业（M3）、有色金属矿采选业（M4）；中游行业：黑色金属冶炼及压延加工业（M24）、有色金属冶炼及压延加工业（M25）；下游行业：通用设备制造业（M27），专用设备制造业（M28），铁路、船舶、航空航天和其他运输设备制造业（M29）、电气机械及器材制造业（M30），然后以这八个行业的工业增加值同比增速作为衡量行业产出情况的指标，记为 IAV，以工业出厂品价格指数作为衡量行业价格的指标，记为 PPI；利率则选择银行间七天同业拆借加权平均利率，数据均为月度数据，样本区间为 2011 年 7 月至 2015 年 12 月，对变量进行单位根检验，检验结果显示，IAV、PPI、IR 的原序列为平稳时间序列，而 METAL 的一阶差分序列为平稳时间序列。根据 AIC 准则，建立滞后 2 阶 SVAR 模型，并进行稳定性检验，发现模型特征方程的特征根的绝对值小于 1，表明所依据的模型具有良好的稳定性，从而确保下一步研究的有效性。①

三 价格下行以来国际有色金属价格冲击的宏观经济效应分析

图 8-35 至图 8-37 显示了给定结构性残差一个标准差的变动，在前 36 期内我国产出、价格以及利率受国际有色金属价格结构性冲击影响的情况。可以看出，我国工业 PPI 对国际有色金属价格冲击的即期反应为正，并在第 2 期达到最大值 0.01269，之后两期虽短暂为负，但总体来讲，2011 年下半年以来，国际有色金属价格冲击会给我国经济增长带来成本红利。

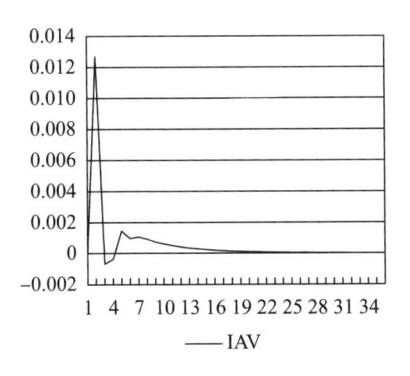

图 8-35 价格冲击对我国产出的影响

---

① 资料来源于 Wind 数据库。

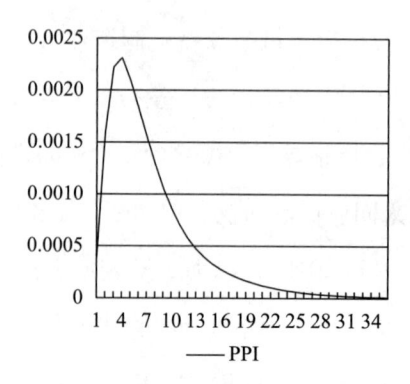

图 8–36 价格冲击对我国物价的影响

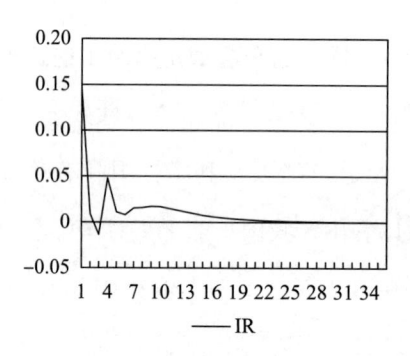

图 8–37 有色金属价格冲击对利率的影响

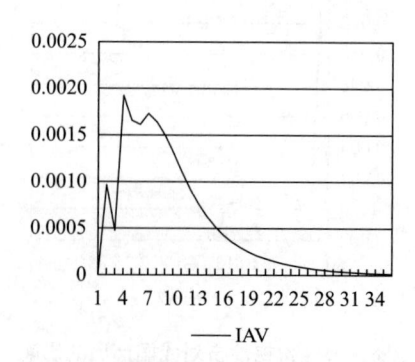

图 8–38 利率冲击对我国产出的影响

国际有色金属价格冲击对我国 PPI 的影响则比较迅速,从第 1 期开始就产生了显著正向影响,并且在第 4 期达到最大值 0.0023,显示样本期间国际有色金属价格冲击给我国仍带来温和型通货膨胀,虽然相对 2006 年 2 月至 2015 年 12 月的正向影响幅度较小,但是国际有色金属价格的持续下跌并没有给我国带来紧缩性通缩。

面对国际有色金属价格上涨带来的通货膨胀,我国货币政策在第 4 期开始连续做出正向反应,通过提高利率来以抑制过度的通货膨胀,使国际有色金属价格对利率产生正向效应;而如图 8-38 所示,从第 2 个月开始,产出面对利率的一个标准差冲击会产生正向变动,这与前文 2006 年 2 月至 2015 年 12 月的结果相反,这表明在此期间,我国货币政策对产出的间接影响有限,我国产出主要受国际有色金属价格冲击直接效应的影响。

四 价格下行以来国际有色金属价格冲击对产业链的影响

(一) 国际有色金属价格冲击对上游行业的影响

接下来将从产业链角度来进一步分析国际有色金属价格冲击对产业链不同环节产出与价格的影响,上游环节主要是开采行业,选取黑色金属矿采选业 (M3)、有色金属矿采选业 (M4) 作为产业链上游的代表性行业,首先测度上游行业产出与价格受到国际有色金属价格冲击的脉冲响应,如图 8-39 和图 8-40 所示,在一单位的国际有色金属价格标准差正向冲击下,黑色金属矿采选业与有色金属矿采选业的 PPI 分别在第 2 期和第 1 期受到显著正向影响,并分别在第 5 期和第 3 期达到最大值 0.0138 和 0.0081,显示上游行业 PPI 在价格下行期受国际有色金属价格冲击的影响较小,但黑色金属矿采选业产出在面对国际有色金属价格下行时,在前 8 期受到较大的负面冲击,从第 9 期开始才由负转正,有色金属矿采选业也在第 3 期和第 4 期受到负面影响；利率对国际有色金属价格冲击的响应依旧为正向响应，并且利率变动从第 1 期开始就对黑色金属矿采选业具有正向影响，而对有色金属矿采选业在当期也具有正向影响，虽然从第 3 期至第 9 期转变为负向影响，但从第 10 期开始又由负转正，可见，在价格下行期，有色金属行业上游产业受国际有色金属价格输入型通货膨胀的影响相对较小，但由于与进口有色金属存在直接竞争关系，加之国内采选开采成本高，上游行业产出受到国际有色金属价格一定的负面冲击，但由此引发紧缩性货币政策对上游行业产出的间接抑制效应没有充分发挥。

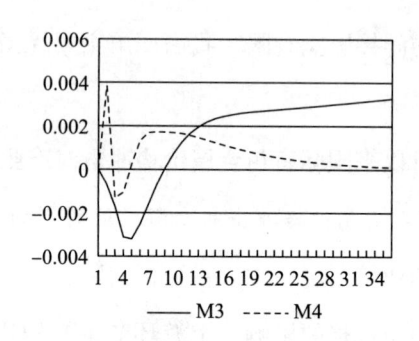

图 8-39 价格冲击对上游行业产出的影响

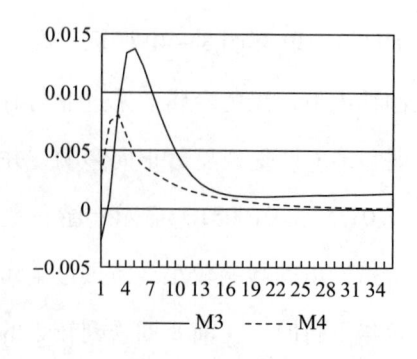

图 8-40 价格冲击对上游行业价格的影响

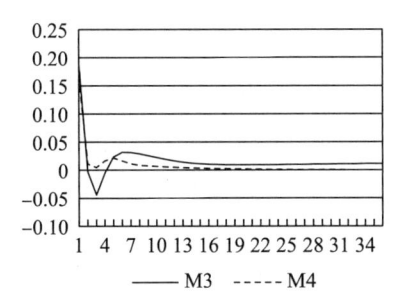

图 8-41　价格冲击对利率的影响

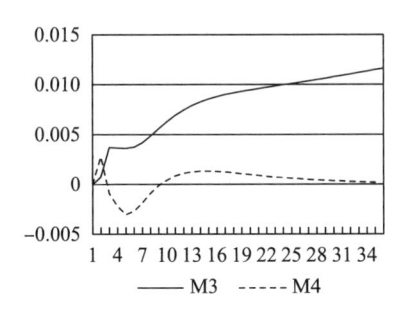

图 8-42　利率冲击对上游行业产出的影响

(二) 国际有色金属价格冲击对中游行业的影响

中游环节主要是冶炼加工行业,选取黑色金属冶炼及压延加工业(M24)、有色金属冶炼及压延加工业(M25)作为产业链中游的代表性行业,首先测度中游行业产出与价格受到国际有色金属价格冲击的脉冲响应,如图 8-43 和图 8-44 所示,面对一单位的国际有色金属价格标准差冲击,黑色金属冶炼及压延加工业与有色金属冶炼及压延加工业的 PPI 响应同总样本(2006 年 2 月至 2015 年 12 月)一样,在当期即受到显著正向影响,并分别在第 5 期和 2 期达到最大值 0.0099和 0.0139,显示在价格下行期,国际有色金属价格冲击对中游行业的输入型通货膨胀效应较小;但与总样本不同的是,在价格下行期,黑色金属冶炼及压延加工业与有色金属冶炼及压延加工业的产出在面对国际有色金属价格冲击时，一直维持正向响应，并分别在第 3 期达到最大值 0.0032 和 0.0041，但与总样本相比，受到的正向效应较弱，显示中游行业受到国际有色金属价格下跌冲击的成本红利弱于预期，表明中游行业不仅在价格上行时受到较大负面冲击，并且在价格下行时，由于自身产能过剩依然无法分享足够的成本红利；利率对国际有色金属价格冲击的响应依旧为正向响应，并且利率变动对黑色金属冶炼及压延加工业与有色金属冶炼及压延加工业产出的影响基本为正，显示中游行业受紧缩性货币政策的间接抑制效应有限。

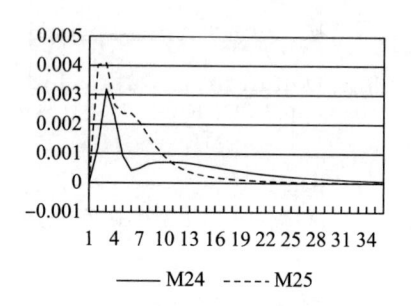

图 8-43　价格冲击对中游行业产出的影响

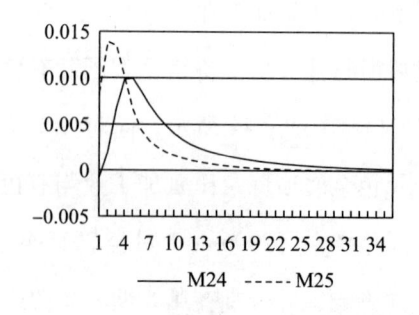

图 8-44　价格冲击对中游行业价格的影响

第八章 产业链视角下有色金属价格波动对我国宏观经济的影响

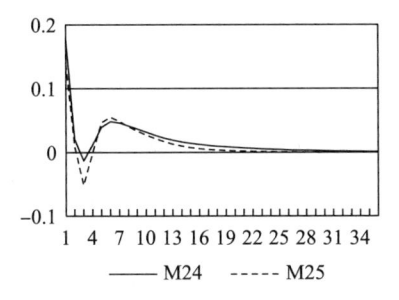

图 8-45 价格冲击对利率的影响

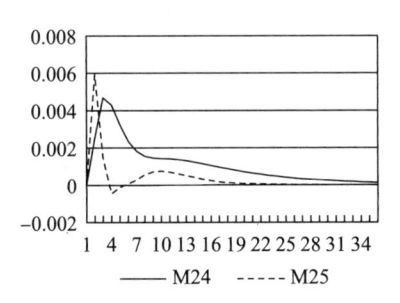

图 8-46 利率冲击对中游行业产出的影响

（三）国际有色金属价格冲击对下游行业的影响

下游环节主要是终端消费领域，而装备制造业是有色金属消费的主要部门，本小节选取通用设备制造业（M27），专用设备制造业（M28），铁路、船舶、航空航天和其他运输设备制造业（M29），电气机械及器材制造业（M30）作为产业链下游的代表性行业，首先测度下游行业产出与价格受到国际有色金属价格冲击的脉冲响应，如图 8-47 和图 8-48 所示，国际有色金属价格对下游行业 PPI 的影响依旧集中在电气机械及器材制造业，对其他行业影响较小，电气机械及器材制造业 PPI 在当期即显示出正向响应，并在第 3 期达到最大值 0.0026，而其他行业 PPI 对国际有色金属价格冲击响应的最大值都不超过 0.001，几乎可以忽略不计；除铁路、船舶、航空航天和其他运输设备制造业外，通用设备制造业、专用设备制造业、电气机械及器材制造业的产出在面对国际有色金属价格冲击时，都表现出正向响应，通用设备制造业、专用设备制造业、电气机械及器材制造业的产出分别在滞后 2 期、3 期、3 期就分别达到最大值 0.0052、0.0023 和 0.0058，而铁路、船舶、航空航天和其他运输设备制造业的产出则从第 3 期开始，一直为负向影响，相对总样本期间的下游行业响应系数，正向响应相对较小，显示在价格下行期间，下游行业并没有分享足够的成本红利，这仍旧是因为我国市场需求不足、价格管制干扰市场，使价格传导黏滞，价格冲击止步于中游行业，无法迅速传导到下游行业，在价格上行期间受到不利影响较小，但与此同时产出在下行期间受到正面影响也较小；利率对国际有色金属价格冲击的响应基本为正向响应，并且利率变动除对专用设备制造业具有较大负面影响外，对其他下游行业的抑制效应有限。

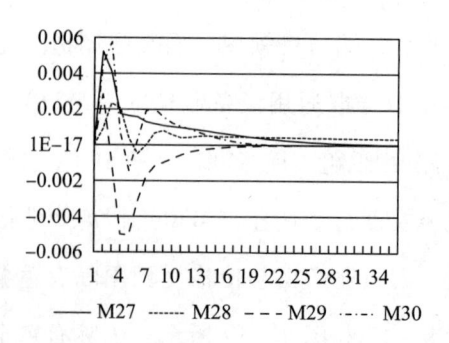

图 8-47　价格冲击对下游行业产出的影响

第八章 产业链视角下有色金属价格波动对我国宏观经济的影响

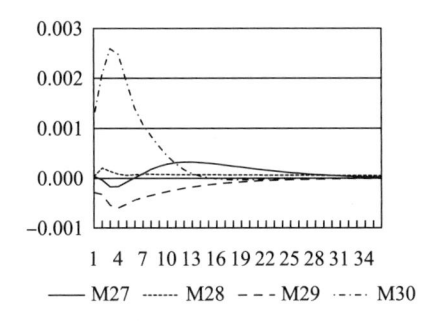

图 8-48 价格冲击对下游行业价格的影响

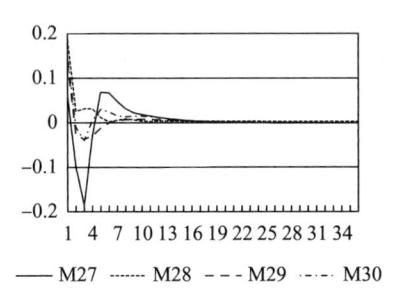

图 8-49 价格冲击对我国利率的影响

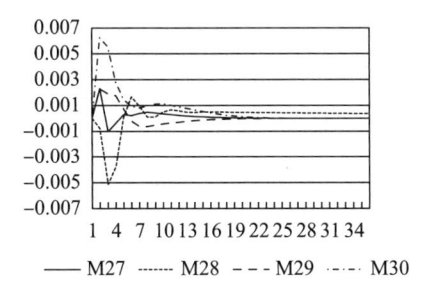

图 8-50 利率冲击对下游行业产出的影响

五 实证结果

2011年下半年以来，供需关系逆转，国际有色金属价格持续走低,进入深度下行期,本小节通过构建 SVAR 模型,测度了国际有色金属价格冲击对产业链产出与价格的直接影响,并考察紧缩性货币政策对产出的间接影响,认为在经济新常态下,把握战略机遇期,应对国际有色金属价格不利冲击,争取我国有色金属国际定价权提供实证依据。得出主要结果如下:

(1)国际有色金属价格上涨与下跌对我国宏观经济影响具有非对称性,在国际有色金属价格持续下跌状态下,将不仅给我国经济增长带来成本红利,更不会带来人们所担忧的通货紧缩,并且对国际有色金属价格冲击作出反应的紧缩性货币政策对我国经济增长的抑制效应有限,这就为我国发挥消费者剩余优势,发挥需求力量,争取国际有色金属定价权提供一个良好的机遇窗口,在此背景下,可以最大限度地减少对我国宏观经济的不利冲击。

(2)由于开采成本相对较高,在价格下行期,上游行业产出将会受到一定负面影响,中游行业由于产能过剩、下游行业由于价格传导机制黏滞,享受到的成本红利都低于预期,这也为我国有色金属行业在经济新常态下加快资源品价格形成机制改革与供给侧结构性改革提供了依据。

第四节 产业链视角下提升有色
金属定价权的政策建议

我国是有色金属第一生产大国与消费大国,对国际有色金属市场的依存度较高,因此,国际有色金属价格波动始终是影响我国宏观经济的重要因素。为了有效应对国际有色金属价格波动给我国宏观经济带来的负面冲击,需结合经济新常态背景,紧紧围绕争取有色金属资源国际市场定价权这一战略目标,充分抓住国际有色金属价格深度调整这一战略机遇,充分发挥买方优势,并依据不同有色金属产业链环节对国际有色金属价格冲击反应的差异性,采取差别化的应对策略。

一 上游行业的政策建议

(一)降低资源依赖度,提高资源利用率

上游行业距离有色金属产业链条近,议价能力相对较强,能够很快地将有色金属成本转移到下游企业,但上游部门受输入型通货膨胀影响相对较大,随着我国对有色金属等基础原材料的对外依赖程度逐渐提高,在国际有色金属价格波动日益剧烈的今天,上游行业要降低对有色金属的依赖程度,引导企业采用先进的开采技术,加大技术改造;要推出政策优惠与鼓励措施,加大对难选、低品位的有色金属矿利用,进一步放松政策范围,积极鼓励外资和民营资本进入采选业;要重视资源回收与再利用,提高废金属回收率。

(二)建立多元化供应体系,加强战略储备建设

上游行业产出受供给冲击效应影响较大,有色金属价格上涨对其产生显著的成本推动型通货膨胀,上游行业对外要充分利用国际有色金属市场,建立多元化的海外有色金属供应体系,我国一方面要多渠道进口有色金属,避免进口集中度高的风险,还要优化进口结构,鼓励非原矿砂进口,加强废金属的进口;同时在此价格深度调整期,鼓励国内企业抓住契机加快"走出去"步伐,拓展海外投资,并在资金和政策方面给予优惠与支持,通过并购、参股、控股等形式参与国外有色金属矿的开发,着力保障我国有色金属稳定供给。另一方面,对内要加强有色金属战略储备体系建设,特别是把握价格下跌期,加大进口力度,要积极推动设立国家有色金属资源储备机构,设立有色金属储备专项基金,进行相关管理工作。要建立健全有色金属战略储备

的调控与运行机制，采取政府直接控制，以市场化运作方式，推动我国有色金属供给安全。

二 中游行业的政策建议

（一）加快有色金属等资源品价格机制改革

由于价格传导机制的黏滞，国际有色金属价格上涨带来的成本冲击无法顺利地向下游行业传导，导致价格高位运行时，中游行业受到的成本压力很大，同时在价格下行时，无法充分享受成本红利，因此有必要加快价格机制改革，同时，随着此轮有色金属价格持续走低，国内资源市场供求关系趋向宽松，考虑国际有色金属价格冲击对我国经济增长具有成本红利与只形成温和型通货膨胀的情况下，要把握这一有利时机加快推进有色金属等资源品市场化改革，首先，建立健全能够灵活反映市场供求关系、资源稀缺程度和环境损害成本的资源性产品价格形成机制；同时，要破除地区、行业垄断，放宽有色金属资源领域的市场准入条件，最大限度地取消资源能源领域市场准入限制，放开进口资格管制，培养市场主体，减少人为价格扭曲，形成良性竞争关系与资源品市场，提高市场价格调整的效率与公平性，以内部改革带动资源产业的整体发展。

（二）加快供给侧结构性改革，优化产业结构

中游行业由于产能过剩，在价格上行时利润被大幅压缩，而在价格下行时也依然无法获得充足的成本红利，因此，必须加快供给侧结构性改革，优化产业结构，提高产业集中度，具体来说，一方面加大对有色金属产业的宏观调控力度，严格审查低附加值项目，禁止随意上马有色金属冶炼项目，提高冶炼行业准入门槛，促进冶炼工业有序平稳发展；要化解过剩产能，规范地方政府的投融资行为，破除预算软约束，停止向"僵尸企业"继续"输血"，引导"僵尸企业"平稳

退出,降低市场供应量,同时,要优化产能结构,提升质量效益,以发展高质量、高性能、高附加值的铜铝产品为重点,以有色金属新材料为突破口,发展精深加工产品,延伸有色金属产业链。另一方面,鼓励兼并重组,推动大企业收购重组小企业,推动设立专项兼并重组基金,从而提高产业集中度;大力推进市场化改革,充分发挥市场在资源配置中的决定性作用,实现行业转型升级。

(三) 大力发展有色金属期货市场及金融体系

对于中游行业来说,其产出受预防性需求冲击的影响较大,因此,我国应尽快发展完善有色金属期货市场及相关金融体系,伴随国际金融市场的发展,基于有色金属等大宗商品为标的物的衍生品市场发展迅速,企业可以利用衍生品交易规避国际有色金属价格变动带来的不利影响,推动中国有色金属期货价格成为国际定价基准,从资源需求国的角度争取中国在国际有色金属定价中的主导权。因此,要进一步丰富有色金属衍生品的交易种类,实现与国际接轨,同时推出与产品配套的相关衍生服务,为有色金属采选企业、冶炼企业、流通企业、进口、仓储、贸易公司提供便利的风险对冲工具。

三 下游行业的政策建议

(一) 刺激内需,扩大市场需求

市场需求对于下游行业的冲击则是最为直接的,因此,下游行业要以刺激内需为重点,扩大市场需求刺激经济产出,要培育壮大新产能,加快国内基础设施建设,拉动有色金属需求,增加有色金属市场需求量;同时实施创新驱动发展战略,研发满足下游客户需求的满足未来有色金属行业转型升级的高性能有色金属制品,拓展新的市场空间和利润增长点。同时,要积极推动智能制造,促进"互联网+"与企业生产经营全过程融合,推广个性化定制、柔性化制造,满足多样化、多层次需求。

（二）重视技术进步，提升技术效率

以补"短板"为目标，通过创新，提升技术效率，着力开拓有色金属下游行业新需求则是提升定价权的"治本"途径。鼓励企业加快转型升级、进行技术改进，出台相关政策如落后技术负面清单等；引导鼓励企业加快研发投资，在高附加值新产品研发方面给予政策优惠与资金支持。要坚持利用大数据、云计算的管理方式提升效率，助推下游企业提升竞争优势，实现发展的差异化与个性化。此外，也要提升下游行业的自主创新能力，加快开发具有自主知识产权的技术和成套设备，提高绿色技术实现转型，增强竞争力。

第九章　优势稀有金属资源国际定价权问题及提升对策研究

随着工业化进程与《中国制造2025》的不断推进，发达国家"重振制造业"和"再工业化"战略的推行，稀有金属资源因其特殊的功能和用途，成为战略性新兴产业的关键原材料。这意味着国际市场将对稀有金属资源定价权展开新一轮的争夺。在国际市场上，稀有金属资源的"中国溢价"与"中国折价"具体表现为中国在钽、铌等稀有金属进口市场的"贵买"与对钨、铟、稀土等在出口市场的"贱卖"，贵买与贱卖并存的现象使我们不得不重新思考和重视稀有金属资源的定价格局演变及影响因素研究，究竟是什么因素影响着稀有金属资源的价格运动与变化？中国在稀有金属资源定价权方面所遭遇的"中国困境"的根源是什么？稀有金属资源定价机制已经远远超出了供求关系的范畴，贸易规则的制定权落在发达国家垄断集团手中，垄断集团的合成议价能力的市场"风向标"左右着国际稀有金属资源市场的风云变幻。

第一节 优势稀有金属定价权测度及影响因素分析

一 稀有金属国际定价权的测度

本节选取钨和铟的全年平均进口价格以及国际权威价格分布进行比对,通过白明(2006)提出的动态比价法来测度钨和铟的国际定价权。若动态比价 R 大于1,则说明在价格上呈现劣权化趋势,且 R 越大,劣权化趋势越明显;而动态比价 R 小于1,则说明在价格上呈现出优权化趋势,R 越小,优权化趋势越明显。表9-1分布显示了我国钨和铟进口价格与多个国际权威价格指数之间的动态比价(白明,2006;何新貌,2007;左韵琦,2015)。

表9-1 中国钨产品进口价格和国际权威价格动态比价

年份	进口价格 (美元/吨)	伦敦战略金属市场 (美元/公吨)	RE	欧洲战略小金属 (美元/吨)	RU
2008	152193.07	62257.5	1.04	16650	1.01
2009	156695.65	48917.5	1.17	16650	0.92
2010	144331.71	57174	0.73	15300	0.93
2011	122987.67	103612.5	0.95	15150	1.73
2012	210702.26	106460	0.82	15000	0.85
2013	176595.04	94007.5	1.13	15150	0.99
2014	210689.42	93740	1.20	16615	1.09
2015	184967.29	62817.5	1.31	13874	1.05

资料来源:中国国土资源经济研究院:《重要矿产资源市场监测与综合评价(2015年度成果)》;USGS, Mineral Commodity Summaries, 2003 – 2015;英国《金属导报》,2005年1月—2014年12月。

从表9-1中可知,2008—2009年、2013—2015年,动态比价基本上都是大于1。2015年的动态比价数值最大，呈现明显的劣权化倾向。2012—2013年R值大幅上涨，观察当年数据发现，相对于前一年的进口来说2013年的进口量有一个井喷式的增长。也就是说，几乎中国进口量大增的同时，都伴随着动态比价的大幅上涨，动态比价大于1，即中国进口量的大增不但没有增强我们的议价能力，反而拉高了中国进口价格，中国缺乏议价能力。

在除此之外的其他年份，可以发现钨矿产品下跌的趋势中，我国的进口动态比价往往小于1，也就是定价权呈现优权化趋势。因为在国际钨矿产品下跌的情形中，因为在国际钨下跌的情形下，长期协设价格定价往往高于现货价格，而我国由于常常采取现货交易，所以反而能得到一个较低的进口价格。因此，在议价能力弱或没有定价权的情况下，我国更应该灵活地运用多种方式进行钨采购，以取得最为有利的价格。

从表9-2中的动态比价来看，我国进口钨定价权优权化趋势和劣权化趋势相互交错，"时而贵买，时而贱卖"。这反映出我国进口钨的价格受国际市场形势和我国进口量的影响非常大，也反映了一个重要的事实：从整体上看，我国钨矿进口定价权缺失。

表9-2　　　　中国精铟进口价格和国际权威价格动态比价

年份	进口价格（美元/千克）	伦敦战略金属市场（美元/千克）	RE	欧洲战略小金属（美元/千克）	RU
2008	501.28	135325	1.54	55697.5	1.51
2009	604.09	90795.92	1.80	40550	1.66
2010	627.54	133600	0.71	57280	0.74
2011	1048.69	165917.5	1.35	69627.5	1.37
2012	882.11	133892.5	1.04	53265	1.10

续表

年份	进口价格 （美元/千克）	伦敦战略金属市场 （美元/千克）	RE	欧洲战略小金属 （美元/千克）	RU
2013	1279.60	148220	1.31	59967.5	1.29
2014	925.22	183052.5	0.59	73920	0.59
2015	972.40	110740	1.74	42800	1.82

资料来源：中国国土资源经济研究院：《重要矿产资源市场监测与综合评价（2015年度成果）》；USGS, Mineral Commodity Summaries, 2003-2015；英国《金属导报》，2005年1月—2014年12月。

分析表9-2中精铟进口价格与国际权威价格的动态比价可知，除2010年、2014年外，其他年份的动态比价均大于1，且2009年和2015年的动态比价值R为1.80和1.82，呈现明显的劣权化趋势。表9-2中动态比价的优劣权化趋势相交错，反映出我国在精铟的进口上缺乏定价权。

随着应用领域扩展及国际竞争加剧，稀有金属资源定价权成为国内研究的热点问题，研究成果不断丰富，特别是在定量研究方面做出了一些有价值的探索。这些研究从不同角度探讨了中国稀有金属矿产虽具有资源优势，由于缺乏系统性研究，未能掌握国际议价能力或定价权的根本原因，导致对稀有金属资源似是而非的认知，在无法真正把握稀有金属资源安全地位越来越高的情形下，如何参与大国资源博弈以及如何在博弈中立于不败地位？为构建稀有金属资源的国家战略，完善定价机制，优势稀有金属资源国际定价权的研究意义显得十分重大，为我国在承担稀有金属资源国际市场主要供给责任基础上获得相应的权利提供了有益的参考。

二 稀有金属定价权的影响因素

近年来，国际和国内市场上影响稀有金属价格因素的复杂多变，使各类稀有金属价格发生了巨大的波动，价格的波动直接影响市场交易者的利益，中国作为具有资源优势的稀有矿产品的主要卖方，由于对稀有金属国际定价权的缺失，使一些优势稀有金属资源如稀土卖出白菜价。在此，值得思考的重要问题是，优势稀有金属资源国际定价权究竟受到哪些因素的影响？综观学者对于矿产品定价权的研究，所涉及的影响因素有国际国内政治经济形势、供求关系、进出口政策、国际上相关市场的价格、产业组织结构、金属生产成本、相关商品价格波动的影响、汇率等（李艺，2006；吴冲锋，2011；辛月，2011；邓炜，2011，等等）。但专门研究矿产品定价权的文献并不多见，更多的是对定价权缺失的机理及原因进行笼统的分析，关于矿产资源定价权的影响因素研究零散而不成系统。

国际定价权更强调一个国家（地区）对国际市场定价的控制力，在吸收国内外现有研究成果基础上，本节分析供求关系、市场结构、价格周期、技术创新及国家战略储备的历史因素五项因素及其对优势稀有金属国际定价权变化的影响。

（一）供求关系

供求关系是影响矿产资源定价的主要因素。供求与价格关系的理论基础基于劳动价值理论、局部均衡理论以及一般均衡理论。经济学理论认为，在完全竞争市场中，商品价格围绕价值上下波动。从长期来看，价格作为调节生产的手段，使市场供求趋于平衡。从短期来看，商品价格由供求关系决定，供大于求时商品价格上升；反之则下降。对于市场竞争充分的商品而言，其价格由供求关系决定，买卖双方都是价格的接受者，不存在定价权问题。但处于寡头垄断或完全垄断时，部分市场主体相对来说具有资源优势，从而获得某种商品的价格决定权，即具有定价权。在实际生活中，完全竞争市场、信息对称、交易成本为零等条件很难满足，供求关系不再是决定商品价格的唯一因素。但不可否认，供求关系仍对商品定价权具有重要影响。

（二）市场结构

根据新古典经济学理论，市场价格由供求关系决定，并随供求关系变化而改变，这是价格形成机制的基础，因此，拥有较大市场份额的国家在国际贸易中的议价能力往往比较强。然而，资源性产品价格不仅要反映供求关系，还包含资源稀缺性、环境补偿性、市场主体参与程度与结构、技术经济性等一系列影响因素，从多年国际贸易实践来看，稀土、钨等中国在储量和产量上具有显著优势的金属资源并没有获得相应的议价能力和定价地位，仅用供求关系理论很难在复杂多变的国际贸易体系中解释中国优势金属资源出口定价权缺失问题。由于存在金属资源地理分布限制和资源禀赋差异，国际贸易过程中很难形成完全竞争市场，不完全竞争市场则会赋予贸易双方不同的市场地位。基于这一问题，从市场结构角度对国际贸易定价权掌控问题给出了新的解释，也成为探究中国优势金属定价权缺失问题的重要理论切入点。

（三）价格周期

金属商品的价格运动本身具有一定的周期性特征。早期关于金属商品价格周期性的研究，多是作为宏观经济周期研究的一部分来开展。自 1971 年 Bry 和 Boschan 首次指出大宗商品价格周期性的测度可以采用宏观经济分析中的真实经济周期测度法之后，国外学者对大宗商品价格周期进行了深入的研究（Tilton，1981；Cashin 等，2002；Havey，1989，1994；Labys and Kouassi，2004），主要涉及能源、贵金属及农产品领域的大宗商品与欧美国家经济周期协动性研究。国内学者的研究集中于农产品领域（曹慧，2007；毛学峰、曾寅初，

2008；郭晓慧、葛党桥，2009；Wang，2010），或者利用国际大宗商品市场的数据进行建模和预测（黎鹏，2008，2009；辛月，2011；孙泽生等，2015），但针对中国金属商品尤其是优势金属商品价格周期的研究较少。

（四）技术创新

古典贸易理论中，技术和要素禀赋差异是造成产品成本和价格不同的主要原因，成本和价格的差异引发产品竞争和国际贸易。在优势稀有金属资源技术创新方面的现实困境是：中国虽然在一些优势稀有金属资源方面储量丰富，但由于技术创新与研发的滞后，致使中国处在稀有金属资源开发的全球产业链低端。以稀土为例，中国一方面大量出口稀土原矿，日本一度是中国的第一大稀土原矿进口国；另一方面，中国却要用高价进口稀土金属合金等高附加值产品，日本同时是世界稀土高端产品的第二大出口国，对世界800多种稀土产品享有定价权，稀土的高附加值转化由此实现。由于日本拥有稀土科技优势，中国处在全球价值链低端，高附加值的缺失使中国难以扭转稀土定价权的主动。

（五）战略储备

矿产资源战略储备的战略意义：一是维护国家安全和经济安全（陆书玉，1997；王玉平，1998）；二是增强国家的宏观调控能力及国际话语权（杨子健，2008）。对战略储备与矿产资源价格之间是否存在显著关系的研究，Ghouri（2006）对2004年之前油价与美国月末石油库存量之间关系的估计表明，储备和价格之间呈现负相关关系。高新伟和张伟伟（2009）认为，油价与美国和OECD的战略储备量高度正相关。研究结果的不同受到国际油价变动的影响，2004年之前，国际油价变动平缓（30美元/桶以下）；2004年之后国际油价持续上涨。

高新伟和张伟伟（2009）利用美国 OECD 国家和地区的战略石油储备（SPR）及 1990 年 1 月—2008 年 9 月的油价月度数据，发现包括商业储备在内的石油储备仅在短期内产生影响，油价和战略石油储备之间不存在显著的格兰杰因果关系，油价也不对战略石油储备量有任何预测作用。

第二节 稀有金属定价权缺失及早期政策失效原因分析

一 优势稀有金属国际定价权缺失的原因

（一）产品附加值低

根据价值链理论，在产业链中，谁占据了核心控制位置，谁就拥有竞争优势，谁就掌握产业链的定价权，当然就拥有商品的定价权（张一伟，2011）。然而，稀有金属产业链的高端环节发育不足、产品附加值偏低的问题一直困扰着中国工业发展的整体水平，也是中国工业化现阶段继续突破的难关。孙章伟（2011）提到，在稀土市场上，稀土价值链中，稀土精矿、分离产品、新材料、最终产品价值比例约为 1:10:100:1000。金属钕、金属镧、金属镝、金属铽等提炼于稀土原矿的稀有金属，其粗材与精材的纯度每提高 1 个百分点，价格就几乎翻 1 倍（陈祥升，2012），但在我国稀有金属产业链上，采选、冶炼和深加工相关企业配比失调，低端产品生产聚集，高端深加工产品稀缺（吴建业，2011）。李华（2011）认为，造成这种局面的主要原因是我国企业的科技创新意识和技术开发能力还欠缺，缺少高附加值产品的知识产权。吴志军（2012）也指出，中国在稀土加工应用技术尤其是稀土新材料领域的技术水平与发达国家尚有很大的差距，国外具有很强的科研创新能力,掌握了绝大多数的核心技术和产品专利。

应该看到,稀有金属产业链的高端环节发育不足、产品附加值偏低的问题在一定程度上反映出中国工业发展的整体水平,也是中国工业化阶段性特征所决定的。从人类的工业化历程来看,对特定矿产性能的认识和开发利用,归根结底要取决于一个国家和地区的产业体系和技术装备水平。杨丹辉(2015)指出,日本企业之所以能够牢牢占据稀有金属产业链高端环节、不断拓展稀有金属应用的新领域,并在稀有金属应用方面形成可持续的国际竞争力,与日本新材料、新能源汽车、电子信息等高技术产业对稀有金属高端材料和零部件的需求直接相关。因而,真正制约中国稀有金属高端产品应用乃至稀土产业链高附加值环节发展的还是国内高技术产业的应用现状以及原材料的需求结构。也就是说,只有高端应用的不断扩大需求,才能刺激稀有金属产业链高附加值产品的研发和投资,带动产业链的延展和产业结构升级,进而在国际市场上逐步掌控定价权。

(二)产业集中度低

近年来,国内越来越多的研究将产业组织理论作为研究稀有金属定价权的主要理论依据,因而这些研究得出的结论几乎都将我国稀有金属定价权缺失的症结指向了市场结构不合理、卖方集中度偏低的问题。方建春、宋玉华(2011)运用 Knetter(1989)的模型,建立中国稀土在出口市场所拥有市场势力的理论模型,其定量分析的结果显示,中国稀土出口市场是非完全竞争市场,中国在稀土出口市场中几乎没有市场势力,仅在中国香港、印度尼西亚和泰国市场拥有一定的市场势力,这表明中国在国际稀土市场上并不掌握定价权。廖泽芳通过对中国稀土贸易数量与国际市场价格之间的关系进行格兰杰因果检验,得出了中国稀土出口在国际市场上并不具有贸易大国效应、中国稀土出口数量变化对国际市场价格影响微弱的结论。王正明、余为琴（2014）综合考虑稀土生产与储备地位、价格贸易条件、权商指数，通过实证研究指出，中国稀土出口价格上升并不能说明其国际定价地位的提高，稀土市场集中度才是贡献最大的因素。因此，应改变稀土市场非对称寡头结构，严格资源与环境保护，促进产业链向高端延伸，重视国家财税政策支持。杨大威、郑江淮在其2014年发表的论文中建立了一个简单的卡特尔模型，阐释了稀土国际定价的内在机理，得出了"在全球稀土剩余需求缓慢增长的形势下，增强稀土国际定价权必须建立一个稳定的较大规模的卡特尔组织，或在更优的情况下，建立带有垄断特征的产业组织"的结论。在此基础上，提出培育大型稀土集团、组建出口卡特尔以及扩大稀土市场需求等政策建议。黄继炜（2011）用赫芬达尔—赫克歇尔（HHI）指数对稀土产业集中度进行测算，得出了我国多数稀土产品仍处于较强的出口竞争型市场结构的结论，从理论上解释了国际与国内市场结构不对接、国内产业组织分散是导致我国优势稀有金属出口定价权缺失的根本问题。

（三）期货市场发展滞后

中国期货市场虽然获得了长足发展，但与发达国家的期货市场相比还存在较大差距，集中表现为期货品种单一、市场参与者少、交易规模小、交易资金少、市场开发程度不足等（刘旭，2014）。我国期货市场相对封闭、交易品种较少、市场规模小、参与主体有限等因素都是制约我国与国际期货市场价格联动、形成稀有金属贸易的期货定价中心的重要原因（李学锋等，2010）。无论是大宗商品还是稀有金属，现阶段我国定价机制中的平台作用的确存在发挥不足的问题。然而，将期货市场发展滞后作为我国稀有金属定价权缺失的原因却值得商榷和讨论。应该看到，尽管稀有金属具有一定的金融属性，但其金融属性与石油、农产品、基础金属等大宗商品有很大差异。由于稀有金属品种多，交易量小，价格波动大，很难吸引金融资本深度参与其国际交易。实际上，部分稀有金属品种根本不适合在期货市场上交易，特别是对于战略性强的稀有金属，期货等交易平台上的过度投机将直接威胁国家资源安全。因此，大宗商品的交易机制并不完全适用于稀有金属定价，稀有金属定价权提升也不可能简单照搬大宗商品期货市场的模式，这也暴露出相关研究对稀有金属特殊性能缺乏客观认知，研究视角脱离实际，存在一定的局限性等问题。

近年来，一些研究开始注意到并不是所有的稀有金属品种都适合纳入期货市场交易体系。张占斌（2014）提出交易所考虑选取上市交易品种主要遵循以下四个原则：一是资源的储量、产量或出口量居世界第一，销售渠道以出口为主；二是资源用途广泛，总储量少，亟须保护；三是资源产品的价格形成机制不透明，缺乏价格发现机制；四是品种需求方多为国外企业、形成买方垄断，资源产品价格受需求企业压制，如铟、锗、钨。针对不同的优势稀有金属品种，要区别对待其在期货市场的发展潜力从而判断是否适合进入期货市场。

（四）体制机制不完善

我国优势稀有金属产业出现资源优势与定价权缺失共存的现象，其重要原因在于优势稀有金属的开采、冶炼、生产企业缺乏统一的行业管理。中国稀土企业、稀土行业以及国家宏观管理体制和政策方面都存在问题（李文龙，2011）。

以稀土为典型代表的我国优势稀有金属资源出口定价权缺失的一个重要原因是供给产能严重过剩，而资源开采的生态补偿和税收制度不合理则是产能过剩的直接诱因。就这一角度而言，税费结构不合理和生态补偿不足成为影响稀有金属定价能力不足的主要因素之一。长期以来，我国稀土等稀有金属资源税费制度设计不够科学，长期实行对原矿从量计征的税费制度，容易造成"采大弃小、采富弃贫"的问题，资源补偿费费率较低且未与企业业绩挂钩，难以调动企业的积极性（李刚，2012）。现行资源税存在课税范围狭窄、计税依据不合理、单位税额偏低等一系列问题（王晓真，2014），致使税收工具并未起到有效调节稀有金属供给弹性、影响稀有金属价格制定、保护资源环境的重要作用。尤其是当税率缺乏效率时，价格机制反应不灵敏，只能部分反映资源的级差收入，致使应税资源的市场流通价格不能反映其内在价值，与市场机制的要求背道而驰，在很大程度上影响定价权的掌控。

二　早期政策实施效果评价与缺失原因分析

近年来，为解决我国优势稀有金属国际定价权缺失问题，提高稀有金属产业国际竞争力，国家在资源开发、生态环境保护、出口政策、交易平台建设等方面采取了一系列措施，并取得了一定成效。应该看到，虽然部分稀有金属价格在短期内有所上升，但总体来看，现阶段我国仍未全面掌握稀有金属的国际定价权。同时，由于一些政策工具有悖WTO规则，引发了稀有矿产品领域贸易摩擦频发。特别是"稀土案"败诉后，我国稀有金属出口数量管理模式被动做出较大调整，迫切需要拓展政策思路，采用新的政策工具，提升稀有金属国际定价能力。为有效解决定价权缺失问题，首先要科学分析造成此现象的原因，方能采取相应措施从根本上提高定价能力。

（一）稀有金属资源的定价机制：基于历史因素的考察

金属商品的定价机制其实远远超出了供求关系和产业组织的范畴，同时受到技术创新及国家储备等因素的影响，在多种因素的综合影响下，欧美垄断集团能够操控贸易规则以及具备的合成议价能力，左右着定价权的"风向标",定价权也因此握在欧美垄断集团手中,世界经济增长的"中国因素"与战略优势金属定价权的"中国困境"并存的局面使我们不得不重新思考中国优势稀有金属资源国际定价权的影响因素是否有中国国内市场自身的因素存在?期货市场发展滞后,行政分割,金融市场发展落后等历史因素是否也在同时影响中国稀有金属资源的国际定价权?

1. 历史因素之一:中国金融市场长期发展滞后

长期以来,中国整个经济的市场化程度与金融的市场化程度不协调,主要体现在金融的基本的机制及制度,包括利率市场化程度、汇率,滞后于经济市场化的要求,使金融资源的分配效率和分配方式与中国经济还不能形成很好的协调;同时,中国金融市场的主体还不健全,主要存在竞争主体不够竞争机制不完善等问题。然而,金融市场和国际货币因素是与稀有金属资源在国际市场上的价格控制力息息相关的。许多学者从金融市场角度分析定价权缺失的现象,发达国家国际金融寡头操控和掌握了稀有金属资源的国际市场,形成了"买方垄断"的市场结构,与发达国家相比,中国并没有建立起高度完善的金融体系,稀有金属资源产品货币增值的空间有限。这种国际金融市场不合理的金融秩序增强了稀有金属"买方垄断"结构的话语权。

2. 历史因素之二:中国市场的行政分割现状

中国的行政分割阻碍了市场机制发挥,地方政府以行政手段对市场存在的不合理的干预妨碍了资源在全国范围内的有效配置和规模经济的实现,最终导致企业结构分散,多头对外,弱化了企业定价能力(钟昌标,2006;孙宁,2009)。究其原因,有信息不对称所导致的地方政府的"逆向选择"和"道德风险"问题;有中央及地方政府目标不一致问题;地方官员对地方经济整张带来的地方保护主义和重复建设问题等。以稀土为例,中国稀土的生产和出口市场分散,再加上之前实施的出口配额管制,使中国稀土出口市场呈现出特有的"向日葵盘籽式"市场结构,企业多头对外,拼命降价,央企和地方国企借稀土整合试图控制资源,地方政府与被整合企业不愿放手当地资源,整合效果不佳,加剧了稀土出口价格竞争。

(二)技术水平与组织结构的制约:基于产业链的分析

1. 国外企业和资本集团形成买方垄断

稀有金属定价权缺失的根本原因是稀有金属出口的买方垄断市场结构。我国稀有金属出口价格大部分为合同价格,即稀有金属生产企业通过与西方垄断企业谈判签订协议价格。但是,由于我国稀有金属企业较为分散,谈判能力不高,出口价格实则为西方垄断企业所控制。国外企业和资本集团对市场价格有着很大的控制能力,其利用政治、经济、资源来操纵或支配巨额资本的流动,制造局部或者整个国际市场稀有金属制品短缺或者过剩,然后通过发布虚实相间的商业信息,使我国中小资本企业相信国际价格的未来走势,引诱这些企业进入其设计好的价格轨道,从而获取暴利(张谐韵,2013)。

2. 稀有金属产业链薄弱,技术创新严重不足

稀有金属产业链的真正价值实现在于下游应用市场,稀有金属产业的核心竞争力也在于应用技术的掌握。以铟为例,作为我国高科技产品关键原材料,由于行业内部的恶性竞争、规模的盲目扩张,再加上发达国家通过对产业链的下游的技术与市场的控制,并逐渐掌握了国际市场的话语权,这使金属铟的价格长期处于低谷。我国政府虽然已经制定、出台了一系列发展政策促进稀有金属应用技术的研发和应用市场的推广,但是还缺乏相应实施细则,支持力度还不够强。

(三) 全球格局与贸易政策的变化：基于国际视角的判断

1. 出口配额政策导致出口秩序混乱，并引发国际冲突

近年来中国对稀土、钨、铟等优势稀有金属实施出口管制及关税政策，但这些政策的实施引发了美国、欧盟、日本等主要进口国的强烈反对，优势稀有金属资源领域的国际贸易争端呈加剧之势。典型贸易争端如"原材料案"和"稀土案"，2012年3月世界贸易组织（WTO）公布了美国、欧盟、日本诉中国稀土、钨、钼相关产品出口管理措施案上诉机构报告，裁定中国9种原材料出口政策不符合世贸组织规则。2014年8月WTO上诉机构维持此前WTO专家组关于中方涉案产品的出口关税、出口配额措施不符合有关世贸规则和中方加入世贸组织承诺的裁决。这一裁定对当前的所有稀有金属产业政策都造成极大压力，行政性限制出口数量已开始引发贸易伙伴的抗议和报复，得不偿失。虽然中国针对美国、欧盟等国的诉讼内容进行了抗辩，但两案相继败诉。两则案件暴露出，我国在限制优势稀有金属资源出口方面的政策工具选择上存在一定的盲目性。因此，商务部、海关总署于2015年5月1日，取消钨矿产资源和稀土等的出口关税。可见，出口配额政策并未真正达到夺回定价权的效果（吴志军，2012）。

2. 国际供应格局逐步改变，我国垄断地位弱化

2016年11月，国土资源部通过的《全国矿产资源规划（2016—2020年）》也明确列出了中国24种重要的战略性矿产资源，这意味着国际市场将对战略性矿产资源的定价权展开新一轮的争夺。而在产业链的国际分工中，日本、美国等发达经济体既是深加工产品的研发制造基地，又是主要消费市场，中国始终扮演着初级加工产品供给方的角色，面临着话语权缺失、初级产品低价外流、竞争力低下等一系列问题。与此同时，近年来发达国家积极投资海外稀有金属资源，与

具有稀有金属资源潜力的国家积极进行合作，多元化稀有金属供应链，希望减少对中国稀有金属出口的依赖。这些使世界稀有金属供给格局逐渐发生改变，我国主导地位或被动摇，威胁到我国优势稀有金属产业今后的垄断地位。在未来经济新常态的形势下，随着战略新兴产业重要性的凸显，定价权及相关政策选择问题将凸显出来，这就迫切需要中国政府制定更为合规的资源政策和环境政策来保护这些重要的战略性资源，并争夺其国际话语权。

第三节 稀有金属治理政策进展与实施效果评价

一 稀有金属治理政策的新进展

（一）取消出口配额、关税对稀有金属行业的影响

2014年8月WTO上诉机构维持此前WTO专家组关于中方涉案产品的出口关税、出口配额措施不符合有关世贸规则和中方加入世贸组织承诺的裁决。商务部、海关总署于2014年12月发布《2015年出口配额申报企业网上公示名单》，取消钨、钼、铟等出口配额的企业（表9-3）。2015年4月23日，财政部公布《国务院关税税则委员会关于调整部分产品出口关税的通知》，自2015年5月1日，取消钨矿产资源和稀土等的出口关税（表9-4）。

表9-3　　钨出口配额申报企业网上公示名单

序号	企业性质	企业名称
符合申报条件企业（7家）		
1	流通企业	钨矿有色金属股份有限公司
2	生产企业	广东翔鹭钨业股份有限公司

续表

序号	企业性质	企业名称
符合申报条件企业（7家）		
3	生产企业	福建金鑫钨业股份有限公司
4	生产企业	株洲硬质合金进出口有限责任公司
5	生产企业	崇义章源钨业股份有限公司
6	生产企业	南昌硬质合金有限责任公司
7	生产企业	江西稀有金属钨业控股集团有限公司
待补充申报材料企业（4家）		
1	流通企业	中国中化集团公司（仅限钨酸）
2	生产企业	厦门钨业股份有限公司
3	流通企业	湖南省中南锑钨工业贸易有限公司
4	生产企业	厦门金鹭特种合金有限公司
不符合申报条件企业（6家）		
1	流通企业	四川省五金矿产进出口公司（注册资金、授信不足）
2	生产企业	自贡硬质合金进出口贸易有限责任公司（注册资金、授信不足）
3	生产企业	中国有色集团（广西）平桂飞碟股份有限公司（供货业绩不足）
4	生产企业	江西钨业集团（供货业绩不足）
5	生产企业	江西耀升钨业股份有限公司（供货业绩不足）
6	生产企业	湖南春昌有色金属有限公司（供货业绩不足）

注：篇幅有限，仅列举钨出口配额申报企业相关信息。

资料来源：中华人民共和国商务部，http：//www.mofcom.gov.cn/article/b/e/201412/20141200817424.shtml。

表9-4　　　　　调整部分产品出口关税的通知

税则序号	商品名称（简称）	出口税率（%）	调整前暂定税率（%）	调整后暂定税率（%）	备注
25309020	稀土金属矿		15		取消关税
26139000	其他钼矿砂及其精矿		15		取消关税
26209910	主要含钨的矿灰及残渣		10		取消关税
72027000	钼铁		20		取消关税
72028010	钨铁		20		取消关税

续表

税则序号	商品名称（简称）	出口税率（%）	调整前暂定税率（%）	调整后暂定税率（%）	备注
81011000	钨粉		5		取消关税
81019400	未锻轧钨		5		取消关税
81129230	未锻轧铟；铟废碎料；铟粉末		2		取消关税

注：篇幅有限，只列出相关金属出口关税调整情况。

资料来源：中华人民共和国财政部，http://gss.mof.gov.cn/zhengwuxinxi/zhengcefabu/201504/t20150423_1221830.html。

我国政府采取出口配额及关税管制，目的在于抑制海外需求。出口配额及关税取消后，海外需求量将直接增加，出口报备难度减少，价格将下降。为了改变这种局面，国家希望通过严格的国内治理来提高矿产开采成本和出口价格，从而来实现对稀有金属资源的保护。

（二）征收从价计征资源税对稀有金属行业的影响

2010 年以来，为推进经济社会发展需要，加快资源税改革，我国从 2010 年 6 月 1 日，开始试点开征资源税从价计征，自此，资源税改革范围逐步扩大，品目不断增加，进一步完善了绿色税收制度，理顺了资源税费关系，有效建立税收与资源税价格直接挂钩的调节机制，资源税改革阔步前行，具体过程如表 9 – 5 所示。

表 9 – 5　　　　　　资源税从价计征改革出台过程

时间	资源税从价计征改革
2010.6.1	新疆开展原油、天然气资源税从价计征改革
2010.12.1	内蒙古、甘肃、四川、青海、贵州、宁夏等 12 个西部省开展原油、天然气资源税从价计征改革
2011.11.1	全国范围内开展原油、天然气资源税从价计征改革

续表

时间	资源税从价计征改革
2014.12.1	煤炭资源税从价计征改革推广至全国,并开始全面清理涉煤收费基金
2015.5.1	资源税从价计征改革覆盖稀土、钨、钼三个品目
2016.7.1	全面推荐资源税从价计征改革

(三) 新资源税的影响

稀有矿产资源领域的国际贸易争端呈加剧之势,稀有矿产政策选择上的弊端迫切需要中国政府采取更为合规的,并且能起到与配额和关税政策相同效果甚至更有效的资源政策和环境政策。资源税从价计征改革的提出,意味着合法矿山的生产成本显著随着价格上升而增加,这意味着政府从增加的收入中分走的蛋糕变多了。但当价格下降时,减税效应对矿山企业渡过难关也非常有帮助。资源从价计征将增强国家对资源企业的调控能力。

税收上调意味着矿产资源成本抬升。从中长期看,如果上游企业可以转移价格,那么利润空间可以打开。反之,如果下游需求脆弱,难以承受资源价格的回升,将会导致产业链再一次经历利润挤压。资源政策和环境政策不仅可以推动稀有矿产资源开采加工过程中的环境成本内部化,从而为我国战略性新兴产业提供原材料保障,减少环境损害,维护国家矿产资源安全。

党的十八大报告中提出加强生态文明制度建设,深化资源性产品价格和税费改革;2014年3月《政府工作报告》进一步明确推进税收制度改革,清费立税,推动消费税、资源税改革等主张。让资源税改革政策成为保护金属资源安全、生态安全、代际安全的重要举措。

二 资源税从价计征对关税替代效果评价

（一）征收关税和资源税对稀有金属出口价格的影响

为推动稀有矿产资源走循环经济型的资源开发之路，促进铟等矿产资源开采过程中的环境成本内部化，中国政府从 2007 年起，为了提升中国铟矿产品的竞争力和提升国内生产企业的积极性，先后 3 次对铟矿产资源的关税政策，以此提升中国高新技术产业关键原材料的保障能力。依据 R. S. Pindyck 和 D. L. Rubinfeld 所提出的税收转嫁分析征收关税对铟矿产资源出口价格的影响。在该分析框架中，由于供给和需求价格弹性的存在，关税在价格的转嫁方面是不完全的。出口产品的实际价格与未征收关税时产品价格的差值，即可表示为式 (9 - 1)：

$$P_b - P^* \approx \frac{t_* d}{b + d} \qquad (9-1)$$

其中，P_b 是买方支付的价格，P^* 是未征收关税的价格，P_s 是卖方获得的税后净价，t 为对这一产品征收关税的税率，t_x 表示税率为 t 情形下的对该产品征收的关税，当 $P_b - P_s = t_x$ 成立时，政府的关税政策得到完全实现。为了简化分析过程，设定铟供给和需求函数都是线性的，即 $b = -\varepsilon_D (Q/P)$，$d = \varepsilon_S (Q/P)$。

以精铟为研究对象，选取 2008—2015 年的产量和价格，所得结果可知精铟的供给价格弹性基本处于 0.05—0.6，价格供给弹性较小，说明供应商的垄断势力较弱。铟矿产资源的需求价格弹性除了 2011 年由于投资取代供需成为影响铟的主导因素，中国由净出口国变为净进口国使得价格缺乏弹性之外，其他都大于 2，即富有弹性，表明精铟的进口商在市场价格变化时，能够敏感地做出反应，反映市场势力较强。在此基础上测算征收铟矿产资源关税条件对出口价格的影响。

第九章 优势稀有金属资源国际定价权问题及提升对策研究

铟的供给虽然缺乏弹性,但考虑到中国铟企业开采、出口的管制加强,市场结构也逐渐向寡头垄断转变,必然会导致供给价格弹性的增大,因此将供给价格弹性设置为0.75、0.5、0.37、0.2、0.15、0.1、0.05和0.00进行研究,以此提高税收转嫁模型估算结果的精确性。

从表9-6的数据看出,对铟矿产资源分别征收5%、2%的关税,需求弹性设定为富有弹性2的情形下,随着铟矿产资源供给弹性的增大,关税导致出口价格上升的比例也逐渐增大。结合表中的数据分

表9-6　不同供给弹性下征收关税导致铟矿产资源出口价格上升的比率

单位:%,$\varepsilon_D = 2$

		2009	2010	2011	2012	2013	2014	2015	均值(09-12)	均值(13-15)
富有弹性	2	4.53	4.53	4.52	4.52	1.78	1.80	1.81	9.05	1.80
	1.5	4.39	4.39	4.38	4.38	1.72	1.74	1.75	8.77	1.74
	1	4.14	4.14	4.12	4.12	1.61	1.63	1.65	8.26	1.63
缺乏弹性	0.75	3.92	3.92	3.89	3.90	1.51	1.53	1.56	7.81	1.53
	0.5	3.54	3.53	3.50	3.51	1.34	1.37	1.40	7.04	1.37
	0.37	3.21	3.20	3.17	3.17	1.21	1.24	1.27	6.38	1.24
	0.2	2.46	2.46	2.42	2.42	0.90	0.93	0.97	4.88	0.94
	0.15	2.10	2.10	2.06	2.07	0.76	0.79	0.83	4.17	0.79
	0.1	1.63	1.63	1.60	1.60	0.58	0.61	0.64	3.23	0.61
	0.05	0.97	0.97	0.95	0.95	0.34	0.36	0.38	1.92	0.36
	0	0.00	0.00	0.00	0.00	0.00	0.00	0.00	0.00	0.00

注:2009—2012年铟征收5%的关税;2013—2015年征收2%的关税。

资料来源:基于中国国土资源经济研究院《重要矿产资源市场监测与综合评价(2015年度成果)》;USGS, Mineral Commodity Summaries, 2003—2015;英国《金属导报》,2005年1月—2014年12月;2009—2015年《中国统计年鉴》;中国有色金属工业协会铟铋锗分会的数据计算所得。

析,在供给弹性为0时,无论铟价格怎样变化,供给量都不变,此时征收关税引起价格的提高会全部向国内提供者转移;而当供给弹性为无穷大时,铟价格的微小变化,都能够引起供给量做出快速反应,使得征收关税后价格的提高全部转向国外进口商。在供给弹性处于两者之间时,供给价格弹性相较需求价格弹性较大,则关税对价格的提高就会向购买者即进口商转移;反之,则会向国内铟生产商转移。中国铟矿产资源的供给弹性较低,而铟作为新兴产业概念金属,其战略地位被普遍看中,投资性需求强劲,国外进口企业具有较大的需求弹性,因此虽然对铟矿产资源产品征收关税,但关税不能通过出口转移到国际市场,而是由国内生产和出口企业承担,不利于提升中国对铟矿产资源的国际定价权。

(二) 征收资源税对稀有金属出口价格的实证研究

1. 模型构建

在铟矿产资源的开采、冶炼和出口垂直产业链结构的基础上,引用Lloyd等学者在2004年提出的不完全竞争垂直市场的价格转移模型,对铟矿产资源征收资源税影响市场势力的分析。根据Lloyd的模型设计,通过分析税收的价格传递弹性,得到铟在不同供给价格弹性、需求价格弹性、生产市场势力和出口市场势力情形下的税收价格传递情况。

根据Lloyd模型,参考王正明、杜凤莲和朱学红关于稀土、钨资源税对市势力影响分析的相关研究,定义如下符号含义:铟矿产资源的需求量为Q_d,出口价格为P_d,铟原矿的供给价格为P_s,供给量为Q_s,对原矿征收的资源税为T,下游铟出口企业的市场势力为θ,下游铟出口企业i的推测弹性为θ_i,上游铟开采和生产企业的市场势力为μ,上游铟开采和生产企业j的推测弹性为μ_j,铟出口商的边际成本为M,出口企业i的边际成本为M_i,铟的供给价格弹性为ε_s,需求价格弹性为ε_D。则铟矿产资源的需求函数可以表示为$Q_d = f(P_d)$,原矿供给函数为$P_s = k(Q_s, T)$。则对行业内一个出口企业i而言,利润π_i可以表示为式(9-2):

$$\pi_i = P_d(Q_d)Q_{di} - P_s(Q_s)Q_{si} - C_i(Q_{di}) \tag{9-2}$$

其中，C_i 为该企业的其他成本。已知该企业铟矿产资源的出口量为 Q_{di}，铟矿产资源原矿的供给量为 Q_{si}，则投入产出系数 α 可以表示为 $\alpha = Q_{si}/Q_{di}$；边际利润递减可知，$\partial \pi_i/\partial Q_{di} = 0$ 对应的点实现利润最大化。整理得式（9-3）：

$$P_d + \frac{\partial P_d}{\partial Q_d}\frac{\partial Q_d}{\partial Q_{di}}Q_{di} = P_s\alpha - \frac{\partial P_s}{\partial Q_s}\frac{\partial Q_s}{\partial Q_{si}}\alpha Q_{si} + \frac{\partial C_i}{\partial Q_{di}} \tag{9-3}$$

以该出口企业为研究对象，则其出口的推测弹性为 $\theta_i = \frac{\partial Q/Q}{\partial Q_i/Q_i} = \frac{\partial Q}{\partial Q_i}\frac{Q_i}{Q}$，该弹性越大，代表该铟矿产资源出口企业的垄断势力越强；上游铟矿产资源开采和生产企业的推测弹性为 $\mu_i = \frac{\partial A/A}{\partial A_i/A_i} = \frac{\partial A}{\partial A_i}\frac{A_i}{A}$，该弹性越大，代表铟开采生产企业的垄断势力越强；该出口企业的边际成本为 $M_i = \partial C_i/\partial Q_i$，国外进口商的需求价格弹性为 $\varepsilon_D = \left|-\frac{\partial Q_d/Q_d}{\partial P_d/P_d}\right| = \left|-\frac{\partial Q_d}{\partial P_d}\frac{P_d}{Q_d}\right|$，该弹性越大，代表铟进口企业的垄断势力越强；上游铟企业的供给价格弹性为 $\varepsilon_s = \left|-\frac{\partial Q_s/Q_s}{\partial P_s/P_s}\right| = \left|-\frac{\partial Q_s}{\partial P_s}\frac{P_s}{Q_s}\right|$，该弹性越大，代表铟开采和生产企业的垄断势力越强。则 i 企业的利润 π_i 化为弹性表达形式为式（9-4）：

$$P_d\left(1 - \frac{\theta_i}{\varepsilon_D}\right) = P_s\alpha\left(1 + \mu_i\frac{1}{\varepsilon_S}\right) + M_i \tag{9-4}$$

假定市场共有 n 个铟矿产资源生产企业，则加总可得到行业的利润整理得式（9-5）：

$$P_d\left(1 - \frac{\theta}{\varepsilon_D}\right) = P_s\alpha\left(1 + \mu\frac{1}{\varepsilon_S}\right) + M \tag{9-5}$$

为了研究征收资源税对铟矿产资源的供给价格 P_s 和 P_d 出口价格的影响，先对式（9-5）取对数，再对等式两边求关于开采原矿征收的资源税 T 的微分，可得到式（9-6），如下：

$$d\ln P_d = -\frac{\lambda}{\varepsilon_D/\varepsilon_S}d\ln P_s + \varepsilon\delta d\ln T + \frac{\eta B}{N}d\ln P_s \qquad (9-6)$$

其中：$\lambda = \frac{\omega\theta}{\varepsilon_D - \theta}$，$\omega = \frac{\partial\ln \varepsilon_D}{\partial\ln P_s}$，$\varepsilon = \frac{\theta\xi}{\varepsilon_D - \theta}$，$\xi = \frac{\partial\ln\theta}{\partial\ln Q_d}$，$\delta = \frac{\partial\ln Q_d}{\partial\ln T}$，$\gamma = \frac{\partial\ln(1/\varepsilon_s)}{\partial\ln P_s}$，$\eta = \frac{\alpha P_s}{M + \alpha P_s}$，$B = 1 + \frac{\mu(1+\gamma)}{\varepsilon_s}$，$N = 1 + \frac{\eta\mu}{\varepsilon_s}$。

已知铟矿产资源的需求函数可以表示为 $Q_d = f(P_d)$，原矿供给函数为 $P_s = k(Q_s, T)$。投入产出系数为 $\alpha = Q_{si}/Q_{di}$，则原矿供给函数可转化为式(9-7)：

$$P_s = k[\alpha f(P_d), T] \qquad (9-7)$$

对式(9-7)两边取对数，再对等式两边求关于开采原矿征收的资源税 T 的微分可得式(9-8)：

$$d\ln P_s = -\frac{\alpha d\ln P_d}{\varepsilon_S} + \frac{\delta d\ln T}{\varepsilon_S} \qquad (9-8)$$

整理式(9-6)、式(9-8)两等式可得征收资源税后的税收价格弹性 ρ：

$$\rho = \frac{d\ln P_d/d\ln T}{d\ln P_s/d\ln T} = \frac{\varepsilon N + (1/\varepsilon_S)\eta B + \lambda N/\varepsilon_D}{N(1/\varepsilon_S)(1 - 2\lambda - \alpha\varepsilon)} \qquad (9-9)$$

式(9-9)反映了铟矿产资源出口价格对原矿价格变化的反应程度。为了使简化研究，再做如下假设：铟矿产资源出口商的边际成本为0，铟的供给和需求价格弹性均是线性的，即有 $\omega = 1 + \alpha$，$\gamma = (1-\beta)/\beta$，代入式(9-9)得式(9-10)：

$$\rho = \frac{\varepsilon N + \eta B/\varepsilon_S + \lambda N/\varepsilon_D}{N(1 - \varepsilon_S\varepsilon)/\varepsilon_S}$$

$$= \frac{(1+\mu)(\varepsilon_D - \theta)/\varepsilon_S + \theta(1 + \mu/\varepsilon_S)(1 + \varepsilon_D)/\varepsilon_D}{(1 + \mu/\varepsilon_S)(\varepsilon_D - 2\theta\varepsilon_D - 3\theta)/\varepsilon_S} \qquad (9-10)$$

由式(9-10)可以做出判断，资源税的价格转移弹性与 ε_D、ε_s、μ、θ 有关。为了量化资源税传递的效果，后续分别对影响税收价格传递弹性 ρ 的参数取适当的值，对弹性 ρ 进行定量分析。

2. 数据模拟

国外铟矿产资源进口商的需求弹性基本处于 ≥ 2，为了研究方便，本文对进口商的需求弹性取值2；出口商的供给弹性以本书第四章为标准。中国在国际铟矿产资源的定价方面缺乏话语权，可以认为铟矿产资源市场势力较小。对市场势力的大小通过行业集中度进行估计。根据各方面资料统计分析，中国铟行业的集中度还较低，这也反映了中国在铟矿产资源开采、生产和出口的市场势力较弱，因此对铟矿产资源开采、生产和出口市场势力的推测取值为0.5、0.4、0.3、0.2、0.1、0.0，数据模拟的结果见表9－7。

表9－7　　　　　　　　资源税价格传递

ε_S	θ \ μ	$\varepsilon_D=2$						$\varepsilon_D=0.75$					
		0.00	0.10	0.20	0.30	0.40	0.50	0.00	0.10	0.20	0.30	0.40	0.50
2	0.0	1.00	1.05	1.09	1.13	1.17	1.20	1.00	1.05	1.09	1.13	1.17	1.20
	0.1	1.69	1.76	1.83	1.88	1.94	1.98	3.72	3.83	3.92	4.00	4.08	4.16
	0.2	4.00	4.14	4.27	4.39	4.50	4.60	-9.89	-10.06	-10.22	-10.37	-10.50	-10.62
	0.3	-26.00	-26.81	-27.55	-28.22	-28.83	-29.40	-3.08	-3.12	-3.15	-3.18	-3.21	-3.23
	0.4	-3.50	-3.60	-3.68	-3.76	-3.83	-3.90	-2.11	-2.13	-2.14	-2.15	-2.17	-2.18
	0.5	-2.00	2.05	-2.09	-2.13	-2.17	-2.20	-1.72	10.38	-1.74	-1.74	-1.75	-1.76
1.5	0.0	1.00	1.03	1.06	1.08	1.11	1.13	1.00	1.03	1.06	1.08	1.11	1.13
	0.1	1.63	1.68	1.72	1.76	1.79	1.82	3.33	3.40	3.46	3.51	3.56	3.60
	0.2	3.75	3.84	3.93	4.00	4.07	4.13	-8.33	-8.45	-8.55	-8.64	-8.72	-8.79
	0.3	-23.75	-24.28	-24.75	-25.17	-25.54	-25.88	-2.50	-2.52	-2.54	-2.56	-2.58	-2.59
	0.4	-3.13	-3.19	-3.24	-3.29	-3.34	-3.38	-1.67	-1.68	-1.69	-1.69	-1.70	-1.71
	0.5	-1.75	-1.78	-1.81	-1.83	-1.86	-1.88	-1.33	-1.34	-1.34	-1.35	-1.35	-1.35
1.00	0.0	1.00	1.00	1.00	1.00	1.00	1.00	1.00	1.00	1.00	1.00	1.00	1.00
	0.1	1.58	1.58	1.58	1.58	1.58	1.58	2.94	2.94	2.94	2.94	2.94	2.94
	0.2	3.50	3.50	3.50	3.50	3.50	3.50	-6.78	-6.78	-6.78	-6.78	-6.78	-6.78
	0.3	-21.50	-21.50	-21.50	-21.50	-21.50	-21.50	-1.92	-1.92	-1.92	-1.92	-1.92	-1.92
	0.4	-2.75	-2.75	-2.75	-2.75	-2.75	-2.75	-1.22	-1.22	-1.22	-1.22	-1.22	-1.22
	0.5	-1.50	-1.50	1.50	-1.50	1.50	-1.50	-0.94	-0.94	5.67	-0.94	5.67	-0.94

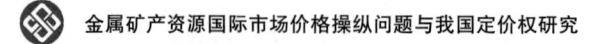

续表

		$\varepsilon_D = 2$						$\varepsilon_D = 0.75$					
0.75	0.0	1.00	0.97	0.95	0.93	0.91	0.90	1.00	0.97	0.95	0.93	0.91	0.90
	0.1	1.55	1.51	1.47	1.44	1.42	1.40	2.75	2.69	2.64	2.60	2.56	2.53
	0.2	3.38	3.29	3.22	3.16	3.11	3.08	-6.00	-5.89	-5.81	-5.74	-5.68	-5.63
	0.3	-20.38	-19.88	-19.48	-19.16	-18.90	-18.68	-1.63	-1.60	-1.59	-1.57	-1.56	-1.55
	0.4	-2.56	-2.50	-2.46	-2.42	-2.39	-2.36	-1.00	-0.99	-0.98	-0.98	-0.97	-0.97
	0.5	-1.38	-1.35	-1.32	-1.30	-1.29	-1.28	-0.75	-0.75	-0.74	-0.74	-0.74	-0.73
0.5	0.0	1.00	0.92	0.86	0.81	0.78	0.75	1.00	0.92	0.86	0.81	0.78	0.75
	0.1	1.52	1.40	1.31	1.25	1.19	1.15	2.56	2.38	2.25	2.15	2.07	2.01
	0.2	3.25	3.00	2.82	2.69	2.58	2.50	-5.22	-4.92	-4.70	-4.53	-4.41	-4.31
	0.3	-19.25	-17.83	-16.82	-16.06	-15.47	-15.00	-1.33	-1.27	-1.23	-1.19	-1.17	-1.15
	0.4	-2.38	-2.21	-2.09	-2.00	-1.93	-1.88	-0.78	-0.75	-0.73	-0.72	-0.70	-0.69
	0.5	-1.25	-1.17	-1.11	-1.06	-1.03	-1.00	-0.56	-0.54	-0.53	-0.52	-0.52	-0.51
0.37	0.0	1.00	0.87	0.78	0.72	0.67	0.64	1.00	0.87	0.78	0.72	0.67	0.64
	0.1	1.50	1.31	1.18	1.09	1.03	0.98	2.45	2.16	1.98	1.84	1.75	1.67
	0.2	3.19	2.78	2.52	2.34	2.20	2.10	-4.82	-4.33	-4.01	-3.78	-3.62	-3.49
	0.3	-18.67	-16.39	-14.91	-13.87	-13.10	-12.51	-1.18	-1.08	-1.02	-0.97	-0.94	-0.91
	0.4	-2.28	-2.01	-1.84	-1.71	-1.62	-1.55	-0.66	-0.62	-0.59	-0.57	-0.55	-0.54
	0.5	-1.19	-1.05	-0.96	-0.90	-0.86	-0.82	-0.45	-0.43	-0.42	-0.41	-0.40	-0.39
0.2	0.0	1.00	0.73	0.60	0.52	0.47	0.43	1.00	0.73	0.60	0.52	0.47	0.43
	0.1	1.48	1.09	0.90	0.78	0.71	0.65	2.32	1.74	1.46	1.28	1.17	1.08
	0.2	3.10	2.30	1.90	1.66	1.50	1.39	-4.29	-3.31	-2.82	-2.53	-2.33	-2.19
	0.3	-17.90	-13.37	-11.10	-9.74	-8.83	-8.19	-0.98	-0.78	-0.68	-0.62	-0.58	-0.55
	0.4	-2.15	-1.62	-1.35	-1.19	-1.08	-1.01	-0.51	-0.42	-0.38	-0.35	-0.33	-0.32
	0.5	-1.10	-0.83	-0.70	-0.62	-0.57	-0.53	-0.32	-0.28	-0.26	-0.24	-0.23	-0.23
0.15	0.0	1.00	0.66	0.51	0.43	0.38	0.35	1.00	0.66	0.51	0.43	0.38	0.35
	0.1	1.48	0.98	0.77	0.65	0.58	0.52	2.28	1.55	1.23	1.06	0.94	0.87
	0.2	3.08	2.06	1.62	1.38	1.22	1.11	-4.13	-2.89	-2.35	-2.06	-1.87	-1.74
	0.3	-17.68	-11.90	-9.42	-8.04	-7.17	-6.56	-0.93	-0.67	-0.56	-0.50	-0.46	-0.43
	0.4	-2.11	-1.43	-1.29	-0.98	-0.88	-0.80	-0.47	-0.35	-0.37	-0.28	-0.26	-0.25
	0.5	-1.08	-0.74	-0.59	-0.51	-0.46	-0.42	-0.28	-0.23	-0.20	-0.19	-0.18	-0.17

续表

		$\varepsilon_D=2$						$\varepsilon_D=0.75$					
0.10	0.0	1.00	0.55	0.40	0.33	0.28	0.25	1.00	0.55	0.40	0.33	0.28	0.25
	0.1	1.47	0.82	0.60	0.49	0.42	0.38	2.24	1.27	0.94	0.78	0.68	0.62
	0.2	3.05	1.70	1.25	1.03	0.89	0.80	-3.98	-2.33	-1.78	-1.50	-1.34	-1.23
	0.3	-17.45	-9.80	-7.25	-5.98	-5.21	-4.70	-0.87	-0.53	-0.42	-0.36	-0.33	-0.30
	0.4	-2.08	-1.18	-0.88	-0.73	-0.64	-0.58	-0.42	-0.27	-0.22	-0.20	-0.18	-0.17
	0.5	-1.05	-0.60	-0.45	-0.38	-0.33	-0.30	-0.24	-0.17	-0.14	-0.13	-0.12	-0.12
0.05	0.0	1.00	0.37	0.24	0.19	0.16	0.14	1.00	0.37	0.24	0.19	0.16	0.14
	0.1	1.47	0.54	0.36	0.28	0.23	0.21	2.21	0.83	0.56	0.44	0.38	0.33
	0.2	3.03	1.13	0.75	0.58	0.49	0.43	-3.82	-1.50	-1.04	-0.84	-0.73	-0.66
	0.3	-17.23	-6.46	-4.31	-3.38	-2.87	-2.54	-0.81	-0.33	-0.24	-0.20	-0.18	-0.16
	0.4	-2.04	-0.77	-0.52	-0.41	-0.35	-0.31	-0.38	-0.17	-0.12	-0.11	-0.10	-0.09
	0.5	-1.03	-0.39	-0.27	-0.21	-0.18	-0.16	-0.21	-0.10	-0.08	-0.07	-0.06	-0.06

资料来源：基于中国国土资源经济研究院《重要矿产资源市场监测与综合评价（2015年度成果）》；USGS，Mineral Commodity Summaries，2003－2015；英国《金属导报》，2005年1月—2014年12月；2009—2015年《中国统计年鉴》；中国有色金属工业协会铟铋锗分会的数据计算所得。

从表9－7数据可以分析得出以下结果：

（1）国外进口企业需求弹性改变引起的资源税价格传递弹性变动分析。①国外进口企业需求弹性为2。由资源税传递弹性ρ的表达式可知，ρ的正负与$\varepsilon_D-2\theta\varepsilon_D-3\theta$的结果相关，已知国外铟矿产进口企业需求弹性为2，则ρ的正负取决于θ的大小。$\rho=0$时，则计算可得$\theta=2/7$。当$\theta\leqslant 2/7$时，表中θ取值为0.0、0.1、0.2，给定μ、θ和ε_D的情况下，供给弹性ε_s由0.05逐渐增大到单位弹性，资源税的价格传递弹性逐渐增大，且弹性为正值。正值表示铟矿产出口价格的变动方向与铟矿产原矿价格的变动方向相同。即对铟矿产征收资源税导致原矿价格提高，能够反映在出口价格的提高上。而在供给弹性ε_s也一定时，出口企业的市场势力θ从0增大到0.2，资源税的转嫁弹性增大，即征收的资源税可以更容易地转移到国际市场。这表明中国通过征收资源税重新确定的资源价格，更容易被国际市场接受，反映了中国在铟矿产国际市场上定价能力的提升。当 $\theta > 2/7$ 时，表中 θ 取值为 0.3、0.4、0.5，同样给定 μ、θ 和 ε_D，资源税传递弹性 ρ 为负值。负值表示铟矿产出口价格变动与铟矿产原矿价格变动的方向相反，即由于 θ 的增大，ε_D 保持不变，铟矿产出口商以较低的价格购买原矿，冶炼加工后出口价格反而很高。这种经济现象的出现是以国内出口企业市场势力增大为前提的，增大的国内出口市场势力提升了国内铟矿产出口企业在国际市场定价方面的话语权。②国外进口企业需求弹性为 0.75。$\rho = 0$ 时，则 $\varepsilon_D - 2\theta\varepsilon_D - 3\theta = 0$，计算可得 $\theta = 1/6$。当 $\theta \leq 1/6$ 时，表中 θ 取值为 0.0、0.1，给定 μ、θ 和 ε_D，资源税传递弹性 ρ 为正值。此时，得到的相关结论在性质上与 $\varepsilon_D = 2$、$\theta \leq 2/7$ 得到的相关结论相同。当 $\theta > 1/6$ 时，表中 θ 取值为 0.2、0.3、0.4、0.5，同样给定 μ、θ 和 ε_D，资源税转嫁弹性 ρ 为负值。此时，得到的相关结论在性质上与 $\varepsilon_D = 2$、$\theta > 2/7$ 得到的相关结论相同。

通过分别对"$\varepsilon_D = 2$ 情形下，$\theta \leq 2/7$ 和 $\theta > 2/7$"以及"$\varepsilon_D = 0.75$ 情形下，$\theta \leq 1/6$ 和 $\theta > 1/6$"两种情况下的数据结果进行对比，可以说明增强国内出口企业的市场势力，不仅征收的资源税更容易通过出口转移到国际市场，减轻国内下游铟矿产出口企业盈利压力，同样的国内出口企业市场势力增强，也会提升国内铟矿产出口企业在国际铟矿产市场定价方面的话语权。

不同之处在于，由 ε_D 改变引起的资源税价格传递弹性数值变动幅度的大小。μ、θ 和 ε_s 取值均为 1，$\varepsilon_D = 0.75$ 情形下资源税价格传递弹性变动幅度大于 $\varepsilon_D = 2$ 的情形。表明随着国外进口企业需求弹性的减小，对原矿征收资源税更容易通过出口转移到国际市场。这反映了通过技术突破、创新改变产品结构来改变国外企业的需求弹性在调整资源税价格传递弹性方面更有效，这也是提升中国铟矿产资源产业在国际市场定价方面话语权的主要措施之一。

（2）市场势力μ变化引起的资源税价格传递弹性变动分析。在国外进口企业需求弹性为2和0.75这两种情形下，将表9-7中的数据横向来看，对上游铟矿产资源供给企业的市场势力进行分析。结合表9-7中数据可以看出，在供给弹性$\varepsilon_s=1$，给定θ和ε_D的情形下，μ的变动不会引起资源税价格传递弹性的变动，而在$\varepsilon_s>1$和$\varepsilon_s<1$这两种弹性下，μ的变动所引起资源税价格传递弹性变动方向相反，因此在分析μ变动的影响时，以ε_s值作为分类标准。①国内出口企业供给弹性小于1。在国内出口企业供给弹性小于1的情形下，μ由0增大到0.5的过程中，资源税的价格传递弹性逐渐减小。分析出现这种情况的原因，可以归纳如下：对铟矿产征收资源税将导致铟矿产的价格提高，在上游供给企业的市场势力增强，而下游出口企业的市场势力不变的情况下，中国在参与国际市场定价过程时就缺乏话语权，此时征收的资源税会压缩下游铟矿产出口企业的盈利空间，不利于出口企业的发展。②国内出口企业供给弹性大于1。在国内出口企业供给弹性大于1的情形下，μ由0.0增大到0.5，资源税的价格传递弹性逐渐增大。与小于1的情形比较，虽然征收资源税会提高铟矿产原矿价格，而且上游供给企业市场势力增强，但由于出口企业具有较大的供给弹性，征收的资源税通过出口转移到国际市场，对国内出口企业影响不大，中国在国际铟矿产市场上的定价能力得到体现。

对铟矿产资源征收资源税，在当前国内企业供给弹性较小的情况下，为了提高资源税的价格转移弹性，减少国内企业的盈利压力，需要对国内铟矿产资源行业进行资源整合，提高行业纵向一体化程度。

另一个更为有效的措施则是提高国内出口企业的供给弹性，高的供给弹性可以保证资源税通过出口向国际市场的转移，不会增加国内铟产业链上企业的经营压力，资源税通过出口向国际市场转移，定价话语权得以实现。

（三）改征从价计征资源税对关税替代性效果分析

以5%的关税作为例子进行分析，即当供给弹性时，2009—2012年征收5%关税导致铟矿产资源价格上升的比率均值为1.92%。而在表10-6中，当 $\varepsilon_s=0.5$，$\mu=0.2$，时，征收1%的资源税价格上升2.82%，要达到1.92%的价格上升比例，需要征收的资源税率为0.68%（1.92%/2.82%），同样的方法，可以计算出不同供给弹性下资源税对于5%关税等效的替代税率，计算结果如表9-8所示。

表9-8　　　　资源税对于5%关税等效的替代税率

ε_S	μ / θ	$\varepsilon_D=2$						$\varepsilon_D=0.75$					
		0.00	0.10	0.20	0.30	0.40	0.50	0.00	0.10	0.20	0.30	0.40	0.50
2	0.00	9.05	8.64	8.30	8.01	7.76	7.54	9.05	8.64	8.30	8.01	7.76	7.54
		5.35	5.14	4.96	4.81	4.67	4.56	2.43	2.37	2.31	2.26	2.22	2.18
		2.26	2.18	2.12	2.06	2.01	1.97						
1.5	0.00	8.77	8.50	8.28	8.10	7.93	7.80	8.77	8.50	8.28	8.10	7.93	7.80
		5.37	5.22	5.10	4.99	4.90	4.83	2.63	2.58	2.53	2.50	2.46	2.43
		2.34	2.28	2.23	2.19	2.16	2.13						
1.00	0.00	8.26	8.26	8.26	8.26	8.26	8.26	8.26	8.26	8.26	8.26	8.26	8.26
		5.24	5.24	5.24	5.24	5.24	5.24	2.81	2.81	2.81	2.81	2.81	2.81
		2.36	2.36	2.36	2.36	2.36	2.36						
0.75	0.00	7.81	8.05	8.24	8.41	8.55	8.68	7.81	8.05	8.24	8.41	8.55	8.68
		5.04	5.19	5.31	5.41	5.50	5.57	2.84	2.91	2.96	3.01	3.05	3.08
		2.31	2.38	2.43	2.47	2.51	2.54						

续表

ε_S	θ \ μ	$\varepsilon_D = 2$						$\varepsilon_D = 0.75$					
		0.00	0.10	0.20	0.30	0.40	0.50	0.00	0.10	0.20	0.30	0.40	0.50
0.5	0.00	7.04	7.68	8.21	8.66	9.05	9.39	7.04	7.68	8.21	8.66	9.05	9.39
		4.63	5.04	5.37	5.65	5.89	6.10	2.75	2.96	3.13	3.28	3.39	3.50
		2.17	2.35	2.50	2.62	2.73	2.82						
0.37	0.00	6.38	7.37	8.19	8.89	9.48	10.00	6.38	7.37	8.19	8.89	9.48	10.00
		4.24	4.88	5.40	5.84	6.22	6.54	2.60	2.95	3.23	3.46	3.66	3.82
		2.00	2.29	2.53	2.73	2.90	3.04						
0.2	0.00	4.88	6.65	8.13	9.38	10.46	11.39	4.88	6.65	8.13	9.38	10.46	11.39
		3.29	4.46	5.42	6.23	6.92	7.51	2.10	2.80	3.35	3.81	4.18	4.50
		1.57	2.12	2.57	2.94	3.25	3.52						
0.15	0.00	4.17	6.32	8.11	9.62	10.92	12.05	4.17	6.32	8.11	9.62	10.92	12.05
		2.82	4.25	5.42	6.41	7.25	7.97	1.83	2.70	3.39	3.95	4.42	4.81
		1.36	2.03	2.58	3.03	3.42	3.75						
0.10	0.00	3.23	5.87	8.08	9.94	11.54	12.92	3.23	5.87	8.08	9.94	11.54	12.92
		2.19	3.96	5.42	6.64	7.68	8.57	1.44	2.54	3.42	4.13	4.72	5.21
		1.06	1.90	2.58	3.15	3.63	4.04						
0.05	0.00	1.92	5.24	8.00	10.34	12.34	14.08	1.92	5.24	8.00	10.34	12.34	14.08
		1.31	3.54	5.39	6.93	8.24	9.36	0.87	2.30	3.44	4.35	5.11	5.74
		0.63	1.71	2.58	3.30	3.91	4.42						

注：限于篇幅，省略资源税替代率为负值的数据。

资料来源：基于中国国土资源经济研究院《重要矿产资源市场监测与综合评价（2015年度成果）》；USGS, Mineral Commodity Summaries, 2003－2015；英国《金属导报》，2005年1月—2014年12月；2009—2015年《中国统计年鉴》；中国有色金属工业协会铟铋锗分会的数据计算所得。

分析表9－7和表9－8中的数据，可以得出以下结果：

给定上游铟矿产资源供给企业的市场势力 μ、下游铟矿产资源出口企业的市场势力 θ 和国外进口企业的需求弹性 ε_D 的情况下，供给弹性 ε_S 由0.05增大到2的过程中，要达到对关税等效替代的目的，需要征收的资源税税率就越高。这是由于供给弹性ε_S增大的过程,关税更容易通过出口提高出口价格,需要更高比例的资源税与其对应。

给定μ、ε_D和ε_S的情形下,θ由0增大到0.2的过程中,要达到对关税等效替代的目的,需要征收的资源税税率越低。这是由于在出口企业市场势力θ增大的过程中,资源税更容易通过出口转移到国际市场。

给定θ、ε_D和ε_S的情形下,μ由0增大到0.5的过程中:在供给弹性$\varepsilon_S<1$的情况下,要达到对关税的等效替代,需要征收的资源税税率越高;而在供给弹性$\varepsilon_S>1$的情况下,要达到对关税的等效替代,需要征收的资源税税率则越低。这是由于上游企业的市场势力μ增大,资源税很容易地转移给下游出口企业。在供给弹性ε_S较小时,由于出口企业市场势力较小,资源税不能通过出口转移到国外;而在供给弹性ε_S较大时,资源税更容易通过出口转移到国外。

给定θ、ε_S和μ的情形下,国外进口企业的需求弹性ε_D由2调整为0.75,在供给弹性$\varepsilon_S<0.75$的情况下要达到对关税的等效替代,需要征收的资源税税率越高。在供给弹性$\varepsilon_S>0.75$的情况下要达到对关税的等效替代,需要征收的资源税税率则越低。这是由于在国外进口企业的需求弹性$\varepsilon_D=0.75$的情况下,5%关税引起的出口价格提高的幅度远大于$\varepsilon_D=2$情形下的。

以中国2007—2015年铟资源开采数据为例,通过研究上游供给企业市场势力、下游出口企业市场势力、出口企业供给弹性和国外进口企业需求弹性对关税价格弹性和资源税价格弹性的影响,评价从价计征的资源税对关税的替代效果及对出口定价权的影响。得到的主要结论如下:

第一,通过分析征收关税和取消关税改征资源税两种情况对铟出口价格的影响,发现通过资源税从价计征改革来替代铟矿产资源5%或2%的关税政策,可以在避免贸易纠纷的同时起到关税政策的同等效果,助推国家金属资源安全战略的实施。结合代际补偿下的铟矿产资源税分析可知,对5%或2%税率下的关税具有同等替代效果的资源税税率与使用者成本模型估算出来的资源税理论税率的区间相符。

第二,资源税的替代效果和定价权与中国铟矿产资源开采、生产企业的市场势力、出口企业的市场势力、出口企业的供给弹性和国外进口企业的需求弹性有关。开采、生产企业市场势力越强,需求弹性越小,资源税更容易向下游和国外企业转移;出口企业的市场势力越强,供给弹性越大,资源税更容易向国际市场转移。此外,增强铟矿产资源行业的纵向一体化程度,可以增加铟出口市场势力和贸易利得,最终提升铟矿产资源出口定价权。

第四节 提升我国优势稀有金属定价权的政策建议

一 完善稀有金属资源领域的税费制度,提升对产业的调控能力

目前,我国稀有金属费多于税,过多的收费必然导致税收功能弱化,应本着正税清费、强化税收的原则,将矿区使用费、矿山维护费等矿产收费规范、统一,一并纳入资源税的征收范围,实行国际通用的矿产资源权利金制度,统一由税务机关进行征收和管理。作为重要的且不可再生的资源,稀有金属资源税率的设计不仅要体现开采成本、环境损失成本,还要考虑资源开发和使用所产生的代际补偿成本问题。就目前来看,应大幅提高资源税征收标准,提高稀有金属生产经营成本,提高我国自由金属的资源价格;同时为有效地防止企业"采富弃贫"、粗放经营,可以考虑将资源税税率与资源回采率挂钩。

即企业资源回采率低于国家核定的标准，其税率从高；反之，则税率从低。这样一方面可以促使企业努力地提高资源的开采率和利用率，另一方面也有利于保护国有资源和防止环境污染。

二 明确稀有金属资源战略目标，完善稀有金属资源储备体系

矿产品储备是指对已经开采出的矿产资源或经过冶炼加工的半成品、成品进行的储备。矿产品储备是矿产资源储备最为传统，也最为直接的储备形式。可以快速投放市场保证及时供应，所以矿产品储备主要是为了应对中短期供应中断，平抑价格的不稳定因素。以钨为例，作为我国的优势金属矿种，虽然拥有最多的钨储量，是世界最大的钨生产国，但是钨开采产能严重过剩，集中度不高，这就注定在价格下行时期，通过钨收储拉升价格的目的是注定要失败的。收储措施虽然在短期可以拉升价格，但一旦到达有利可图的高位，中小矿山便会开足马力生产，市场上便会有源源不断的钨矿供给，拉升价格的目标便会遥不可及。2013年中国五矿对钨产品进行大量收储，在很大程度上促进了钨产品价格的上涨，但是2014年上半年开始钨价格持续下跌，对湖南有色（五矿）的收储能力提出了挑战和考验。这决定了我国钨战略储备目标不应该是应对供给中断。

矿产品战略储备是防止我国的紧缺矿种供应中断和保证经济发展的重要手段，同时能够防范国际市场价格的频繁变化对我国经济造成较大的冲击，但这显然不适合作为我国优势稀有金属。我国稀有金属资源储备应该以矿产地储备为主。因此，中国政府在借鉴发达国家在资源储备方面成功经验的基础上，应集中于建立稀有金属资源的国家战略储备，坚持低储备成本与合理布局相结合的原则，坚持市场化运作的思路，同时考虑成本和布局的平衡，建立稀有金属国家战略储备与企业商业储备相结合的储备体系。提升优势稀有金属的价格调控

力，加大对优势稀有矿产资源储备，构建优势稀有金属资源储备体系。健全稀有金属资源的战略性商品储备，可以提高产业链上战略性商品价格的协同调控能力，规避单调控某一环节的战略性稀有矿产资源的价格而导致其他环节的价格信号混乱。

三 充分发挥市场机制作用，优化产业组织结构

鉴于市场结构理论对定价影响力问题的解释、三大铁矿石巨头掌握铁矿石定价权的成功实践，通过兼并重组等手段提高我国优势稀有金属市场集中度进而增强定价影响力逐渐成为中央及各级地方政府提升定价权的主要方式。以稀土行业为例，2004年以来，在各级政府主导下我国先后形成了以国有企业、产业链下游龙头企业和外来资本为主导的三种行业整合。这三种模式的应用为各级政府进一步推动行业整合提供了实践基础，通过行政手段加速国内大型矿业企业兼并重组形成大型企业从而争夺优势矿产资源国际定价权多年来一直被当成"灵丹妙药"。遗憾的是，以政府主导的行业整合从理论到实践都不能够成功推动我国优势稀有矿产资源合理回归。

从理论层面来看，以政府为主导的市场整合始终"烙印"行政印记，平衡相关主体经济利益、兼顾行政效率与资源整合效率、处理各级地方政府利益博弈等都会成为影响整合效果的重要因素，背离了我国以市场为导向的资源配置原则。另外，多年来行政整合实践并没有使我国在争夺优势金属资源定价权过程中迅速取得成功，六大稀土集团整合提高了稀土资源采矿权集中度，对出口集中度提升效果低于预期，国际定价权缺失问题没有得到显著改善。

从市场结构理论来看，提高市场集中度形成卖方竞争合力显然有利于争夺贸易定价权，而我国整合实践最大的问题就是剥夺了市场机制的主导作用。充分发挥市场机制作用，以行业发展规律和市场资源

配置机制为基础推进行业整合,既保证配置效率也减少各级地方政府行政博弈带来的效率损失。一方面,大型矿产企业要充分利用和吸引社会投资主体参与,提高资本使用效率和资本综合运用能力,主动在产业内进行横向和纵向兼并,提高产业集中度。另一方面,关注国际领先开采、冶炼技术发展趋势,紧跟前沿技术方向、夯实技术基础,利用技术优势淘汰落后产能,使经济效益差、规模小的企业主动淘汰,在提高市场集中度的同时促进产业结构优化升级。同时,政府既做好减少行政干预的"减法",也要做好引导、支持的"加法",引导市场竞争主体在产业链不同环节、市场不同层面进行横向和纵向整合,形成协调有序的市场竞争环境。

四 大力发展相关资本市场,提升稀有金属资源的定价能力

期货市场具有价格发现、风险规避等基本职能,根据国际惯例,大宗商品贸易大都是在基准价格的基础上调整升贴水幅度得到最终交易价格,而期货市场一般是形成大宗商品基准价格的中心。期货市场对交易产品的国际市场价格有重大的影响。目前,我国稀有金属资源的价格波动幅度较大,定价机制尚未形成,未来很长一段时间内,价格风险仍将在很大程度上威胁着我国优势稀有金属资源产业的调整和发展。稀有金属期货可以给我国相关企业提供一个规避价格与经营风险的金融工具,它可以帮助企业掌握市场库存情况、价格行情、市场趋势等,从而理性地作出生产决策,避免产能过剩、恶性竞争等局面的出现,稳定市场价格。另外,国内投资机构和资本的参与,在一定程度上可以防范稀有金属产品价格被国外资本任意操纵,从而不至于严重脱离其实际价值。最后,稀有金属资源期货市场有助于形成公共议价平台,形成一个国际市场认可的透明的定价机制,促进我国国际定价中心的建立。因此,应加快我国期货交易市场的发展步伐,加大

专业人才培养力度,尽快推出稀有金属资源期货并完善期货交易品种。推动包括中远期交易在内的中国稀有金属资源期货交易市场的发展,定期发布具有权威性的行情信息和中长期预测信息,掌握稀有金属资源的金融定价权。需要强调的是,稀有金属期货交易平台可以促进公平价格的形成,但并不是为了操纵价格。只有制度公平的交易平台才可以发展壮大,因此,并不是建了交易平台就能提高我国稀有金属价格。

现阶段,人民币国际地位不足以为稀有金属贸易提供有力的支撑,为获得稀有金属定价权,尤其是优先获得稀有金属贸易定价权,推进人民币国际化是我国的必然选择。人民币国际地位的提升是一个循序渐进的过程,我们应当遵循"先区域化后国际化,先国际贸易后资本流动,先计价结算后储备资产"的步骤,充分利用稀有金属出口贸易在全球的垄断优势地位,重点推进我国和其他国家进行稀有金属出口贸易时的人民币结算。为了保证其他国家具有足够的人民币支付能力,应该向这些国家开放贸易融资业务,鼓励其持有人民币,并在经常性的稀有金属贸易中使用人民币进行支付。同时,实施周边国家和我国商业银行互开本币账户,在稀有金属出口贸易的过程中实施双边结算安排,实现跨境支付。在此基础上,我国还要积极争取以人民币计价来进行稀有金属的国际贸易,尽量避免人民币升值过程中由于汇率变动对我国优势稀有金属产业的不利影响。

第十章 紧缺黑色金属矿产资源国际定价权问题及提升对策研究

第一节 紧缺黑色金属矿产资源国际市场格局

铁是地球上第四大丰富的元素,以重量计约占地壳的5%,其战略地位仅次于原油,是钢铁生产企业的重要原材料,是国际上各个国家经济稳定与发展不可或缺的原料之一,铁矿石安全事关一国(或地区)的经济安全。因此,梳理清楚铁矿石资源的国际供需形势能够有针对性地为中国铁矿石国际贸易提出政策建议,以提升中国的矿产贸易竞争力。

一 世界铁矿石资源储备情况

世界铁矿石资源相对丰富,但分布很不均匀。根据美国地质调查局(USGS)对全球范围内铁资源统计得知:截至2016年年底,世界铁矿石储量为1900亿吨,铁元素储量为850亿吨,较集中分布在澳大利亚、俄罗斯、巴西、中国、美国、印度、乌克兰、加拿大以及瑞典等国家。

如表10-1所示,世界铁矿石和铁元素的分布极不均衡。澳大利亚、俄罗斯、巴西、中国和美国这五个国家位列全球铁矿石储量的前五名,共占据了全球铁矿石储量的71.84%。澳大利亚作为全球铁矿石储量最丰富的国家,其铁矿石储量约占全球储量的28.42%,其中储量和含铁量分别为540亿吨和240亿吨;俄罗斯以13.16%的全球储量占比位列第二,其中储量和含铁量分别为250亿吨和140亿吨;巴西和中国铁矿石储量一致,均占全球的12.11%,但巴西含铁量较高,为120亿吨,中国含铁量仅为72亿吨;美国排名第五,铁矿石储量约占全球的6.05%,其中储量和含铁量分别为115亿吨和35亿吨。就铁矿石品位来看,全球铁矿石资源的质量和品位差异明显,一般认为高品位矿的判定标准是含铁量是否超过60%。从表10-1可以看出,印度、瑞典和南非这三个国家的铁矿石品位达60%,被称为高品位铁矿石,俄罗斯、伊朗、巴西次之,而中国铁矿石平均含铁量只有31.3%。铁矿石资源集中的地区往往是大型铁矿石矿区,其主要分布于大洋洲、北美洲和南美洲,而其中品位大于50%的超大型铁矿区又集中分布于澳大利亚、印度、俄罗斯和巴西等国家,如表10-2所示。

表10-1　　　　世界主要国家铁矿石储量和铁元素储量

国家	铁矿石储量（亿吨）	含铁量储量（亿吨）	平均铁品位（%）
澳大利亚	540	240	44.44
俄罗斯	250	140	56.00
巴西	230	120	52.17
中国	230	72	31.30
美国	115	35	30.43

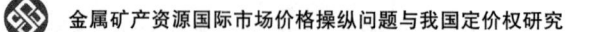

续表

国家	铁矿石储量（亿吨）	含铁量储量（亿吨）	平均铁品位（%）
印度	81	52	64.20
乌克兰	65	23	35.38
加拿大	63	23	36.51
瑞典	35	22	62.86
伊朗	27	15	55.56
哈萨克斯坦	25	9	36.00
南非	10	6.5	65.00
全球	1900	850	44.74

资料来源：美国地质调查局。

表 10 - 2　　全球大型铁矿区分布情况

国家	铁矿区	基础储量（亿吨）	品位（%）	开采企业
澳大利亚	哈默斯利	320	50—64	力拓集团、必和必拓公司
俄罗斯	库尔斯克	556	32—62	列别金、米哈依洛夫、斯托依连公司
俄罗斯	卡奇卡拉尔	122	14—57	卡奇卡纳尔采选公司
巴西	铁四角	300	35—69	淡水河谷公司
巴西	卡拉加斯	178.8	60—67	淡水河谷公司
美国	苏必利尔	162	25—35	明塔克、帝国铁矿、希宾公司、蒂尔登公司等
印度	比哈尔邦、奥里萨邦	64	大于 60	矿物质和金属贸易有限公司
中国	攀西	58.4	28—35	中国钒钛磁铁矿业有限公司、攀钢集团有限公司
加拿大	拉布拉多	206	36—38	加拿大铁矿公司、卡蒂尔矿山公司
玻利维亚、巴西	玻利维亚木通—巴西乌鲁库姆	570	50—58	交通不便，未开发

续表

国家	铁矿区	基础储量（亿吨）	品位（%）	开采企业
乌克兰	克里沃罗格	201	25—43	英古列茨、南部、北部、中部采选公司
哈萨克斯坦	土尔盖	148	40.6	欧亚自然资源集团公司
法国	洛林	77	40—52	北方钢铁联合公司

资料来源：美国地质调查局。

二 全球铁矿石资源生产情况

表10-3列出了2002—2015年全球主要生产国的铁矿石产量。从全球铁矿石生产总量来看，自2002年起，受世界钢铁工业尤其是中国钢铁工业发展的拉动，世界铁矿石产量在2015年之前一直保持高速增长，只在2012年出现两次小幅下滑，从生产国来看，南美洲、亚洲、大洋洲是近年来全球铁矿石增产的主要来源地区，这些地区的主要铁矿石生产国分别是巴西、中国、印度、澳大利亚。根据相关统计，2002—2014年，澳大利亚和中国的铁矿石年增长量都超过2000万吨，巴西和印度超过1000万吨左右，这四国年增长量之和超过全球的90%，可见，全球铁矿石的生产较为集中。

表10-3　　2000—2015年全球主要生产国铁矿石产量

单位：百万吨

年份 国家	2002	2003	2004	2005	2006	2007	2008	2009	2010	2011	2012	2013	2014	2015
美国	52	46	55	54	53	52	54	27	50	55	54	53	58	43
澳大利亚	183	187	231	262	275	299	342	394	433	488	521	609	660	824
巴西	212	212	255	280	318	355	355	300	370	373	398	317	320	428
加拿大	31	31	28	30	34	33	31	32	37	34	39	43	41	39
中国	231	261	310	420	588	707	824	880	1070	1330	1310	1450	1500	1380

续表

年份 国家	2002	2003	2004	2005	2006	2007	2008	2009	2010	2011	2012	2013	2014	2015
印度	80	106	121	140	140	180	220	245	230	240	144	150	150	129
哈萨克斯坦	15	17	20	16	19	24	23	22	28	25	26	26	26	25
俄罗斯	84	92	97	97	102	105	100	92	101	100	105	105	105	112
南非	36	38	39	40	41	42	49	55	59	60	63	72	78	80
瑞典	20	22	22	23	23	25	24	18	25	25	23	26	26	37
乌克兰	59	62	66	69	74	78	73	66	78	81	82	82	21	68
其他国家	77	86	96	109	133	100	125	109	109	129	165	127	131	125
全球总计	1080	1160	1340	1540	1800	2000	2220	2240	2590	2940	2930	3110	3220	3320

资料来源：美国地质调查局。

三　国内外铁矿石资源需求情况

（一）世界铁矿石需求情况

从图 10-1、图 10-2 可以看出，世界生铁产量、世界粗钢产量和世界钢铁表观需求量在 2005—2015 年的整体变动幅度都呈现明显的波动趋势，并且三个指标的波动趋势大体上是一致的，在 2008 年之前，世界生铁产量、世界粗钢产量以及世界钢铁表观需求量的增长率为正，但增长幅度在逐年递减，但从绝对数值上看这个时期的铁矿石需求量是一直增加的。2008—2009 年，由于经济危机等原因造成铁矿石需求量逐渐减少，造成世界生铁产量、世界粗钢产量、世界钢铁表观需求量 2009 年同比下降程度达到 2.4%、5.9% 和 7.7%。而 2010 年对铁矿石的需求达到空前的高度，相比 2009 年，同比增长率高达 7%、13% 和 14.3%。之后，对铁矿石需求量增长开始下降，虽然有过反弹迹象，但是每年的新增需求量依旧减少。特别是自 2014 年开始铁矿石需求量有进入负增长阶段的趋势。总体来看，从 2010—

第十章 紧缺黑色金属矿产资源国际定价权问题及提升对策研究

2015年世界对铁矿石需求量的动力不足，有减少的趋势。

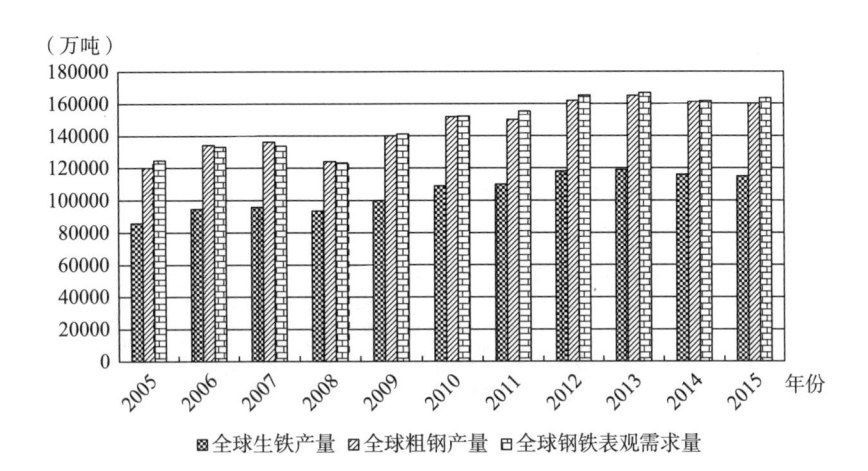

图 10-1 世界铁矿石需求情况

资料来源：美国地质调查局，世界钢铁协会。

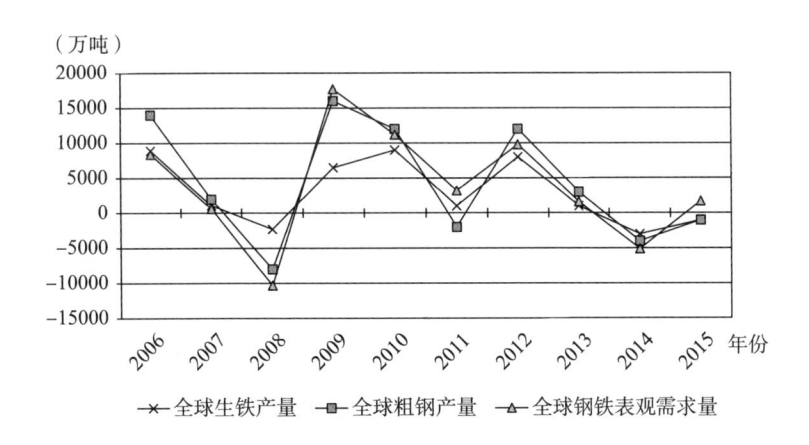

图 10-2 世界铁矿石需求情况增长变动情况

资料来源：美国地质调查局，世界钢铁协会。

（二）国内铁矿石需求情况

对于国内铁矿石需求量情况，我们以国内生铁产量、国内粗钢产量、国内钢材产量为代表进行分析。以其对应的月度产量经过求和得出相应的年度数据。图 10-3 为 2004—2014 年相应产量的柱状图，图 10-4 为相应产量的年度增长率。

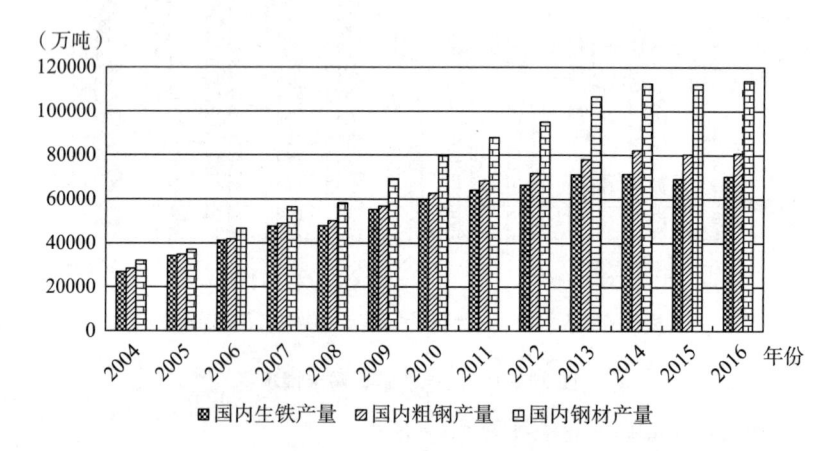

图 10-3　国内铁矿石需求情况

资料来源：来自 Wind 资讯。

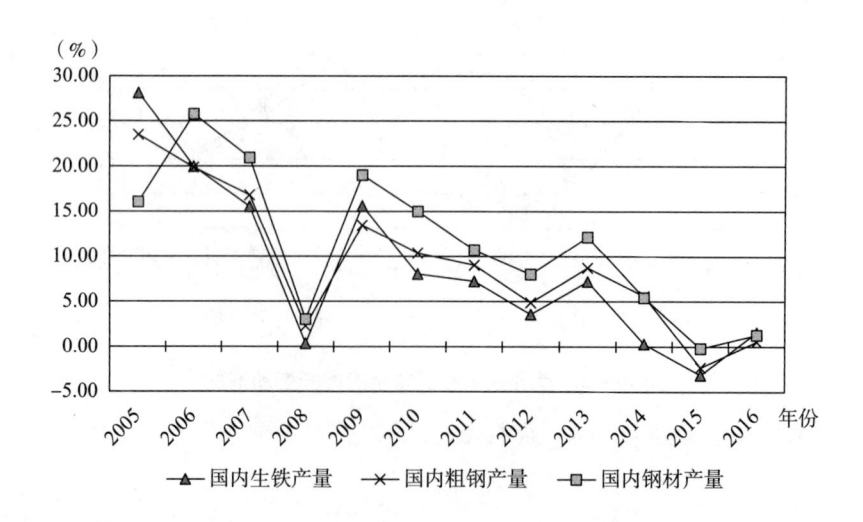

图 10-4　国内铁矿石需求情况增长率变动

资料来源：来自 Wind 资讯。

从图10-3和图10-4来看，国内生铁产量增长率以及国内粗钢产量增长率在2004—2016年虽有明显波动，除2015年之外一直为正值，其产量呈明显的上升趋势。但从波动趋势来看，2004—2008年增长幅度逐渐减少，分别从2005年的28.12%和23.49%降低到2008年的0.36%和2.30%。2008—2009年增长幅度逐渐上升达到15.60%和13.46%。之后增长率呈缓慢的下降趋势，2014—2015年出现了负增长，说明每年的新增国内生铁产量和国内钢材材料也在减少，每年对铁矿石的需求正在减少。对于国内钢材来说，变动情况与国内生铁产量和国内粗钢产量的变动情况相似。总体来看，2004—2016年，国内对铁矿石的需求一直在增加，而在近两年，对铁矿石的需求量有减少的趋势。

（三）我国铁矿石进口情况

由图10-5可知，2004—2016年我国进口铁矿石在总量上表现出上升趋势，从2004年的20807.60万吨增长到2016年的102412.43万吨，十二年间铁矿石进口总量增长了392.19%。从每年进口产量的变化幅度情况来看，2004—2016年的增长率波动趋势明显，除2010年之外其增长率一直为正值，且2009年的同比增长率达到最大值为41.53%，虽然在2010年增长率有所降低，但是之后增长率有呈现缓步上升趋势。总之，我国每年进口的铁矿石总量一直在增加，差别仅在于增长的幅度不尽相同。

我国进口的铁矿石主要来自澳大利亚、巴西、印度以及南非等其他国家，从图10-6可知，澳大利亚是我国第一大进口国家，从澳大利亚进口的数量每年都在递增，占我国铁矿石进口总额的比重也逐年增加。印度仅在2004—2005年是我国的第二大铁矿石进口国，随后自2006年起直至2016年，巴西超越印度成为我国第二大进口国。我

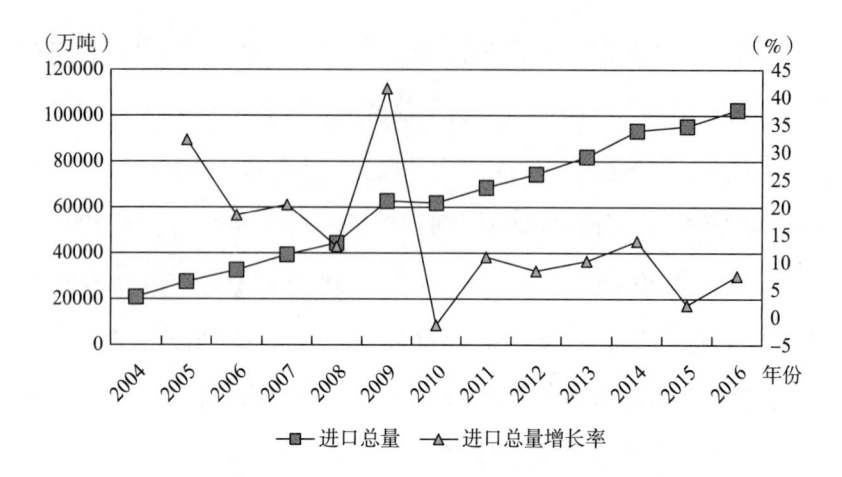

图 10-5 我国铁矿石进口总量变动情况

资料来源：美国地质调查局。

国从澳大利亚以及巴西购买的铁矿石数量占进口总量的 60% 以上，2016 年甚至达到 83.5%。因此，我国铁矿石的进口价格受到巴西和澳大利亚的影响深远。

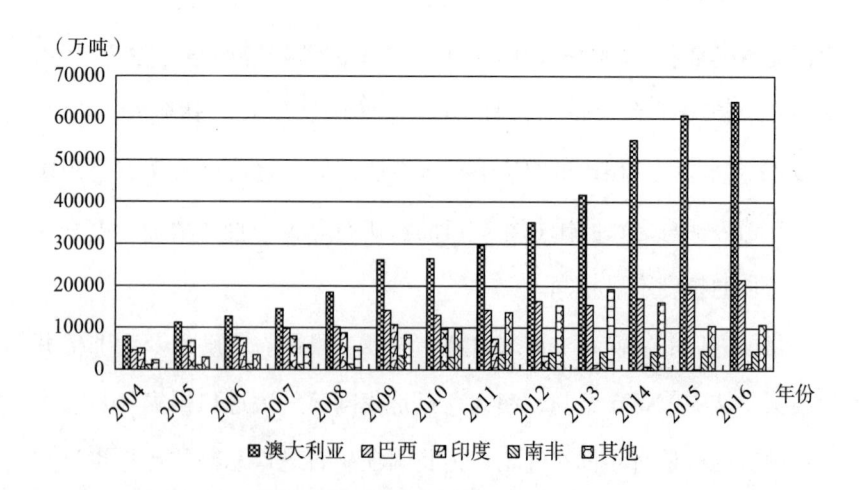

图 10-6 我国铁矿石主要进口国情况

资料来源：美国地质调查局。

第二节 铁矿石价格波动的影响因素分析

一 理论分析

本节构建了进口铁矿石价格影响机制的理论框架，如图10-7所示。定价机制是影响价格的最直接的制度因素，长协定价机制的解体及现货指数定价的确立使铁矿石同时具备了商品属性和金融属性，而国内外宏观经济环境则通过影响铁矿石的商品属性和金融属性对价格产生影响。

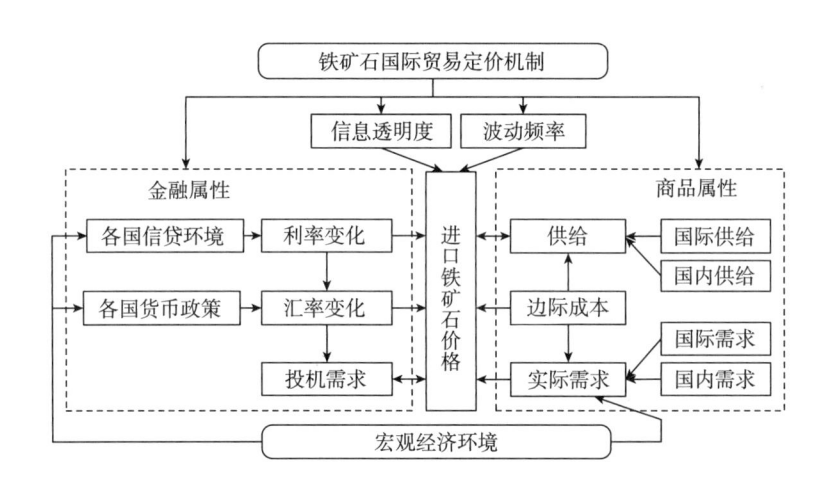

图10-7 进口铁矿石价格影响机制分析框架

（1）长协定价机制采取的是"年度定价""三对三多边谈判""首发跟随"的交易机制，谈判方都是世界级的大企业，对市场信息和发展趋势了解较充分，价格一年变动一次，波动频率低，价格风险小，市场套利和投机动机弱，金融属性小。现货指数是日度频率，编制信息采集于现货市场，现货交易多采取月度均价甚至随行就市，价格变动频繁，交易主体数量众多，信息不对称性较强，从而引发大规模的风险规避需求和投机需求，推动铁矿石金融属性增强。

（2）宏观经济的铁矿石价格的影响有两个途径：一是通过影响商品属性中的需求影响价格；二是通过金融属性影响价格。反过来，铁矿石价格对宏观经济有一定的影响，但不如能源这类大宗商品的影响大。

（3）商品属性中，按照经济学基本规律，国内外铁矿石供给、需求和铁矿石成本都会对价格产生影响。其中，由于铁矿石单位价值较低，海运费就成了重要的成本因素。海运费同样受供需关系支配，海运需求越高，海运费报价就越高，甚至可能出现运费高于货值的现象。海运费的高低可能会影响到铁矿石价格的涨跌。

（4）金融属性中，为适应宏观经济变化，各国的货币政策和信贷政策会发生调整，汇率和利率发生变动。当计价货币与本国汇率发生变动时，价格当然也会发生变动。当利率变动时，融资成本的增加将引起价格变动。另外，国内外汇率和利率差的变化还催生了铁矿石贸易融资现象的出现，容易造成铁矿石进口市场的虚假繁荣，扭曲价格形成过程。

但在市场上涨和下跌的不同区制中，相关因素对进口铁矿石价格的作用机制可能会有差别。

（一）供需因素的分区制作用机制分析

作为商品，长期来看，铁矿石供需具有价格弹性，但作为矿产品资源，铁矿石短期供需弹性却有其特殊性。由于钢铁的替代品少，铁矿石短期需求价格弹性缺乏；铁矿石供给价格弹性又不同，价格下跌

第十章 紧缺黑色金属矿产资源国际定价权问题及提升对策研究

时,供给弹性较大,但价格上涨时,由于矿山勘查、建设周期需要几年的时间,短期内,矿产品供给缺乏弹性,并且随着可采矿越来越少,供给弹性随着价格上涨反而越来越小。在市场上涨、下跌的不同区制,铁矿石独特的供需弹性对价格的影响也可能不同。经济繁荣期,需求快速上涨,但供给受限矿山产能形成的长周期,长时间的供不应求导致价格急剧上涨,要等到新矿山投产,供给弹性上升后,价格才能平稳。经济下滑时,需求减少的同时供给减少。但要注意,在这轮市场下跌的初期,由于新建矿山较多,迫于回收成本的压力,减产决策难以迅速达成,供给难以迅速下降,供给弹性并不是很大,价格下跌速度仍然较快,价格要下降到高成本矿山退出后才趋向平稳。价格下跌周期中供给弹性总体上要比价格上涨时大,因此价格下降速度要比上涨时平缓。

对于国内铁矿石供给,由于国内铁矿埋藏深、规模经济性差,采掘成本高,再加上国内矿山的价格跟随战略,进口铁矿石价格上涨时,国内铁矿石供给的增加可能并不会拉低价格,仅仅从供给保障的角度提高了国家资源安全程度。价格下跌时,国内铁矿石过高开采成本造成难以降价,难以拉低市场价格。

铁矿石库存反映了铁矿石供需均衡状态,同时,库存对市场来说是潜在的供应量,一般而言,库存与价格成反比。但市场投机力量有可能通过库存的主动控制,造成无法交割或库存过剩的现象,影响市场对价格的预测。

(二) 金融因素的分区制作用机制分析

国际市场中,铁矿石价格以美元计价,其必然会受到美元汇率的影响,具体表现为两个方面。一是短期看,作为主要的计价货币,美元贬值,我国购买铁矿石所需支付人民币减少,反映在市场上就是进口铁矿石价格下跌。二是长期看，美元汇率变动会影响铁矿石需求。美元贬值，会导致人民币购买力增加和铁矿石需求上升；同时，人民币升值，钢材等中下游产品因出口价格升高造成出口数量减少，钢铁业对铁矿石的总需求会减少，将抵消购买力上升部分，铁矿石最终价格难以确定涨跌。而且，不同市场趋势下，汇率的影响程度会有差别，价格上涨时，汇率变动在价格中占比较小，美元汇率对价格的影响可能较小；反之亦然。

由于银行大幅收紧对钢铁行业贷款，钢材贸易商和小型钢企很难从银行获得贷款，就转向通过铁矿石贸易融资，通过这样的操作，他们可以用较低的成本获得短期融资。贸易融资的关键在于利率差，当国内外利率差小于贸易成本和国内外铁矿石价差时，贸易融资便可行。中美利率差增大，会刺激贸易融资量增大，从而引起铁矿石进口量增大和价格上涨。价格上涨时，铁矿石现货进口的风险降低，意味着贸易融资的价格风险下降，将进一步促进贸易融资量上升和价格的上涨；价格下跌时，贸易融资会减少，对价格的影响会变小。

二 模型构建

（一）指标的选取

为探讨不同区制下铁矿石价格波动与其影响因素之间的动态关系，本节结合相关文献，选择我国进口铁矿石价格作为被解释变量，选择粗钢产量、国产矿产量、铁矿石进口量以及进口铁矿石港口库存作为影响进口铁矿石价格的供需因素，选择海运费作为铁矿石贸易的成本因素，选择美元汇率、中美利率差作为影响进口铁矿石价格的金融因素。具体变量说明如表10-4所示。

表 10-4 变量选取说明

变量分类		变量名称	符号	变量说明	数据来源
被解释变量		进口铁矿石价格	IP	进口铁矿石月度平均价格	西本新干线
解释变量	供需因素	国内粗钢产量	CSP	反映短期需求	国际钢铁协会
		国产矿产量	IOP	铁矿石原矿产量反映国内供给	国家统计局
		铁矿石进口量	IM	反映国际供给	海关总署
		进口铁矿石港口库存	IS	反映供需均衡	Wind 资讯
	成本因素	海运费	BDI	波罗的海干散货指数	波罗的海交易所
	金融因素	美元汇率	ER	美元兑人民币	美联储
		利率差	IRS	国内银行间同业拆借利率减去美国联邦基金利率，反映贸易融资	中国货币网以及美联储

（二）MS-VAR 模型构建

非线性的 MS-VAR 模型一方面可以自动将时间序列过程划分为不同区制；另一方面也可以通过不可观测的区制变量来捕捉宏观经济变量中数据生产的非静态过程，用于描述各经济变量在不同区制下，所具有不同特征、规律以及变量之间不同的关系。鉴于此，本节设有 M 个区制且滞后 p 阶的 MS-VAR 模型为：

$$y_t = \nu(s_t) + \sum_{i=1}^{p} \Phi(s_t) y_{t-i} + \sum_{i=0}^{p} \beta(s_t) x_{t-i} + \sigma(s_t) \varepsilon_t \qquad (10-1)$$

其中，y_t 为进口铁矿石价格；x_{t-i} 分别为美元汇率、利率差、海运费、粗钢产量、国产矿产量、铁矿石进口量以及进口铁矿石港口库存；$v(s_t)$ 为截距项；$\Phi_i(s_t)$，$\beta_i(s_t)$，$i=1,\cdots,p$ 为参数；σ 为方差，$\sigma=(\sigma_1,\cdots,\sigma_M)$，且有 $\sigma \sim NID(0,\sum s_t)$；$\varepsilon_t$ 服从标准正态分布，即 $\varepsilon_t \sim N(0,1)$。

三 MS – VAR 实证分析

考虑数据的可得性,本书选用 2005 年 7 月至 2015 年 6 月共 120 组月度数据。首先,使用 Census – X12 加法对所有变量进行季节调整;然后,为消除异方差性分别对铁矿石价格(IP)、海运费(BDI)、粗钢产量(CSP)、国产矿产量(IOP)、铁矿石进口量(IM)、进口铁矿石港口库存(IS)进行对数处理。采用 Krolzig(1998)开发的 OX 的极大似然估计数值技术,利用 Give Win2.3 平台中的 OX – MSVAR 软件包中的程序对模型进行估计。

(一)平稳性分析

本书采用 ADF 单位根检验法检验各变量平稳状况,检验结果如表 10 – 5 所示。结果显示各变量水平序列均是不平稳序列,而其一阶差分皆是平稳序列。在单位根检验过程中,根据数据特征选择在检验表达式中是否包含时间截距项、趋势项。变量名称后的括号中两个参数分别代表有无截距项和趋势项,0 表示无,1 表示有;变量名称前加"LN"表示对变量取自然对数,变量符号前加"D"表示对变量取一阶差分。

表 10 – 5　　　　　　　平稳性检验结果

水平序列 ADF 单位根检验				一阶差分序列 ADF 单位根检验			
原变量 (截距,趋势)	T 值	P 值	结论	差分变量 (截距,趋势)	T 值	P 值	结论
LNIP(1, 1)	-1.6749	0.7563	不平稳	DLNIP(0.0)	-5.3294	0.0000***	平稳
ER (1, 0)	-1.9136	0.3251	不平稳	DER (1.1)	-6.5044	0.0000***	平稳
IRS (1, 0)	-1.5812	0.4890	不平稳	DIRS (0, 0)	-10.9523	0.0000***	平稳
LNBDI (1, 0)	-2.0530	0.2642	不平稳	DLNBDI (0.0)	-8.1204	0.0000***	平稳
LNCSP(1, 0)	-1.5402	0.5095	不平稳	DLNCSP(0, 0)	-2.3824	0.0168**	平稳
LNIOP(1, 0)	-2.1894	0.2114	不平稳	DLNIOP(0, 0)	-2.5671	0.0166**	平稳

第十章　紧缺黑色金属矿产资源国际定价权问题及提升对策研究

续表

水平序列 ADF 单位根检验				一阶差分序列 ADF 单位根检验			
原变量（截距，趋势）	T 值	P 值	结论	差分变量（截距，趋势）	T 值	P 值	结论
LNIM（1，0）	-1.6829	0.4373	不平稳	DLNIM（0，0）	-12.437	0.0000 ***	平稳
LNIS（1，0）	-2.3229	0.1665	不平稳	DLNIS（0，0）	-6.3824	0.0000 ***	平稳

注：***、** 表示在1%和5%的显著性水平下通过平稳性检验。

（二）MS-VAR 模型选择

进口铁矿石价格在2008年之前处于快速上升过程，由于经济危机的爆发，2008年价格快速回落，但在2010年逐步回升，不过在全球经济疲软的情况下增长趋势变得缓慢，2012年后铁矿石价格在上涨与下跌中不断转换，并在2014年后呈现持续下跌趋势，但在价格变动过程中，也有较长时间维持在平稳状态。根据进口铁矿石价格的波动情况，确定模型的区制数量为3，即铁矿石价格"下跌""平稳""上涨"区制。

在 MS-VAR 模型中，截矩项、均值、滞后系数和方差可能会随着区制的改变而有所不同，MS-VAR 模型据此也可分为不同的类型。本书选择截距、滞后系数随着区制变动而改变的 MSIA-VAR 模型。在数据的有效性的前提下，根据 MSIA-VAR 模型的对数似然比最大值以及 AIC、HQ 和 SC 的值最小化来确定模型最优滞后阶数 $p=1$，且该模型的卡方统计量的 P 值小于5%（见表10-6），显著地拒绝线性系统原假设，因此选择 MSIA（3）-VAR（1）是合适的。

（三）区制状态分析

（1）由公式 $DLNIP = LNIP_{t+1} - LNIP_t = LN(IP_{t+1}/IP_t)$ 可见，DLNIP 的正负度量了进口铁矿石价格涨跌情况，DLNIP 值小于0说明

价格下跌，相应地，*DLNIP* 值等于 0 和大于 0，分别意味着价格平稳和上涨。由图 10-8 区制转移概率图可见，*DLNIP* 值小于 0 的样本较多处于区制 1，时间集中于 2008 年经济危机期间以及 2011 年之后；*DLNIP* 值在 0 值附近的样本较多处于区制 2，范围覆盖整个时间段；*DLNIP* 值大于 0 的样本较多处于区制 3，时间集中在 2008 年之前以及 2010—2011 年。总的来说，区制 1 *DLNIP* 均值为 -0.0643，代表价格 "下跌" 区制；区制 2 *DLNIP* 均值为 -0.0005，代表 "平稳" 区制，区制 3 *DLNIP* 均值为 0.0405，代表 "上涨" 区制，较好地刻画了进口铁矿石价格波动的实际情况。

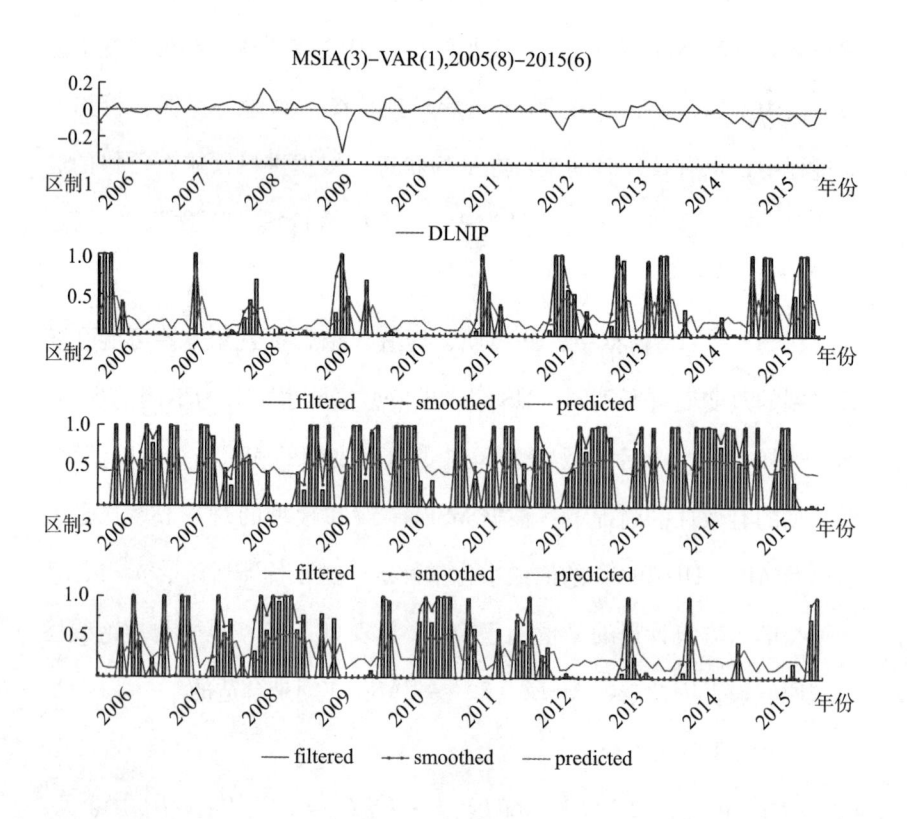

图 10-8 区制转移概率

(2) 根据表 10-6 各区制转移概率与性质分析，各区制维持原状态的概率代表了系统在各区制的稳定性。在区制 1 时，系统维持在区制 1 的概率为 0.4674，持续的平均周期为 1.88 个月。在区制 2 时，系统维持在区制 2 的概率为 0.5897，持续的平均周期最长为 2.44 个月。在区制 3 时，系统维持在区制 3 的概率为 0.5359，持续的平均周期为 2.15 个月。可以看出，在整个研究区间，区制所占样本的比例越大，所持续的平均周期越长。从稳定性方面来讲，区制 2 的稳定性最强，区制 1 的稳定性最弱，区制 3 介于两者之间。

表 10-6 各区制转移概率与性质

	转移概率				转移性质		
	区制 1	区制 2	区制 3		样本大小	频率	周期
区制 1	0.4674	0.4268	0.1058	区制 1	25.6	0.2085	1.88
区制 2	0.1836	0.5897	0.2267	区制 2	59.4	0.4998	2.44
区制 3	0.0662	0.3979	0.5359	区制 3	34.0	0.2917	2.15

(3) 图 10-9 显示了处于不同区制时 h 步预测概率。图 10-9 显示，无论开始的区制是什么，区制 2 总是占据主导，其次是区制 3、区制 1。当开始于区制 1 时，区制 2 占据主导的时间（小于 3 个月）要比开始于其他两个区制时快一些。7.5 个月后，三个区制的概率趋于稳定，处于区制 2 的概率为 0.5，区制 3 的概率为 0.3，区制 2 的概率为 0.2。

(四) 进口铁矿石价格影响因素分析

各区制参数估计结果如表 10-7 所示，模型中大多数系数在 1% 的显著性水平下显著。根据表 10-7 分析，进口铁矿石价格受供需因素与金融因素的共同作用，但不同区制中，进口铁矿石价格的影响因

| | 区制1时 | 区制2时 | 区制3时 |

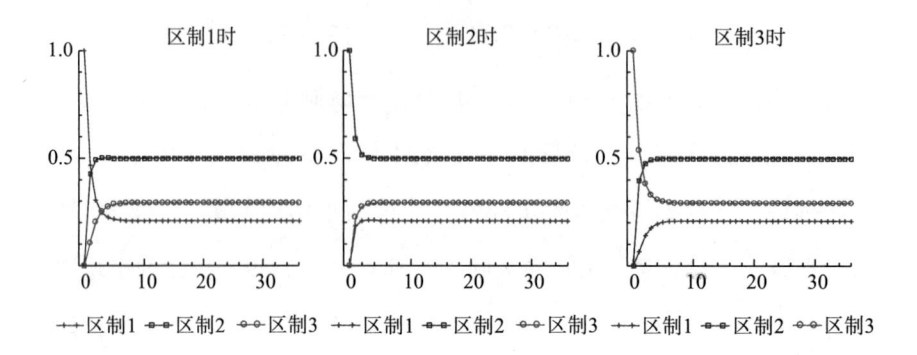

图 10-9　开始于某一区制时转换到其他区制的 h 步预测概率

素及其作用方向有所不同。三个区制中,仅粗钢产量、库存的影响是相同的,其中,粗钢产量及其滞后项对铁矿石价格的影响是正向的,库存当期呈正向影响,但库存滞后期呈负向影响。海运费、原矿产量、进口铁矿石量等其他供需因素,美元汇率、中美利率差等金融因素在不同区制中的表现差异显著。

表 10-7　　　　　　各区制方程参数估计结果

估计项	区制 1	区制 2	区制 3
C	-0.0382 ***	-0.0068 ***	0.0421 ***
DIP_1	0.2517 ***	0.4851 ***	0.5857 ***
DER	0.0204	-0.2603 **	0.2424
DER_1	-0.1722	-0.2816 ***	0.0928
DIRS	0.0273 ***	-0.0039	0.0240 ***
DIRS_1	0.0025	-0.0105	0.0155 ***
DLNBDI	-0.1233	-0.0038	0.0067
DLNBDI_1	0.1695 ***	-0.0087	0.0824 ***
DLNCSP	0.3486 ***	0.1338 ***	0.0321
DLNCSP_1	0.3812 ***	0.0068	0.5579 ***
DLNIOP	0.2762 ***	-0.0105	-0.0753 ***

续表

估计项	区制1	区制2	区制3
DLNIOP_1	-0.1186***	-0.0382**	-0.0672***
DLNIM	-0.2454***	0.0415**	0.2229***
DLNIM_1	-0.0851**	0.0201	0.0792***
DLNIS	0.4008***	0.2044***	0.6719***
DLNIS_1	-0.6031***	-0.3702***	-0.9737***
标准误差	0.0129		

注：(1) 似然比线性检验：92.4718Chi（32）=［0.0000］** Chi（38）=［0.0000］** AVIES =［0.0000］**。

(2) 其中带有 ***、** 的数据分别表示在1%和5%的显著水平下通过显著性检验。

(五) 各区制的脉冲响应分析

采用脉冲响应函数进一步分析各因素对进口铁矿石价格的作用方向与影响大小。根据脉冲响应函数的原理，脉冲响应结果是在某一因素受到冲击时，该因素和系统其他因素共同作用于系统的结果，脉冲响应结果不仅包括该因素的影响，还包括其他因素的影响，因此，从直观上看，该因素的脉冲响应结果与该因素的回归系数可能并不一致。

(1) 给定美元汇率（DER）一个正的标准差冲击（见图10-10），进口铁矿石价格在区制1和区制2都有正向的响应，但在区制3是负向响应，并在第5期后逐渐接近负的最大值0.0275。三个区制中，区制1的响应程度最小。美元汇率受到正冲击，意味着美元升值，在此情况下，推动进口铁矿石价格上涨的路径包括计价货币升值、钢材等下游产品出口增加对铁矿石需求拉动等，而推动进口铁矿石下跌的路径主要是价格上涨对铁矿石需求的抑制等。在区制3，铁矿石需求抑制作用占了上风，并且抑制效果随着时间的推移更加显著,在区制1、区制2中,计价货币效应占了上风。

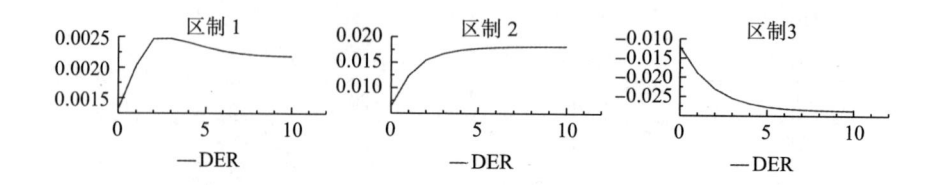

图10-10　各区制美元汇率对进口铁矿石价格波动的脉冲响应

(2)给定利率差(DIRS)一个正的标准差冲击(见图10-11),三种区制,进口铁矿石价格都有正向响应,并且区制2和区制3的影响要大于区制1的影响。这说明中美利率差增加,贸易融资量增大,增大的进口量拉升了进口铁矿石价格,并且在价格上升和平稳趋势下,贸易融资量较大,对价格的影响也较大,与理论分析一致。

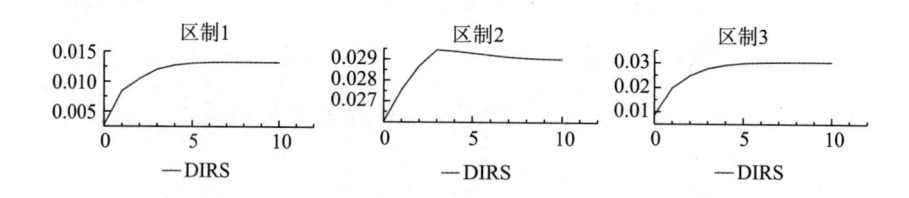

图10-11　各区制利率差对铁矿石价格波动的脉冲响应

(3)给定海运费(DLNBDI)一个正的标准差冲击(见图10-12),虽然当期影响不同,但都迅速呈现负向影响。区制2是负向响应,在区制1、区制3中,虽然当期是正向响应,但在第2、3期便迅速转为负向响应。总体而言,一开始,海运费增加提升了进口铁矿石到岸价,但随着时间的推移,海运费涨价反向作用于铁矿石需求,从而引起价格下跌。

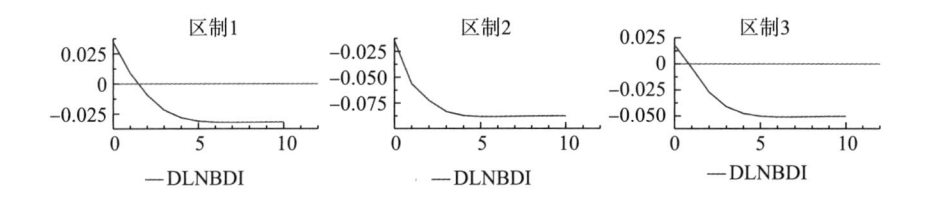

图 10 – 12　各区制海运费对进口铁矿石价格波动的脉冲响应

(4) 给定粗钢产量（DLNCSP）一个正的标准差冲击（见图 10 – 13），在区制 1 中进口铁矿石价格呈现正向响应，在区制 2 中呈现负向响应，而在区制 3 中，首先是负向响应，然后逐渐变为正向响应，但区制 3 的影响程度最小。粗钢产量增加一方面意味着铁矿石消耗和未来需求增加，另一方面也意味着钢材市场供给增加和行业潜在的产能过剩。在区制 1，钢材产量增加带来的铁矿石需求增加的利好信息占据主导；在区制 2，钢材产量增加带来的行业过剩的恐慌信息占据主导；在区制 3，价格上涨时期，金融投机需求占据主导，削弱了粗钢产量的作用。

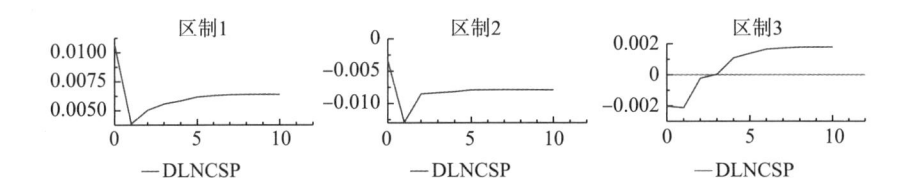

图 10 – 13　各区制粗钢产量对进口铁矿石价格波动的脉冲响应

(5) 给定国内原矿产量（DLNIOP）一个标准差的正的冲击（见图 10 – 14），在区制 1 和区制 3 下，铁矿石价格响应为正，并逐渐上升,在第 5 期后达到最大,随后保持不变,且在区制 3 的影响力度最大。在区制 2 下,进口铁矿石价格响应为负,随后冲击力度减弱。总的来讲,在价格上升期国产矿采取价格跟随战略,与下降期国产矿受高成本约束,没有对铁矿石价格产生抑制作用,国产矿只保障了资源的供给安全。而在平稳时期,国产矿一方面增加了市场供给,打破了供需平衡,另一方面又有一定的降价空间,进口铁矿石价格反方向变动。

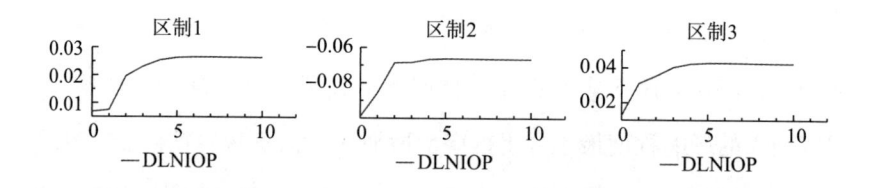

图 10-14 各区制国内原矿产量对铁矿石价格波动的脉冲响应

(6) 给定铁矿石进口量(DLNIM)一个正的标准差冲击(见图 10-15),在区制 1 呈现正向影响,在区制 2、区制 3 呈现负向影响,三个区制中前期响应程度不断波动,并在后期逐渐趋于平衡。平衡后,区制 1 和区制 3 的响应程度都非常小。价格处于平稳与上升期时,铁矿石进口量与铁矿石价格反方向变动,符合一般的供需原理。价格处于下降期时,铁矿石进口量与进口铁矿石价格同向运动,与理论预期不相符的原因可能是粗钢产量增加等其他因素的正向冲击作用抵消了铁矿石进口量的负向冲击作用。

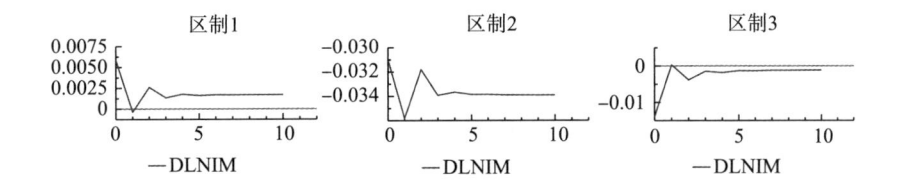

图 10-15　各区制铁矿石进口量对进口铁矿石价格波动的脉冲响应

（7）给定库存（DLNIS）一个正的标准差冲击（见图 10-16），三个区制中基本都呈现正向响应，并且在区制 3 中响应程度最大。出现正向响应说明市场中铁矿石投机性程度高，进口铁矿石企业大量囤积库存，这种投机性需求导致价格扭曲，使铁矿石现货价格增加。价格上升时期，价格操纵空间最大，市场投机性最强，进口铁矿石价格对库存的响应程度最大。

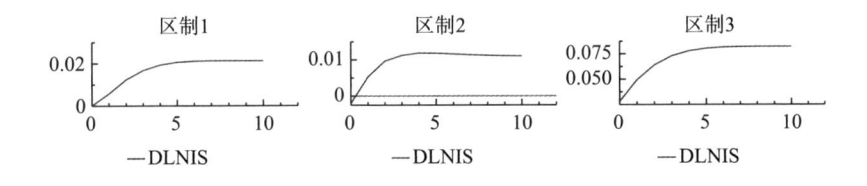

图 10-16　各区制库存对进口铁矿石价格波动的脉冲响应

为进一步考察现货指数定价以及大连铁矿石期货市场形成对进口铁矿石价格的影响，本书在以上给定变量（见表 10-4）的基础上，引入两个哑变量（见表 10-8），构建了一个 VAR 模型。通过 AIC、SC 和 HQ 的最小值确定模型的最优滞后阶数为 2。由于 VAR 模型估计出的变量系数经济意义不强，我们对变量进行了脉冲响应分析，结果如图 10-17 所示。

表 10-8　　　　　　　　　哑变量选取情况

哑变量	变量说明	赋值情况
DV1	2008 年，三大矿山先后打破了"长协价"中涨幅一致原则和定价跟随原则	2008 年 11 月之前赋值为 0 2008 年 12 月之后赋值为 1
DV2	2013 年，大连铁矿石期货正式开始交易	2013 年 9 月之前赋值为 0 2013 年 10 月之后赋值为 1

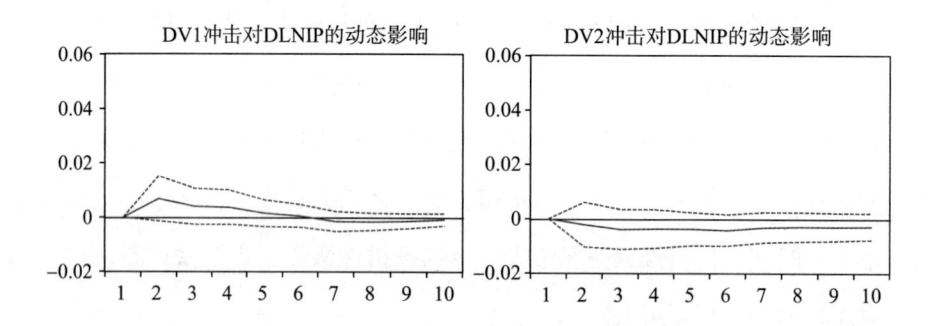

图 10-17　哑变量冲击对 DLNIP 的动态响应

从图 10-17 可以看到，给定 DV1 一单位正的标准差冲击，在第 6 期之前，进口铁矿石价格的累计响应一直为正。说明在铁矿石长期协议定价机制中引入现货定价机制，拉升了进口铁矿石价格，这也说明了国际三大矿商为什么会凭借垄断优势，一直努力寻求铁矿石定价机制进一步指数化、金融化的原因，其目的就是缩短矿石定价周期，促使价格上升，以获取更大的利益，这也从另一个侧面验证了我国钢铁厂商对普氏指数形成过程存在价格操控可能的质疑。

从图 10-17 也可以看到，给定 DV2 一单位正的标准差冲击，从第 1 期开始进口铁矿石价格的累计响应一直为负。这说明我国铁矿石期货市场的建立，有助于降低进口铁矿石价格，这是我国通过期货争夺定价权的努力结果。期货市场的一个重要功能便是价格发现，期货市场增大了交易双方的规模，提升了市场信息的透明度，现阶段市场供大于求的现状在期货价格中有了充分反映。

四 实证结论

本节基于 2005 年 7 月至 2015 年 6 月的数据，利用 MS – VAR 模型，分析了不同的市场状态中，各影响因素对进口铁矿石价格的动态影响。得到以下结论：

（1）可将国际铁矿石市场分为三个区制。区制 1 代表进口铁矿石价格运行处于下跌时期，区制 3 代表进口铁矿石价格运行处于上涨时期，区制 2 代表进口铁矿石价格运行处于相对平稳的时期。进口铁矿石价格维持价格平稳的概率最大，价格上涨的概率其次。

（2）在不同的区制中，各影响因素对进口铁矿石价格的影响存在差异。在上涨与下跌的区制中，进口铁矿石价格对美元汇率、铁矿石进口量的响应方向不同，而对其他因素主要是响应程度不同。其中，进口铁矿石价格对美元汇率、中美利率差、海运费、铁矿石进口量、国产矿产量、库存等因素冲击的响应程度，在下跌阶段要小于上涨阶段，这与铁矿石的供需价格弹性相吻合。

（3）金融因素对进口铁矿石价格有显著影响，且市场存在投机行为，供需基本面不能作为国际铁矿石市场趋势分析的唯一考量。脉冲响应结果显示，美元汇率、中美利率差对铁矿价格有影响，而铁矿石库存与进口铁矿石进口价格成正比则揭示了市场长期存在的投机行为，这也说明在铁矿石价格趋势分析中，不能再简单地把铁矿石库存作为市场供需均衡指标，需要注意甄别其中的投机成分。

（4）在定价权的争夺当中，定价方式的改变对价格有影响，但国内矿山建设未能对价格起到抑制作用。实证结果显示，三大矿山力推的现货指数定价抬升了价格，大连商品交易所推出的期货合约拉低了价格。而国产矿仅在市场平稳期对价格有抑制作用，鉴于国内铁矿石资源品位低、规模小的资源禀赋现在，通过增加国内铁矿石产量拉低进口铁矿石价格，提升定价权是不现实的。

由于三大矿山采取低价挤出战略、坚持不减产，进口铁矿石价格持续下滑，已跌破很多矿山的成本线，造成这些矿山减产或停产，价格将趋于平稳。但值得警惕的是，三大矿山的市场供给集中度在缓慢提高，市场形势一旦好转，再叠加上矿山短期供给弹性很小的因素，价格上升的概率将大幅提升。同时，需要警惕国际金融环境变动对铁矿石价格带来的冲击，需要注意铁矿石价格在不同区制时对汇率变动的响应方向存在差异。

另外，需要进一步加强对国内铁矿石市场的规范。首先要进一步培育壮大国内铁矿石期货市场，其次要修补造成国内铁矿石投机氛围的制度漏洞，再者要提升钢铁产业"走出去"战略实施的质量，降低国际铁矿石合作开发的成本。

第三节 紧缺黑色金属矿产资源国际定价能力研究

一 研究框架

2011年，时任国务院副总理的李克强提出要"推动形成长期、稳定、可预期的大宗商品供求关系和合理的价格机制"。2012年9月，时任国家主席的胡锦涛在亚太经济合作组织第二十次领导人非正式会议上提出要防止大宗商品过度投机和炒作。我国政府的高度重视反映出我国定价权缺失问题的严重性。铁矿石作为工业生产的重要原材料，对于一国工业及至整体国民经济的发展都有重要的影响。近年来，随着中国经济的强劲发展，催生了对铁矿石进口需求的增加。在

第十章 紧缺黑色金属矿产资源国际定价权问题及提升对策研究

国际市场上，中国需求的快速增长被广泛认为是铁矿石价格上涨的主要支撑因素，然而，"中国因素"并未给中国带来定价权，随着国际铁矿石定价方式短期化、指数化、金融化趋势的加剧，铁矿石价格波动幅度加剧，增加了我国钢铁业的风险，钢铁行业步履维艰，给我国资源安全和经济平稳增长带来严重的负面影响。另外，随着经济全球一体化和金融自由化的加剧，全球各个金融市场之间的联系日益紧密，一国的波动很容易受到其他市场的影响。因此，在此背景下，研究铁矿石国内和国际、期货和现货市场间的联动性，对于正确认识我国在国际铁矿石定价中的作用和地位，管理中国铁矿石市场风险有着重要的现实意义。

当前，国内外已有不少学者研究国内外金属期货市场之间的联动性。其所研究的内容主要集中在收益率和波动率两个方面。

在收益率方面，主要研究金属国内外金属期货市场间价格联动性。所使用的方法主要有：格兰杰因果检验，协整检验、VAR模型等。Fung等（2003）对中美期货市场的铜期货价格做了分析，发现我国铜期货价格在不同程度上受到美国铜期货市场的影响。华仁海和陈百助（2004）应用协整检验和格兰杰因果检验研究了国内外期货市场的铜、铝期货价格之间的动态关系，研究结果表明，SHFE和LME的铜、铝期货价格之间存在长期均衡关系。徐信忠、杨云红（2004）等借助线性回归和信息份额分析法分析上海期货交易所和伦敦期货交易所之间的价格引导关系。华仁海、卢斌（2008）等借助现代计量经济方法，对上海期货交易所、伦敦金属期货交易所和纽约商业交易所铜期货价格之间价格的联系以及各个市场在价格发现中的贡献份额进行了实证研究。表明：三个市场铜期货价格之间存在协整关系。邵燕敏、汪寿阳（2012）通过门限向量误差修正模型研究伦敦期货交易所和上海期货交易所期铜、期铝之间的价格引导关系，发现了伦敦期铜市场与上海期铜市场存在门限协整关系的证据。Yue 等（2015）运用 VAR – DCC – GARCH 模型，研究 LME 金属价格与中国金属价格间的联动效应及其动态相关性。结果表明：LME 金属价格依然对中国金属价格有着较大的影响，而中国除了铅价外，其余金属价格对 LME 金属价格的影响还很微弱。邓超、袁倩（2016）利用 VAR 模型研究了铁矿石国内与国外、现货与期货之间的价格溢出关系。研究表明：螺纹钢期货对铁矿石国际定价的引导较为显著，大连铁矿石期货对铁矿石国际定价的引导并不显著，但引导能力在逐年加强。

在波动率层面，主要研究国内外期货市场间的风险传导以及金融风险传染，所用的方法主要有：ARCH 模型及其各种扩展模型。吴文锋、刘太阳（2007）等通过向量 GARCH 模型考察上海和伦敦两个期铜市场间收益率波动的溢出效应。研究发现，上海期铜与伦敦期铜市场之间存在双向的波动溢出效应。方毅和张屹山（2007）比较研究 SHFE 和 LME 金属期货市场"风险传染"的特征，并提出了波动溢出项。发现，国内市场存在特有的期铜向期铝的单向波动溢出，不可预期的随机行为导致铜市场风险在铝市场被放大。韩立岩，郑葵方（2008）运用 AR(1) – 非对称 GARCH 模型研究伦敦和上海铜期货市场之间的波动的信息传递关系。实证结果表明，伦敦市场交易信息被整合反映到上海市场的开盘价上，并影响上海交易收益的波动。上海交易信息对伦敦交易收益及其波动的溢出效应十分显著，但对伦敦开盘价的影响小于伦敦交易对上海开盘价的影响。方毅（2008）对 SHFE 和 LME 的三个月期铜价格的波动溢出进行了度量。结果表明，国内外期铜价格有着紧密的联系，无论在长期，还是在短期，国外市场期铜价格的影响力都较大。Liu 和 An（2011）则采用 M – GARCH

模型研究了中国铜期货市场、铜现货市场与美国铜期货市场之间的信息传导机制，显示中美市场之间存在双向波动溢出效应，但是美国铜期货市场在市场联动中发挥的作用更大。当然，也有学者基于收益溢出与波动溢出视角进行整合研究，在一个框架内研究国内外期货市场之间的收益溢出效应与波动溢出效应。

综观国内外研究文献，国内外学者对金属期货市场之间联动性的研究成果较多，为分析金属期货市场之间的价格联动关系提供了有益的参考。但现有文献对铜、铝金属期货市场关注较多，对铁矿石期货市场联动性的研究关注较少，因此受上述研究成果的启发，本书采用有向无环图和溢出指数的方法对2013年10月至2016年6月国内外铁矿石期、现货市场的动态联动性进行研究，测度了中国铁矿石期、现货市场国际定价能力的现状及动态趋势。与以往的研究相比较，本书具有如下特点：一是从市场整体角度，从期货和现货两个层面，在一个完整的框架内分析了国内外铁矿石期、现货市场的溢出关系和动态相关性。二是采用DAG的方法，通过识别同期因果关系揭示国内外铁矿石期现货市场间的同期溢出结构，进而得到国内外铁矿石期现货市场信息溢出的传到路径、方向。三是利用溢出指数模型，从收益率和波动率两个层面定量度量国内外铁矿石期现货市场信息溢出的强度和规模，通过构建相互重叠的分阶段溢出指数，测度了中国铁矿石期、现货市场国际定价能力的动态趋势和方向。

二 模型构建与数据处理

（1）DAG基本原理。DAG方法本质是依据无条件相关系数和偏相关系数对一组变量之间同期因果流分配，具体做法是借助Spirt等（2000）提出的PC算法研究多变量之间的动态因果关系，并用图形的形式来表示变量间同期因果关系的依赖性和指向性。主要步骤：第一步，构建一个完全图，即任意两个变量都有无向边，将无条件相关系数不显著的边剔除，第二步，对1阶偏相关系数进行分析，剔除1阶偏相关系数不显著的边，再进行2阶偏相关系数检验，依次类推，对于N个变量而言，这一个过程需要持续到$N-2$阶偏相关系数。第三步，借助于"相邻"和"隔离集"两个概念，依据相应的判别准则确定因果关系的方向。对于两个变量X和Y，其判别结果存在以下四种可能的情形：①没有连线($X\ Y$)：两个变量X和Y之间不存在因果关系；②没有方向连接的($X-Y$)：说明两个变量之间存在某种联系，但无法给出明确的因果方向；③单方向的连线($X\rightarrow Y$)：表示如果系统中其他变量保持不变，则X的变化将引起变量Y的相应变化，因此X和Y之间存在明确的直接因果关系；④双向连线($X\leftrightarrow Y$)：表示两个变量之间有直接的双向因果关系。

（2）溢出指数模型基本原理，溢出指数模型被广泛应用于测度多个市场间的联动程度。溢出指数模型以方差分解为出发点，得出一个具体的数值定量的衡量金融市场间的总体溢出情况。它的推导过程为：

首先建立一个滞后P期、协方差平稳的N变量VAR模型：

$$X_t = \sum_{i=1}^{p} \varphi_i X_{t-i} + \varepsilon_t \quad (10-1)$$

其中，$X_t = (x_{1,t}, \cdots, x_{N,t})'$，为内生变量，$\varphi_i$是$N \times N$的系数矩阵，误差向量$\varepsilon_t$均值为零，协方差矩阵记为$\sum$。

该VAR模型的滑动平均表示为：

$$X_t = \sum_{i=0}^{\infty} A_i \varepsilon_{t-i} \quad (10-2)$$

式（10-2）中的系数矩阵A_i满足递归形式$A_i = \varphi_1 A_{i-1} + \varphi_2 A_{i-2} + \cdots + \varphi_p A_{i-p}$；$A_0$为一$N$阶单位阵，且当$i<0$时，$A_i = 0$。

方差分解方法度量了 VAR 系统中任意一个内生变量的预测误差方差有多大比例是由于自身抑或是系统中其他变量的冲击。变量 x_i 的 T 步预测误差方差中由变量 x_j 信息所解释的比例为 $\theta_{ij}(T)$，即：

$$\theta_{ij}(T) = \sigma_{ii}^{-1} \sum_{t=0}^{T-1} (e_i' A_t \sum e_j)^2 / \sum_{t=0}^{T-1} (e_i' A_t \sum A_t' e_i)^2 \quad (10-3)$$

其中，σ_{ii} 为 $\sum$ 的第 i 个对角元素；e_j 为选择列向量，第 j 个元素为 1，其余元素为零。

在广义方差分解下，$\sum_{j=1}^{N} \theta_{ij}(T) \neq 1$，因此，对 $\theta_{ij}(T)$ 进行标准化：

$$\tilde{\theta}_{ij}(T) = \theta_{ij}(T) / \sum_{j=1}^{N} \theta_{ij}(T) \quad (10-4)$$

由此易得：$\sum_{j=1}^{N} \tilde{\theta}_{ij}(T) = 1$ 和 $\sum_{i,j=1}^{N} \tilde{\theta}_{ij}(T) = N$。

（3）总溢出指数。总溢出指数表示系统内各资产的关联程度和整体波动溢出的水平。通过式（10-4）我们可以得到总溢出效应的百分比形式：

$$S(T) = 100 \times \sum_{i,j=1, i \neq j}^{N} \tilde{\theta}_{ij}(T) / \sum_{i,j=1}^{N} \tilde{\theta}_{ij}(T) = 100 \times \sum_{i,j=1, i \neq j}^{N} \tilde{\theta}_{ij}(T) / N$$

$$(10-5)$$

从溢出指数的表达形式看，溢出指数越大，表示其他变量的贡献率越高，变量间溢出效应越大。

（4）方向性溢出指数。方向性溢出指数度量了单个市场在多大程度上受到其他市场的影响及某一个市场向其他市场施加多少影响，反映了单个市场的总体信息溢出规模。

所有其他市场对 i 市场的定向溢出指数定义为：

$$S_{i\cdot}(T) = 100 \times \sum_{j=1, j \neq i}^{N} \tilde{\theta}_{ij}(T) \quad (10-6)$$

i 市场对所有其他市场的定向溢出指数定义为:

$$S_{i.}(T) = 100 \times \sum_{j=1, j \neq i}^{N} \tilde{\theta}_{ji}(T) \tag{10-7}$$

继而,净溢出指数为:

$$NS_{ij}(T) = S_{ji}(T) - S_{ij}(T) \tag{10-8}$$

式(10-5)数据与变量说明。本书分析所使用的样本取自 2013 年 10 月 18 日至 2016 年 6 月 30 日的日度数据,删除因中国、新加坡节假日不同等导致交易日收盘价缺失的数据,一共获得 646 组数据。数据来源于 Wind 数据库。关于铁矿石指标的选取:国内指标的选取,由于钢材的供需变化直接决定了铁矿石需求及价格的变动,因此,本书选取市场上成交最活跃的钢材期货品种——螺纹钢期货(SHFT),作为衡量中国期货市场国际影响力的指标;同时,大连商品期货交易所于 2013 年 10 月推出全球第一个可以进行实物交割的铁矿石期货品种,该品种对铁矿石定价体系产生了深远的影响。因此,本书选取大连铁矿石期货(DLSWAP)活跃合约的每日收盘价作为衡量国内与国外铁矿石期货影响力的指标。国际指标的选取,由于铁矿石现货贸易量 70% 以上采用的是指数定价,其中铁矿石普式指数(GJSPOT)的使用比例占指数定价的 80% 以上,因此,本书用铁矿石普式指数(GJSPOT)作为衡量国际现货影响力的指标。同时,由于新交所铁矿石期货合约的清算量远远超过全球其他交易所,因此,本书选取新交所铁矿石掉期(SCGSWAP)结算价作为衡量国外铁矿石期货影响力的指标。

收益率计算公式为 $R_t = \ln p_t - \ln p_{t-1}$,$R_t$ 表示第 t 个交易日的收益率,P_t 表示第 t 日的收盘价。对于波动率的计算,采用 GARCH (1,1) 模型对收益率序列的波动进行度量。收益率和波动率描述性统计显示,在样本期内,四个市场的收益率均值从高到低依次为:SHFT、DLSWAP、GJSPOT、SCGSWAP。表明 SHFT 市场的获利机会更大；无论从收益率的标准差还是波动率的均值，四个市场的波动性由强到弱依次为：GJSPOT、SCGSWAP、DLSWAP、SHFT，可以看出，SHFT市场收益率较高，但市场波动率却最低，表明其是一个良好的"避风港"。四市场的收益率均为左偏，而峰度值显著大于3，符合"尖峰肥尾"的金融事实。此外，鉴于DAG方法和信息溢出指数都是构建在VAR系统之上的。因此，本书对四个市场的收益率和波动率的平稳性进行了检验，ADF统计量均在1%的水平下拒绝存在单位根的原假设。

三 实证结果与分析

（一）基于DAG方法的同期信息溢出

本书对铁矿石期货、现货收益率和波动率分别建立阶数为2的VAR模型，得到残差相关系数矩阵，然后利用软件TETRAD中的PC算法对残差的相关系数矩阵做DAG分析，设定显著性水平为1%，DAG同期因果检验结果如图10-18和图10-19所示。为了进一步保证相关结论的可靠性和稳健性，依据Spirtes等（2000）的相关建议，适当放宽检验的显著性水平，以对变量间的同期因果关系展开进一步的深入分析。DAG分析结果显示，在10%（或者20%）的显著性水平下，各变量间的同期因果关系结构并不改变。表明基于DAG分析得出的"四大市场之间的因果关系"的结论是合理的、稳健的。

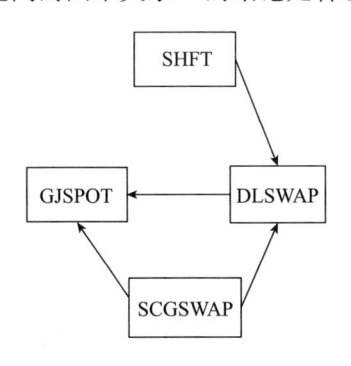

图10-18 收益率的同期溢出

```
        DLSWAP
           |
           ↓
SCGSWAP → GJSPOT
           ↑
         SHFT
```

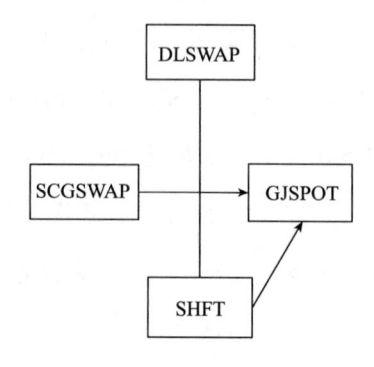

图 10-19　波动率的同期溢出

图 10-18 给出了铁矿石国内与国外期货、现货市场收益率的同期溢出结构，可以发现，SCGSWAP 和 SHFT 对 DLSWAP 都有单向信息溢出，而 DLSWAP 和 SCGSWAP 对 GJSPOT 具有单向信息溢出。结果显示，在整个铁矿贸易市场收益联动体系中，SHFT 和 SCGSWAP 处于主导地位；DLSWAP 处于"媒介"地位；GJSPOT 由于铁矿石现货指数建立较晚，对外影响力不足。

图 10-19 是铁矿石国内与国外期货、现货市场波动率的同期溢出结构图。SCGSWAP 和 SHFT 存在对 GJSPOT 波动率的信息溢出，而 DLSWAP 和 GJSPOT 对其他市场没有波动率同期溢出。结果显示，在全球铁矿石贸易市场风险联动体系中，SCGSWAP 和 SHFT 具有重要地位，GJSPOT 和 DLSWAP 由于起步较晚，对外影响力不够。金融风险主要通过单向的"期货—现货"路径传染。

（二）溢出指数模型

本书采用各个市场同期的收益率与波动率建立 VAR 模型，收益率与波动率 VAR 模型的滞后阶数依据 AIC 准则加以确定，分别为 8 和 7，预测误差方差分解的期数为 10。表 10-9 和表 10-10 分别给出了收益率和波动率的溢出指数表。

表 10-9　　　　　　　　　　收益率溢出指数

	SCGSWAP	SHFT	DLSWAP	GJSPOT	来自其他市场的影响
SCGSWAP	89.60	4.00	3.34	3.06	10.41
SHFT	14.62	80.67	1.83	2.88	19.33
DLSWAP	14.78	41.84	39.91	3.47	60.09
GJSPOT	30.15	27.54	5.42	36.90	63.10
对其他市场的影响	59.54	73.38	10.59	9.41	152.92
对所有市场的影响	149.14	154.06	50.50	46.31	S = 38.23%

表 10-10　　　　　　　　　　波动率溢出指数

	SCGSWAP	SHFT	DLSWAP	GJSPOT	来自其他市场的影响
SCGSWAP	92.18	0.44	5.24	2.14	7.82
SHFT	8.03	81.67	0.23	10.07	18.33
DLSWAP	3.06	26.32	69.79	1.14	30.52
GJSPOT	23.17	15.70	0.35	60.79	39.21
对其他市场的影响	34.26	42.46	5.81	13.34	95.88
对所有市场的影响	126.44	124.13	75.29	74.13	S = 23.97%

可以看出，SCGSWAP、SHFT、DLSWAP、GJSPOT 四个市场之间的收益率溢出和波动率溢出指数分别为 38.23% 和 23.97%，表明四大市场之间的联动主要表现为收益联动，其风险联动相对较弱。

进一步计算四个市场收益率和波动率的单向溢出指数（DSI），在这里将其细分为外向溢出指数 S.I 与内向溢出指数 SI.。其计算结果如表 10-11 和表 10-12 所示。

表 10-11　收益率单向溢出指数（DSI）和净溢出指数（NSI）

		SCGSWAP	SHFT	DLSWAP	GJSPOT
DSI	S.I	59.54%	73.38%	10.59%	9.41%
	SI.	10.41%	19.33%	60.09%	63.10%
NSI		49.14%	54.06%	-49.50%	-53.69%

表 10-12　波动率单向溢出指数（DSI）和净溢出指数（NSI）

		SCGSWAP	SHFT	DLSWAP	GJSPOT
DSI	S.I	34.26%	42.46%	5.81%	13.34%
	SI.	7.82%	18.33%	30.52%	39.21%
NSI		26.44%	24.13%	-24.71%	-25.87%

从表 10-9 和表 10-10 可以看出，一方面，SHFT 收益率和波动率对外溢出指数为 73.38% 和 42.46%，而其他市场对 SHFT 的溢出水平为 19.33% 和 18.33%，其净溢出为正，与此同时，SCGSWAP 收益率和波动率的净溢出也为正。表明无论是收益率还是波动率，上海螺纹钢期货市场和新交所铁矿石掉期在全球铁矿石贸易市场联动中处于信息先导地位。另一方面，DLSWAP 收益率和波动率对外溢出指数分别为 10.59% 和 5.81%，其他市场对 DLSWAP 收益率和波动率的信息溢出分别为 60.09% 和 30.52%，无论收益率还是波动率，DLSWAP 市场的净溢出都为负。同样地，GJSPOT 收益率和波动率对外溢出指数分别为 9.41% 和 13.34%，接受其他市场信息溢出分别为 60.09% 和 30.52%，无论收益率还是波动率，GJSPOT 市场的净溢出也都为负，这说明现阶段，DLSWAP 和 GJSPOT 信息溢出水平不高，对外影响力不足。这反映了我国大连铁矿石期货市场和国际铁矿石现货价格指数建立较晚的事实。

第十章 紧缺黑色金属矿产资源国际定价权问题及提升对策研究

上述溢出指数衡量的是整个样本期内的市场联动程度,无法反映市场联动的动态变化过程。2008年国际金融危机之后,特别是2013年以来,随着全球经历了欧债危机、边缘政治等一系列风险事件,国际铁矿石价格剧烈波动。为了弥补静态研究的不足,以更真实地揭示市场间的联动程度,本书将样本区间划分为数个互相重叠的子样本区间,分别计算其收益率溢出指数,进而观测溢出指数的动态变化。子样本的时间跨度为200天,第一个子样本的时间跨度是2013年10月18日至2014年8月14日,第一个子样本的起始时间向后推移145天得到第二个子样本的起始时间,其余子样本以此类推。各子样本的溢出指数如表10-13所示。

表10-13　　　　　　　　各子样本的溢出指数

	时间范围	收益率溢出指数	波动率溢出指数
阶段1	2013年10月18日—2014年8月14日	32.94%	22.44%
阶段2	2014年5月29日—2015年3月27日	32.68%	14.49%
阶段3	2015年1月5日—2015年11月11日	37.10%	32.14%
阶段4	2015年8月13日—2016年6月30日	34.81%	23.20%

由表10-13可以看到,其一,在整个样本期内,收益率溢出指数和波动率溢出指数在动态路径上呈现不同的趋势特征,收益溢出指数呈现上升趋势,而波动溢出指数没有明显的趋势特征;其二,收益率溢出指数具有较强的稳健性,在整个样本区间内,收益率溢出指数出现波动,但波动幅度较小。值得注意的是,在第三阶段,收益率溢出指数出现了37.10%的较高水平,随后又回落到原先的水平区间。而波动溢出指数的波动幅度大于收益溢出指数的波动幅度,当收益率溢出指数由32.94%下降到32.68%时,波动率溢出指数由22.44%下降到14.49%。

当收益率溢出指数由32.68%上升到37.10%时,波动率溢出指数由14.49%上升到32.14%。表明波动溢出指数存在一定的突变性。

接下来,为了进一步讨论我国在铁矿石贸易市场中国际定价能力变化,本书采用SHFT市场、DLSWAP市场的外向性溢出指数来研究我国铁矿石国际定价能力的动态变化。

(三)中国市场的方向性溢出

从表10-14和表10-15可以看出,其一,无论收益率还是波动率,SHFT的外向溢出均高于DLSWAP;说明SHFT市场影响力大于DLSWAP。其二,SHFT收益率对其他市场的信息溢出从高到低依次是DLSWAP、GJSPOT、SCGSWAP,而波动率对其他市场的信息溢出从高到低依次是GJSPOT、DLSWAP、SCGSWAP,这说明SHFT主要影响DLSWAP,同时,DLSWAP收益率对其他市场的信息溢出值从高到低依次是GJSPOT、SCGSWAP、SHFT,波动率对其他市场的信息溢出值从高到低依次是GJSPOT、SHFT、SCGSWAP。说明DLSWAP主要影响GJSPOT,这与DAG得到的结论一致。其三,无论收益率还是波动率,SHFT和DLSWAP对国际市场的影响主要体现在对GJSPOT上,对SCGSWAP影响较小。

表10-14　　SHFT市场收益率和波动率的外向溢出

	收益率				波动率			
	SCGSWAP	DLSWAP	GJSPOT	合计	SCGSWAP	DLSWAP	GJSPOT	合计
阶段1	2.65%	42.41%	27.62%	72.68%	1.11%	27.43%	37.58%	66.12%
阶段2	1.05%	40.54%	31.05%	72.64%	0.82%	23.78%	28.02%	52.62%
阶段3	2.52%	33.78%	24.50%	60.80%	0.08%	31.60%	45.02%	76.70%
阶段4	1.40%	44.01%	28.12%	73.53%	0.28%	12.95%	8.09%	21.32%
平均值	1.91%	40.19%	27.82%	69.91%	0.57%	23.94%	29.68%	54.19%

表 10–15　　DLSWAP 市场收益率和波动率的外向溢出

	收益率				波动率			
	SCGSWAP	SHFT	GJSPOT	合计	SCGSWAP	SHFT	GJSPOT	合计
阶段 1	0.16%	0.08%	12.65%	12.89%	1.74%	0.01%	10.47%	12.22%
阶段 2	0.05%	0.09%	11.70%	11.84%	0.20%	1.13%	1.04%	2.37%
阶段 3	1.27%	2.74%	8.46%	12.47%	0.69%	8.28	24.94	33.91%
阶段 4	0.39%	0.36%	2.90%	3.65%	0.28%	12.94	8.09%	21.31%
平均值	0.47%	0.82%	8.93%	10.21%	0.73%	5.59%	11.14%	17.54%

四　实证结论

本书采用 2013 年 10 月 18 至 2016 年 6 月 30 日的日度数据，基于信息溢出的视角，在全球铁矿石贸易期现、货框架内，通过构建有向无环图和溢出指数，对四大市场的联动性及中国铁矿石期货市场的国际定价能力进行研究，分析了 SHFT 市场和 DLSWAP 市场国家定价能力的现状及动态趋势，主要研究结论如下：

（1）全球铁矿石期、现货市场之间的总体溢出主要表现为收益溢出，其波动溢出相对较弱，并且收益率溢出与波动率溢出在动态路径上存在显著差异，收益溢出具有明显的上升趋势，而波动率溢出指数呈现不规则波动。表明样本期内随着全球铁矿石贸易市场的联动逐渐增强，一体化水平不断提高，波动率溢出指数更多受到经济金融危机传染的影响，呈现出不规则的波动。

（2）SHFT 市场和 SCGSWAP 市场在全球铁矿石贸易市场收益联动中处于信息先导地位，DLSWAP 市场和 GJSPOT 市场的国际定价能力较弱。反映我国 SHFT 市场已经具有影响国际市场的能力，我国 DLSWAP 市场，由于建立较晚，对国际市场的影响力不足。

（3）SHFT 市场和 DLSWAP 市场对国际市场的影响主要体现在对

GJSPOT 市场的影响上，对 SCGSWAP 市场的影响较弱。

第四节　紧缺黑色金属矿产资源国际定价权的提升对策

通过以上对紧缺（有色）基本金属矿产资源定价权影响因素实证结果的分析，并结合定价权现状，本书有针对性提出以下政策建议。

一　拓展铁矿石来源，稳定铁矿石供给

（一）加快国外铁矿石资源的战略性投资

要充分利用国内国外两种资源，在重视开发利用国内资源的基础上，中国钢铁企业必须拥有全球视野，对铁矿石资源进行全球性的战略布局，坚定不移地将"走出去"践行到底。中国钢铁企业前往其他国家进行投资开矿，从而能够利用他国的矿产资源，与国外的合作方建立起产权关系。这种投资合作关系有助于中国钢铁企业建立良好的铁矿石安全供给保障体系。近年来，尽管中国钢铁企业通过对外投资（例如在巴西、澳大利亚、加拿大等铁矿资源丰富且利于投资的国家投资），在一定程度上缓解了国内铁矿石矿产资源供应的紧张局势，但是对外投资的力度还不够，还需进一步加大"走出去"战略的力度。首先，中国钢铁企业要实施多元化的对外投资，除在以上列举的三个国家进一步加大投资力度外，还要不断开拓新兴的投资市场。其次，中国钢铁企业应当多学习其他国家在进行海外铁矿石资源开发利用上的成功经验。最后，中国钢铁企业在进行海外投资，开发国外矿产资源的同时还建立起充分的风险防范意识，警惕相关的投资风险。

（二）推进铁矿石进口渠道多元化

中国较为集中的铁矿石进口来源使铁矿石进口的抗风险能力降

低,灵活性不足,导致中国在国际定价中经常处于被动的不利局面。拓宽铁矿石的进口来源渠道,可以在一定程度上提高中国在国际铁矿石定价中的话语权。首先,要继续保持与加强同各传统铁矿石供应市场的广泛合作,同三大矿商建立长期友好的合作关系。其次,要积极开拓传统市场外的新兴供应市场,寻找其他铁矿石资源丰富的国家与地区,尤其是要通过地缘优势,同俄罗斯、印度等与中国接壤的国家进行更加密切的铁矿石贸易,加强推进铁矿石进口渠道的多元化。此举不光能够节约可观的运输成本和时间成本,同时还能从战略角度保障中国铁矿石的长期供应安全,从而更加有利于提高中国在国际铁矿石定价中的话语权。

二 提高铁矿石资源的可持续利用

中国钢铁企业普遍存在的通病是铁矿石利用率低下,矿产资源浪费严重。中国冶炼一吨铁矿石的浪费量高居世界主要产钢国中的第一位,铁矿石资源的平均利用率仅为40%—50%,与此形成鲜明对比的是国际平均利用率高达60%甚至更高,这种粗糙的钢铁冶炼技术造成了铁矿石资源的大量浪费。为了解决这一顽疾,必须提高中国钢铁企业的冶炼技术和铁矿石资源的循环利用技术,这不仅能够提高铁矿石资源的综合利用率,还能有效促进清洁生产和节能减排。提高钢铁的生产与冶炼技术,关键在于做好人才与技术的引进工作,以及对技术开发和投入使用的资金政策支持。同时,中国钢铁企业还应加大对废钢的利用,因为在钢铁生产中,废钢在一定程度上能够起到替代铁矿石原料的作用,而废钢属于可回收资源,能够不断地进行循环使用,经过简单地加工处理即可再次用于炼钢生产,从而有效提高资源利用率,促进绿色、清洁生产。

三 淘汰落后生产力，加快产业调整

打破我国的定价权困境，需要从战略的高度转变我国的产业发展方式和产业结构，推动企业技术创新能力的提高，提升我国产品和企业在国际产业链中的层级和地位，从而增强企业的国际竞争力，在国际市场中获得优势地位，掌握话语权。政府应当通过财政、税收政策大力支持企业兼并重组技术改造和产品结构升级，鼓励、引导企业通过兼并重组淘汰落后产能，提高产品附加值，推动高新技术产业和环保产业发展，遏制企业盲目投资和重复建设，推动科技成果与生产结合，将科学技术转化为生产力。面对钢铁行业产能过剩的严重现象，钢铁产业的产业链结构必须进行调整，淘汰落后生产力，加快企业转型升级。

四 加快完善铁矿石期货市场的进程

在铁矿石现货市场，铁矿石价格容易受到短期供给需求关系的影响，铁矿石价格波动较大，不利于长期稳定的合作机制。为转移铁矿石现货市场的风险，加快完善铁矿石期货市场，从而提供更有效的避险工具。实证表明期货市场能起到一定的作用，但作用不明显，产生这种结果可能的原因是期货发展不完善，因此，我们必须加快发展并完善铁矿石期货市场，增加品种类别，开发新风险方法工具，制定有效监管措施，加强信息披露等。使我国的巨大需求量反映在铁矿石的定价过程中有利于提升金属价格定价权和加强在国际市场中的话语权。

五 进一步加强对国内铁矿石市场的规范

我国中小钢铁企业对铁矿石的盲目进口以及在市场中的无序竞争，是导致我国铁矿石贸易市场异常混乱的原因之一，过高的铁矿石进口价格不能完全反映其供需情况。而且部分大型钢铁企业通过相对

低廉的价格获取的进口铁矿石产量也超出其正常需求范围。出现了大量囤积铁矿石企图以更高的价格出售给中小型钢铁企业或者铁矿石经销商,这样的做法使铁矿石的价格进一步被抬高。我国铁矿石贸易市场的混乱对提升我国对铁矿石在国际中的定价权非常不利。因此,必须制定相应的法律法规对铁矿石贸易市场进行规范,需要对铁矿石进口进行协调管制,维持市场秩序。同时,需要进一步加强规范国内铁矿石市场,除发展完善国内铁矿石期货市场之外,需要对在铁矿石市场产生投机行为的制度缺陷进行改善,再者需要增强我国钢铁行业实施"走出去"战略的质量,通过各种优惠措施降低对国际铁矿石的合作开发成本。此外,需对铁矿石港口库存进行控制,保证库存量维持在一定合理水平,避免进口铁矿石企业大量囤积库存,进而抬高价格,使价格失真。

第十一章 紧缺（有色）基本金属资源国际定价权问题及提升对策研究

第一节 紧缺（有色）基本金属资源国际市场定价机制研究

一 我国紧缺（有色）基本金属期货市场价格发现功能研究

根据新古典经济学的观点，价格机制是市场机制的核心，而期货价格较之现货价格，其形成的价格更接近理想的均衡价格，期货市场的价格发现功能使期货市场在国际定价过程中具有举足轻重的地位和作用。因此，紧缺（有色）基本金属资源定价权的获得离不开期货市场。我国长期以来缺少一个成熟的紧缺（有色）基本金属期货市场，从而无法发挥价格发现的功能，因而在定价权争夺中处于被动地位，因此，价格发现功能是我国紧缺（有色）基本金属资源定价权获得的内在基础，有必要首先开展研究。

第十一章　紧缺（有色）基本金属资源国际定价权问题及提升对策研究

（一）价格发现功能的检验思路

本节主要通过检验紧缺（有色）基本金属期现货价格的相互引导关系来考察我国紧缺（有色）基本金属期货市场的价格发现功能，它的检验机理如下：（1）期现货价格是否存在协整关系？（2）如果存在协整关系，那么两者的因果关系是怎样的？具体检验步骤如图 11 - 1 所示。

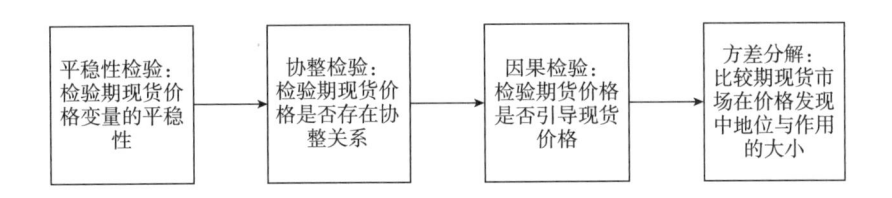

图 11 - 1　引导关系检验步骤

（二）实证分析与结果

1. 数据选取与处理

本节选取上海期货交易所铜、铝期货合约的每日收盘价为期货价格数据，分别记为 FCU、FAL；选取长江有色市场的铜、铝现货价格数据，分别记为 SCU、SAL。选取的铜、铝样本时间为 2003 年 7 月 24 日至 2015 年 12 月 31 日。①

2. 单位根检验

ADF 检验是检验序列平稳性最常用的方法，本书在进行单位根检验时，选择的方程的具体形式为含有常数项和趋势项。检验结果如表 11 - 1 所示。

---

① 资料来源于 Wind 数据库。

表 11-1　　　　　　　　　单位根检验

	变量	ADF 统计量	5% 临界值	检验结论
CU	SCU	-2.470583	-3.144830	不平稳
	FCU	-2.487761	-3.440681	不平稳
	ΔSCU	-9.297375	-3.440681	平稳
	ΔFCU	-8.464874	-3.440681	平稳
AL	SAL	-2.099097	-3.440471	不平稳
	FAL	-2.623989	-3.440681	不平稳
	ΔSAL	-10.54701	-3.440681	平稳
	ΔFAL	-9.473054	-3.440681	平稳

由表 11-1 可知，所有对数序列都是非平稳的，而 1 阶差分序列（即收益序列）在 5% 水平下显著，通过了平稳性检验，说明数列是 1 阶单整的。

3. 协整检验

在确定序列是平稳序列后，就可以对各变量进行协整检验，分别建立两种金属期货价格和现货价格的模型，其协整检验结果如表 11-2 所示。

表 11-2　　　　　　　　　协整检验结果

	原假设	迹统计量	P 值	最大特征值统计量	P 值
CU	None	30.29993	0.0002	21.61435	0.0029
	At most 1	8.685583	0.0032	8.685583	0.0032
AL	None	21.07554	0.0065	19.49972	0.0068
	At most 1	1.575824	0.2094	1.575824	0.2094

由表 11-2 可以看出，对于铜市场，在 5% 的水平下，迹统计量和最大特征值统计量都显著拒绝"不存在协整关系"和"至多存在一

个协整关系"的原假设,即期铜价格和铜现货价格之间至少存在两个协整关系。

对于铝市场,在5%的水平下,迹统计量和最大特征值统计量显著拒绝"不存在协整关系"的原假设,但是接受"至多存在一个协整关系"的原假设,即期铝价格和铝现货价格之间存在一个协整关系。

4. 格兰杰因果检验

表11-3给出了六种金属的格兰杰因果检验结果,根据VAR模型滞后阶数的确定,铜期货价格与铜现货价格的格兰杰因果检验滞后2阶,铝期货价格与铝现货价格的格兰杰因果检验滞后1阶。结果表明,在5%的置信水平下,铜期货价格对铜现货价格存在引导作用,而铜现货价格对铜期货价格则不存在引导作用;铝期货价格与现货价格互不存在引导作用。

表11-3　　　　　　　　　格兰杰因果检验结果

	F统计量	P值
DFCU 不是 DSCU 的格兰杰原因	5.15124	0.0069
DSCU 不是 DFCU 的格兰杰原因	1.22037	0.2982
DFAL 不是 DSAL 的格兰杰原因	2.69396	0.1029
DSAL 不是 DFAL 的格兰杰原因	1.10136	0.2957

5. 方差分解

为定量测度期现货价格在价格发现中的贡献度,本节进一步采用方差分解进行分析,分解期数为10期。

由表11-4可以看出,对于铜期货价格的预测方差分解,在稳定时,98.5%的部分是由自身引起,现货价格贡献了1.5%;表11-5描述了铜现货价格的预测方差分解,在稳定时,期货价格贡献了90%

左右,自身则贡献了 9.7% 左右。平均来看,预测误差的方差来自期货市场的部分有 (98.47% + 90.30%)/2 = 94.385%,远大于来自现货市场的部分 (1.53% + 9.70%)/2 = 5.615%。可见,沪铜期货市场在价格发现中处于主导地位。

表 11 - 4　　　　　　　　铜期货价格方差分解

单位:%

期数	残差	DFCU	DSCU
1	0.071706	100	0
2	0.077053	98.63047	1.369534
3	0.077481	98.5169	1.483102
4	0.077506	98.47125	1.528754
5	0.077508	98.47046	1.529543
6	0.077509	98.46687	1.533126
7	0.077509	98.46685	1.533151
8	0.07751	98.46663	1.533372
9	0.07751	98.46661	1.533387
10	0.07751	98.4666	1.533396

表 11 - 5　　　　　　　　铜现货价格方差分解

单位:%

期数	残差	DFCU	DSCU
1	0.068374	92.84277	7.157229
2	0.072844	91.14093	8.859065
3	0.073637	90.48461	9.515391
4	0.073724	90.32858	9.671423
5	0.073735	90.31381	9.686195
6	0.073742	90.29799	9.702011
7	0.073742	90.29799	9.702007
8	0.073742	90.29683	9.703169
9	0.073743	90.29682	9.703183
10	0.073743	90.29675	9.703246

第十一章 紧缺（有色）基本金属资源国际定价权问题及提升对策研究

由表 11-6 可以看出，对于铝期货价格的预测方差分解，在稳定时，其自身贡献了 99.25%，而铝现货价格则贡献了 0.75%；表 11-7 显示了铝现货价格的预测方差分解，在稳定时，铝期货价格贡献了 86.38% 左右，而自身则贡献了 13.62% 左右。平均来看，预测误差的方差来自期货市场的部分有 (99.25% + 86.38%)/2 = 92.815%，远大于来自现货市场的部分 (0.75% + 13.62%)/2 = 7.185%。可见，沪铝期货市场在价格发现中处于主导地位。

表 11-6　　　　　　　　　铝期货价格方差分解

单位：%

期数	残差	DFAL	DSAL
1	0.039506	100	0
2	0.04078	99.29452	0.705483
3	0.040883	99.25171	0.748291
4	0.040891	99.24818	0.751824
5	0.040892	99.24789	0.75211
6	0.040892	99.24787	0.752133
7	0.040892	99.24787	0.752135
8	0.040892	99.24787	0.752135
9	0.040892	99.24787	0.752135
10	0.040892	99.24787	0.752135

表 11-7　　　　　　　　　铝现货价格方差分解

单位：%

期数	残差	DFAL	DSAL
1	0.042126	86.43768	13.56232
2	0.042873	86.36789	13.63211
3	0.042935	86.38141	13.61859
4	0.04294	86.38236	13.61764
5	0.04294	86.38244	13.61756
6	0.04294	86.38245	13.61755

续表

期数	残差	DFAL	DSAL
7	0.04294	86.38245	13.61755
8	0.04294	86.38245	13.61755
9	0.04294	86.38245	13.61755
10	0.04294	86.38245	13.61755

接着进行方差分解的滚动窗口检验,以500个交易日的观测区间作为滚动窗口,通过滚动样本分析我国紧缺(有色)基本金属期货市场价格发现功能的动态变化。图11-2时间轴表示各滚动窗口的截止日期,为检验金属期货市场价格发现功能的时变特征,本书采用固定滚动窗口检验方法,根据VAR确定的滞后阶数。

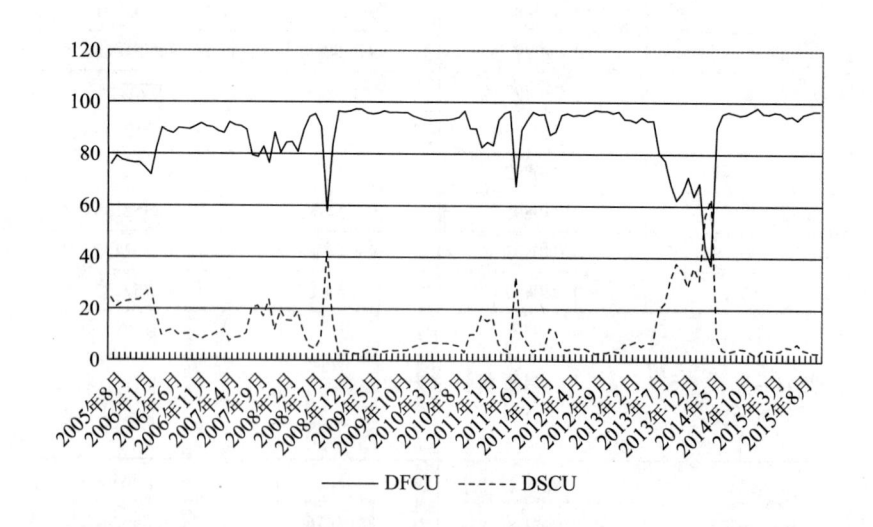

图11-2 我国铜期货与现货价格发现功能对比及变化趋势

我国铜期货市场价格发现功能基本保持平稳上升趋势,来自期货市场的方差分解贡献度具有时变特征,在样本范围内,数值从75%上

第十一章　紧缺（有色）基本金属资源国际定价权问题及提升对策研究

升至96%，表明期货市场在价格发现中处于主导地位，但铜期货市场的价格发现功能受到经济金融危机等极端事件的干扰，在样本范围内，存在三个极小值点。在次贷危机中，伴随着危机恶化，期货市场的价格发现功能迅速下降，来自期货市场的方差分解贡献度下降到57.90%，伴随着危机逐渐缓解，此次危机对期铜市场价格发现功能的影响逐渐减弱，来自期货市场的方差分解值迅速回升，之后随着欧债危机的爆发，对中国期铜市场价格发现功能的影响再一次加剧，导致来自期货市场的方差分解贡献度下降到67.55%；在2014年中旬，由于青岛港融资铜事件的爆发，对期货市场价格发现功能的影响非常显著，来自期货市场的方差分解贡献度下降到37.12%，低于来自现货市场的方差分解贡献度，丧失价格发现功能的主导地位，其影响幅度甚至超过金融危机、欧债危机的影响。

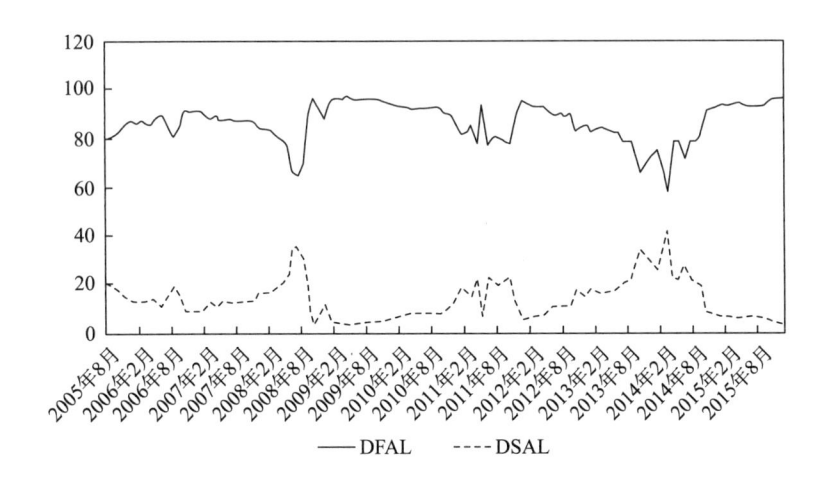

图 11-3　我国铝期货与现货价格发现功能对比及变化趋势

我国铝期货市场价格发现功能基本保持平稳上升趋势，来自期货市场的方差分解贡献度具有时变特征，在样本范围内，数值从80%上升至95%，表明我国期货市场在价格发现中始终处于主导地位，但铜期货市场的价格发现功能受到经济金融危机等极端事件的干扰，在样本范围内，存在三个极小值点。在次贷危机中，伴随着危机恶化，期货市场的价格发现功能迅速下降，来自期货市场的方差贡献度下降到64.72%，伴随着危机逐渐缓解，此次危机对期铝市场价格发现功能的影响逐渐减弱，来自期货市场的方差分解贡献度迅速回升，之后随着欧债危机的爆发，对中国期铝市场价格发现功能的影响再一次加剧，但影响幅度小于次贷危机，但也导致来自期货市场的方差分解贡献度下降到77.25%；在2014年中旬，由于青岛港融资铝事件的爆发，对期货市场价格发现功能的影响非常显著，来自期货市场的方差分解值下降到58.75%，其影响幅度甚至超过金融危机、欧债危机的影响。

6. 实证结果

本节首先对铜、铝两个品种期货市场的价格发现功能的效率及发挥情况进行实证分析，并通过方差分解的滚动样本分析考察铜铝价格发现功能的变动趋势，结果如下：

方差分解分析表明，沪铜期货市场的价格发现功能已相当完善，对信息的反应持久而有效，沪铜、沪铝期货市场发挥90%以上的价格发现功能，这表明沪铜、沪铝期货市场在价格发现功能中起着绝对主导作用。我国应该充分利用价格发现的优势，大力提高中国铜、铝期货市场在国际市场上的定价权。

但是，方差分解的滚动样本分析表明，我国铜、铝期货市场的价格发现功能受到金融危机等极端金融经济事件的影响，在短期内期货市场价格的发现功能会大幅下降。与此同时，铜、铝期货市场价格发现功能容易受到市场上过度投机等非理性行为的影响，使价格发现在时变特征上表现出波动性和不稳定性。

二 国内外紧缺（有色）基本金属价格信息溢出效应研究

（一）研究框架

信息溢出一般包含收益率与波动率两个层面。现有研究也主要基于收益率与波动率两个层面来开展国内外金属期货市场的联动性研究。在收益溢出方面，主要研究国内外期货市场的价格联动，用于衡量国内外期货市场的一体化水平，采用的方法主要是格兰杰因果检验、误差修正模型、共因子模型等。蒋序标和周志明（2004）应用格兰杰因果检验检验了上海期铜交易所与伦敦期铜交易所之间的价格引导关系。华仁海（2008）等借助信息共享模型与共因子模型研究了上海期货交易所、伦敦金属交易所和纽约商业交易所的联动性以及各个市场在价格发现中的贡献份额，结果显示，伦敦期铜市场在国际定价中处于主导地位，纽约市场次之，上海市场的定价能力最小，但与纽约市场接近。Isabel 和 Jesús（2010）也运用共因子模型对商品期现货市场的价格发现能力进行了探究，而杨浩和马鹤（2012）基于期货市场的价格运行机制，运用误差修正模型以及格兰杰因果检验等方法研究中国与国外主要大豆市场的引导关系，结果发现芝加哥期货市场价格对大豆期货市场价格起主导作用。邵燕敏和汪寿阳（2012）通过构建门限向量误差修正模型，发现了 LME 期铜市场与 SHFE 期铜市场存在门限协整关系的证据。

在波动溢出方面，主要研究国内外期货市场间的风险传导以及金融风险传染，采用的方法主要是 GARCH 模型。如 Fung 等（2003）利用 GARCH 模型对中美期货市场的铜期货价格进行分析，发现我国铜期货价格在不同程度上受到美国铜期货市场的影响。也有学者基于多变量 GARCH 模型对 LME 与 SHFE 铜期货市场之间的信息传递关系进行了研究（吴文锋等，2004；高金余和刘庆富，2007；刘庆富等，2008；方毅，2008；郭树华等，2010），结果普遍显示两市场之间存在双向波动溢出效应，但是在波动溢出力度上 LME 比 SHFE 具有更强的影响力。Liu 和 An（2010）则采用 M-GARCH 模型研究了中国铜期货市场、铜现货市场与美国铜期货市场之间的信息传导机制，显示中美市场之间存在双向波动溢出效应，但是美国铜期货市场在市场联动中发挥的作用更大。Yue 等（2015）运用 VAR-DCC-GARCH 模型，研究 LME 金属价格与中国金属价格间的联动效应及其动态相关性，发现 LME 金属价格依然对中国金属价格有着较大的影响。当然，也有学者基于收益溢出与波动溢出视角进行整合研究，在一个框架内研究国内外期货市场之间的收益溢出效应与波动溢出效应（韩立岩等，2004；徐国祥等，2015）。

可见，学者关于国内外金属期货市场信息溢出的研究已取得丰硕成果，但现有研究主要针对特点时间点，两两分析期货市场间的信息溢出，缺乏动态性、系统性，在方法选择上，格兰杰因果检验、误差修正模型等很难对同期因果关系进行探讨，而 GARCH 模型在刻画多元金融时间序列数据时，又存在计算复杂度高的缺点。近期，信息溢出检验方法——有向无环图和溢出指数方法日益得到学术界的重视，作为一种数据驱动方法，有向无环图能够有效地识别变量之间的同期因果关系，因而被迅速应用到经济金融领域的实证分析中；而 Diebold 和 Yilmaz（2009，2012）提出的溢出指数方法，由于适用性广泛，能定量测度信息溢出的强度和规模，同样受到学术界的广泛关注。因此，本节将采用有向无环图和溢出指数方法，以铜为例，设计一个动态分析框架，基于多维信息溢出的视角在全球市场的框架内研究中国紧缺（有色）基本金属期货市场的国际定价能力，具体分析中国金属

第十一章 紧缺（有色）基本金属资源国际定价权问题及提升对策研究

期货市场国际定价能力的现状及动态、趋势。

（二）研究方法

本节主要从系统和动态的角度来研究中外期铜市场信息溢出的方向、水平与动态趋势，因此，本书首先借鉴 DAG 方法，将整个市场作为一个系统，通过 VAR 模型残差的相关系数矩阵来识别变量间的同期因果结构，突破两两分析的局限性，同时该方法基于数据驱动，不需要任何理论假设和主观判断，摆脱了以往方法中不可避免的主观性；接着将溢出指数模型与滚动窗口检验结合，在测度信息溢出的强度和规模的同时，建立动态溢出效应图，解决以往方法对信息溢出动态变化考察不足的缺陷。

1. DAG 方法

有向无环图（Directed Acyclic Graphs，DAG），是指含非循环路径的有向图，即所有的边都是有向边且无有向循环路径的图。DAG 能够识别变量之间的同期关系，识别结果存在以下五种可能的情形：①没有边连接（X　Y）：两个变量 X 和 Y 之间不存在因果关系，两者是独立的；②单方向的连接（X→Y）：说明存在 X 到 Y 的单向因果关系；③单方向的连接（Y→X）：说明存在 Y 到 X 的单向因果关系；④双向连接（X↔Y）：表示两个变量之间存在双向因果关系；⑤没有方向的连接（X—Y）：意味着存在因果关系，但无法明确这种关系的指向性。

2. 溢出指数模型

溢出指数模型（Spillovers Index，SI）基于 VAR 模型的方差分解，用以定量测度金融市场间的总体溢出情况。它的推导过程为：

首先建立一个具有平稳协方差的滞后 P 期的 N 变量 VAR 模型：

$$X_t = \sum_{i=1}^{p} \varphi_i x_{t-i} + \varepsilon_t \tag{11-1}$$

其中，$X_t = (x_{1,t}, \cdots, x_{N,t})$，$\varphi_i$ 是 N × N 的系数矩阵误差向量，ε_t 均值为零，协方差矩阵记为 $\sum$。假设该 VAR 模型具有平稳的协方差，因此，可将式（11 - 1）转换为移动平均的形式：

$$X_t = \sum_{t=0}^{\infty} A_i \varepsilon_{t-i} \quad (11-2)$$

式（11 - 2）中的系数矩阵满足递归形式；为维单位阵，且当 $i < 0$ 时。

在上述 VAR 模型的基础上，通过对协方差矩阵 $\sum$ 进行方差分解，并对变量间溢出效应进行定义：变量对变量的溢出效应被定义为的 T 步预测误差的方差受到来自 x_j 部分的冲击，其中，用公式表示如下：

$$\theta_{ij}(T) = \sigma_{ij}^{-1} \sum_{t=0}^{T-1} (e'_i A_t \sum e_j)^2 / \sum_{t=0}^{T-1} (e'_i A_t \sum A'_t e_i) \quad (11-3)$$

其中，σ_{ij}^{-1} 为第 j 个变量 $\theta_{ij}(T) = \theta_{ij}(T) / \sum_{j=1}^{N} \theta_{ij}(T)$ 预测误差的标准差形式，e_i 为一个 $N \times 1$ 的向量，其中第 i 个元素为 1，其余元素为 0。$\theta_{ij}(T)$ 代表变量 x_j 对变量 x_i 的溢出效应，并对 $\theta_{ij}(T)$ 进行标准化：

$$\overline{\theta}_{ij}(T) = \theta_{ij}(T) / \sum_{j=1}^{N} \theta_{ij}(T) \quad (11-4)$$

由此易得：$\sum_{j=1}^{N} \overline{\theta}_{ij}(T) = 1$ 和 $\sum_{i,j=1}^{N} \overline{\theta}_{ij}(T) = N$。通过（11 - 4）可以得到溢出指数的表达形式：

$$S(T) = 100 \times \sum_{i,j=1, i \neq j}^{N} \overline{\theta}_{ij}(T) / \sum_{i,j=1}^{N} \overline{\theta}_{ij}(T) = 100 \times \sum_{i,j=1, i \neq j}^{N} \overline{\theta}_{ij}(T) / N$$

$$(11-5)$$

进一步对溢出指数模型进行拓展，还可得出定向溢出指数 DSI（Directional Spillovers Index），其中，i 市场对其他市场的定向溢出指数定义为：

第十一章 紧缺（有色）基本金属资源国际定价权问题及提升对策研究

$$S_{\cdot j}(T) = 100 \times \sum_{j=1, j \neq i}^{N} \bar{\theta}_{ji}(T) \qquad (11-6)$$

（三）数据与实证分析

1. 数据来源与处理

目前，国际上进行铜期货交易最有影响力的期货交易所包括伦敦金属交易所（LME）、上海期货交易所（SHFE）和纽约商品交易所（COMEX），因此本节以这三大期铜市场为研究对象。类似于 Xu 和 Fung（2003）的数据选择方式，对伦敦金属交易所以及纽约商品交易所铜交易数据，均选用场内交易数据，对上海期货交易所则选用电子盘交易数据。所用数据包括三个市场每个交易日的收盘价，资料来源于 Wind 数据库。其中，沪铜的报价单位为人民币元/吨，LME 铜的报价单位为美元/吨，COMEX 铜的报价单位为美元/磅，为保持单位一致，统一将报价单位折算成人民币元/吨，人民币兑美元汇率采用国家外汇管理局提供的人民币基准汇率。本节的样本区间为 1995 年 4 月 17 日至 2015 年 5 月 11 日，因为中国、英国、美国停市的节假日不同，造成数据不同步，删除因节假日不同导致收盘价缺失的数据，一共获得 4604 组数据。

收益率计算公式为 $R_t = \ln P_t - \ln P_{t-1}$，$R_t$ 表示第 t 个交易日的收益率，P_t 表示第 t 个交易日的收盘价，至于波动率计算，采用 GARCH（1，1）模型对收益率序列的波动进行度量。描述性统计显示，在样本期内，三大期铜市场的收益率均值从高到低依次为：LME、SHFE、COMEX，表明 LME 期铜交易所的获利机会更大；无论是从收益率的标准差还是波动率的均值，三大期铜市场的波动性由强到弱依次为：COMEX、LME、SHFE，可以看出，SHFE 的收益率较高，但市场波动却最低，表明其是一个良好的"避风港"。三大期铜市场的收益率分布均为左偏，而峰度值显著大于 3，表明其存在尖峰厚尾现象。此外，鉴于 DAG 方法和信息溢出指数都是构建在 VAR 系统之上，因此，本节对三大期铜市场的收益率和波动率的平稳性进行了检验，ADF 统计量均在 1% 的水平上拒绝存在单位根的原假设。

2. 基于 DAG 方法的同期信息溢出

本节以向量自回归模型中的"残差相关系数矩阵"为出发点，对 LME、SHFE、COMEX 三个变量之间的同期因果关系进行了 DAG 分析。根据 AIC 准则，本书针对收益率和波动率分别建立 7 阶和 6 阶 VAR 模型，进而得到收益率与波动率的残差相关系数矩阵：

$$\text{corr} = \begin{bmatrix} & \text{LME} & \text{SHFE} & \text{COMEX} \\ & 1 & 0.5466 & 0.8055 \\ & 0.5466 & 1 & 0.5532 \\ & 0.8055 & 0.5532 & 1 \end{bmatrix}$$

$$\text{corr} = \begin{bmatrix} & \text{LME} & \text{SHFE} & \text{COMEX} \\ & 1 & 0.1893 & 0.6257 \\ & 0.1893 & 1 & 0.2723 \\ & 0.6257 & 0.2723 & 1 \end{bmatrix}$$

接着画出三个变量之间的无向完全图，并对上述残差相关系数矩阵进行分析，以便计算出各变量之间同期因果关系的依赖性和指向性。图 11-4 和图 11-5 分别为 1% 显著性水平下收益率和波动率同期溢出结构。

图 11-4 给出了三大期铜市场收益率的同期溢出结构，可以看出，第一，LME 期铜市场对 SHFE、COMEX 两大期铜市场都具有收益率同期溢出，在某种程度上反映了在全球铜期货市场联动体系中，LME 期铜市场起到了信息先导的作用，仍占据主导地位，其他市场仍处于接受其主导的情形。第二，SHFE 期铜市场存在对 COMEX 期铜

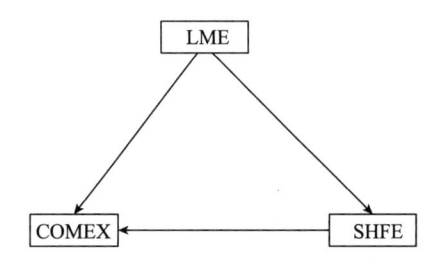

第十一章 紧缺（有色）基本金属资源国际定价权问题及提升对策研究

图 11-4 收益率的同期溢出

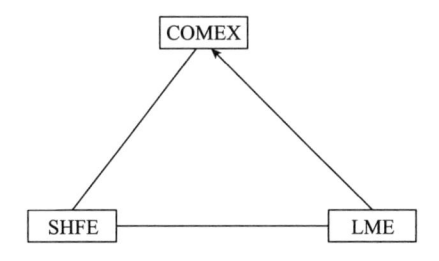

图 11-5 波动率的同期溢出

市场的单向溢出，显示 SHFE 期铜市场对外发挥了一定国际影响力。第三，LME 与 COMEX 两大期铜市场收益率的信息联动水平较高，这与欧美多成熟金融市场的现实相一致，反映其对外开放程度与一体化水平较高。

图 11-5 给出了三大期铜市场波动率的同期溢出结构，可以发现，第一，LME 期铜市场只存在对 COMEX 期铜市场的波动率同期溢出，一方面反映 LME 在全球铜期货市场波动联动体系中具有重要地位，另一方面也反映欧美市场波动率的信息联动水平比较高，但也说明在欧美市场中波动传导更为通畅，跨国金融风险更加容易传染。第二，与收益率溢出结果不同，SHFE 期铜市场对其他市场没有波动率同期溢出，说明中国期铜市场对其他市场的国际影响力还

比较弱。

3. 溢出指数模型

本节针对收益率与波动率建立 VAR 模型，收益率与波动率 VAR 模型的滞后阶数依据 AIC 准则加以确定，分别为 7 阶和 6 阶，预测误差方差分解的期数为 10。表 11-8 给出了收益率和波动率的溢出指数结果。

表 11-8　　　　　　　收益率与波动率溢出指数

单位:%

	收益率				波动率			
	LME	SHFE	COMEX	来自其他市场的影响	LME	SHFE	COMEX	来自其他市场的影响
LME	81.67	16.46	1.87	18.33	98.56	0.53	0.91	1.44
SHFE	29.97	69.29	0.74	30.71	8.70	86.90	4.40	13.10
COMEX	56.60	11.11	32.29	67.71	37.16	8.90	53.94	46.06
对其他市场的影响	86.57	27.57	2.61	116.75	45.86	9.43	5.31	60.6
对所有市场的影响	168.24	96.86	34.9	S=38.92	144.42	96.33	59.25	S=20.2

可以看出，LME、SHFE、COMEX 三大期铜市场之间的收益率溢出和波动率溢出指数分别为 38.92% 和 20.2%，表明三大期铜市场之间的联动主要表现为收益联动，其波动联动相对较弱。

进一步计算三大期铜市场收益率和波动率的定向溢出指数（DSI），在这里将其细分为外向溢出指数 $S.I$ 与向内溢出指数 $SI.$ 。其计算结果如表 11-9 所示：

表 11-9　定向溢出指数（DSI）和净溢出指数（NSI）统计

		收益率			波动率		
		LME	SHFE	COMEX	LME	SHFE	COMEX
DSI	S.I	86.57%	27.57%	2.61%	45.86%	9.43%	5.31%
	SI.	18.33%	30.71%	67.71%	1.44%	13.10%	46.06%
NSI		68.24%	-3.14%	-65.1%	44.42%	-3.67%	-40.75%

从表 11-9 可以看出，首先，SHFE 期铜市场收益率和波动率对外溢出指数分别为 27.57% 和 9.43%，而其他市场对 SHFE 期铜市场溢出的指数值分别为 30.71% 和 13.10%，SHFE 期铜市场的方向性溢出存在明显的不对称性，国际市场对中国期铜市场的信息溢出强度要高于中国期铜市场的对外溢出，其净溢出为负，这说明现阶段 SHFE 期铜市场的信息溢出水平总体不高，国际影响力还比较弱，这反映了我国期货市场对外开放比较晚的现实。其次，LME 期铜市场在全球铜期货市场中处于信息先导地位，这也与 DAG 方法结论一致，LME 期铜市场收益率与波动率的对外溢出指数分别达到 86.57% 和 45.86%，同时其接受其他期铜市场的溢出分别为 18.33% 和 1.44%，其净溢出为正。最后，COMEX 期铜市场收益率与波动率的对外溢出指数分别为 2.61% 和 5.31%，远远小于 SHFE 期铜市场的溢出，并且其净溢出指数值也小于 SHFE 期铜市场，可以反映 SHFE 现已成为仅次于 LME 的全球第二大铜定价中心的现实。

4. 溢出指数的滚动窗口检验

前文溢出指数衡量的是整个样本期间市场的收益联动与波动联动程度，无法反映市场间信息溢出的动态变化，为弥补前文静态研究的不足，本节接着进行溢出指数的滚动窗口检验，以 500 个交易日的观测区间作为滚动窗口，将样本区间划分为数个互相重叠的子样本区间,分别计算三大期铜市场的收益率溢出和波动率溢出,进而观测收益率溢出与波动率溢出指数的动态变化。图 11-6 时间轴表示各滚动窗口的截止日期,为检验三大期铜市场收益率与波动率总体溢出水平的时变特征,本节采用固定滚动窗口检验方法,根据 VAR 确定的滞后阶数,收益率和波动率 VAR 模型依旧选择 7 阶和 6 阶。

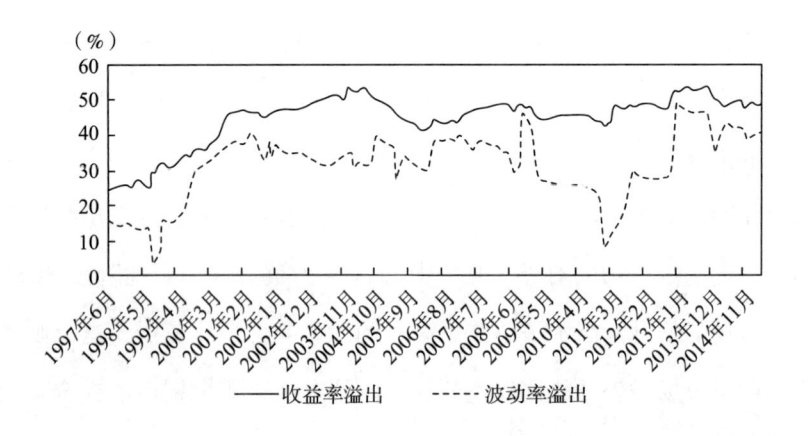

图 11-6　三大期铜市场的收益率溢出与波动率溢出

从图 11-6 可以看出,收益率与波动率的总体溢出指数在动态路径上存在显著区别,从收益率溢出角度来看,随着时间变换,中外期铜市场的溢出指数值呈现稳步增长趋势,由 24.19% 上升到 49.23%,表明三大期铜市场的收益联动呈现增强的趋势,同时,收益率溢出指数的波动幅度较小,受极端事件的影响较少;从波动率溢出角度来看,波动率的总体溢出指数受金融危机等极端事件的影响较大,表现出较大的波动性,在 2008 年雷曼兄弟破产使次贷危机演变为全球性的金融危机后,溢出指数呈现跳跃性的上升,从 29.28% 跳到 44.37%,风险联动上升超过 50%,至于在欧债危机期间,溢出指数

第十一章 紧缺（有色）基本金属资源国际定价权问题及提升对策研究

甚至从 8.28% 跳到 48.76%，风险联动跃升了将近 5 倍。

接下来本节通过采用 SHFE 期铜市场的外向溢出指数来探讨我国期铜市场的国际定价能力变化，通过收益率的外向溢出指数来研究我国期铜市场国际定价能力的动态变化，通过波动率的外向溢出指数重点考察危机期间的国际定价能力，如图 11-7 所示。

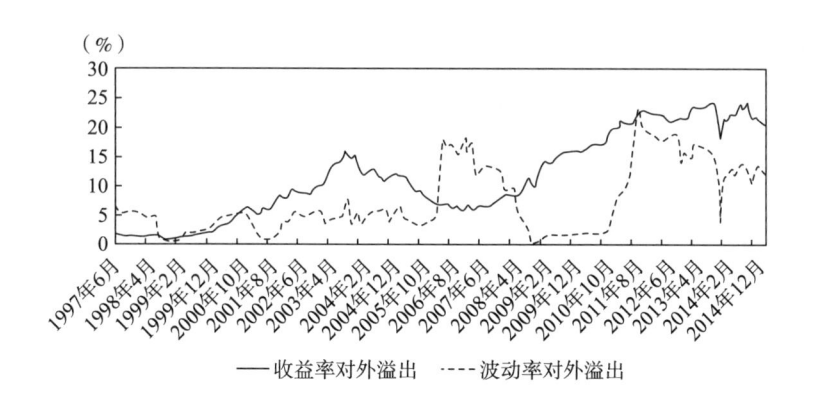

图 11-7 SHFE 期铜市场的对外溢出

可以看出，与总体溢出指数类似，SHFE 期铜市场收益率的对外溢出也具有明显的上升趋势，并且呈现出明显的阶段性特征，为验证这种阶段性特征，本节采用 Chow 检验对 SHFE 期铜市场对外溢出序列进行了分析。中国市场对其他市场的溢出序列存在两个断点（2003年10月28日、2006年12月23日），溢出序列在断点处出现了结构性变化，依据这些断点，本节将 SHFE 期铜市场的对外溢出序列划分为 3 个时段，可见，SHFE 期铜市场的国际定价能力存在明显的阶段性特征。①2003 年 10 月以前，SHFE 期铜市场的对外溢出呈现逐渐上升趋势，溢出指数值在 2003 年 10 月达到峰值 15.94%，这一时段的均值为 5.19%。②2003 年 11 月至 2006 年 12 月，SHFE 期铜市场的对外溢出呈现回落趋势，溢出指数值从 15.94% 下降到 5.74%，这一时段的均值为 10.01%。③从 2007 年开始，SHFE 期铜市场的对外溢出指数又进入上升的快车道，迅速迈过 10%、20% 的门槛，至 2015 年 5 月达到 20.71%，这一时段的均值为 17.15%。这表明我国期铜市场的国际定价能力变化呈现阶段性特征，2003 年 10 月以前，我国期铜市场的国际定价能力呈现逐渐上升趋势，之后有所下降，从 2007 年开始，又得到显著提升，但总体水平不高，相对于 LME 期铜市场而言也相对较低，对外影响力不足。

从图 11-7 还可以看出，次贷危机与欧债危机等金融极端事件对 SHFE 波动率的对外溢出影响比较显著，导致其呈现较大的波动性。在次贷危机中，伴随着危机恶化，波动率的对外溢出在短时期内显著增强，一度出现 18.43% 的峰值；伴随着危机逐渐缓解，此次危机对 SHFE 期铜市场的影响逐渐减弱，导致对外溢出指数值迅速回落，一度达到 0.15% 的历史性最低水平；之后随着欧债危机的爆发，对中国期铜市场的影响再一次加剧，导致 SHFE 期铜市场的对外溢出指数值迅速攀升，跨过 20% 的门槛，达到历史最高值 23.14%，并且对外溢出幅度还要大于次贷危机期间，表明欧债危机期间，SHFE 期铜市场对其他市场的风险传染要大于次贷危机期间。可见，随着各个市场一体化的增强，中国市场对其他市场的传染效应也在增强，并且这种传染效应在危机时期和平稳时期表现出显著性差异。

（四）实证结果

本节基于信息溢出的视角，在全球期铜市场的多维框架内，通过构建有向无环图和溢出指数模型，采用 1995 年 4 月 17 日至 2015 年 5 月 11 日的日度数据，对 LME、SHFE、COMEX 三大期铜市场的联动以及 SHFE 期铜市场的国际定价能力进行了研究，分析了 SHFE 期铜

市场国际定价能力的现状及动态趋势,主要研究结论如下:

(1) 全球三大期铜市场之间的总体溢出主要表现为收益溢出,其波动溢出相对较弱,并且收益率和波动率溢出的时变特征呈现出差异性,收益率溢出指数具有明显的上升趋势,表明样本期内全球期铜市场的联动逐渐增强,而波动率溢出指数则更多受到经济金融危机传染效应的影响,呈现出较强的不规则波动。

(2) LME 期铜市场在全球铜期货市场中处于信息先导地位,SHFE 期铜市场次之,COMEX 期铜市场的国际定价能力最小,我国期铜市场已经具备影响国际市场特别是 COMEX 期铜市场的能力,我国金属期货市场争取国际定价权的努力取得重要进展。

(3) SHFE 期铜市场的国际定价能力在动态路径上表现出阶段性特征,在 2003 年 10 月以前呈现逐渐上升趋势,之后有所下降,在 2007 年后又得到显著提升;但国际市场对 SHFE 期铜市场的信息溢出强度要高于 SHFE 期铜市场的对外溢出,其净溢出为负,显示现阶段 SHFE 期铜市场的国际定价能力还相对较弱。

第二节　紧缺(有色)基本金属国际市场供需态势及定价权的测度

一　紧缺(有色)基本金属储量及供需分析

(一)紧缺(有色)基本金属储量分布

通过分析紧缺(有色)基本金属资源储量状况,可以了解国际紧缺(有色)基本金属贸易复杂网络节点的状态和属性。世界紧缺(有色)基本金属资源相对丰富,但分布很不均匀。根据美国地质调查局(USGS)对全球范围内铜铝等主要紧缺(有色)基本金属资源统计得知：截至 2015 年年底，世界铜矿石和铝矿砂的储量分别为 72 亿吨和 6.88 亿吨，其中铜较集中分布在美国、澳大利亚、加拿大、智利、秘鲁、中国以及俄罗斯等国家，铝集中于中国、印度、俄罗斯、阿联酋、加拿大以及美国等国家。

如表 11-10 所示，世界紧缺（有色）基本金属资源分布极不均衡。全球铜矿石储量前五位国家的矿石储量占全球的 63.75%，它们分别是智利、澳大利亚、秘鲁、墨西哥和美国。其中，智利排名第一，铜矿石储量为 21 亿吨，约占全球的 29.17%；澳大利亚排名第二，铜矿石储量为 8.8 亿吨，约占全球的 12.22%；秘鲁排名第三，铜矿石储量为 8.2 亿吨，约占全球的 11.39%。全球铝矿砂储量前五位国家的矿石储量占全球的 72.24%，它们分别是中国、俄罗斯、印度、加拿大和阿联酋。其中，中国排名第一，铝矿砂储量为 3.6 亿吨，约占全球的 52.33%；俄罗斯排名第二，铝矿砂储量为 0.418 亿吨，约占全球的 6.08%；印度排名第三，铝矿砂储量为 0.385 亿吨，约占全球的 5.60%。

铜矿资源集中的地区往往是大型矿石矿区，其主要分布于大洋洲、北美洲和南美洲，如表 11-11 所示。

表 11-10　　　　　　　世界主要国家铜铝资源储量

国家	铜储量（千吨）	铝储量（千吨）
美国	33000	2000
澳大利亚	88000	1720
巴林	—	970
巴西	—	1600
加拿大	11000	3270
智利	210000	—

第十一章 紧缺（有色）基本金属资源国际定价权问题及提升对策研究

续表

国家	铜储量（千吨）	铝储量（千吨）
中国	30000	36000
刚果（金萨沙）	20000	—
冰岛	—	840
印度	—	3850
挪威	—	1550
卡塔尔	—	640
墨西哥	46000	—
秘鲁	82000	—
俄罗斯	30000	4180
沙特阿拉伯	—	740
南非	—	715
阿联酋	—	2400
赞比亚	20000	—
其他国家	150000	8320
全球总共	720000	68800

资料来源：美国地质调查局。

表 11-11　　全球大型铜矿区分布情况

国家	铜矿区	基础储量（万吨）	开采企业
智利	Andina Division	11890	智利国家铜业公司
智利	Escondida	10434	必和必拓、日本金属矿业公司
智利	EI Teniente	8730	智利国家铜业公司
智利	Collahuasi	8044	佳能可、英美公司、日本金属矿业公司
澳大利亚	Olympic Dam	7736	必和必拓
智利	Chuquicamata	6960	智利国家铜业公司
印尼	Grasberg	3969	美国自由港、印尼政府、力拓
波兰	KGHM Polska Miedz	3947	波兰铜业公司
美国	Pebble	3688	北方王朝矿业公司

续表

国家	铜矿区	基础储量（万吨）	开采企业
智利	Pampa Escondida	3368	必和必拓、力拓、日本三菱、日本 JECO2 Ltd、日本三菱材料公司
智利	Los Pelambres	3190	日本 JX 矿业金属公司、日本三菱材料公司、日本三菱公司、日本三井物产公司、日本丸红株式会社
俄罗斯	Taimyr Peninsula	3090	诺里尔斯克镍业公司
智利	Radomiro Tomic	2930	智利国家铜业公司

资料来源：美国地质调查局。

（二）紧缺（有色）基本金属资源产量情况

从世界紧缺（有色）基本金属资源生产方面来看，如图 11-8 所示，紧缺（有色）基本金属产量总体呈现出稳步上升的态势，但存在小幅波动，而且产量的增长率不断下降。

从生产国来看，南美洲、亚洲、大洋洲是近年来铜铝矿石增产的主要来源地区，这些地区主要紧缺（有色）基本金属生产国分别是中国、澳大利亚、巴西、美国、印度等。根据相关统计，2016 年，智利的铜矿石产量分别为 5500 万吨，居世界第一位；2016 年，澳大利亚和中国的铝土矿产量分别为 8226 万吨和 6289 万吨，占全球产量的 53.5%。可见，全球紧缺（有色）基本金属的生产较为集中。

（三）紧缺（有色）基本金属资源需求情况

从全球紧缺（有色）基本金属的消费状况来看，紧缺（有色）基本金属的需求呈现稳中有升的状态。铜消费量常年稳定在 2000 万吨的水平，铝消费量则逐步上升，但增速比较缓慢。

第十一章 紧缺（有色）基本金属资源国际定价权问题及提升对策研究

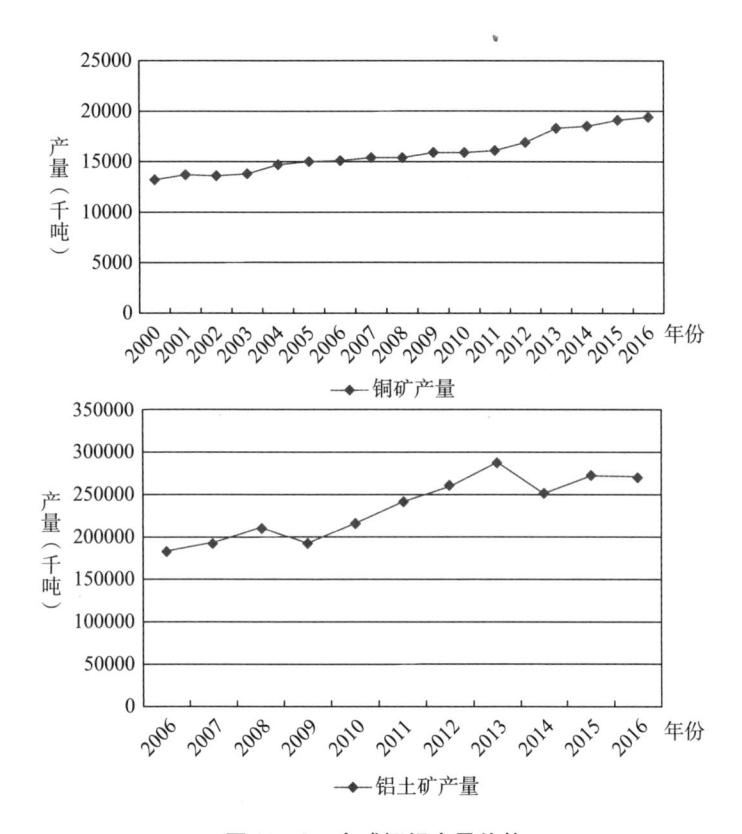

图 11-8 全球铜铝产量趋势

资料来源：Wind 数据库。

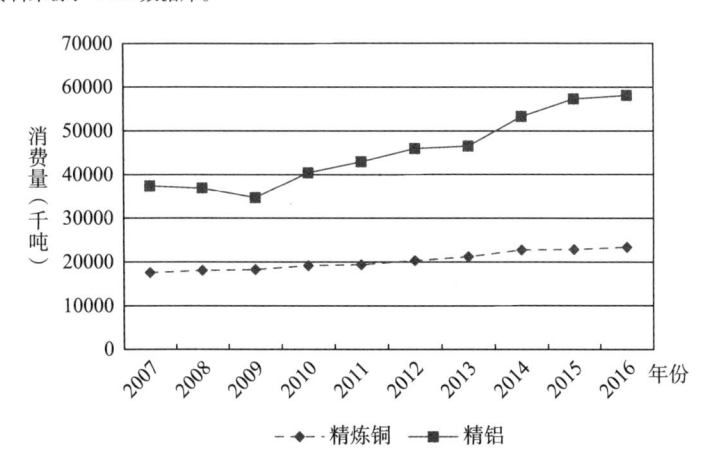

图 11-9 全球紧缺（有色）基本金属消费量

资料来源：Wind 数据库。

表11-12 2006—2016年全球主要生产国紧缺（有色）基本金属产量

单位：千吨

国家	铜矿				铝土矿					
	中国	智利	美国	俄罗斯	澳大利亚	中国	印度尼西亚	印度	几内亚	巴西	澳大利亚
2006	890.0	5360.0	1200.0	725.0	859.0	18900.0	8380.6	14242.5	18229.2	22336.4	62507.0
2007	946.0	5560.0	1170.0	740.0	870.0	21600.0	15447.4	20153.9	18713.8	23492.2	62428.0
2008	950.0	5330.0	1310.0	750.0	886.0	21600.0	17220.4	19737.0	19780.0	22979.4	63789.0
2009	995.0	5390.0	1180.0	725.0	854.0	24738.3	14358.0	13449.0	15500.7	23645.6	65231.0
2010	1190.0	5420.0	1110.0	703.0	870.0	30000.0	23213.0	12662.0	16427.3	31782.0	68415.0
2011	1310.0	5260.0	1110.0	713.0	958.0	36000.0	36108.7	13000.0	17695.5	32861.4	69977.0
2012	1630.0	5430.0	1170.0	883.0	958.0	38586.8	42011.0	15320.0	19974.4	34266.6	76282.0
2013	1600.0	5780.0	1250.0	833.0	990.0	45639.0	55655.0	20421.0	18097.7	32161.4	81119.0
2014	1760.0	5750.0	1360.0	742.0	970.0	61350.0	2556.4	20688.0	18731.0	31423.5	78873.0
2015	1710.0	5760.0	1380.0	732.0	971.0	65000.0	471.7	26383.0	18887.0	34806.7	80910.0
2016	1740.0	5500.0	1410.0	710.0	970.0	62893.9	533.6	24219.0	27605.2	34037.5	82256.3

资料来源：Wind数据库。

从消费国来看，紧缺（有色）基本金属资源主要消费力量来自于东亚、北美和欧洲，其中以中国、德国、美国、日本的消费量最大。根据相关统计，2016 年，中国、美国和德国的铜矿石消费量合计为 1466.33 万吨，占全世界总量的 62.85%。中国、美国及德国的精炼铝消费量总共 3893.27 万吨，占全球消费总量的 67%。可见，全球紧缺（有色）基本金属的消费较为集中，且多集中于经济、工业比较发达的地区。

表 11－13　2007—2016 年全球主要需求国紧缺（有色）基本金属消费量

单位：万吨

	国家	2007	2008	2009	2010	2012	2013	2014	2015	2016
精炼铜	德国	139.18	140.66	113.36	131.22	111.39	113.56	116.22	121.89	124.31
	俄罗斯	68.78	71.74	40.97	45.65	64.1	66.35	56.75	29.58	37.97
	韩国	85.81	81.51	93.31	85.61	72.13	72.23	75.87	70.49	75.91
	美国	212.3	200.68	163.66	175.37	175.8	182.63	176.7	178.9	177.8
	日本	125.19	118.44	87.54	106.03	98.5	99.64	107.24	99.75	97.27
	意大利	76.36	63.47	52.29	61.88	57	55.16	62.21	61.06	59.67
	中国	486.34	514.89	708.58	738.54	889.56	983.01	1130.27	1135.31	1164.22
精炼铝	中国	1234.7	1241.25	1430.02	1585.45	2025.79	2195.5	2720.4	3106.8	3161.47
	美国	554.5	490.57	385.42	424.25	487.51	463.21	525.01	532.5	512.08
	德国	200.83	193.56	127.73	191.18	208.56	208.3	228.95	216.32	219.72
	日本	219.7	225.02	152.29	252	198.16	177.18	203.37	177.87	174.16
	韩国	108.06	96.38	103.76	125.46	127.85	124.11	128.23	136.58	145.1
	俄罗斯	102	102	75	68.5	68.5	68.5	66.78	69.2	68.5
	意大利	108.72	95.11	66.06	85.68	75.1	70.91	81.05	80.09	90.88
	印度	120.71	128.42	145.8	147.48	169	153.37	152.28	147.63	137.76
	巴西	85.39	93.16	79.88	98.51	102.14	98.82	102.69	80.12	76.42

资料来源：Wind 数据库。

二　我国紧缺（有色）基本金属国际定价权的测度

（一）测度方法——动态比价方法

紧缺（有色）基本金属进口贸易的规模会对紧缺（有色）基本

金属价格产生直接影响。随着我国紧缺（有色）基本金属进口规模的加大，相应紧缺（有色）基本金属价格亦会随之提高，一定程度上对整个国际市场的对应价格水平也会有所托举。在对我国紧缺（有色）基本金属进口贸易的国际定价话语权进行度量时，其思路并非在于我国紧缺（有色）基本金属进口贸易绝对价格的提高，而在于我国紧缺（有色）基本金属进口价格的上涨是否对应国际市场均衡价格的等幅上升。

具体来说，如我国紧缺（有色）基本金属的进口价格较国际市场的均衡价格提高幅度更大，则表明我国在此类紧缺（有色）基本金属进口贸易上缺乏国际定价话语权，对应我国紧缺（有色）基本金属进口贸易国际定价话语权的劣权特征；如我国紧缺（有色）基本金属进口贸易的进口价格较国际市场的均衡价格等幅上涨，则表明我国紧缺（有色）基本金属进口贸易的国际定价话语权适中，对应我国紧缺（有色）基本金属进口贸易国际定价话语权的等权特征；如我国紧缺（有色）基本金属进口价格较国际市场的均衡价格上涨的幅度更小，则表明我国在此类紧缺（有色）基本金属进口贸易上拥有国际定价话语权，对应我国紧缺（有色）基本金属进口贸易国际定价话语权的优权特征。

依据以上理论，根据白明（2006）设计的动态比价关系，构造我国紧缺（有色）基本金属进口贸易的动态比价，对我国紧缺（有色）基本金属进口贸易定价话语权进行量化度量。动态比价表示我国紧缺（有色）基本金属进口价格涨跌幅度同紧缺（有色）基本金属的国际权威市场价格涨跌幅度之比：

$$R = (PM_t/PM_{t-1})/(PW_t/PW_{t-1}) \qquad (11-7)$$

其中，PM_t 和 PM_{t-1} 分别表示我国紧缺（有色）基本金属本期和前期的进口价格，PW_t 和 PW_{t-1} 分别表示我国紧缺（有色）基本金属本期及前期的国际权威价格。对于进口商品而言，动态比价大于1，表明商品呈现出劣权化特征，动态比价越大，劣权化特征越明显；动态比价小于1，表明商品呈现优权化特征，动态比价越小，优权化特征越明显。

（二）国际定价权测度结果

本节以铜矿石及其精矿、氧化铝为例，通过测度动态比价分析我国铜、铝两种紧缺（有色）基本金属国际定价权的变化趋势，铜数据区间为2002年至2016年，进口数量及进口金额见图11-10，由图11-10可知，铜矿石及其精矿进口数量基本呈现出同一趋势，进口数量除2006年、2011年小有回落之外，基本呈现逐年增长趋势，由2002年的134万吨上升到2016年的1705.18万吨，增长了11.73倍，而进口金额除2009年及2015年有所回落外，也基本呈现出增长态势，由2002年的54932.6万美元增长到2016年的2051910.8万美元，增长了36.35倍；铝数据区间为1995年至2016年，从1995年至2006年，进口数量及进口金额双双呈现增长态势，从2006年至2011年，进口数量及进口金额呈现回落趋势，从2011年开始，进口数量及进口金额呈现恢复性增长态势，从2015年开始，又呈现下降趋势。具体见图11-11。

将国际市场上的LME铜铝权威价格作为参照系，通过铜铝进口金额及进口数量计算进口平均价格，根据白明（2006）设计的动态比价关系从相对的角度来衡量我国紧缺（有色）基本金属进口定价权状况，动态比价关系实质上是对中国铜铝进口价格涨幅与国际市场价格的上涨幅度加以比较，测度结果如图11-12与图11-13所示。

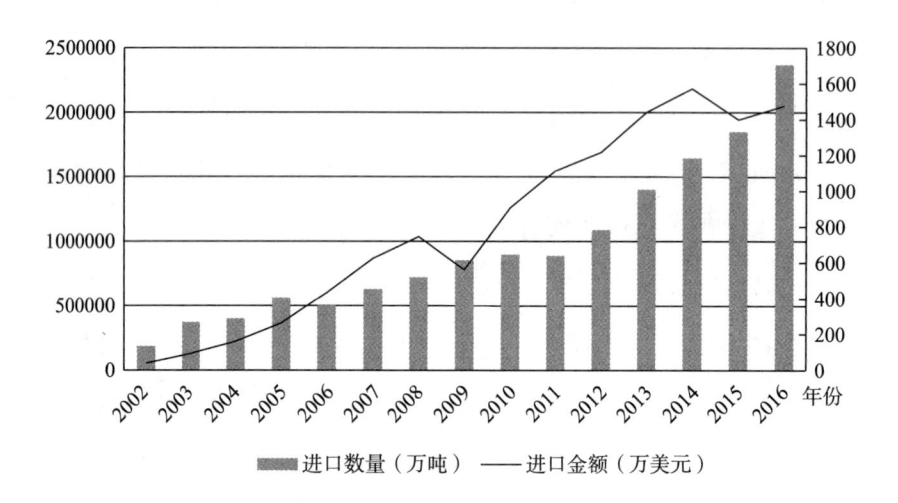

图 11-10 2002—2016 我国铜矿石及其精矿进口金额及进口数量趋势

资料来源：Wind 数据库。

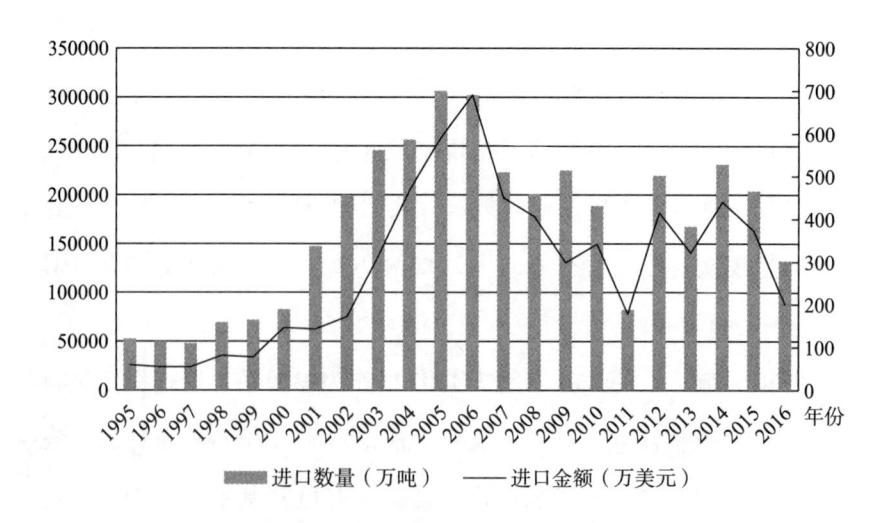

图 11-11 1995—2016 我国氧化铝进口金额及进口数量趋势

资料来源：Wind 数据库。

第十一章 紧缺（有色）基本金属资源国际定价权问题及提升对策研究

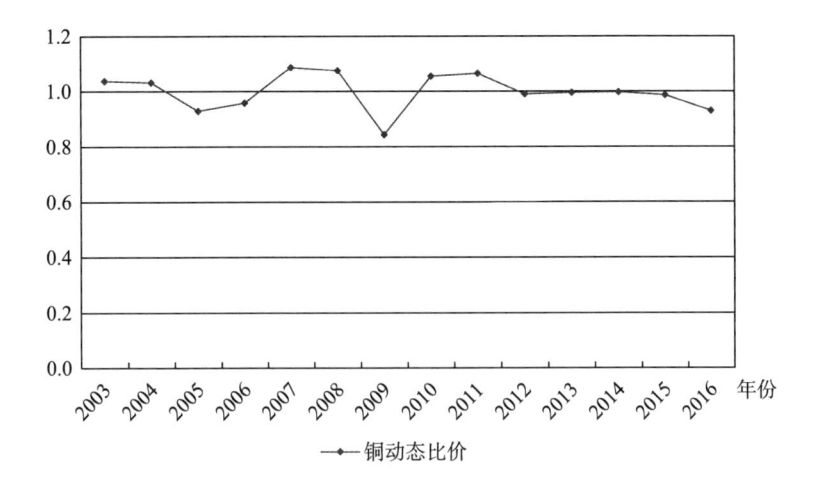

图 11–12 2003—2016 我国铜动态比价变化趋势

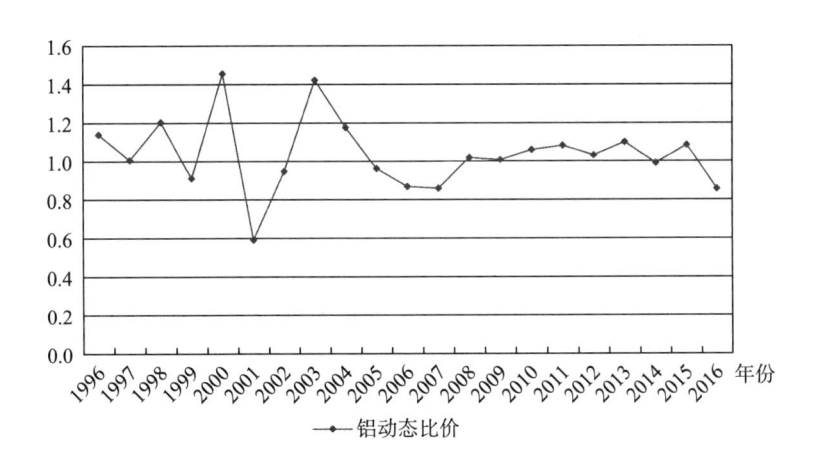

图 11–13 1996—2016 我国铝动态比价变化趋势

从动态比价关系分析，2003—2011 年，除 2005 年、2006 年以及 2009 年三个年份的动态比价小于 1 外，其余大多数年份都大于 1，显示这段时间我国铜进口呈现劣权化趋势，从 2011 年开始，国际大宗商品供需发生逆转，大宗商品价格进入深度下行期，表现在动态比价上，从2012年至2016年，五个年份的动态比价都小于1，显示这段时间呈现相对明显的优权趋势，同时也说明我国通过各种努力，在争取铜定价权方面取得了重要进展；至于铝的动态比价趋势，在2008年国际金融危机之前，波动幅度较大，没有表现出显著的趋势性，国际金融危机后，动态比价值趋向稳定，徘徊在1左右，但除2014年及2016年小于1之外，其余年份都大于1，显示近些年我国铝仍趋向劣权化趋势，在价格下行的背景下，仍缺乏国际定价权，争取国际定价权仍任重道远。

第三节 紧缺（有色）基本金属资源国际定价权影响因素的实证分析

一 影响因素识别的理论框架

国际市场势力是影响国际定价权的重要因素，但对于以期货定价为主的我国紧缺（有色）基本金属资源而言，国内供需关系、冶炼环节产能过剩、进口对外依存度高等"中国因素"与金融资本、信息垄断等"金融因素"，以及期货市场发展的滞后也会对国际定价权产生重要影响，导致了我国紧缺（有色）基本金属资源国际定价权的缺失，所以本节在理论上厘清影响因素的基础上，实证研究导致我国基本金属资源国际定价权缺失的"中国因素"、金融因素、市场势力因素、期货市场因素以及汇率因素。

（一）供需因素

对于市场竞争充分的商品而言，其价格由供求关系决定，买卖双方都是价格的接受者，不存在定价权问题。但处于寡头垄断或完全垄断时，部分市场主体相对来说具有资源优势，从而获得某种商品的价

第十一章 紧缺（有色）基本金属资源国际定价权问题及提升对策研究

格决定权，即具有定价权。在实际生活中，完全竞争市场、信息对称、交易成本为零等条件很难满足，供求关系不再是决定商品价格的唯一因素。但不可否认，供求关系仍对商品定价权具有重要影响。

在市场上，若某种商品供给大于需求，生产者会因避免商品积压造成损失而急于卖出，消费者则有更大的选择空间，生产者会倾向于降低价格以增加销量，此时消费者相对于生产者来说更多地掌握该商品的定价权。反之，若出现商品需求大于供给的情况，生产者基本不会面临商品积压问题，消费者则会因担心采购不到该商品而急于买入，此时生产者会倾向于提高价格以获得更多利润，相对来说，生产者拥有该商品定价权。

（二）金融因素

随着大宗商品金融化趋势的增强，传统的供求关系影响下的价格围绕价值波动的交换理论由于定价权的垄断已经不完全适用，各种跨国公司国际资本以及投资基金大量进入期货市场，所产生的投机行为与价格操纵将导致有色金属供需扭曲和价格波动剧烈，金融因素越来越重要，金融投机力量是进行期货价格操纵并进而影响期货定价权的重要力量。投机基金的资金量大，价格趋势把握准确，同时善于利用消息炒作，操作手法成熟，往往是市场波动的主要因素。金融投机实现价格操纵，并进而对期货定价权产生影响主要是通过金融因素的放大作用实现的，由于金属期货市场存在非理性交易行为，投资者对信息的不同信念会导致价格与其基本面价值过度偏离，进而形成价格的暴涨暴跌。简言之，在金融化背景下，市场中信息的变化会被各种交易者所获取，各大产业巨头与投行通过其在信息资源和交易手段上的优势，来控制价格涨跌，这样就会通过影响期货定价机制影响紧缺（有色）基本金属定价权。

(三) 市场势力因素

根据新古典经济学理论，市场价格由供求关系决定，并随供求关系变化而改变，这是价格形成机制的基础。因此，拥有较大市场份额的国家在国际贸易中的议价能力往往比较强。然而资源性产品价格不仅要反映供求关系，还包含资源稀缺性、环境补偿性、市场主体参与程度与结构、技术经济性等一系列影响因素，从多年国际贸易实践上来看，铜铝等紧缺（有色）基本金属等中国在需求量上具有显著优势的金属资源并没有获得相应的议价能力和定价地位，仅用供求关系理论很难在复杂多变的国际贸易体系中解释中国紧缺（有色）基本金属资源进口定价权缺失问题。由于存在金属资源地理分布限制和资源禀赋差异，国际贸易过程中很难形成完全竞争市场，不完全竞争市场则会赋予贸易双方不同的市场地位。此外，拥有垄断优势的一方就可能在贸易价格谈判中取得价格优势，特别是在进口集中度较高的情况下，就会存在卖方垄断的情况，市场势力的缺失，对我国紧缺（有色）基本金属定价权缺失起到了放大作用。

(四) 期货市场因素

随着有色金属金融化趋势的增强以及国内外市场的一体化，各种金融资本进入紧缺（有色）基本金属期货市场，通过多头与空头操作实现对期货价格进行操纵，进而对定价权产生影响。具体来说，主要的渠道有两个：

其一为持仓量渠道。在紧缺（有色）基本金属期货市场中，持仓量通常指买卖双方未平仓合约头寸总和，这一指标可以衡量市场参与者所投入的资金总量。对于紧缺（有色）基本金属期货市场这样一个相对封闭的交易场所而言，参与资金量的多少就如同这个市场里面的紧缺（有色）基本金属对应的货币多少，投入的资金量越大，紧缺

第十一章　紧缺（有色）基本金属资源国际定价权问题及提升对策研究

（有色）基本金属期货价格虚高的概率就会越大；反之则紧缺（有色）基本金属期货价格会越低。金融投机者通过操纵持仓量来影响资金需求，进而影响紧缺（有色）基本金属需求达到操纵紧缺（有色）基本金属期货价格，获取定价权的目的。

其二为交易量渠道。交易量是期货交易的重要指标，可以衡量交易规模的大小。金融投机者通过控制交易量来操纵紧缺（有色）基本金属价格主要是影响投机需求，操纵者首先在紧缺（有色）基本金属期货市场操纵交易量控制交易规模，进而影响市场的投机需求，最终改变紧缺（有色）基本金属期货市场的产品需求来影响紧缺（有色）基本金属价格变化。交易量下降表明交易规模变小，则投机需求随之减少，使产品需求下降，交易量上升表明交易规模变大，则投机需求也相应增加，使产品需求上升，在库存一定的条件下，使库存周转率相应上升或下降，从而凭此操纵紧缺（有色）基本金属期货价格获取定价权。

（五）国际贸易政策及汇率因素

通过贸易政策影响资源性商品定价的研究取得了重要进展，一国可以通过国有贸易公司等组织政策对紧缺（有色）基本金属定价产生影响。国际贸易政策的变动集中反映在汇率政策上，紧缺（有色）基本金属贸易采用美元结算，因此美元汇率的变动对于紧缺（有色）基本金属价格直接产生影响，对于美国以外的地方，美元贬值将使紧缺（有色）基本金属相对于本国货币的价格降低，从而刺激主要紧缺（有色）基本金属国的消费，推动价格上涨。此外，美元贬值也会加剧紧缺（有色）基本金属供给国的通货膨胀，进一步促进价格上涨。

二　实证结果与分析

（一）变量选择与数据来源

对于紧缺（有色）基本金属国际定价权影响因素的实证变量选

取，首先是因变量，本节采用动态比价法计算的动态比价值作为我国铜铝两种金属国际定价权的代理变量；对于供需因素的采取，库存是反映供需关系的重要指标，本书采取 SHFE 库存作为替代变量，记为 KUCUN；并选取中国铜铝进口量来测度中国因素对定价权变动的影响，记为 IMPORT；对于金融因素的采取，本书依据田利辉和谭德凯（2005），采用股票价格来测度金融投机的影响，具体采用上证指数来作为替代变量，记为 STOCK；对于市场势力因素，则选取我国铜铝进口来源国中，排名前四的国家（CR4）计算进口集中度来反映，记为 CR4；对于期货市场因素，本书采用持仓量这一指标，反映买卖双方未平仓合约头寸总和，反映期货市场的资金状况，记为 POSITION；另外采用交易活跃度来表示期货市场的交易活跃程度，交易活跃度等于铜、铝的成交量除以整个市场的商品成交量，记为 VOLUME；国际贸易政策及汇率因素则采用人民币兑美元汇率，来反映国际贸易政策以及人民币兑美元的相对变动。对于铜，数据范围为 2007 年 7 月至 2016 年 6 月，对于铝，数据范围为 2006 年 3 月至 2016 年 6 月，数据频率均为月度，并对库存、中国铜铝进口量、上证指数、持仓量、人民币兑美元汇率采用自然对数，并进行单位根检验，发现原序列非平稳，但一阶差分序列平稳，因此采用一阶差分进行分析。

（二）VAR 模型建立

根据最小化原理，结合 LR、FPE、AIC、SC、HQ 五个准则确定滞后阶数。依据检验结果，对铜定价权变动的 VAR 模型的滞后期确定为 2，建立 VAR（2）模型；对于铝定价权变动的 VAR 模型的滞后期则为 1，建立 VAR（1）模型。另外，进行模型稳定性检验，基于各变量建立的 VAR 模型 VAR 特征方程的特征根倒数的模小于 1，说明模型是稳定的，可以对其进行脉冲响应函数和方差分解分析。

第十一章 紧缺（有色）基本金属资源国际定价权问题及提升对策研究

（三）铜定价权变动的影响因素分析

下面本文利用广义脉冲响应函数方法与方差分解分析我国铜定价权变动对各个因素冲击的动态效应，以测度各个影响因素对铜定价权变动的影响程度与作用方向，在本模型中，将追踪期数设定为 10 期，结果如图 11-14 至图 11-20 所示。

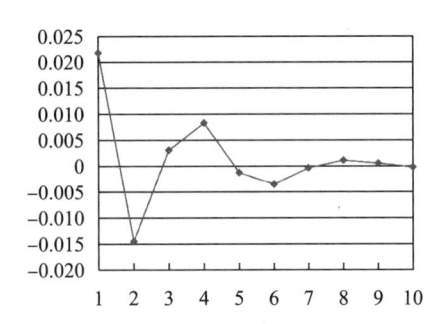

图 11-14　定价权对铜库存的脉冲响应

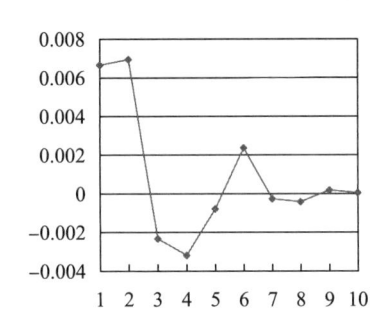

图 11-15　定价权对铜进口量的脉冲响应

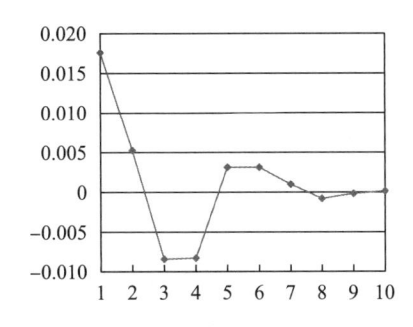

图 11-16　定价权对股票价格的脉冲响应

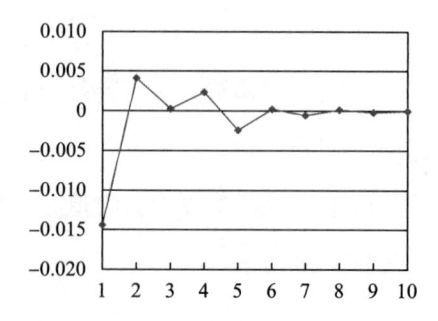

图 11-17　定价权对进口集中度的脉冲响应

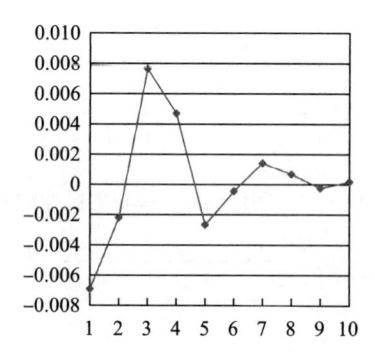

图 11-18　定价权对持仓量的脉冲响应

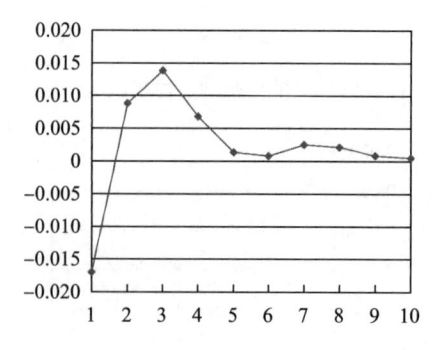

图 11-19　定价权对交易活跃度的脉冲响应

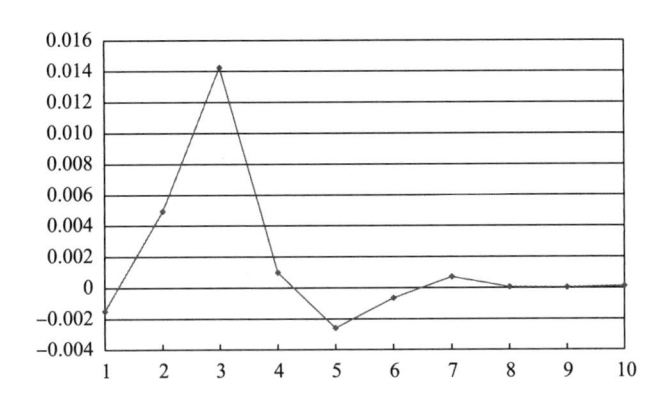

第十一章　紧缺（有色）基本金属资源国际定价权问题及提升对策研究

图 11-20　定价权对人民币兑美元汇率的脉冲响应

从图 11-14 的结果可以看出，在样本期内，铜库存 STOCK 的一个标准差冲击在第 1 期对我国铜定价权变动具有正向影响，并在第 1 期就达到最大值 0.0218，随后转变为负向影响，但在第 3 期又由负转正，从第 5 期开始逐渐收敛，可见，铜库存增加有助于平抑价格波动，有助于增强我国铜定价权，这也为我国推出铜战略储备体系提供了实证依据。由图 11-15 可知，来自我国铜进口量的一个标准差冲击，在第 1 期对期铜价格产生正向作用，并在第 2 期达到最大值 0.0069，此后在第 3 期开始由正转负，一直延续到第 5 期，逐渐收敛，可见代表"中国因素"的中国铜进口量对增强我国铜定价权具有短期促进作用，但影响程度相对较小，"中国因素"的作用被明显夸大。

从图 11-16 的结果可知，来自股票价格的一个标准差冲击，对我国铜定价权影响也具有正向作用，也在第 1 期就达到正向最大值 0.0176，之后时正时负，但正向影响居多，显示金融因素对我国铜定价权变动产生了重要影响，并且以正向影响为主。

来自进口集中度的一个标准差冲击则在第 1 期对我国铜定价权变动产生显著负向影响，并且也是在第 1 期达到负向最大值 0.0144，之后由负转正,但影响程度较小,可见,由于我国铜进口集中度过大,缺乏市场势力,导致了我国定价权的缺失。

再看期货市场因素对我国铜定价权变动的影响,如图 11-18 和图 11-19 所示,给定持仓量一个标准差冲击,在第 1 期、第 2 期连续产生显著负向影响,从第 3 期开始,对铜定价权变动的影响由负转正,并在第 3 期达到正向最大值 0.0076,之后逐渐收敛,可见,持仓量对我国铜定价权变动主要产生负面影响。至于交易活跃度对我国铜定价权变动的影响,在第 1 期影响为负,但从第 2 期开始由负转正,并在第 3 期达到最大值 0.0139,可见,增大期货市场流动性,增强交易活跃度,对增强我国铜定价权具有促进作用。

最后给定人民币兑美元汇率一个标准差冲击,在第 1 期产生负向影响,人民币兑美元汇率的增大,显示美元走强,这对我国铜定价权变动产生负向影响,之后由负转正,在第 3 期达到正向最大值 0.0142,之后正向影响逐渐减小,并在第 5 期再次由正转负,之后逐渐收敛。

方差分解衡量 KUCUN、IMPORT、STOCK、CR4、POSITION、VOLUME、ER 以及 DJQ 自身对于铜定价权变动的贡献程度。从表 11-14可以看出,在样本期内的铜定价权变动中,来自铜定价权自身的贡献程度从第 1 期的 100% 逐渐下降到第 10 期的 80.37%;库存因素是除铜定价权自身之外影响最大的因素,在第 10 期稳定时,方差贡献度达到 9.06%,期货市场交易活跃度的影响次之,从第 1 期的 0 逐渐上升到第 10 期的 4.31%,可见,库存因素是影响铜定价权变动的最主要因素,期货市场因素的影响次之,其他因素中,人民币兑美元的影响程度也比较大,在第 10 期稳定时,对铜定价权的贡献程度为 3.16%,投机因素的影响程度也超过 1%,至于进口集中度、中国铜进口量、股票价格的作用则十分微小。

表 11-14　　　　　　　　　方差分解结果

单位:%

	DJQ	KUCUN	IMPORT	STOCK	CR4	POSITION	VOLUME	ER
1	100.0000	0.0000	0.0000	0.0000	0.0000	0.0000	0.0000	0.0000
2	88.5444	7.0918	0.1724	0.0556	1.0846	0.0011	2.4074	0.6427
3	83.5040	7.2626	0.1611	0.3529	1.0619	0.5897	3.8039	3.2639
4	81.2849	8.7760	0.1816	0.6970	1.0351	0.7719	4.1103	3.1431
5	80.9065	8.7682	0.1941	0.8064	1.1065	0.8841	4.1476	3.1866
6	80.5869	9.0505	0.2261	0.8386	1.1071	0.8785	4.1473	3.1650
7	80.4714	9.0440	0.2284	0.8428	1.1061	0.9065	4.2326	3.1681
8	80.3905	9.0577	0.2291	0.8465	1.1051	0.9106	4.2955	3.1651
9	80.3736	9.0602	0.2298	0.8464	1.1057	0.9110	4.3088	3.1644
10	80.3684	9.0613	0.2298	0.8463	1.1058	0.9115	4.3126	3.1644

(四) 价格下行以来铜定价权变动的影响因素分析

自 2011 年 7 月以来,供需关系发生逆转,铜价进入深度下行期,铜定价权变动的影响因素也会发生显著变化。为了更好地体现价格下行以来这一新趋势,本节以 2011 年 7 月为界,单独划出一个子样本,对 2011 年 7 月—2016 年 6 月这一时段进行检验,并与总样本 2007 年 7 月至 2016 年 6 月的结果进行比较。

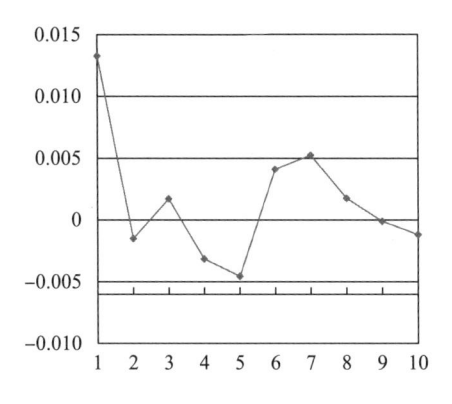

图 11-21　定价权对铜库存的脉冲响应

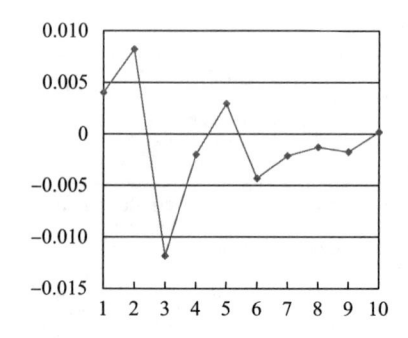

图 11 – 22　定价权对铜进口的脉冲响应

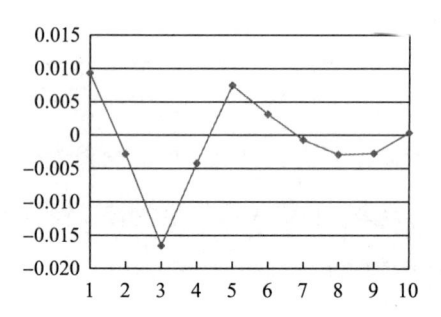

图 11 – 23　定价权对股票价格的脉冲响应

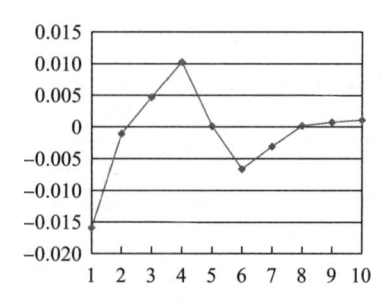

图 11 – 24　定价权对进口集中度的脉冲响应

第十一章 紧缺（有色）基本金属资源国际定价权问题及提升对策研究

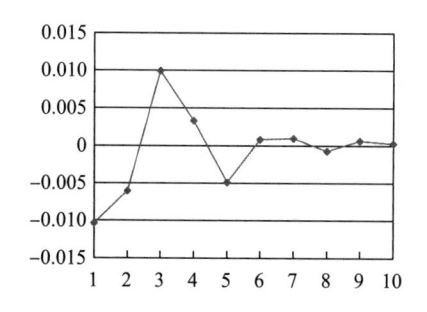

图 11-25 定价权对持仓量的脉冲响应

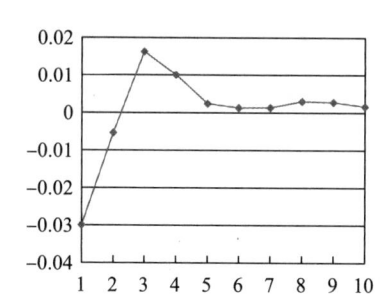

图 11-26 定价权对交易活跃度的脉冲响应

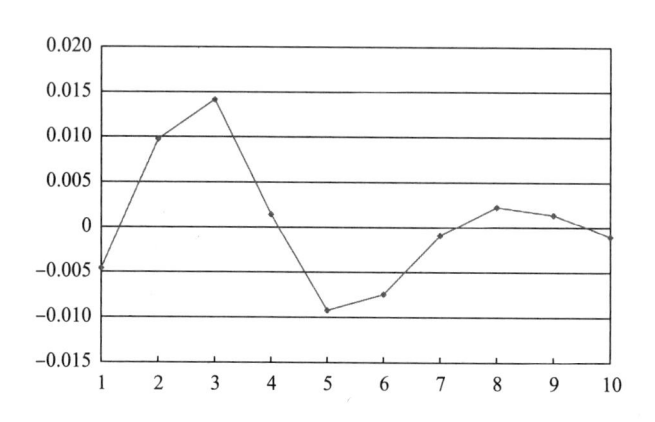

图 11-27 定价权对人民币兑美元汇率的脉冲响应

从图 11-21 的结果可以看出，在样本期内，铜库存 STOCK 的一个标准差冲击在第 1 期对我国铜定价权变动具有正向影响，并在第 1

期就达到最大值 0.0132，随后转变为负向影响，但在第 3 期又由负转正，之后开始逐渐收敛，可见，价格下行以来，铜库存对平抑价格波动依旧发挥了重要作用，有助于争取我国铜定价权。由图 11－22 可知，来自我国铜进口量的一个标准差冲击，在第 1 期对铜定价权变动产生正向作用，并在第 2 期达到最大值 0.0082，此后在第 3 期又由正转负，一直延续到第 4 期，之后逐渐收敛，可见，价格下行以来，代表"中国因素"的中国铜进口量对铜定价权变动的影响相对总样本明显增大，但影响程度相对库存因素来说仍较小。

从图 11－23 的结果可知，来自股票价格的一个标准差冲击，对我国铜定价权影响也具有正向作用，也在第 1 期就达到正向最大值 0.0093，之后时正时负，具有影响方向不确定性，但负向影响居多，显示价格下行以来，金融因素对我国铜定价权变动产生了重要影响，并且以负向影响为主。

从图 11－24 的结果可知，来自进口集中度的一个标准差冲击则在第 1 期对我国铜定价权变动产生显著负向影响，并且也是在第 1 期达到负向最大值 0.0159，之后由负转正，但影响程度较小，可见，由于我国铜进口集中度过大，缺乏市场势力，导致了我国定价权的缺失。

再看期货市场因素对我国铜定价权变动的影响，如图 11－25 和图 11－26 所示，给定持仓量一个标准差冲击，在第 1 期、第 2 期连续产生显著负向影响，从第 3 期开始，对铜定价权变动的影响由负转正，并在第 3 期达到正向最大值 0.0099，之后逐渐收敛，可见，价格下行以来持仓量对我国铜定价权变动主要产生负面影响。至于交易活跃度对我国铜定价权变动的影响，在第 1 期、第 2 期均为负，但从第 3 期开始由负转正，并在第 3 期达到最大值 0.0163，可见，增大期货

第十一章 紧缺（有色）基本金属资源国际定价权问题及提升对策研究

市场流动性，增强交易活跃度，对增强我国铜定价权具有促进作用。

最后给定人民币兑美元汇率一个标准差冲击，在第 1 期产生负向影响，人民币兑美元汇率的增大，显示美元走强，这对我国铜定价权变动产生负向影响，之后由负转正，在第 3 期达到正向最大值 0.0141，之后正向影响逐渐减小，并在第 5 期再次由正转负，之后逐渐收敛。

方差分解衡量 KUCUN、IMPORT、STOCK、CR4、POSITION、VOLUME、ER 以及 DJQ 自身对于铜定价权变动的贡献程度。由表 11-15可以看出，在样本期内的铜定价权变动中，来自铜定价权自身的贡献程度从第 1 期的 100% 逐渐下降到第 10 期的 80.00%；汇率因素是除铜定价权自身之外影响最大的因素，在第 10 期稳定时，方差贡献度达到 7.26%，金融因素的影响次之，从第 1 期的 0 逐渐上升到第 10 期的 3.81%，可见，价格下行以来，汇率因素是影响铜定价权变动的最主要因素，金融因素的影响次之，并且相对总样本来说，库存因素与期货市场因素的作用减小，汇率因素与金融因素的作用明显增大。

表 11-15　　　　　　　　　　方差分解结果

单位:%

	DJQ	KUCUN	IMPORT	STOCK	CR4	POSITION	VOLUME	ER
1	100.0000	0.0000	0.0000	0.0000	0.0000	0.0000	0.0000	0.0000
2	94.9110	0.2532	1.4349	0.7495	0.0200	0.6496	0.0005	1.9814
3	86.0771	1.4383	2.4630	2.9681	0.0363	0.7916	0.1126	6.1129
4	85.2671	1.3616	2.3555	2.8908	1.1115	0.7697	0.4384	5.8054
5	81.9141	1.7528	2.3034	3.5891	1.0890	1.0342	1.1694	7.1481
6	80.7578	1.8783	2.5525	3.7215	1.4432	1.0507	1.3160	7.2799

续表

	DJQ	KUCUN	IMPORT	STOCK	CR4	POSITION	VOLUME	ER
7	80.3455	2.2855	2.5476	3.6962	1.4842	1.0569	1.3503	7.2338
8	80.1354	2.3909	2.5370	3.7495	1.4777	1.1079	1.3472	7.2544
9	80.0668	2.3917	2.5583	3.8069	1.4729	1.1046	1.3435	7.2553
10	80.0006	2.4027	2.5549	3.8051	1.4769	1.1036	1.3946	7.2616

(五) 铝定价权变动的影响因素分析

下面本节利用广义脉冲响应函数方法与方差分解分析我国铝定价权变动对各个因素冲击的动态效应，以测度各个影响因素对铝定价权变动的影响程度、方向。在本模型中，将追踪期数设定为 10 期，结果如图 11-28 至图 11-34 所示。

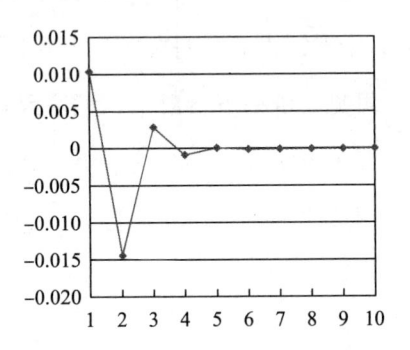

图 11-28　定价权对铝库存的脉冲响应

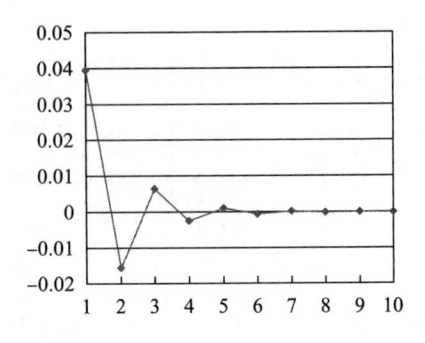

图 11-29　定价权对铝进口量的脉冲响应

第十一章　紧缺（有色）基本金属资源国际定价权问题及提升对策研究

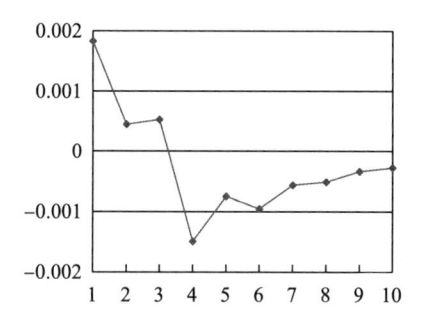

图 11-30　定价权对股票价格的脉冲响应

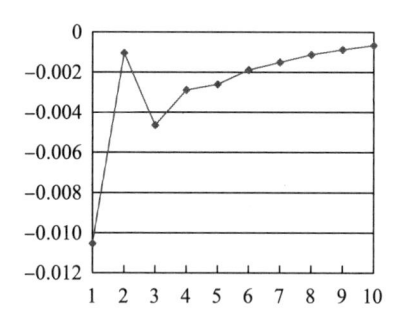

图 11-31　定价权对进口集中度的脉冲响应

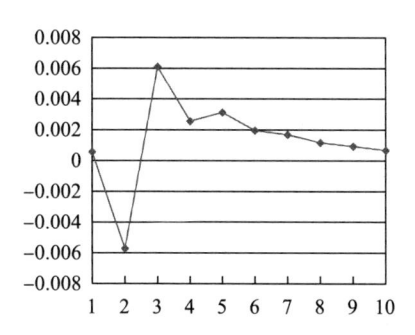

图 11-32　定价权对持仓量的脉冲响应

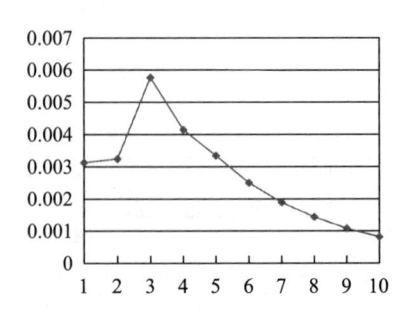

图 11-33　定价权对交易活跃度的脉冲响应

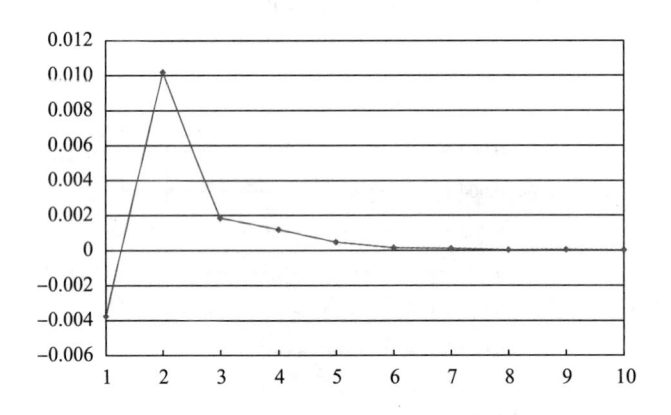

图 11-34　定价权对人民币兑美元汇率的脉冲响应

从图 11-28 的结果可以看出，在样本期内，铝库存 STOCK 的一个标准差冲击在第 1 期对我国铝定价权变动具有正向影响，并在第 1 期就达到正向最大值 0.0103，随后转变为负向影响，并达到负向最大值 0.0144，但在第 3 期又由负转正，之后开始逐渐收敛，可见，铝库存也对平抑价格波动依旧发挥了重要作用，有助于争取我国铝定价权。由图 11-29 可知，来自我国铝进口量的一个标准差冲击，在第 1 期对铜定价权变动产生正向作用，并在第 1 期就达到最大值 0.0395，此后时正时负，并最终收敛于 0，可见，代表"中国因素"的中国铝

第十一章 紧缺（有色）基本金属资源国际定价权问题及提升对策研究

进口量对铝定价权变动的影响较大，但具有方向不确定性。

从图 11-30 的结果可知，来自股票价格的一个标准差冲击，对我国铝定价权影响也具有正向作用，也在第 1 期就达到正向最大值 0.0018，并在第 4 期由正转负，达到负向最大值 0.0015，可见，金融因素对我国铜定价权变动产生的影响主要以负向影响为主。

来自进口集中度的一个标准差冲击则在第 1 期对我国铝定价权变动产生显著负向影响，并且也是在第 1 期达到负向最大值 0.0105，之后负向影响减弱，但在第 3 期又有所扩大，之后负向影响逐渐收敛于 0。可见，铝进口集中度对铝定价权变动产生了显著负向影响。

再看期货市场因素对我国铝定价权变动的影响，如图 11-32 和图 11-33 所示，给定持仓量一个标准差冲击，除第 2 期短暂为负外，其余时段均为正向影响，并在第 3 期达到正向最大值 0.0061，之后影响逐渐减弱，可见，持仓量对我国铝定价权变动主要产生正面影响。至于交易活跃度对我国铜定价权变动的影响，在样本期内均为正，并在第 3 期达到最大值 0.0058，可见，增大期货市场流动性，增强交易活跃度，对增强我国铝定价权也具有促进作用。

最后给定人民币兑美元汇率一个标准差冲击，在第 1 期产生负向影响，人民币兑美元汇率的增大，显示美元走强，这对我国铝定价权变动产生负向影响，之后由负转正，在第 2 期达到正向最大值 0.0102，之后正向影响逐渐减小并收敛。

方差分解衡量 KUCUN、IMPORT、STOCK、CR4、POSITION、VOLUME、ER 以及 DJQ 自身对于铝定价权变动的贡献程度。由表 11-16 可以看出，在样本期内的铝定价权变动中，来自铝定价权自身的贡献程度从第 1 期的 100% 逐渐下降到第 10 期的 95.76%，其余因素对铝定价权变动的影响都较小，其中影响最大的为库存因素，方差贡献度为 1.10%，其次为持仓量，贡献程度为 0.9967%，可见库存因素与期货市场因素是影响我国铝定价权变动的主要因素，其他因素的影响作用较小。

表 11-16　　　　　　　方差分解结果

单位:%

	DJQ	KUCUN	IMPORT	STOCK	CR4	POSITION	VOLUME	ER
1	100.0000	0.0000	0.0000	0.0000	0.0000	0.0000	0.0000	0.0000
2	97.3030	1.0874	0.0627	0.0363	0.1530	0.3692	0.2763	0.7121
3	96.5442	1.1007	0.1404	0.0358	0.2713	0.7424	0.4387	0.7266
4	96.2346	1.1018	0.1782	0.0496	0.3539	0.8030	0.5471	0.7317
5	96.0142	1.0992	0.1812	0.0554	0.4062	0.9038	0.6098	0.7303
6	95.9000	1.0983	0.1871	0.0623	0.4364	0.9415	0.6452	0.7294
7	95.8315	1.0976	0.1869	0.0650	0.4546	0.9701	0.6655	0.7289
8	95.7937	1.0973	0.1878	0.0670	0.4650	0.9836	0.6769	0.7287
9	95.7717	1.0971	0.1878	0.0680	0.4713	0.9922	0.6834	0.7285
10	95.7592	1.0970	0.1880	0.0686	0.4749	0.9967	0.6871	0.7285

（六）价格下行以来铝定价权变动的影响因素分析

接下来对 2011 年 7 月—2016 年 6 月铝定价权变动的影响因素进行分析。

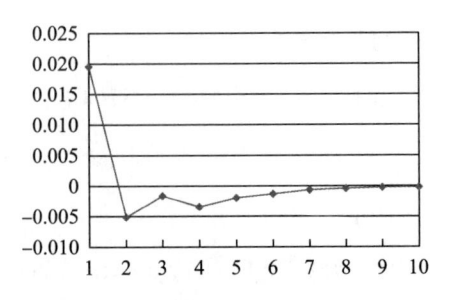

图 11-35　定价权对铝库存的脉冲响应

第十一章 紧缺（有色）基本金属资源国际定价权问题及提升对策研究

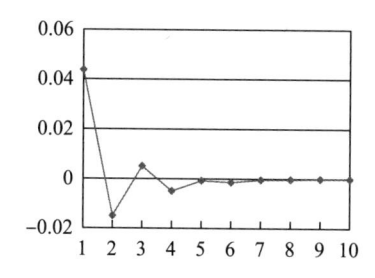

图 11-36 定价权对铝进口量的脉冲响应

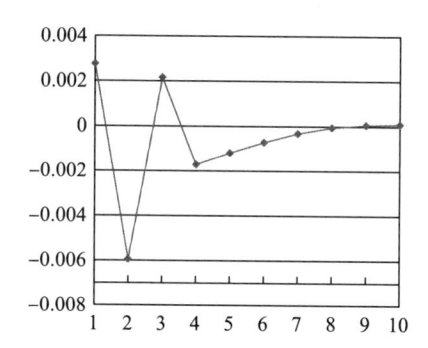

图 11-37 定价权对股票价格的脉冲响应

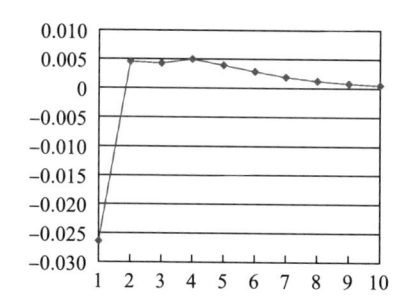

图 11-38 定价权对进口集中度的脉冲响应

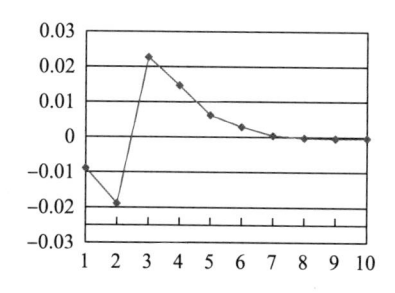

图 11-39 定价权对持仓量的脉冲响应

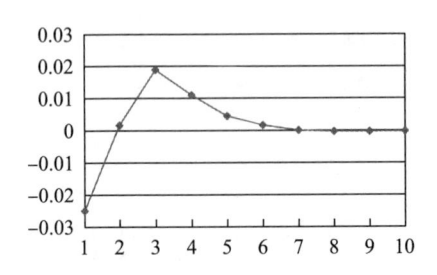

图 11-40　定价权对交易活跃度的脉冲响应

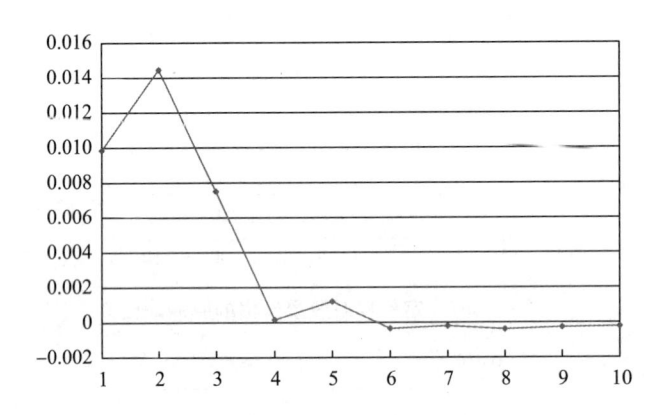

图 11-41　定价权对人民币兑美元汇率的脉冲响应

从图 11-35 的结果可以看出，在样本期内，铝库存 STOCK 的一个标准差冲击在第 1 期对我国铝定价权变动具有正向影响，但在第 2 期转变为负向影响，并达到负向最大值 0.0051，之后一直延续为负，直至收敛，可见，价格下行以来，库存因素的作用下降，铝库存并未充分发挥争取我国铝定价权的作用。由图 11-36 可知，来自我国铝进口量的一个标准差冲击，在第 1 期对铜定价权变动产生正向作用，并在第 1 期就达到最大值 0.0437，此后时正时负，但从第 4 期开始，表现为稳定的负向影响，可见，价格下行以来，代表"中国因素"的中国铝进口量也并未对我国铝定价权争取发挥作用。

第十一章 紧缺（有色）基本金属资源国际定价权问题及提升对策研究

从图 11-37 的结果可知，来自股票价格的一个标准差冲击，对我国铜定价权影响也具有正向作用，也在第 1 期就达到正向最大值 0.0028，之后时正时负，但以负向影响为主。来自进口集中度的一个标准差冲击则在第 1 期对我国铜定价权变动产生显著负向影响，但从第 2 期开始，转变为正向影响，并且一直收敛。

再看期货市场因素对我国铜定价权变动的影响，如图 11-39 和图 11-40 所示，给定持仓量一个标准差冲击，铝定价权变动在第 1 期与第 2 期均表现为负向响应，在第 2 期达到负向最大值 0.0189，从第 3 期开始转变为正向影响，并达到最大值 0.0226，之后正向影响一直延续到第 7 期，直到第 8 期由正转负。至于交易活跃度对我国铜定价权变动的影响，在第 1 期表现为负向响应，但从第 2 期开始，一直为正，并在第 3 期达到最大值 0.0188，之后逐渐收敛于 0，可见，增大期货市场交易活跃度对增强我国铝定价权具有促进作用。

最后给定人民币兑美元汇率一个标准差冲击，在第 1 期产生正向影响，在第 2 期达到正向最大值 0.0145，之后在第 6 期由正转负，并收敛。

方差分解衡量 KUCUN、IMPORT、STOCK、CR4、POSITION、VOLUME、ER 以及 DJQ 自身对于铝定价权变动的贡献程度。由表 11-17可以看出，在样本期内的铝定价权变动中，来自铝定价权自身的贡献程度从第 1 期的 100% 逐渐下降到第 10 期的 71.45%，持仓量是除自身因素外影响铝定价权变动最大的因素，在第 10 期平稳时，方差贡献度达到 15.19%，汇率因素的影响也较大，仅次于持仓量，贡献程度达到 6.48%，其余因素中，除库存因素相对总样本影响变小之外，其余因素的影响程度都明显加大，显示价格下行以来，期货市场因素是影响铝定价权变动的最主要因素，汇率因素次之，并且供需因素的作用程度在变小，非供需因素的作用程度明显增强。

表 11-17　　　　　　　　方差分解结果

单位:%

	DJQ	KUCUN	IMPORT	STOCK	CR4	POSITION	VOLUME	ER
1	100	0.0000	0.0000	0.0000	0.0000	0.0000	0.0000	0.0000
2	83.7219	0.0884	1.7764	0.4859	0.0713	6.5629	1.1484	6.1447
3	74.3101	0.0809	2.8255	0.4827	0.1200	12.8002	2.6478	6.7327
4	72.0296	0.1272	2.7626	0.5057	0.2754	14.9362	2.8446	6.5188
5	71.5908	0.1339	2.8039	0.5210	0.3530	15.2446	2.8519	6.5009
6	71.4961	0.1392	2.7974	0.5269	0.4132	15.2962	2.8456	6.4854
7	71.4769	0.1402	2.7994	0.5280	0.4418	15.2873	2.8449	6.4815
8	71.4653	0.1407	2.7989	0.5280	0.4566	15.2850	2.8454	6.4802
9	71.4579	0.1409	2.7987	0.5279	0.4631	15.2864	2.8457	6.4795
10	71.4543	0.1411	2.7985	0.5280	0.4658	15.2873	2.8457	6.4793

第四节　紧缺（有色）基本金属资源国际定价权的提升对策研究

通过以上对紧缺（有色）基本金属资源定价权影响因素实证结果的分析，并结合定价权现状，本节有针对性地提出以下政策建议。

一　加快构建新型"矿业金融一体化"体系，增强金融定价权

通过实证结果可知，期货市场因素是影响紧缺（有色）基本金属定价权的主要因素，同时金融因素与汇率因素的作用逐步增强，同时我们也需要看到，有色金属金融化趋势在短期内仍是大概率事件。纵观英、美等发达国家夺取大宗商品定价权特别是铜铝等紧缺（有色）基本金属定价权的历程来看，基本经验都是以金融资本为核心，大力

发展期货市场，打造国际定价中心。就我国目前而言，一方面我国是紧缺（有色）基本金属消费大国，另一方面又在矿业金融体系中处于弱势地位，因此，我国需要总结发达国家的经验，结合自身优势，主动适用有色金属金融化趋势，大力发展期货市场，积极推进人民币国际化进程，以提升我国紧缺（有色）基本金属定价权。

（一）加强紧缺（有色）基本金属金融化顶层设计

对于是以期货定价的紧缺（有色）基本金属而言，一国在金融市场上的话语权实质上就是定价权的体现，短时期内，我国应加快健全紧缺（有色）基本金属期货市场，努力形成体现中国利益、以需求为导向的紧缺（有色）基本金属交易和国际定价中心。与此同时，要进一步建设良好的金融环境，完善金融基础设施，吸引更多有市场影响力的外资机构与境外参与者，充分发挥市场机制在定价权争夺中的作用。

长期而言，则需要提升我国在国际货币体系中的地位，加快人民币国际化进程，利用我国人民币加入 SDR 的机遇以及"一带一路"倡议，开展现货及期货跨境交易的人民币结算与计价，增强货币定价权。与此同时，要采取一系列鼓励政策与措施，支持国内具有实力的金融机构，与具有经营能力的紧缺（有色）基本金属企业合作，参与国际紧缺（有色）基本金属业务。要积极推动我国金融业务的国际化，主动参与适应国际市场竞争，通过拓展我国金融影响力来影响定价规则，并增强我国紧缺（有色）基本金属定价权。

（二）健全紧缺（有色）基本金属期货市场

1. 丰富期货品种，发展金融衍生交易，拓宽金融服务领域

从我国现状来看，紧缺（有色）基本金属的品种已经涵盖铜、铝、铅、锌、锡、镍六种，但与发达国家相比，期货种类还相对较

少，缺乏丰富的金融衍生工具。因此，要利用我国紧缺（有色）基本金属消费量大的优势，加快研发力度，推出能够影响国际市场格局的期货品种；在充分借鉴美国品种上市机制的基础上，结合我国特色，对紧缺（有色）基本金属小品种实行备案制，而对关乎国计民生的重要基本金属品种则实行核准制。此外，建议国家进一步开放金融衍生品市场，允许银行等金融机构参与并拓展衍生金融交易领域，搭建银行间金融衍生产品交易平台，充分发挥金融机构的资金运营优势，提升中国在定价权过程中的金融权重。另外要对接国际标准，推动24小时连续交易，增加夜场期货品种，以有助于国际资金的进入，提高我国紧缺（有色）基本金属期货市场的活跃度，还可进一步设立场外电子盘交易，尽量做到交易时间的同步。

2. 加强对投机资金监控，建立健全期货市场风险监管机制

在金融化背景下，紧缺（有色）基本金属期货市场成为投机的聚集地，因此，国家要全面研判金融市场的汇率冲击、投机操纵、利率波动、石油联动等对紧缺（有色）基本金属价格波动的影响，构建有色金属价格波动风险防范和化解体系；建议结合形势变化，对现行的《期货交易管理条例》进行修正，通过完善法律法规监督体系，来进一步完善期货市场风险监管机制。同时，紧缺（有色）基本金属市场金融化的形成对紧缺（有色）基本金属与传统金融资产的跨市场监管提出了更高的要求，这要求监管层要提升金融监管能力，依据股市动向，建立相应的应急反应机制与联合监管机制，同时，要针对不同紧缺（有色）基本金属的金融化程度差异，分类提出相应的监管措施，以提高监管政策的针对性与有效性。

（三）提高人民币国际地位与国际化程度

从实证结果可知，人民币的弱势地位对我国紧缺（有色）基本金

第十一章　紧缺（有色）基本金属资源国际定价权问题及提升对策研究

属国际定价权产生了消极影响。因此，要进一步赋予紧缺（有色）基本金属可以作为人民币国际化的有效载体，积极推动人民币在有色金属市场中计价，从而为我国提升紧缺（有色）基本金属定价权开辟新的道路。我国要进一步利用紧缺（有色）基本金属最大消费国的有利地位，将人民币币种与有色金属需求有效结合，坚定不移地加快有色金属"走出去"步伐，要进一步推动人民币在包括紧缺（有色）基本金属在内的大宗商品交易中的国际结算，不断提高人民币的支付能力和国际认可度，建立"有色金属—人民币"体系。同时，我国要利用"一带一路"倡议，积极与智利、秘鲁、澳大利亚等紧缺（有色）基本金属出口国进行协商，在铜、铝等金属的交易中部分以人民币计价，同时与我国的对外承包工程、劳务输出和国际援助相结合，提升谈判能力。此外，利用我国加入 SDR 的机遇，人民币国际化在离岸市场、投融资等方面应同步推进，扩大人民币的使用范围，增强境外接受人民币的意愿。

二　抓住价格下行这一战略机遇，重构全球金属资源战略

当前，我国经济发展由高速增长转为中高速增长，经济发展进入"新常态"，同时国际紧缺（有色）基本市场进入下行周期。我国应抓住此次市场调整的契机，主动作为，对中国全球紧缺（有色）基本金属资源定价权提升战略与政策进行系统设计，为中国在新一轮国际定价权争夺中获得先决优势。

（一）建立健全战略储备体系

实证结果中，库存因素对定价权影响起着基础性作用，因此，核心是要加快形成紧缺（有色）基本金属的战略储备体系，并着力推行紧缺（有色）基本金属多元化储备战略。首先是在国家财政允许的范围内，可进行长期矿产品战略储备，利用价格下行契机大量购买进行

储备。其次是出台相关政策与优惠鼓励企业储备，积极推动企业加快"走出去"步伐，以建设权益矿山、"虚拟矿山"等方式加快构建海外资源储备体系，同时在条件允许的情况下，鼓励企业进行期货市场储备，通过买入远期金属期货头寸，在不占用仓储的情况等同于拥有金属实物。通过上述措施，利用下行契机建立健全国家储备与商业储备相结合的储备体系，才能在下一轮上涨行情来临之时，有充足的库存影响市场价格。

（二）加快发达国家矿山并购与投资

应充分发挥资本市场的作用，出台鼓励政策与措施，推动企业利用此轮下行契机，到发达国家而不是发展中国家大量购买中国最短缺的矿山或相关企业股票。过去我们的重点立足于发展中国家，因此，当时发达国家在这方面给予了很多限制，而我们在发展中国家的并购与投资则面临巨大的政治与法律风险，往往在购买之后，由于所在国法律不完善或政治因素，导致合作无法有效深入进行，而目前世界经济深度调整、价格下行给予了我们深入发达国家市场的机会，应抓住此次千载难逢的机会，通过直接并购矿山或买入相关企业股票，在紧缺（有色）基本金属原材料领域发挥中国影响力。

（三）深化资源领域体制改革，构建多元化供应渠道

抓住此轮价格下行周期，尽快放开资源进口、储备、配送等流通环节，放松政策管制，降低门槛，鼓励更多民营企业进口国外紧缺（有色）基本金属等矿产资源；同时放开国内金属矿产等资源市场准入，通过市场化机制，鼓励民企、外企等参与金属等矿产矿业权出让转让；加强同主要紧缺（有色）基本金属出口国的谈判与合作，稳定关系，并逐步降低对智利、秘鲁、澳大利亚等国家的依赖，今后可利用"一带一路"倡议，加强沿线国家的进口，推动进口渠道多元化，

降低对外依存度；同时，伴随发达国家废铜出口的增加以及中国废铜回收再利用技术的提升，废铜进口可以部分替代铜精矿的进口，从而解决我国铜进口结构单一的问题。

（四）加快技术创新，优化延伸产业链

在价格下行背景下，我国企业可利用低价购买紧缺（有色）基本金属资源节省的资金，适时逢低兼并收购掌握关键技术的企业，或者通过参股、合资等方式开展国际技术合作，同时，我国应将基础技术与创新性技术作为研发重点，并采取政策倾斜、财政支持、税收减免等扶持方式协助企业进行技术改造。通过建立重点项目基金，鼓励和引导企业开展新材料、"互联网+"、节能环保等方向的科技创新，真正将科技成果转化为生产力，扶持有市场影响力并且在技术变革中具有国内领先实力的企业，从实际需求出发加大科技投入，这样才能让中国的企业和产品立足前沿，推动我国产业链结构从低附加值产品向高附加值产品转变，提升国际定价影响力。

第十二章　金属矿产资源开发利用面临的挑战及定价权提升对策

长期以来，我国金属矿产资源定价权提升对策面临着"头痛医头，脚痛医脚""违背国际贸易规则"等各种质疑。我国采取的一些定价权提升措施，并没有实现增强定价话语权的目标，甚至还引发了贸易纠纷、价格剧烈波动及资源走私等一系列的新问题，当前我国金属矿产资源开发利用还面临着诸多的挑战。因此，应结合我国金属资源定价权面临的形势，在借鉴国外经验的基础上，对现有定价权提升政策进行优化调整，以维护我国经济安全。

第一节　我国金属矿产资源开发利用面临的挑战

一　金属资源开发利用遭遇发达国家的围堵

在近几年的铁矿石价格下行周期中，铁矿石巨头通过扩产打压中国竞争对手，三大巨头的市场占有率由60%上升到80%，这种高集中度不利于我国定价权的获取。同时，发达国家主导现行多边贸易，逼迫我国进行优势稀有金属初级产品的出口，并在稀有金属应用方面封锁技术，使我国长期处于产业链低端。再者，美国长期管控马六甲海峡，以及其开展的亚太再平衡战略，对我国资源获取的海上通道形成日渐现实的威胁，使我国的金属资源开发利用遭遇发达国家在资源战略、高技术政策及资源通道上的围堵。

二 金属资源供给领域高端不足、中低端过剩

大飞机用高强高韧性铝合金、大直径超高纯金属靶材等高端装备关键材料不能稳定生产，主要依赖进口；相对地，钢铁、电解铝等则表现为严重的产能过剩。金属加工领域广泛存在基础共性关键技术、精深加工技术和应用技术研发不足的问题。同时，矿山数字化、矿产品金融化、行业交叉融合与矿业创新、新材料等，都为金属资源行业带来不确定性。

三 金属资源开发利用战略及相关体制存在缺陷

铁矿石、铜和铝资源进口贸易中的损失，资源企业走出去过程中遭遇的失败，都凸显了我国金属资源管理体制上的缺陷。而近几年美国推行TTIP，加拿大、委内瑞拉以及尼加拉瓜等国也修改、调整了本国的矿产品管制政策，对我国的"两个市场、两种资源"政策形成挑战。而"原材料案"和"稀土案"的败诉，也表明我国在金属资源出口政策工具选择方面存在一定的盲目性。

四 国内金属矿产资源产能可能存在过度调整

近年来，全球性产能过剩和竞争力缺乏，使我国矿产资源行业陷入前所未有的困境。在国际矿业巨头持续增产的低价挤出战略下，铁矿、铜精矿及铝土矿等资源价格大幅下跌，企业财务状况急剧恶化。截至2015年年末，国内大中型铁矿已退出企业320多家，有"僵尸企业"860多家，小型铁矿85%处于关停状态。许多中小型有色金属矿山面临关停危机，一些大型企业也难以逃脱，幸存企业纷纷简化商

品组合。投资者对矿业的兴趣和信心也逐步减弱，不仅采矿业固定资产投资减少，矿产勘查预算也不断下降，新发现矿产也呈下降趋势。

第二节 我国金属矿产资源国际定价权提升对策研究

基于这些研究，本书认为要实现定价权根本上的提升，有必要对提升政策的取向进行重大调整，在国家战略层面形成政策体系，其总体思路为：金属资源定价权提升的国家战略实现由"充分利用'两种资源，两个市场'"向"最大限度利用境外资源，合理保护国内资源"的战略转变，打通并保障国际金属资源的供给渠道；通过金属资源行业自身的技术创新和金属资源行业应用领域重大技术突破，不断挖掘金属资源在先进制造业和国防工业中的应用价值，强化金属资源的高端应用；此外，要以实施资源金融化战略为导向，加快建设金属期货市场，推动人民币国际化进程，努力形成体现中国利益、以需求为导向的金属交易和定价中心。

一 开辟多元化金属矿产资源供给渠道

把握本轮矿业周期调整的机遇窗口期，提前做好全球战略性布局，积极参与金属矿产资源国际定价和贸易定价规则的制定。依托国家"一带一路"倡议和建设亚投行战略的实施，选择重点地区开展金属资源产业合作，全面拟定资源、产业合作战略规划，通过开展政治、经济和技术全方位"资源外交"，积极参与地区资源整合，建立陆上资源供应通道，缓解海上通道安全压力。

抓住目前国际金属市场资产大幅缩水的机遇，通过政策、金融等手段引导我国大型企业收购、并购一批境外优质矿产。通过采用参股为主、购买矿权或并购为辅的方式,获取矿权,在金属原材料领域夯实"中国因素"。如面对国家铁矿石巨头的低价挤压战略,可以以淡水河谷为突破口,以互利共赢的方式争取参股或与之低价签订铁矿石长期贸易协议(5年以上),瓦解铁矿石巨头逆势扩产的阵营。

在实现资源空间配置时,还要实现资源结构统筹。有必要将城市矿产开始作为保障国家金属资源安全的新支柱,并纳入国家矿产资源管理体系中。通过科学评估和筛选,识别城市矿产重点回收的对象、种类和回收价值,分类建立城市矿产回收体系。

二 调整金属矿产资源开发利用战略思路

从"充分利用'两种资源、两个市场'"向"最大限度利用境外资源,合理保护国内资源"转变,打通并保障国际金属资源的供给渠道,夯实金属资源的保障基础;通过资源行业的技术创新和应用领域的技术突破,不断挖掘金属资源在先进制造业中的应用价值,强化金属资源的高端应用。稀有战略性金属资源政策要基于国内需求,严控选冶规模。依据资源区域禀赋、品位,分类分区域优化金属矿产资源税从价计征改革的税率。

再生金属资源政策要逐渐向全生命周期管理模式创新的方向转变,理顺政策方案对各利益相关者的影响,形成政策合力,延长产品使用寿命,促进金属资源减量化设计。针对矿产资源领域的供给侧改革可能导致的过度调整问题,要注意在退出劣质产能的同时,保护次优产能,确保在下一个矿业周期能够充分合理利用次优产能的经济价值,提升国内矿产资源供给水平。

三 制定金属矿产资源高端应用技术路线

提升我国金属深加工技术和应用技术水平,延伸高端产业链,推动产业从冶炼端为主向整个产业链延伸升级。我国金属行业高端复合材料的深加工和应用技术，特别是功能性材料的核心专利技术，基本上处于被国外垄断的局面，因此必须提高我国金属产业的技术水平，特别是下游高端应用水平的技术突破，将产业链向下游进一步延伸，从而以高端技术应用产品获取我国金属矿产资源定价的主动权。

以应用核心专利技术为导向，实行国内金属产业整合。加快培育一批具有资源、规模和技术优势的行业龙头企业，提高金属行业集中度。形成掌握核心应用专利技术的大型集团，不仅分别对金属采选业、金属延压加工业、金属制造业进行整合，更应该打破产业链壁垒，对产业链上中下游进行高效整合，依据"微笑曲线"获取产业链两端的高额利润，遏制我国金属资源出口企业的无序竞争状态，构建优势金属出口价格联盟，从而赢得定价权。

适时兼并收购掌握深加工技术和高端应用技术的企业，形成以资源优势换技术能力的产业路径。中国金属行业可以利用国外对我国金属资源的依赖，把引进深加工技术和高端应用技术作为国际合作或合资的重要标准，进一步引导外商投资于金属高端应用领域，改变我国长期作为原材料供应商的劣势地位，利用"技术外溢"推动本土金属行业的技术革新，同时鼓励企业跨境并购国外技术研发企业，在获取国外高端技术的同时，加强我国金属企业的国际竞争力和市场影响力，逐步提升我国金属企业在国际贸易市场上的话语权。

四 建立健全下行机遇下的金属矿产资源战略储备体系

借鉴发达国家在资源储备方面的成功经验，中国政府应集中于建立金属矿产资源的国家战略储备，坚持低储备成本与合理布局相结合的原则，坚持市场化运作的思路，同时考虑成本和布局的平衡，建立金属矿产资源国家战略储备与企业商业储备相结合的储备体系。

加快建立矿产品战略储备制度，充分利用当前国际矿业市场低迷的契机，在国家财政允许的范围内，进行长期矿产品战略储备。建立战略储备基金，建设矿产品储备库，并制定相应的财政政策和产业政策。

调动企业积极性，建立企业战略储备。出台优惠政策，鼓励金属企业增加储备；鼓励企业通过"走出去战略"获取权益矿山，建立"虚拟矿山"等海外矿产资源储备体系；鼓励民营企业借助期货市场建立储备。

五　加快构建新型"资源金融一体化"体系

我国应积极熟悉国际规则，建立健全金属期货市场，增加在期货市场开展交易的金属品种，开拓丰富多样的金融衍生交易，拓宽金融服务领域，尽快建立完备的跨期现市场监管、风险防范体系，以及跨市场信息交流机制，努力形成体现中国利益、以需求为导向的金属交易和定价中心。同时，努力建成具备良好金融和制度环境的市场，吸引更多具有市场影响力的境外参与者，通过市场的途径在定价话语权争夺中取胜。

加快人民币国际化进程，通过市场化的制度吸引全球投资者，开展现货及期货跨境交易的人民币结算，增强货币定价权，推进其在金属金融交易中的使用，以便争取在国际规则制定中有更多的话语权与影响力。与此同时，要支持国内具有实力的金融机构，与具有经营能力的金属企业合作，共同参与国内外金属市场的投资活动，推动中资金融机构"走出去"，参与国际金属业务。通过鼓励中资金融机构业务国际化，在全球市场参与竞争和学习，并最终影响定价机制和推动规则制定，实现定价能力的提升。

参考文献

[1] [英]朱迪·丽丝:《自然资源分配、经济学与政策》,蔡运龙译,商务印书馆2005年版。

[2] 吴力波等:《原油价格冲击的动态传导机制——基于中国工业部门的实证研究》,《世界经济文汇》2011年第4期。

[3] 白明:《中国对国际市场大宗能源类商品定价的影响》,《中国对外贸易》2006年第6期。

[4] 白明:《中国是不是缺失了国际定价权》,《西部论丛》2008年第1期。

[5] 白明:《从中国进口原油、铁矿石和铜的贸易看中国如何取得国际定价权》,《中国物价》2006年第3期。

[6] 包宗顺:《世界粮食生产、贸易、价格波动与中国的粮食安全应对策略》,《世界经济与政治论坛》2011年第1期。

[7] 卜林等:《短期国际资本流动、人民币汇率和资产价格——基于有向无环图的分析》,《经济评论》2015年第1期。

[8] 财政部、国家税务总局:《关于全面推进资源税改革的通知》,(财税〔2016〕53号文件),2016年。

[9] 蔡宇宁等:《人民币国际化与能源价格互动关系研究》,《经济数学》2015 年第 4 期。

[10] 曾先峰等:《基于完全成本的碳酸稀土理论价格研究——兼论中国稀土资源定价机制改革》,《财经研究》2012 年第 9 期。

[11] 曾先峰等:《非再生能源资源使用者成本:一个新的估计》,《资源科学》2013 年第 2 期。

[12] 陈博文等:《基于市场势力视角对我国大米进口市场结构的研究》,《国际贸易问题》2015 年第 3 期。

[13] 陈莲芳等:《经济全球化背景下我国矿产资源发展战略研究设计》,《中国矿业》2016 年第 10 期。

[14] 陈柳钦:《有关全球价值链理论的研究综述》,《重庆工商大学学报》2009 年第 6 期。

[15] 陈其慎等:《矿业发展周期理论与中国矿业发展趋势》,《资源科学》2015 年第 5 期。

[16] 陈文等:《基于油价冲击分解的价格传递效应研究》,《财务与金融》2017 年第 4 期。

[17] 陈喜峰:《中国铝土矿资源勘查开发现状及可持续发展建议》,《资源与产业》2016 年第 3 期。

[18] 陈祥升:《我国国际贸易大宗商品定价权缺失的主要影响因素分析》,《北方经济》2012 年第 17 期。

[19] 陈旭:《我国铜原料消费与加工费的影响性分析》,《世界有色金属》2014 年第 1 期。

[20] 陈甫军等:《市场势力与规模效应的直接测度——运用新产业组织实证方法对中国钢铁产业的研究》,《中国工业经济》2009 年第 11 期。

[21] 谌金宇等：《我国货币政策对大宗商品市场影响的非线性效应》，《系统工程》2017年第6期。

[22] 谌金宇：《中外期铜市场动态联动性及其影响因素的实证研究》，硕士学位论文，中南大学，2013年。

[23] 程慧等：《国际期铜价格波动中的金融因素分析》，《资源科学》2018年第3期。

[24] 程春艳等：《中国铝原材料综合对外依存度分析》，《中国矿业》2012年第S1期。

[25] 程凤朝等：《资本充足率对宏观经济的影响分析》，《管理世界》2014年第12期。

[26] 程小勇：《电解铝行业困境倒逼再生铝行业升级迫在眉睫》，《资源再生》2014年第4期。

[27] 崔荣国等：《全球铜的生产与消费及其未来需求预测》，《资源科学》2015年第5期。

[28] 代雨薇等：《稀土厂商卡特尔化可行性及其路径选择——以江西为例》，《企业导报》2012年第10期。

[29] 邓超等：《基于VAR模型的铁矿石国际定价权研究》，《统计与决策》2016年第9期。

[30] 邓广军：《国家矿产资源安全的经济学思考》，《中国国土资源经济》2009年第1期。

[31] 邓会娟等：《中国铜矿资源现状及国家级铜矿床实物地质资料筛选》，《中国矿业》2016年第2期。

[32] 邓炜：《国际经验及其对中国争夺稀土定价权的启示》，《国际经贸探索》2011年第1期。

[33] 丁剑平等：《从进口国汇率视角看国际大宗商品价格波动》，

《国际金融研究》2016年第8期。

[34] 丁志华等:《基于动静态视角的煤炭价格波动对我国GDP影响研究》,《资源科学》2013年第12期。

[35] 董君:《关于中国稀土定价权回归的理性思考》,《经济界》2011年第4期。

[36] 杜凤莲等:《战略性资源关税的替代性政策研究——以稀土出口为例》,《经济科学》2015年第3期。

[37] 方红等:《基于完全成本视角的中国稀土贸易代价及战略调整研究》,《财经研究》2014年第3期。

[38] 方建春等:《我国在稀有金属出口市场的市场势力研究——以钨矿、稀土金属为例》,《国际贸易问题》2011年第1期。

[39] 方建春等:《资源性商品国际市场上中国的市场势力研究——以焦炭、稀土为例》,《财贸经济》2010年第3期。

[40] 方建睿等:《我国在稀有金属出口市场的市场势力研究——以钨、稀土为例》,《国际贸易问题》2011年第1期。

[41] 方毅等:《国内外金属期货市场"风险传染"的实证研究》,《金融研究》2007年第5期。

[42] 方毅:《国内外期铜价格之间的长期记忆成分和短期波动溢出效应》,《数理统计与管理》2008年第2期。

[43] 冯辉等:《国际黄金期货价格决定要素的实证分析》,《中国管理科学》2012年第S1期。

[44] 傅英:《中国矿业法史》,中国地质大学出版社2001年版。

[45] 高辉等:《期货价格收益率与波动性的实证研究——以中国上海与英国伦敦为例》,《财经问题研究》2007年第2期。

[46] 高金余等:《伦敦与上海期铜市场之间的信息传递关系研究》,

《金融研究》2007年第2期。

[47] 高珺等：《世界再生铝工业年度大事回顾》，《轻合金加工技术》2016年第7期。

[48] 高天明等：《中国优势矿产资源管理政策新导向》，《资源科学》2015年第5期。

[49] 高铁梅：《计量经济分析方法与建模——EViews应用及实例》（第二版），清华大学出版社2009年版。

[50] 高兴同等：《中国进口铝土矿综论》，《轻金属》2016年第7期。

[51] 顾晓薇等：《世界铜资源格局》，《金属矿山》2015年第3期。

[52] 关思甲：《中国钢铁产业安全问题探析》，《当代经济》2016年第27期。

[53] 关旭：《国际大宗商品价格波动的中国因素研究——以有色金属为例》，硕士学位论文，复旦大学，2010年。

[54] 郭冬梅：《国家主权视域下我国稀有资源保护法律问题刍议》，《兰州学刊》2012年第9期。

[55] 郭海涛：《市场势力理论研究的新进展》，《经济评论》2006年第3期。

[56] 郭梁等：《基于高频数据的中国股市量价关系研究》，《管理学报》2010年第8期。

[57] 郭名媛等：《基于高频数据的沪深股票市场的相关性研究》，《系统工程学报》2009年第3期。

[58] 郭娜等：《我国货币政策工具对房地产市场调控的有效性研究——基于有向无环图的分析》，《财贸经济》2013年第9期。

[59] 郭树华等：《金属期货市场价格联动及其波动关系研究》，《国际金融研究》2010年第4期。

[60] 郭尧琦等：《金融化与有色金属价格波动》，经济科学出版社2016年版。

[61] 郭镇等：《买方势力和大宗资源商品国际定价权》，《现代管理科学》2013年第2期。

[62] 国际货币基金组织：《世界经济展望——住房部门和经济周期》，仲雨虹等译，中国金融出版社2008年版。

[63] 韩立岩等：《铜期货市场信息的国际传递》，《管理评论》2008年第1期。

[64] 韩立岩等：《投机行为还是实际需求？——国际大宗商品价格影响因素的广义视角分析》，《经济研究》2012年第12期。

[65] 郝凯等：《基于VAR的原铝贸易与经济发展的关系研究》，中国有色金属学会：《有色金属工业科学发展——中国有色金属学会第八届学术年会论文集》，中国有色金属学会2010年版。

[66] 何欢浪：《下游进口国家的稀土储备与我国稀土出口政策》，《财经研究》2014年第4期。

[67] 何建伟等：《简议中国铝资源的进口》，《轻合金加工技术》2015年第6期。

[68] 何敏：《矿产外交的企业实践：以五矿海外收购铜矿战略为例》，《中国矿业》2016年第1期。

[69] 何贤杰等：《关于及早谋划战略性新兴矿产发展的思考与建议》，《中国国土资源经济》2014年第5期。

[70] 何晓燕等：《我国棉花期货与现货市场的价格发现与波动溢出效应》，《系统工程理论与实践》2013年第7期。

[71] 何新貌：《中国铁矿石进口定价权缺失问题研究》，硕士学位论文，西南财经大学，2007年。

[72] 侯乃堃等：《基于油价冲击分解的石油价格波动与经济增长的动态变化关系研究》，《中国软科学》2009年第8期。

[73] 胡光志等：《我国期货市场操纵立法之完善——基于英美的经验》，《法学》2016年第1期。

[74] 胡启明：《中国硬质合金产业发展研究——基于钨产业政策导向的分析》，《中国钨业》2010年第5期。

[75] 胡俞越：《中国经济战略转型与期货市场从量变到质变——中国期货市场"十一五"回顾与"十二五"展望》，《中国证券期货》2011年第3期。

[76] 花永剑：《大宗商品交易市场的政府介入机制研究》，《特区经济》2013年第10期。

[77] 华创证券：《有色弹性分析系列报告之一：稀土 & 永磁》，http：//guba.eastmoney.com/news，600010，550345942.html。

[78] 华仁海等：《国内、国际期货市场期货价格之间的关联研究》，《经济学》（季刊）2004年第3卷第3期。

[79] 华仁海等：《中国期铜市场的国际定价功能研究》，《数量经济技术经济研究》2008年第8期。

[80] 黄河等：《全球大宗商品定价机制及其对中国的影响：结构性权力的视角——以铁矿石定价机制为例》，《外交评论》（外交学院学报）2013年第2期。

[81] 黄继炜：《我国稀土定价权的缺失与对策建议》，《改革与战略》2011年第12期。

[82] 黄建新等：《中美玉米期货市场对现货市场价格影响的实证分析》，《宏观经济研究》2014年第7期。

[83] 黄健柏等：《金属期货量价关系的多重分形特征研究——基于

MF-DCCA方法》,《管理评论》2013年第4期。

[84] 黄健柏等:《美元、石油和金属价格——基于VAR模型的实证研究》,《经济经纬》2012年第3期。

[85] 黄健柏等:《国际期铜价格中的"中国因素"研究》,《价格理论与实践》2011年第12期。

[86] 黄健柏等:《代际视角下矿产资源开发补偿的组合性均衡评价模型》,《预测》2014年第5期。

[87] 黄健柏等:《经济政策不确定性对黄金期货市场收益与波动影响的实证研究》,《财务与金融》2018年第3期。

[88] 黄先明:《国际资源价格形成机制研究——基于广义供求均衡论的视角》,博士学位论文,江西财经大学,2014年。

[89] 黄小珂等:《整合铟业 谋话语权》,《中国金属通报》2010年第25期。

[90] 姜付秀等:《我国行政性垄断的危害——市场势力效应和收入分配效应的实证研究》,《中国工业经济》2007年第10期。

[91] 姜玉敬:《我国再生铝行业发展的基本情况及展望》,《轻金属》2012年第8期。

[92] 蒋晓全:《我国有色金属产业发展与期货市场》,《世界有色金属》2012年第10期。

[93] 蒋序标等:《LME与SHFE期铜价格引导关系实证研究》,《系统工程》2004年第9期。

[94] 金洪飞等:《国际石油价格对中国股票市场的影响——基于行业数据的经验分析》,《金融研究》2010年第2期。

[95] 金平等:《中国铜加工产业现状及发展趋势》,《有色冶金设计与研究》2015年第2期。

[96] 靳韬等:《在有交互作用下上海、伦敦期货市场铜期货价格引导关系的研究》,《运筹与管理》2005年第6期。

[97] 赖丹等:《资源环境视角下的离子型稀土采矿业成本收益研究》,《中国矿业大学学报》2013年第3期。

[98] 李刚:《稀土资源税费改革问题初探》,《财会月刊》2012年第5期。

[99] 李国平等:《使用者成本法的完善与美国油气资源使用者成本的估算》,《自然资源学报》2013年第6期。

[100] 李国荣等:《世界铜资源贸易现状与中国的发展战略研究》,《国际贸易问题》2007年第4期。

[101] 李华:《我国稀土出口定价权问题探析》,《中国商贸》2011年第6期。

[102] 李金泽:《中国稀土贸易往来之浅析》,《当代经济》2014年第6期。

[103] 李苗苗等:《金融发展、技术创新与经济增长的关系研究——基于中国的省市面板数据》,《中国管理科学》2015年第2期。

[104] 李松梁:《角逐大宗商品定价权》,《中国金融》2014年第5期。

[105] 李文博等:《线性和非线性双重视角下煤炭价格波动对中国经济增长的影响》,《资源科学》2015年第10期。

[106] 李献宾等:《全球价值链理论研究综述》,《商业时代》2010年第11期。

[107] 李学锋等:《大宗商品:谁动了我的定价权》,《大经贸》2010年第3期。

[108] 李艺等:《大宗商品国际定价权研究》,科学出版社2008年版。

[109] 李艺等：《基金持仓与商品期货价格关系的实证研究——以铜期货市场为例》，《系统工程理论与实践》2008年第9期。

[110] 李艺等：《大宗商品国际定价权研究》，科学出版社2007年版。

[111] 李治国等：《国际原油价格波动对我国宏观经济的传导与影响——基于SVAR模型的实证分析》，《经济经纬》2013年第4期。

[112] 廉正等：《国际铁矿石定价角力模型及我国钢铁行业应对研究》，《经济问题探索》2010年第2期。

[113] 梁琪等：《中国股票市场国际化研究：基于信息溢出的视角》，《经济研究》2015年第4期。

[114] 梁叔翔：《资源约束、定价权缺失与对策选择》，《金融理论与实践》2011年第3期。

[115] 梁咏：《WTO框架下自然资源攻守战与中国法律对策研究——以举证责任为视角》，《世界贸易组织动态与研究》2012年第5期。

[116] 廖泽芳等：《中国稀土的国际定价地位研究》，《国际商务》2011年第3期。

[117] 林伯强等：《能源价格对宏观经济的影响——基于可计算一般均衡（CGE）的分析》，《经济研究》2008年第11期。

[118] 林大燕等：《不完全竞争下进口结构变动对中国大豆进口价格的影响研究》，《管理评论》2016年第9期。

[119] 刘刚：《中国大宗商品定价权缺失问题探析——以国际市场铁矿石与稀土定价为例》，《价格理论与实践》2009年第11期。

[120] 刘纪学等：《房地产泡沫形成机制的系统动力学分析》，《系统工程》2015年第2期。

[121] 刘建等：《国际原油价格波动对我国工业品出厂价格的影响——基于行业层面的实证分析》，《经济评论》2010年第2期。

[122] 刘涓：《中国对日本稀土出口定价权分析》，硕士学位论文，辽宁大学，2013年。

[123] 刘衍等：《我国稀土定价权的夺回措施及其影响分析》，《中国市场》2011年第6期。

[124] 刘鹏等：《竞相压价、行业协会、统一收购三种市场模式下稀土定价的比较》，《全国商情》2010年第6期。

[125] 刘庆富等：《LME与SHFE金属期货市场之间的信息传递效应研究》，《管理工程学报》2008年第2期。

[126] 刘树杰：《价格机制、价格形成机制及供求与价格的关系》，《中国物价》2013年第7期。

[127] 刘伟朋：《基于讨价还价博弈分析的中国铁矿石谈判的策略与战略》，硕士学位论文，中南大学，2009年。

[128] 刘晓雪等：《中国棉花期货价格发现功能的实证分析》，《统计与决策》2008年第21期。

[129] 刘旭：《浅谈我国大宗商品国际定价权问题探究》，《经营管理者》2014年第26期。

[130] 刘雨蒙等：《中国铝资源行业现状研究及发展建议》，《中国矿业》2016年第8期。

[131] 刘振华等：《构建赣州稀土产业战略基地研究》，《新余学院学报》2012年第3期。

[132] 柳群义等：《中国铜需求趋势与消费结构分析》，《中国矿业》2014年第9期。

[133] 柳瑞禹等：《高耗能行业电力消费长期波动效应研究》，《中国管理科学》2014年第6期。

[134] 卢锋等：《国际商品价格波动与中国因素——我国开放经济成长面临新问题》，《金融研究》2009年第10期。

[135] 罗建川：《基于铝土矿资源全球化的我国铝工业发展战略研究》，博士学位论文，中南大学，2006年。

[136] 罗晓宁等：《稀土永磁材料专利信息分析》，《稀土》2015年第36期。

[137] 马江河：《美国证券市场操纵认定标准研究》，《证券市场导报》2005年第8期。

[138] 马乃云等：《提升我国稀土产业出口定价权的财税政策分析》，《中国软科学》2014年第12期。

[139] 彭韬：《国内商品期货的组合投资价值》，硕士学位论文，中南大学，2013年。

[140] 齐兰：《现代市场结构理论述评》，《经济学动态》1998年第4期。

[141] 齐银山等：《中国获取大宗商品定价权的路径》，《中国国情国力》2010年第9期。

[142] 钱浩祺等：《成本效应与需求效应——原油价格冲击的行业传导机制研究》，《世界经济文汇》2014年第3期。

[143] 《全球资源配置中的期货市场作用——有色金属期货市场催化下的中国有色金属产业变化》，《第六届中国（深圳）国际期货大会论文集》2010年第17期。

[144] 《如何突破铝土资源严重依赖进口问题引关注》，《中国粉体工业》2013年第3期。

[145] 沙文兵等：《人民币国际化、汇率变动与预期汇率》，《国际金融研究》2014年第8期。

[146] 邵留国等：《新市场格局下铁矿石价格影响因素研究》，《管理评论》2018年第2期。

[147] 邵燕敏等：《基于门限向量》误差修正模型的中国与国际有色金属期货价格关联性研究》，《系统工程理论与实践》2012年第11期。

[148] 佘升翔等：《石油—美元机制及其互动特征的实证研究》，《系统工程》2010年第6期。

[149] 史夫良：《中国铜消费影响力》，《中国金属通报》2010年第36期。

[150] 宋文飞、李国平、韩先锋：《稀土定价权缺失、理论机理及制度解释》，《中国工业经济》2011年第10期。

[151] 苏文清：《中国稀土产业经济分析与政策研究》，中国财政经济出版社2009年版。

[152] 苏振锋：《我国大宗商品国际定价权困境成因及解决路径探析》，《经济问题探索》2011年第4期。

[153] 苏桔芳、渠慎宁、陈昌楠：《外部资源价格冲击与中国工业部门通货膨胀的内生关联研究》，《财经研究》2015年第41期第5版。

[154] 孙薇、齐中英：《石油价格波动与我国进口价格的动态关系研究——基于对油价冲击分解的结构VAR模型》，《运筹与管理》2011年第20期第2版。

[155] 孙泽生、孙便霞、黄伟：《中国有色金属价格变化中的货币因素和预期形成：基于金属指数的实证研究》，《系统管理学报》

2014年第23期第5版。

［156］孙泽生、蒋帅都：《中国稀土出口市场势力的实证研究》，《国际贸易问题》2009年第4期。

［157］孙泽生等：《大宗商品市场定价格局与影响因素研究》，经济科学出版社2015年版。

［158］孙章伟：《稀土贸易和管理政策比较研究——以日本、美国、中国为例》，《太平洋学报》2011年第19期第5版。

［159］谭力文、赵鸿洲、刘林青：《基于全球价值链理论的地方产业集群升级研究综述》，《武汉大学学报》（哲学社会科学版）2009年第1期。

［160］谭小芬、韩剑、殷无弦：《基于油价冲击分解的国际油价波动对中国工业行业的影响：1998—2015》，《中国工业经济》2015年第12期。

［161］唐运舒、焦建玲：《油价冲击、货币政策调整与产出波动——基于中国的经验证据》，《经济理论与经济管理》2012年第7期。

［162］陶建格、沈镭：《矿产资源价值与定价调控机制研究》，《资源科学》2013年第35期第10版。

［163］陶银龙、方一平、王珍珍、刘诗文：《新形势下我国钨产业发展方向探讨》，《中国矿业》2015年第1期。

［164］田利辉、谭德凯：《大宗商品现货定价的金融化和美国化问题——股票指数与商品现货关系研究》，《中国工业经济》2014年第10期。

［165］田新民、沈小刚：《基于交易量和持仓量的期货日内价格波动研究》，《经济与管理研究》2005年第7期。

[166] 田尤、杨为民、申俊峰、曾祥婷：《中国铜资源产业形势分析及发展对策建议》，《资源与产业》2015年第4期。

[167] 汪冬华、索园园：《我国沪深300股指期货和现货市场的交叉相关性及其风险》，《系统工程理论与实践》2014年第3期。

[168] 王百超、逯宇铎、乔美娥：《我国豆油期货与现货价格协整关系分析》，《经济纵横》2012年第1期。

[169] 王昶、黄健柏：《中国金属资源战略形势变化及其产业政策调整研究》，《中国人口·资源与环境》2014年第24期第S3版。

[170] 王承炜、吴冲锋：《中国股市价格——交易量的线性及非线性因果关系研究》，《管理科学学报》2002年第4期。

[171] 王大为、郑风田：《新形势下中国粮食安全的现状、挑战与对策——第五届中国经济安全论坛综述》，《河南工业大学学报》（社会科学版）2015年第2期。

[172] 王军、刘向东：《抓住大宗商品价格中长期低迷机遇重构中国全球能源资源战略》，《全球化》2015年第6期。

[173] 王俊博、范蕾、李新等：《基于物质流方法的中国铜资源社会存量研究》，《资源科学》2016年第5期。

[174] 王琼、张悠：《跨境贸易人民币结算影响因素的经验分析——基于国际计价结算货币选择的视角》，《财经问题研究》2013年第7期。

[175] 王任：《大宗商品价格中的中国因素和金融因素》，《上海金融》2013年第5期。

[176] 王杉、宋逢明：《中国股票市场的简单量价关系模型》，《管理科学学报》2006年第4期。

[177] 王威：《全球铜消费格局》，《国土资源情报》2014年第11期。

[178] 王晓真：《资源税的功能定位与制度完善》，《合作经济与科技》2014 年第 23 期。

[179] 王兴艳：《高品质特殊钢的专利分析》，《新材料产业》2014 年第 7 期。

[180] 王艳：《金属锗的供需情况分析》，《中国金属通报》2011 年第 7 期。

[181] 王叶：《中国有色基本金属开发中的使用者成本测算》，《时代金融》2015 年第 568 期。

[182] 王育宝、胡芳肖：《非再生资源开发中价值补偿的途径》，《中国人口·资源与环境》2013 年第 3 期。

[183] 王正明、余为琴：《中国稀土出口的贸易流向及国际市场势力分析》，《价格月刊》2013 年第 9 期。

[184] 王正明、张许静：《稀土资源税对"寡头"国出口市场势力的影响研究》，《经济经纬》2012 年第 2 期。

[185] 王志刚：《"中国因素"对国际铜价影响的实证分析》，《价格理论与实践》2013 年第 11 期。

[186] 王祝堂：《浅析中国铝资源的进口》，《资源再生》2013 年第 7 期。

[187] 魏巍贤、林伯强：《国内外石油价格波动性及其互动关系》，《经济研究》2007 年第 12 期。

[188] 温宗国、季晓立：《中国铜资源代谢趋势及减量化措施》，《清华大学学报》（自然科学版）2013 年第 9 期。

[189] 文凤华、刘晓群、唐海如、杨晓光：《基于 LHAR－RV－V 模型的中国股市波动性研究》，《管理科学学报》2012 年第 15 期第 6 版。

[190] 瓮凤春：《资源产品国际垄断价格的形成机制——以我国的稀土和铁矿石贸易为例》，《北方经贸》2011年第3期。

[191] 吴冲锋：《大宗商品与金融资产国际定价权研究》，科学出版社2010年版。

[192] 吴登生、吴登生、李建平等：《生猪价格波动特征及影响事件的混合分析模型与实证》，《系统工程理论与实践》2011年第11期。

[193] 吴吉林：《基于机制转换Copula模型的股市量价尾部关系研究》，《中国管理科学》2012年第5期。

[194] 吴建业：《我国稀有金属产业结构调整的对策》，《中国金属通报》2011年第3期。

[195] 吴玮：《参与国际定价上期所铅期货重"中国因素"》，《中国工业报》2011年第3版。

[196] 吴文锋、靳莹：《基于DAG方法的物价波动国际间传导研究》，《中国管理科学》2008年第16期第S1版。

[197] 吴文锋、刘太阳、吴冲锋：《上海与伦敦期铜市场之间的波动溢出效应研究》，《管理工程学报》2007年第21期第3版。

[198] 吴烨：《当前国际铜价波动对我国铜产业链的影响研究》，《价格理论与实践》2013年第7期。

[199] 吴振信等：《基于VAR模型的油价波动对我国经济影响分析》，《中国管理科学》2011年第1期。

[200] 吴志军：《我国稀土产业政策的反思与研讨》，《当代财经》2012年第4期。

[201] 肖明等：《我国铁矿石期货价格与现货价格的波动分析》，《价格理论与实践》2014年第9期。

[202] 谢飞等:《投机还是实需:国际商品期货价格的影响因素分析》,《管理世界》2012年第10期。

[203] 辛月:《基于小波理论的期铜价格周期波动和预测模型研究》,硕士学位论文,北方工业大学,2011年。

[204] 熊英等:《全球价值链、租金来源与解释局限——全球价值链理论新近发展的研究综述》,《管理评论》2010年第12期。

[205] 徐国祥等:《中国与国际大宗商品市场价格之间的关联性研究》,《统计研究》2015年第6期。

[206] 徐信忠等:《上海期货交易所铜期货价格发现功能研究》,《财经问题研究》2004年第10期。

[207] 徐毅鸣:《中国稀土产业的国家价值链构建问题研究——基于对俘获型全球价值链治理突破的探讨》,《经济经纬》2012年第3期。

[208] 徐正国等:《多维高频数据的"已实现"波动建模研究》,《系统工程学报》2006年第1期。

[209] 许国栋等:《可持续发展背景下世界铝工业发展现状、趋势及我国的对策》,《中国有色金属学报》2012年第7期。

[210] 许拟:《沪铜价格变化与期货市场定价话语权研究》,《中国软科学》2015年第9期。

[211] 闫卫东等:《2016年全球矿业展望》,《中国矿业》2016年第1期。

[212] 杨浡琦:《中国有色金属国际定价权分析》,《中国有色金属》2014年第1期。

[213] 杨大威等:《基于出口卡特尔的稀土国际定价权研究》,《现代经济探讨》2014年第11期。

[214] 杨丹辉等:《稀有矿产资源开发利用的环境影响分析》,《中国人口·资源与环境》2014年第S3期。

[215] 杨丹辉:《"重感冒"的中国稀土——大国心态与国家资源战略》,http://www.cnree.com。

[216] 杨丹辉:《中国稀土产业发展与政策研究》,中国社会科学出版社2015年版。

[217] 杨浩等:《中国对国际大宗农产品的价格影响力研究——基于大豆期货市场的实证分析》,《中国管理科学》2012年第S2期。

[218] 杨浩等:《中国与国际大宗商品价格关联性研究》,《经济问题探索》2011年第9期。

[219] 杨金花:《中国铁矿石定价权缺失的原因分析及对策探讨》,硕士学位论文,江西财经大学,2009年。

[220] 杨咸月:《国内外期铜市场互动及其价格波动关系研究》,《财经研究》2006年第7期。

[221] 杨学昌:《中国基本金属消费强度的双峰结构现象及其影响——以铜为中心的测算》,《国土资源科技管理》2015年第5期。

[222] 杨艳涛等:《中国玉米进口的国际市场定价权测度与对策研究》,《中国农业科技导报》2016年第3期。

[223] 杨子晖:《财政政策与货币政策对私人投资的影响研究——基于有向无环图的应用分析》,《经济研究》2008年第5期。

[224] 姚小剑等:《国际原油价格变化对我国经济增长影响分析——基于非线性STR模型实证研究》,《价格理论与实践》2016年第4期。

[225] 叶卉等:《稀土、钨、锡等我国优势金属矿产供应格局分析及对策研究》,《金属矿山》2009年第1期。

[226] 叶欣等:《宏观经济环境下我国银行贷款和房价动态影响关系:基于SVAR模型的实证分析》,《管理评论》2013年第9期。

[227] 阴秀琦等:《重要矿产资源总量调控实施效果分析与评价——煤炭、钨、锑、锡、钼、稀土、萤石》,《中国国土资源经济》2013年第10期。

[228] 殷建华:《从近年铝材进口态势看国内大型铝加工企业的产品结构调整方向》,《世界有色金属》2001年第10期。

[229] 尹力博等:《中国输入型通货膨胀特征研究:程度、来源及渠道》,《数量经济技术经济研究》2014年第7期。

[230] 尹力博等:《中国商品期货金融化了吗?——来自国际股票市场的证据》,《金融研究》2016年第3期。

[231] 尹丽文等:《2015年矿产资源形势基本特点》,《中国矿业》2016年第1期。

[232] 于汶加等:《世界新格局与中国新矿产资源战略观》,《资源科学》2015年第5期。

[233] 于左等:《中国稀土出口定价权缺失的形成机制分析》,《财贸经济》2013年第5期。

[234] 余敬等:《重要矿产资源可持续供给评价与战略研究》,经济日报出版社2015年版。

[235] 袁博等:《我国稀土资源储备战略思考》,《中国矿业》2015年第3期。

[236] 云昕等:《优酷土豆并购案例分析——基于事件分析法和会计指标分析法》,《管理评论》2015年第9期。

[237] 翟爱梅等:《基于市场参与者行为假设的股票市场量价关系研究》,《中国管理科学》2011年第4期。

[238] 张斌等:《石油价格冲击与中国的宏观经济:机制、影响与对策》,《管理世界》2010年第11期。

[239] 张成思等:《中国商品金融化分层与通货膨胀驱动机制》,《经济研究》2014年第1期。

[240] 张方方等:《试析中国铜产业存在的问题与对策建议》,《中国矿业》2013年第2期。

[241] 张福良等:《战略性新兴产业发展与相关矿产资源支撑问题浅析》,《中国矿业》2013年第4期。

[242] 张海亮等:《我国稀有金属市场定价效率研究——来自泛亚有色金属交易所的经验证据》,《价格理论与实践》2014年第10期。

[243] 张浩:《中国铜消费变化驱动力分析研究》,《中国矿业》2013年第12期。

[244] 张鹤等:《国内外金属期货市场价格联动的比较研究》,《世界经济》2007年第7期。

[245] 张洪川等:《全球钨资源供需格局分析及对策建议》,《中国矿业》2015年第1期。

[246] 张华等:《中国铜矿资源实施全球化战略研究》,《中国矿业》2003年第7期。

[247] 张化冰:《嬗变之中国铝业——中国铝、再生铝产业现状与展望》,《资源再生》2015年第6期。

[248] 张化冰:《中国铜业的"供给侧改革"——访有中国色金属工业协会铜业分会秘书长段绍甫》,《资源再生》2016年第2期。

[249] 张俊荣等:《基于系统动力学的京津冀碳排放交易政策影响研究》,《中国管理科学》2016年第3期。

[250] 张玲玲:《我国进口铝土矿市场观象》,《中国国土资源报》2015年第6版。

[251] 张鲁波:《中国稀土出口定价权研究》,硕士学位论文,中国地质大学(北京),2010年。

[252] 张念等:《金融化视角下大宗商品国际定价权的策略分析——以有色金属为例》,《安徽商贸职业技术学院学报》2015年第3期。

[253] 张维等:《从波动性和流动性判别股指期货跨市场价格操纵行为》,《管理评论》2011年第7期。

[254] 张维等:《关于上海股票市场价量因果关系的实证探测》,《系统工程理论与实践》1998年第6期。

[255] 张文驹主编:《中国矿产资源与可持续发展》,科学出版社2007年版。

[256] 张晓莉等:《汇率波动对大宗商品交易价格影响研究》,《上海理工大学学报》2013年第2期。

[257] 张许静等:《提高稀土资源税率对增强我国稀土出口定价权的潜在影响研究》,《特区经济》2012年第1期。

[258] 张一伟等:《对大宗商品国际定价权的思考》,《期货日报》2011年第3版。

[259] 张禹等:《中国产业国际竞争力评估——基于比较优势与全球价值链的测算》,《国际贸易问题》2016年第10期。

[260] 张占斌等:《中国有色金属资源市场化定价研究》,国家行政学院出版社2012年版。

[261] 郑焱焱等:《我国资产定价权缺失与期货市场价格发现功能的联系分析》,《学理论》2012年第7期。

[262] 郑重:《中国矿产资源禀赋评价及可持续保障的战略》,《中国国土资源经济》2007年第2期。

[263] 中共中央、国务院:《中国制造2025》,《中华人民共和国国务院公报》,2015年。

[264]《2016年中国稀土行业市场现状及发展趋势分析》,2016年6月17日,中国产业信息网,https://www.chyxx.com/industry/201606/424515.html。

[265]《中国铝土矿进口格局"大洗牌"》,《中国远洋航务》2016年第10期。

[266] 中国人民大学国际货币研究所:《人民币国际化报告》,中国人民大学出版社2010年版。

[267] 中国银行国际金融研究所课题组:《全球能源格局下我国的能源金融化策略》,《国际金融研究》2012年第4期。

[268] 钟美瑞等:《基于MSVAR模型的有色金属价格波动影响因素的非线性效应研究》,《中国管理科学》2016年第4期。

[269] 钟美瑞等:《代际公平与社会偏好视角下优势金属矿产定价权分析——基于古诺均衡模型的分析框架》,《中国管理科学》2016年第1期。

[270] 钟美瑞等:《国家资源安全战略视角下金属资源税改革的影响》,《中国人口·资源与环境》2016年第6期。

[271] 钟美瑞等:《基于组合性均衡评价模型的矿产资源开发补偿定价公平性分析》,《经济地理》2015年第4期。

[272] 钟美瑞等:《基于内生性视角的战略性矿产资源关税替代性政

策评价研究——以萤石矿为例》,《中国软科学》2018年第2期。

[273] 周代数等:《国际定价权视角下的中国稀土产业发展研究》,《工业技术经济》2011年第2期。

[274] 周平等:《铜资源现状与发展态势分析》,《岩石矿物学杂志》2012年第5期。

[275] 周平:《新常态下中国铜资源供需前景分析与预测》,博士学位论文,中国地质大学(北京),2015年。

[276] 周伟等:《后危机时代金属期货价格集体上涨——市场需求还是投机泡沫》,《金融研究》2010年第9期。

[277] 周伟等:《考虑时变与高频因素的金融风险传染效应分析——以SHFE市场金属期货为例》,《数理统计与管理》2015年第3期。

[278] 朱勤:《我国电子信息业的国际市场势力:一个实证分析》,《国际贸易问题》2009年第2期。

[279] 朱学红等:《商品期货对股票资产的风险分散价值》,《系统工程》2016年第7期。

[280] 朱学红等:《风险分散与通货膨胀保护视角下商品期货的组合投资价值分析》,《数理统计与管理》2016年第4期。

[281] 朱学红等:《信息溢出视角下的中国金属期货市场国际定价能力研究》,《中国管理科学》2016年第9期。

[282] 朱学红等:《基于高频数据的中国有色金属期货市场量价关系研究》,《中国管理科学》2018年第6期。

[283] 朱学红等:《国内外铁矿石市场信息传递及其国际定价能力研究》,《价格月刊》2018年第4期。

[284] 朱学红等:《中国稀土国际市场势力测度及政策有效性研究》,《国际贸易问题》2018年第1期。

[285] 朱学红等:《成交量、持仓量对中国有色金属期货市场价格波动影响的实证研究》,《系统工程》2017年第10期。

[286] 朱学红等:《基于金融因素的国际期铜价格波动分析》,《商业研究》2015年第8期。

[287] 朱学红等:《国际有色金属价格的"中国需求"分解及解释》,《经济经纬》2015年第6期。

[288] 朱学红等:《国际有色金属价格向我国通货膨胀传递的时空特征及影响因素研究》,《国际贸易问题》2016年第7期。

[289] 朱学红等:《基于高频波动率的铜铝期货动态关联性研究》,《商业研究》2017年第2期。

[290] 朱学红等:《金融因素对期铜价格波动影响的实证研究》,《中南大学学报》(社会科学版)2015年第2期。

[291] 朱学红等:《不完全竞争下我国铜进口贸易市场势力测度及影响因素研究》,《商业研究》2017年第7期。

[292] 朱学红等:《优势稀有金属关税的替代性政策效果评价及对定价权的影响分析》,《国际贸易问题》2016年第12期。

[293] 朱学红等:《石油和汇率冲击下的中国金属价格波动行为》,《系统工程》2012年第11期。

[294] 朱学红等:《金属资源跨期现市场操纵的判别——以高盛铝价操纵案为例》,《中南大学学报》(社会科学版)2017年第2期。

[295] 朱玉柱等:《中国矿产资源对外依存度研究》,《中国矿业》2015年第S2期。

[296] 左韵琦:《中国进口煤炭国际定价权问题研究》,硕士学位论

文,东北财经大学,2015 年。

[297] Chen, W., Lei, Y., Jiang, Y., "Influencing Factors Analysis of China's Iron Import Price: Based on Quantile Regression Model", *Resources Policy*, Vol. 48, 2016.

[298] Sukagawa, P., "Is Iron Ore Priced as A Commodity? Past and Current Practice", *Resources Policy*, Vol. 35, No. 1, 2010.

[299] Hasbrouck, J., "One Security, Many Markets: Determining the Contributions to Price Discovery", *Journal of Finance*, Vol. 50, No. 4, 1995.

[300] Gonzalo, J., Granger, C. J., "Estimation of Common Long - Memory Components in Cointegrated Systems", *Journal of Business & Economic Statistics*, Vol. 13, No. 1, 1995.

[301] Dolatabadi, S., Nielsen, M. O., Xu, K., "A Fractionally Cointegrated VAR Analysis of Price Discovery in Commodity Futures Markets", *Journal of Futures Markets*, Vol. 35, No. 4, 2015.

[302] Zhou, B., Wu, C., "Intraday Dynamic Relationships between CSI 300 Index Futures and Spot Markets: A High - Frequency Analysis", *Neural Computing and Applications*, Vol. 27, No. 4, 2016.

[303] Ramaswami, B., "Forecasting Errors in the Absence of a Futures Market: The Seasonal Allocation of Wheat Supplies in India", *Review of Development Economics*, Vol. 4, No. 2, 2000.

[304] Deaton, A. S., Laroque, G., "On the Behavior of Commodity Prices", *Review of Economic Studies*, Vol. 59, No. 1, 1990.

[305] Akram, Q. F., "Commodity Prices, Interest Rates and the

Dollar", *Energy Economics*, Vol. 31, No. 6, 2009.

[306] Yue, Y. D., Liu, D. C., Xu. S., "Research on the Price Linkage between Chinese and International Non-Ferrousmetals Commodity Markets Based on VAR-DCC-GARCH Models", *Transactions of Nonferrous Metals Society of China*, Vol. 25, No. 3, 2015.

[307] Akram, Q. F., "Commodity Prices, Interest Rates and the Dollar", *Energy Economics*, Vol. 31, No. 6, 2009.

[308] Alain, D., Fernando, J., "Trade, Demand Spillovers, and Industrialization: The Emerging Global Middle Class in Perspective", *Journal of International Economics*, Vol. 79, No. 2, 2009.

[309] Alexandra Dwyer. James Holloway. Michelle Wright, "Commodity Market Financialisation: A Closer Look At The Evidence", Rba Bulletin, 2012.

[310] Allen, F., Gale, D., "Stock-Price Manipulation", *The Review of Financial Studies*, Vol. 5, No. 3, 1992.

[311] Alter, A., Beyer, A., "The Dynamics of Spillver Effects During the European Sovereign Debt Turmoil", *Journal of Banking and Finance*, No. 42, 2014.

[312] Andersen, T. G., Bollerslev, T., Diebold, F. X., "Modeling and Forecasting Realized Volatility", *Econometrical*, Vol. 71, No. 2, 2003.

[313] Andersen, T. G., Bollerslev, T., Diebold, F. X., "Real-Time Price Discovery in Stock, Bond and Foreign Exchange Markets", *National Bureau of Economic Research*, 2005.

[314] Andersen, T. G., Bollerslev, T., Diebold, F. X., "Real-Time Price Discovery in Global Stock, Bond and Foreign Exchange Markets", *Journal of International Economics*, Vol. 73, No. 2, 2007.

[315] Andersen, T. G., Bollerslev, T., Diebold, F. X., "The Distribution of Realized Stock Return Volatility", *Journal of Financial Economics*, Vol. 61, No. 1, 2001.

[316] Andersen, T. G., Bollerslev, T., Huang, X., "A Reduced form Framework for Modeling Volatility of Speculative Prices Based on Realized Variation Measures", *Journal of Econometrics*, Vol. 160, No. 1, 2011.

[317] Andersen, T. G., Bollerslev, T., "Answering the Skeptics: Yes, Standard Volatility Models do Provide Accurate Forecasts", *International Economic Review*, 1998.

[318] Andersen, T. G., Bollerslev, T., "Deutsche Mark-Dollar Volatility: Intraday Activity Patterns, Macroeconomic Announcements, and Longer Run Dependencies", *The Journal of Finance*, Vol. 53, No. 1, 1998.

[319] Andersen, T. G., Dobrev, D., Schaumburg, E., "Jump-Robust Volatility Estimation Using Nearest Neighbor Truncation", *Journal of Econometrics*, Vol. 169, No. 1, 2012.

[320] Andersen, T. G., "Return Volatility and Trading Volume: An Information Flow Interpretation of Stochastic Volatility", *The Journal of Finance*, Vol. 51, No. 1, 1996.

[321] Andersent, G., Bollerslev, T., Diebold, F. X., "Roughing it

Up: Including Jump Components in the Measurement, Modeling, and Forecasting of Return Volatility", *Review of Economics and Statistics*, Vol. 89, No. 4, 2007.

[322] Anton, O., "An Assessment of Proposed Energy Resource Tax Reformin Russia: A Static General Equilibrium Analysis", *Energy Economics*, No. 50, 2015.

[323] Anzuini, A., Lombardi, M. J., Pagano, P., "The Impact of Monetary Policy Shocks on Commodity Prices", *Working Paper*, Vol. 9, No. 1232, 2014.

[324] Arouri, M. E. H., Hammoudeh, S., Lahiani, A., et Al., "Long Memory and Structural Breaks in Modeling the Return and Volatility Dynamics of Precious Metals", *The Quarterly Review of Economics and Finance*, Vol. 52, No. 2, 2012.

[325] Aruga, K., Managi, S., "Testing the International Linkage in the Platinum - Group Metal Futures Markets", *Resources Policy*, Vol. 36, No. 4, 2011.

[326] Askari, H., Krichene, N., "Oil Price Dynamics (2002 - 2006)", *Energy Economics*, Vol. 30, No. 5, 2008.

[327] Avramov, D., Chordia, T., Goyal, A., "The Impact of Trades on Daily Volatility", *Review of Financial Studies*, Vol. 19, No. 4, 2006.

[328] Baek, E., Brock, W., "A Nonparametric Test for Independence of A Multivariate Time Series", *Statistics Sinica*, No. 2, 1992.

[329] Baffes, J., "Oil Spills on Other Commodities", *Resources Policy*, Vol. 32, No. 3, 2007.

[330] Bain, J. S., "Relation of Profit Rate to Industry Concentration: American Manufacturing, 1936 – 1940", *Quarterly Journal of Economics*, Vol. 65, No. 4, 1951.

[331] Bain, J. S., "The Profit Rate as a Measure of Monopoly Power", *Q. J. Econ.*, Vol. 55, No. 2, 1941.

[332] Baker, J. B., Bresnahan, T. F., "Estimating the Residual Demand Curve Facing a Single Firm", *Int. J. Ind. Organ.*, Vol. 6, No. 3, 1988.

[333] Baker, J. B., Bresnahan, T. F., "Estimating the Residual Demand Curve Facing a Single Firm", *International Journal of Industrial Organization*, Vol. 6, No. 3, 1988.

[334] Bandi, F. M., Russell, J. R., "Microstructure Noise, Realized Variance, and Optimal Sampling", *The Review of Economic Studies*, Vol. 75, No. 2, 2008.

[335] Bandi, F. M., Russell, J. R., "Separating Microstructure Noise from Volatility", *Journal of Financial Economics*, Vol. 79, No. 3, 2006.

[336] Barndorff, N. O. E., Hansen, P. R., Lunde, A., et al., "Designing Realized Kernels to Measure the Ex Post Variation of Equity Prices in the Presence of Noise", *Econometrica*, Vol. 76, No. 6, 2008.

[337] Barndorff, N. O. E., Kinnebrock, S., Shephard, N., "Measuring Downside Risk – Realised Semivariance", *CREATES Research Paper*, 2008.

[338] Barndorff, N. O. E., Shephard, N., "Econometric Analysis of

Realized Volatility and its Use in Estimating Stochastic Volatility Models", *Journal of the Royal Statistical Society*: Series B (*Statistical Methodology*), Vol. 64, No. 2, 2002.

[339] Barndorff, N. O. E., Shephard, N., "Econometrics of Testing for Jumps in Financial Economics Using Bipower Variation", *Journal of Financial Econometrics*, Vol. 4, No. 1, 2006.

[340] Barndorff, N. O. E., Shephard, N., "Estimating Quadratic Variation Using Realized Variance", *Journal of Applied Econometrics*, Vol. 17, No. 5, 2002.

[341] Barndorff, N. O. E., Shephard, N., "Power and Bipower Variation with Stochastic Volatility and Jumps", *Journal of Financial Econometrics*, Vol. 2, No. 1, 2004.

[342] Basu, P., Gavin, W. T., "What Explains the Growth in Commodity Derivatives?", *Federal Reserve Bank of St Louis Review*, Vol. 93, No. 1, 2011.

[343] Baum, C. F., Zerilli, P., "Jumps and Stochastic Volatility in Crude Oil Futures Prices Using Conditional Moments of Integrated Volatility", *Energy Economics*, Vol. 53, 2016.

[344] Behmiri, N. B., Manera, M., "The Role of Outliers and Oil Price Shocks on Volatility of Metal Prices", *Resources Policy*, Vol. 46, 2015.

[345] Belke, A. H., Bordon, I. G., Hendricks, T. W., "Monetary Policy, Global Liquidity and Commodity Price Dynamics", *North American Journal of Economics & Finance*, Vol. 28, No. 971, 2014.

[346] Bentes, S. R., "Forecasting Volatility in Gold Returns Under the

GARCH, IGARCH and FIGARCH Frameworks: New Evidence", *Physica A: Statistical Mechanics and its Applications*, Vol. 438, 2015.

[347] Bernanke, B. S., "Alternative Explanations of the Money – Income Correlation", *Carnegie – Rochester Conference Series on Public Policy*, Vol. 25, 1986.

[348] Bessembinder, H., Seguin, P. J., "Price Volatility, Trading Volume, and Market Depth: Evidence from Futures Markets", *Journal of Financial and Quantitative Analysis*, Vol. 28, No. 1, 1993.

[349] Bessler, D. A., Yang, J., "The Structure of Interdependence in International Stock Market" [J]. *Journal of International Money and Finance*, Vol. 22, No. 2, 2003.

[350] Blair, B. J., Poon, S. H., Taylor, S. J., "Forecasting S&P 100 Volatility: The Incremental Information Content of Implied Volatilities and High – Frequency Index Returns", *Handbook of Quantitative Finance and Risk Managemen*, Springer US, 2010.

[351] Blair Harrison, "Monopsony, Antitrust Law and Economics", *Princeton University Press*, 1993.

[352] Bodie, Z., Rosansky, V. I., "Risk and Return in Commodity Futures", *Financial Analysts Journal*, Vol. 36, No. 3, 1980.

[353] Boonvorachote, T., Lakmas, K., "Price Volatility, Trading Volume, and Market Depth in Asian Commodity Futures Exchanges", *Kasetsart Journal of Social Sciences*, Vol. 37, No. 1, 2016.

[354] Bosch, D., Pradkhan, E., "The Impact of Speculation on Pre-

cious Metals Futures Markets", *Resources Policy*, Vol. 44, 2015.

[355] Boschi, M., Pieroni, L., "Aluminium Market and The Macroeconomy", *Journal of Policy Modeling*, Vol. 31, No. 2, 2009.

[356] Boudt, K., Petitjean, M., "Intraday Liquidity Dynamics and News Releases Around Price Jumps: Evidence from the DJIA Stocks", *Journal of Financial Markets*, Vol. 17, 2014.

[357] Cabrera, B. L., Schulz, F., "Volatility Linkages between Energy and Agricultural Commodity Prices", *Energy Economics*, Vol. 54, 2016.

[358] Brown, S. J., Warner, J. B., "Using Daily Stock Returns: The Case of Event Studies", *Journal of Financial Economics*, Vol. 14, No. 1, 1985.

[359] Campanella, M., "The Internationalization of the RENMINBI and the Rise of a Multipolar Currency System", *Journal of Self – Governance & Management Economics*, Vol. 2, No. 3, 2014.

[360] Cashin, P., Mohaddes, K., Raissi, M., Raissi, M., "The Differential Effects Of Oil Demand and Supply Shocks on the Global Economy", *Energy Economics*, Vol. 44, 2014.

[361] Chan, C. C., Fong, W. M., "Realized Volatility and Transactions", *Journal of Banking & Finance*, Vol. 30, No. 7, 2006.

[362] Chan, K., Fong, W. M., "Trade Size, Order Imbalance, and the Volatility – Volume Relation", *Journal of Financial Economics*, Vol. 57, No. 2, 2000.

[363] Chaturvedula, C., Bang, N. P., Rastogi, N., Kumar, S., "Price Manipulation, Front Running and Bulk Trades: Evidence

from India", *Emerging Markets Review*, Vol. 23, 2015.

[364] Chen, Z., "Buyer Power: Economic Theory and Antitrust Policy", *Research in Law and Economics*, 2007: 17 – 40.

[365] Cheng, H., Huang, J., Guo, Y., Zhu, X., "Long Memory of Price – Volume Correlation in Metal Futures Market Based on Fractal Features", *Transactions of Nonferrous Metals Society of China*, Vol. 23, No. 10, 2013.

[366] Cheung, C., Morin, S., "The Impact of Emerging Asia on Commodity Prices", *Bank of Canada Working Paper*, 2007.

[367] Chevallier, J., SéVi, B., "On the Volatility – Volume Relationship in Energy Futures Markets Using Intraday Data", *Energy Economics*, Vol. 34, No. 6, 2012.

[368] Chinn, M., Frankel, J., "Why the Euro Will Rival the Dollar", *International Finance*, Vol. 11, No. 1, 2008.

[369] Chong, J., Miffre, J., "Conditional Risk Premia and Correlations in Commodity Futures Markets", *Journal of Alternative Investments*, Vol. 12, 2010.

[370] Ciarreta, A., Zarraga, A., "Modeling Realized Volatility on the Spanish Intra – Day Electricity Market", *Energy Economics*, Vol. 58, 2016.

[371] Clark, P, K., "A Subordinated Stochastic Process Model with Finite Variance for Speculative Prices", *Econometrica: Journal of the Econometric Society*, 1973.

[372] Cleveland, C. J., Ruth, M., "Indicators of Dematerialization and the Materials Intensity of Use", *Journal of Industrial Ecology*,

Vol. 2, No. 3, 1998.

[373] Cochran, S. J., Mansur, I., Odusami, B., "Volatility Persistence in Metal Returns: A FIGARCH Approach", *Journal of Economics and Business*, Vol. 64, No. 4, 2012.

[374] Cody, B. J., Mills, L. O., "The Role of Commodity Prices in Formulating Monetary Policy" *The Review of Economics and Statistics*, 1991.

[375] Cooney, S., Nanto, D. K., "Minerals Price Increases and Volatility: Causes and Consequences" *Congressional Research Service Reports*, Library of Congress Washington DC, 2008.

[376] Corsi, F., Mittnik, S., Pigorsch, C., Pigorsch, U., "The Volatility of Realized Volatility", *Econometric Reviews*, Vol. 27, No. 1 – 3, 2008.

[377] Corsi, F., Renò, R., "Discrete – Time Volatility Forecasting with Persistent Leverage Effect and the Link with Continuous – Time Volatility Modeling", *Journal of Business & Economic Statistics*, Vol. 30, No. 3, 2012.

[378] Corsi, F., "A Simple Long Memory Model of Realized Volatility", *Journal of Financial Econometrics*, Vol. 7, No. 2, 2004.

[379] Cowan, A. R., "Nonparametric Event Study Tests", *Review of Quantitative Finance and Accounting*, Vol. 2, No. 4, 1992.

[380] Cummins, M., Dowling, M., Lucey, B. M., "Behavioral Influences in Non – Ferrous Metals Prices", *Resources Policy*, Vol. 45, 2015.

[381] Cuñado, J., de Gracia, F. P., "Do Oil Price Shocks Matter?Ev-

idence for Some European Countries", *Energy Economics*, Vol. 25, No. 2, 2003.

[382] Cunado, J. Jo, S., de Gracia, F. P., "Macroeconomic Impacts of Oil Price Shocks in Asian Economies", *Energy Policy*, Vol. 86, 2015.

[383] De Long, J. B., Shleifer, A., Summers, L. H., Waldmann, R. J., "Noise Trader Risk in Financial Markets", *Journal of Political Economy*, Vol. 98, No. 4, 1990.

[384] Diebold, F. X., Mariano, R. S., "Comparing Predictive Accuracy", *Journal of Business & Economic Statistics*, Vol. 20, No. 1, 2002.

[385] Diebold, F. X., Yilmaz, K., "Better to Give Than to Receive: Predictive Directional Measurement of Volatility Spillovers", *International Journal of Forecasting*, Vol. 28, No. 1, 2012.

[386] Diebold, F. X., Yilmaz, K., "Measuring Financial Asset Return and Volatility Spillovers, with Application to Global Equity Markets", *The Economic Journal*, Vol. 119, No. 534, 2009.

[387] Diebold, F. X., Yilmaz, K., "On the Network Topology of Variance Decompositions: Measuring the Connectedness of Financial Firms", *Journal of Econometrics*, Vol. 182, No. 1, 2014.

[388] Diks, C., Panchenko, V., "A New Statistic and Practical Guidelines for Nonparametric Granger Causality Testing", *Journal of Economic Dynamics and Control*, Vol. 30, No. 9 – 10, 2006.

[389] Dooley, M, P., Isard, P., Taylor, M. P., "Exchange Rates, Country – Specific Shocks, and Gold", *Applied Financial Econom-*

ics, Vol. 5, No. 3, 1995.

[390] Duffie, D., "Dynamic Asset Pricing Theory", *Journal of Finance*, Vol. 48, No. 5, 1992.

[391] Dungey, M., Fry - Mckibbin, R., Linehan, V., "Chinese Resource Demand and the Natural Resource Supplier", *Applied Economics*, Vol. 46, No. 2, 2014.

[392] Dwyer, A., Gardner, G., Williams, T., "Global Commodity Markets - Price Volatility and Financialization", *RBA Bulletin*, 2011.

[393] Economics, T. E. C., "A Model of Asset Trading Under the Assumption of Sequential Information Arrival", *The Journal of Finance*, Vol. 31, No. 4, 1976.

[394] Emekter, R., Jirasakuldech, B., Went, P., "Rational Speculative Bubbles and Commodities Markets: Application of Duration Dependence Test", *Applied Financial Economics*, Vol. 22, No. 7, 2012.

[395] Engle, R. F., Granger, C. W. J., "Co - Integration and Error Correction: Representation, Estimation, and Testing", *Econometrica: Journal of the Econometric Society*, 1987.

[396] Engle, R., "Dynamic Conditional Correlation: A Simple Class of Multivariate Generalized Autoregressive Conditional Heteroskedasticity Models", *Journal of Business & Economic Statistics*, Vol. 20, No. 3, 2002.

[397] Ennew, C., Morgan, W., Rayner, T., "Role of Attitudes in the Decision to Use Futures Markets: The Case of the London Potato

Futures Market", *Agribusiness*, Vol. 8, No. 6, 2007.

[398] Erb, C. B., Harvey, C. R., "The Strategic and Tactical Value of Commodity Futures", *Social Science Electronic Publishing*, Vol. 62, No. 2, 2006.

[399] Fassas, Athanasios, P., "Exchange – Traded Products Investing and Precious Metal Prices". *Journal of Derivatives & Hedge Funds*, Vol. 18, No. 2, 2012.

[400] Frankel, J. A., Asset, P., "Monetary Policy: The Effect of Monetary Policy on Real Commodity Prices", *University of Chicago*, 2008.

[401] Frankel, J. A., "The Effect of Monetary Policy on Real Commodity Prices", *National Bureau of Economic Research*, No. W12713, 2006.

[402] Frankel, J. A., Rose, A. K., "Determinants of Agricultural and Mineral Commodity Prices", *Harvard University*, 2010.

[403] Fung, H. G., Leung, W. K., Xu, X. E., "Information Flows between the U. S. and China Commodity Futures Trading", *Review of Quantitave Finance and Accounting*, Vol. 21, No. 3, 2003.

[404] Geoffrey, B., Paul, B., Yiuman, T., "The Relationship between US and Canadian Wheat Futures", *Applied Financial Economics*, Vol. 8, No. 1, 1998.

[405] Garbade, K. D., Silber, W. L., "Dominant and Satellite Markets: A Study of Dually – Traded Securities", Review of Economics and Statistics, Vol. 63, No. 3, 1979.

[406] Garbade, K. D., Silber, W. L., "Price Movement and Price

Discovery in Futures and Cash Markets", *Review of Economics and Statistics*, Vol. 65, No. 2, 1983.

[407] Garnaut, R., Song, L., "Rapid Industrialization and Market for Energy and Minerals: China in the East Asian Context", *Frontiers of Economics in China*, Vol. 1, No. 3, 2006.

[408] Geman, H., Kharoubi, C., "WTI Crude Oil Futures in Portfolio Diversification: The Time – to – Maturity Effect", *Journal of Banking & Finance*, Vol. 32, No. 12, 2008.

[409] Gilbert, C. L., "How to Understand High Food Prices", *Journal of Agricultural Economics*, Vol. 61, No. 2, 2010.

[410] Giot, P., Laurent, S., Petitjean, M., "Trading Activity, Realized Volatility and Jumps", *Journal of Empirical Finance*, Vol. 17, No. 1, 2010.

[411] Girma, P. B., Mougoue, M., "An Empirical Examination of the Relation between Futures Spreads Volatility, Volume, and Open Interest", *Journal of Futures Markets*, Vol. 22, No. 11, 2002.

[412] Goldberg, L. S., Tille, C., "Vehicle Currency Use in International Trade", *Journal of International Economics*, Vol. 76, No. 2, 2008.

[413] Goldberg, P. K., Knetter, M. M., "Measuring the Intensity of Competition in Export Markets", *Journal of International Economics*, Vol. 47, No. 1, 1999.

[414] Gong, X., He, Z., Li, P., "Forecasting Return Volatility of the CSI 300 Index Using the Stochastic Volatility Model with Continuous Volatility and Jumps", *Discrete Dynamics in Nature and Socie-*

ty, 2014.

[415] Gong, X., Wen, F., Xia, X. H., "Investigating the Risk – Return Trade – Off for Crude Oil Futures Using High – Frequency Data", *Applied Energy*, Vol. 196, 2017.

[416] Haigh, M. S., Bessler, D. A., "Causality and Price Discovery: An Application of Directed Acyclic Graphs", *Journal of Business*, Vol. 77, No. 4, 2004.

[417] Haigh, M. S., Michael, S., "Cointegration, Unbiased Expectations, and Forecasting in the BIFFEX Freight Futures Market", *Journal of Futures Markets*, Vol. 20, No. 6, 2000.

[418] Hall, R. E., "The Relation between Price and Marginal Cost in U. S. Industry", *Journal of Political Economy*, Vol. 96, No. 5, 1988.

[419] Hamilton, J. D., Wu, J. C., "Effects of Index – Fund Investing on Commodity Futures Prices", *International Economic Review*, Vol. 56, No. 1, 2015.

[420] Hamilton, J. D., "Oil and the Macroeconomy Since World War II", *Journal of Political Economy*, Vol. 91, No. 2, 1983.

[421] Hamilton, J. D., "Understanding Crude Oil Prices", *National Bureau of Economic Research*, 2008.

[422] Hammoudeh, S. M., Yuan, Y., McAleer, M., Thompson, M. A., "Precious Metals – Exchange Rate Volatility Transmissions and Hedging Strategies", *International Review of Economics & Finance*, Vol. 19, No. 4, 2010.

[423] Hammoudeh, S. M., Yuan, Y., "Metal Volatility in Presence of

Oil and Interest Rate Shocks", *Energy Economics*, Vol. 30, No. 2, 2008.

[424] Hansen, P. R., Lunde, A., "Realized Variance and Market Microstructure Noise: Rejoinder", *Journal of Business & Economic Statistics*, Vol. 24, No. 2, 2006.

[425] Hansen, P. R., Lunde, A., "A Realized Variance for the Whole Day Based on Intermittent High – Frequency Data", *Journal of Financial Econometrics*, Vol. 3, No. 4, 2005.

[426] Hansen, P. R., Lunde, A., "Consistent Ranking of Volatility Models", *Journal of Econometrics*, Vol. 131, No. 1, 2006.

[427] Shawky, H. A., Marathe, A., Barrett, C. L., "A First Look at the Empirical Relation between Spot and Futures Electricity Prices in the United States", *The Journal of Futures Markets*, Vol. 23, No. 10, 2003.

[428] Hardouvelis, G. A., "Market Perceptions of Federal Reserve Policy and the Weekly Monetary Announcements", *Journal of Monetary Economics*, Vol. 14, No. 2, 1984.

[429] Harri, A., Nalley, L., Hudson, D., "The Relationship between Oil, Exchange Rates, and Commodity Prices", *Journal of Agricultural and Applied Economics*, Vol. 41, No. 2, 2009.

[430] Henderson, B. J., Pearson, N. D., Wang, L., "New Evidence On the Financialization of Commodity Markets", *Review of Financial Studies*, Vol. 28, No. 5, 2015.

[431] Hess, D., Huang, H., Niessen, A., "How do Commodity Futures Respond to Macroeconomic News", *Journal of Financial Mar-

kets and Portfolio Management. Vol. 22, No. 2, 2008.

［432］ Hiemstra, C., Jones, J., "Testing for Linear and Nonlinear Granger Causality in the Stock Price – Volume Relation", *Journal of Finance*, Vol. 49, No. 5, 1994.

［433］ Hilson, G. M., "Improving Environmental, Economic and Ethical Performance in Mining Industry", *Environmental Management and Sustainable Development*, Section 2, 2006.

［434］ Holder, M. E., Pace, R. D., Tomas III, M. J., "Complements or Substitutes? Equivalent Futures Contract Markets—The Case of Corn and Soybean Futures on U. S. and Japanese Exchanges", *Journal of Futures Markets*, Vol. 22, No. 4, 2002.

［435］ Huang, C., Gong, X., Chen, X., et al., "Measuring and Forecasting Volatility in Chinese Stock Market Using HAR – CJ – M Model", *Abstract and Applied Analysis*, Vol. 2013, 2013.

［436］ Huang, X., Tauchen, G., "The Relative Contribution of Jumps to Total Price Variance", *Journal of Financial Econometrics*, Vol. 3, No. 4, 2005.

［437］ Hudson, M. A., Leuthold, R. M., Sarassoro, G. F., "Commodity Futures Price Changes: Recent Evidence for Wheat, Soybeans and Live Cattle", *Journal of Futures Markets*, Vol. 7, No. 3, 1987.

［438］ Humphreys, D., "The Great Metals Boom: A Retrospective", *Resources Policy*, Vol. 35, No. 1, 2010.

［439］ Inamura Y. Kimata T. Kimura T, "Recent Surge In Global Commodity Prices – Impact Of Financialization Of Commodities And

Globally Accommodative Monetary Conditions", Bank Of Japan Review, 1994.

[440] Inclan, C., Tiao, G. C., "Use of Cumulative Sums of Squares for Retrospective Detection of Changes of Variance", *Journal of the American Statistical Association*, Vol. 89, No. 427, 1994.

[441] Isabel, F. F., JesúS, G., "Modelling and Measuring Price Discovery in Commodity Markets", *Journal of Econometrics*, No. 2, 2010.

[442] Gordon, J. D., "Expectations and Commodity Price Dynamics: The Overshooting Model: Comment", *American Journal of Agricultural Economics*, Vol. 68, No. 2, 1986.

[443] Jaramillo, P., Moreno, D., "China, Precios de Commodities Y Desempeño de AméRica Latina: Algunos Hechos Estilizados", *Latin American Journal Of Economics*, Vol. 46, No. 133, 2009.

[444] Jawadi, F., Louhichi, W., Cheffou, A. I., "Intraday Jumps and Trading Volume: A Nonlinear Tobit Specification", *Review of Quantitative Finance and Accounting*, Vol. 47, No. 4, 2016.

[445] Jayawardena, N. I., Todorova, N., Li, B., "Forecasting Stock Volatility Using After – Hour Information: Evidence from the Australian Stock Exchange", *Economic Modelling*, Vol. 52, 2016.

[446] Jiao, J. L. Han, K. Y., "The Effect of an SPR on the Oil Price in China: A System Dynamics Approach", *Applied Energy*, Vol. 133, 2014.

[447] JiméNez – RodríGuez, R., "The Impact of Oil Price Shocks: Evidence from the Industries of Six OECD Countries", *Energy Eco-*

nomics, Vol. 30, No. 6, 2008.

[448] Jones, C. M., Kaul, G., Lipson, M. L., "Transactions, Volume, and Volatility", *Review of Financial Studies*, Vol. 7, No. 4, 1994.

[449] Jong, F. D., "Measures of Contributions to Price Discovery: A Comparison", *Journal of Financial Markets*, Vol. 5, No. 3, 2002.

[450] Joscha, B., Robert, C., Keith, P., "Causality and Volatility Patterns between Gold Prices and Exchange Rates", *North American Journal of Economics and Finance*, No. 34, 1979.

[451] Joscha, Beckmann., Robert, Czudaj., "Volatility Transmission in Agricultural Futures Markets", *Economic Modelling*, Vol. 36, No. 1, 2014.

[452] Kamps, A., "The Euro as Invoicing Currency in International Trade", *Working Paper*, 2006.

[453] Kao, E. H., Fung, H. G., "Intraday Trading Activities and Volatility in Round – the – Clock Futures Markets", *International Review of Economics & Finance*, Vol. 21, No. 1, 2012.

[454] Karpoff, J. M., "The Relation between Price Changes and Trading Volume: A Survey", *Journal of Financial and Quantitative Analysis*, Vol. 22, No. 1, 1987.

[455] Kaufmann, R. K., "The Role of Market Fundamentals and Speculation in Recent Price Changes for Crude Oil", *Energy Policy*, Vol. 39, No. 1, 2011.

[456] Kawamoto, K., Hamori, S., "Market Efficiency among Futures

with Different Maturities:Evidence from the Crude Oil Futures Market", *Journal of Futures Markets*, Vol. 31, No. 5, 2011.

[457] Kellard, N., Dunis, C., Sarantis, N., "Foreign Exchange, Fractional Cointegration and the Implied – Realized Volatility Relation", *Journal of Banking & Finance*, Vol. 34, No. 4, 2010.

[458] Kilian, L., Lee, T. K., "Quantifying the Speculative Component in the Real Price of Oil:The Role of Global oil Inventories", *Journal of International Money and Finance*, Vol. 42, 2014.

[459] Kilian, L., Murphy, D. P., "The Role of Inventories and Speculative Trading in the Global Market for Crude Oil", *Journal of Applied Econometrics*, Vol. 29, No. 3, 2014.

[460] Kilian, L., "Not All Oil Price Shocks are Alike:Disentangling Demand and Supply Shocks in the Crude Oil Market", *American Economic Review*, Vol. 99, No. 3, 2009.

[461] Kim, P., Ando, T., "Oil and Metal Price Movements and BRIC Macro – Economy:an Empirical Analysis", *International Journal of Business & Globalisation*, Vol. 8, No. 2, 2012.

[462] Kim, W. J., Hammoudeh, S., Choi, K., "Effects of U. S. Macroeconomic Shocks on International Commodity Prices: Emphasis on Price and Exchange Rate Pass – Through Effects", *Ui Journals System*, Vol. 38, No. 1, 2011.

[463] Kirkwood, J. B., "Buyer Power and Exclusionary Conduct", *Antitrust Law Journal*, Vol. 72, No. 2, 2005.

[464] Kocagil, A. E., "Optionality and Daily Dynamics of Convenience Yield Behavior: An Empirical Analysis", *Journal of Financial Re-*

search, Vol. 27, No. 1, 2004.

[465] Krichene, N., "Recent Inflationary Trends in World Commodities Markets", *Imf Working Papers*, Vol. 08, No. 130, 2008.

[466] Kumar, P., Seppi, D. J., "Information qnd Index Arbitrage", *Journal of Business*, Vol. 67, No. 04, 1994.

[467] Kyle, A. S., "A Theory of Futures Market Manipulations, Center for the Study of Futures Markets", *Columbia Business School, Columbia University*, 1983.

[468] Lamoureux, C. G., Lastrapes, W. D., "Heteroskedasticity in Stock Return Data: Volume Versus GARCH Effects", *The Journal of Finance*, Vol. 45, No. 1, 1990.

[469] Larsson, K., "Nossman M. Jumps and Stochastic Volatility in Oil Prices: Time Series Evidence", *Energy Economics*, Vol. 33, No. 3, 2011.

[470] Lee, K., Ni, S., "On the Dynamic Effect of Oil Price Shocks: A Study Using Industry Level Data", *Journal of Monetary Economics*, Vol. 49, No. 4, 2002.

[471] Lerner, A. P., "The Concept of Monopoly and the Measurement of Monopoly Power", *Rev. Econ. Studies*, Vol. 1, No. 3, 1934.

[472] Li, G., Li, Y., "Forecasting Copper Futures Volatility Under Model Uncertainty", *Resources Policy*, Vol. 46, 2015.

[473] Li, J., Wu, C., "Daily Return Volatility, Bid – Ask Spreads, and Information Flow: Analyzing the Information Content of Volume", *The Journal of Business*, Vol. 79, No. 5, 2006.

[474] Lien, D., Yang, L., "Intraday Return and Volatility Spill – Over

Across International Copper Futures Markets", *International Journal of Managerial Finance*, Vol. 5, No. 1, 2009.

[475] Liu, Q., An, Y., "Risk Contributions of Trading and Non-Trading Hours: Evidence from Chinese Commodity Futures Markets", *Pacific - Basin Finance Journal*, Vol. 30, 2014.

[476] Liu, Q. F., An, Y. B., "Information Transmission in Informationally Linked Market: Evidence from US and Chinese Commodity Futures Market", *Journal of International Money And Finance*, Vol. 30, No. 5, 2011.

[477] Lloyd, T., Mccorriston, S., Morgan, W., Rayner, T., "Price Transmission in Imperfectly Competitive Vertical Markets", *University of Nottingham Discussion Papers in Economics*, No. 5, 2004.

[478] Masters, J., Testimony, J. H., "Chief Economist Before the Senate Committee on Homeland Security and Governmental Affairs", *Journal of Investigative Medicine*, 2004.

[479] Mccalla, A. F., "World Food Prices: Causes and Consequences", *Canadian Journal of Agricultural Economics/Revue canadienne d'agroeconomie*, Vol. 57, No. 1, 2009.

[480] Michael David Bordo, "The Effects of Monetary Change on Relative Commodity Prices and the Role of Long - Term Contracts", *Journal of Political Economy*, Vol. 88, No. 6, 1980.

[481] Mincer, J., Zarnowitz, V., "The Evaluation Of Economic Forecasts, Economic Forecasts and Expectations in J. Mincer", *NBER*, 1969.

[482] MüLler, U. A. , Dacorogna, M. M. , Davé, R. D. ,"Fractals and Intrinsic Time: A Challenge to Econometricians", Unpublished manuscript, Olsen & Associates, Zürich, 1993.

[483] Murase, K. ,"Asymmetric Effects of the Exchange Rate on Domestic Corporate Goods Prices", *Japan and the World Economy*. Vol. 25 –26, 2013.

[484] O'hara, M. ,"Market Microstructure Theory", *Cambridge, MA: Blackwell Publishers*, 1995.

[485] Pain, N. , Koske, I. , Sollie, M. , "Globalisation and Inflation in the OECD Economies", *Oecd Economics Department Working Papers*, Vol. 15, No. 524, 2006.

[486] Parks, R. W. , "Inflation and Relative Price Variability", *Journal of Political Economy*, Vol. 86, No. 1, 1978.

[487] Peng, D. F. , Wang, J. X. , Rao, Y. L. , "Applications of Nonferrous Metal Price Volatility to Prediction of China's Stock Market", *Transactions of Nonferrous Metals Society of China*, Vol. 24, No. 2, 2014.

[488] Sadorsky, P. ,"Modeling Volatility and Correlations between Emerging Market Stock Prices and the Prices of Copper, Oil and Wheat", *Energy Economics*, Vol. 43, No. 2, 2014.

[489] Sephton, P. S. , "Commodity Prices: Policy Target or Information Variable: Comment", *Journal of Money Credit & Banking*, Vol. 23, No. 2, 1991.

[490] Pirrong, C. , "Detecting Manipulation in Futures Markets: The Ferruzzi Soybean Episode", *American Law & Economics Review*,

Vol. 6, No. 1, 2004.

[491] Quandt, Richard, E., "The Estimation of the Parameters of A Linear Regression System Obeying Two Separate Regimes", *Publications of the American Statistical Association*, Vol. 53, No. 284, 1958.

[492] Rajvanshi, V., "Intraday Trading Activity And Volatility: Evidence From Energy And Metal Futures", *Iup Journal Of Applied Finance*, Vol. 20, 2014.

[493] Ripple, R. D., Moosa, I. A., "The Effect of Maturity, Trading Volume, and Open Interest on Crude Oil Futures Price Range – Based Volatility", *Global Finance Journal*, Vol. 20, No. 3, 2009.

[494] Barro, R. J., "Money and the Price Level Under the Gold Standard", *Economic Journal*, Vol. 89, No. 353, 1979.

[495] Houser, T., Rosen, D. H., "China Energy: A Guide for the Perplexed", *Communications Acm*, Vol. 6, No1, 2008.

[496] Rubinstein, A., "Perfect Equilibrium in a Bargaining Model", *Econometrica*, Vol. 50, No. 50, 1982.

[497] Rudiger Dornbusch, "Expectations and Exchange Rate Dynamics", *Journal of Political Economy*, Vol. 84, No. 6, 1976.

[498] Saban Nazlioglu, Cumhur Erdem, Ugur Soytas, "Volatility Spillover between Oil and Agricultural Commodity Markets", *Energy Economics*, Vol. 36, No. 3, 2013.

[499] Sadorsky, P., Mckenzie, M. D., "Power Transformation Models and Volatility Forecasting", *Journal of Forecasting*, Vol. 27,

No. 7, 2008.

[500] Sadorsky, P., "The Empirical Relationship between Energy Futures Prices and Exchange Rates", *Energy Economics*, Vol. 22, No. 2, 2000.

[501] "Conformational Changes and Phase Transformation Mechanisms in PVDF Solution - Cast Films", *Journal of Polymer Science Part B Polymer Physics*, Vol. 42, No. 18, 2010.

[502] Sari, R., Hammoudeh, S., Soytas, U., "Dynamics of Oil Price, Precious Metal Prices, and Exchange Rate", *Energy Economics*, Vol. 32, No. 2, 2010.

[503] Segal, P., "Why do Oil Price Shocks No Longer Shock?", *Oxford Institute for Energy Studies, Working Paper*, 2007.

[504] Sensoy, A., "Dynamic Relationship between Precious Metals", *Resources Policy*, Vol. 38, No. 4, 2013.

[505] Shao, L. G., Zhu, X. H., Huang, J. B., "Empirical Study of Speculation Roles in International Copper Price Bubble Formation", *Transactions of Nonferrous Metals Society of China*, Vol. 23, No. 8, 2013.

[506] Roache, S. K., Rossi, M., "The Effects of Economic News on Commodity Prices", *IMF Working Papers*, Vol. 50, No. 3, 2009.

[507] Hammoudeh, S., Sari, R., Ewing, B. T., "Relationships among Strategic Commodities and with Financial Variables: A New Look", *Contemporary Economic Policy*, Vol. 27, No. 2, 2009.

[508] Sims, C. A., Stock, J. H., Watson, M. W., "Inference in Linear Time Series Models with Some Unit Roots", *Econometrica*,

Vol. 58, No. 1, 1990.

[509] Sims, C., "Are Forecasting Models Usable for Policy Analysis?", *Quarterly Review*, Vol. 10, 1986.

[510] Slim, S., Dahmene, M., "Asymmetric Information, Volatility Components and the Volume – Volatility Relationship for the CAC40 Stocks", *Global Finance Journal*, Vol. 29, 2016.

[511] Song, B. H., Marchant, M. A., Reed, M. R., "Competitive Analysis and Market Power of China's Soybean Import Market", *International Food & Agribusiness Management Review*, Vol. 12, No. 1, 2009.

[512] Sotoudeh, M. A., Worthington, A. C., "Estimating the Effects of Global Oil Market Shocks on Australian Merchandise Trade", *Economic Analysis and Policy*, Vol. 50, 2016.

[513] Soytas, U., Sari, R., Hammoudeh, S., "World Oil Prices, Precious Metal Prices and Macroeconomy in Turkey", *Energy Policy*, Vol. 37, No. 12, 2009.

[514] Spirtes, P., Glymour, C., Scheines, R., "Causation, Prediction, and Search", *Springer New York*, 1993.

[515] Sujit, K. S., Kumar, B. R., "Study on Dynamic Relationship among Gold Price, Oil Price, Exchange Rate and Stock Market Returns", *International Journal of Applied Business & Economic Research*, Vol. 9, No. 2, 2011.

[516] Sun, L., Kang, C., "The Layout Characteristics of China's Nonferrous Metals Industry and Implication of Industry Structural Adjustment Innovation Policy", *International Conference on Informa-*

tion Management, Innovation Management and Industrial Engineering, Vol. 10, 2012.

[517] Swanson, N. R. , Granger, C. W. , "Impulse Response Functions Based on a Causal Approach to Residual Orthogonalizaton in Vector Autoregressions", *Publications of the American Statistical Association*, Vol. 92, No. 437, 1997.

[518] Takata, H. , "Effects of Industry Forces, Market Orientation, and Marketing Capabilities on Business Performance: An Empirical Analysis of Japanese Manufacturers from 2009 to 2011", *Journal of Business Research*, Vol. 69, No. 12. , 2016.

[519] Tang, K. , Xiong, W. , "Index Investment and the Financialization of Commodities", *Nber Working Papers*, Vol. 68, No. 6, 2012.

[520] Tilton, J. E. , "Outlook for Copper Prices – Up or Down?", *Mining Engineering*, Vol. 58, No. 8, 2006.

[521] Awokuse, T. O. , Yang, J. , "The Informational Role of Commodity Prices in Formulating Monetary Policy: A Reexamination", *Economics Letters*, Vol. 79, No. 2, 2002.

[522] Todorov, N. , "The Course of Realized Volatility in the LME Non – Ferrous Metal Market", *Economic Modeling*, Vol. 51, 2015.

[523] Todorova, N. , Souček, M. , "Overnight Information Flow and Realized Volatility Forecasting", *Finance Research Letters*, Vol. 11, No. 4, 2014.

[524] Trostle, R. , "Global Agricultural Supply and Demand: Factors Contributing to the Recent Increase in Food Commodity Prices", *E-*

lectronic Outlook Report from the Economic Research Service, 2008.

[525] Tsai, C. L., "How do U. S. Stock Returns Respond Differently to Oil Price Shocks Pre – Crisis, within the Financial Crisis, and Post – Crisis?", *Energy Economics*, Vol. 54, 2015.

[526] Tully, E., Lucey, B. M., "A Power GARCH Examination of the Gold Market", *Research in International Business & Finance*, Vol. 21, No. 2, 2007.

[527] Umutlu, M., Shackleton, M. B., "Stock – Return Volatility and Daily Equity Trading by Investor Groups in Korea", *Pacific – Basin Finance Journal*, Vol. 34, 2015.

[528] Wang, P., Moore, T., "Sudden Changes in Volatility: The Case of Five Central European Stock Markets", *Statistical Mechanics and its Applications*, Vol. 388, No. 17, 2009.

[529] Wang, X., Wu, C., Xu, W., "Volatility Forecasting: The Role of Lunch – Break Returns, Overnight Returns, Trading Volume and Leverage Effects", *International Journal of Forecasting*, Vol. 31, No. 3, 2015.

[530] Watkins, C., Mcaleer, M., "Econometric Modelling of Non – Ferrous Metal Prices", *Journal of Economic Surveys*, Vol. 18, No. 5, 2004.

[531] Watkins, C., Mcaleer, M., "How has Volatility in Metals Markets Changed?", *Mathematics and Computers in Simulation*, Vol. 78, No. 2, 2008.

[532] Watkins, C., Mcaleer, M., "Pricing of Non – Ferrous Metals Futures on the London Metal Exchange", *Applied Financial Econom-

ics, Vol. 16, No. 12, 2006.

[533] Wei, Y., Guo, X., "An Empirical Analysis of the Relationship between Oil Prices and the Chinese Macro – Economy", *Energy Economics*, Vol. 56, 2016.

[534] Wen, F., Gong, X., Cai, S., "Forecasting the Volatility of Crude Oil Futures Using HAR – Type Models with Structural Breaks", *Energy Economics*, Vol. 59, 2016.

[535] Wen, F., Xiao, J.. Huang, C., Xia, X.,"Interaction between Oil and US Dollar Exchange Rate: Nonlinear Causality, Time – Varying Influence and Structural Breaks in Volatility", *Applied Economics*, Vol. 50, No. 4, 2018.

[536] Wu, J., Yang, J., Ma, L., Li, Z., "A System Analysis of the Development Strategy of Iron Ore in China", *Resources Policy*, Vol. 48, 2016.

[537] Xu, X. E., Fung, H. G., "Cross – Market Linkages between US and Japanese Precious Metals Futures Trading", *Journal of International Financial Markets, Institutions and Money*, Vol. 15, No. 2, 2005.

[538] Yang, J., Zhou, Y.,"Credit Risk Spillovers among Financial Institutions around the Global Credit Crisis: Firm – Level Evidence", *Management Science*, Vol. 59, No. 10, 2013.

[539] Yue, Y. D., Liu, D. C., Xu, S.,"Research on the Price Linkage between Chinese and International Non – Ferrous Metals Commodity Markets Based on VAR – DCC – GARCH Models", *Transactions of Nonferrous Metals Society of China*, Vol. 25, No. 3,

2015.

[540] Zhang, Z., Guo, J., Qian, D., Xue, Y., Cai, L., "Effects and Mechanism of Influence of China's Resource Tax Reform: A Regional Perspective", *Energy Economics*, Vol. 36, No. C, 2013.

[541] Zhao, L., Zhang, X., Wang, S. Y., Xu, S. Y., "The Effects of Oil Price Shocks on Output and Inflation in China", *Energy Economics*, Vol. 53, 2016.

[542] Zhou, X., Zhang, W., Zhang, J., "Volatility Spillovers between the Chinese and World Equity Market", *Pacific Basin Finance Journal*, Vol. 20, No. 2, 2012.

[543] Zhu, X. H., Chen, J. Y., Zhong, M. R., "Dynamic Interacting Relationships among International Oil Prices, Macroeconomic Variables and Precious Metal Prices", *Transactions of Nonferrous Metals Society of China*, Vol. 25, No. 2, 2015.

[544] Zhu, X., Zhang, H., Zhong, M. R., "Volatility Forecasting in Chinese Nonferrous Metals Futures Market", *Transactions of Nonferrous Metals Society of China*, Vol. 27, No. 5, 2017.

后 记

本书是2013年国家社科基金重大招标项目"金属矿产资源国际市场价格操纵问题与我国定价权研究"（批准号：13&ZD169）的最终成果。

从2013年承担该项目以来，课题组以金属矿产资源定价机制为主线，在厘清金属矿产资源国际市场价格操纵机制的基础上，识别其价格操纵的着力点，并从价值补偿、市场势力、技术进步、计价货币及期货市场等维度分析我国金属矿产资源定价权的形成机理，寻找主导定价权形成的杠杆因素，并对优势稀有金属矿产资源、紧缺黑色金属矿产资源、紧缺（有色）基本金属矿产资源定价权的现状、形成原因、发展态势及提升对策展开了具体的、有针对性的研究，此外还基于产业链视角，探讨有色金属价格波动对我国宏观经济的影响。在此基础上，结合经济新常态下我国金属矿产资源定价权面临的新挑战，认为我国要提升金属资源的定价权，须在国家战略层面进行政策调整，其总体思路如下：金属资源开发利用的国家战略实现由"充分利用'两种资源，两个市场'"向"最大限度利用境外资源，合理保护国内资源"的转变，打通并保障国际金属资源的供给渠道，开辟多元化金属资源获取的通道与策略；通过金属资源行业的技术创新和应用领域的技术突破，不断挖掘金属资源在先进制造业的应用价值，强化金属资源的高端应用；此外，要以实施资源金融化战略为导向，加快建设金属期货市场，打造良好的金融环境，推动人民币国际化进程，努力形成体现中国利益、以需求为导向的金属交易和定价中心。本书正是对课题主要研究成果的梳理和呈现。

参与本书的撰写者有：朱学红、钟美瑞、邵留国、郭尧琦、谌金宇、张宏伟、樊玉林、曾安琪、李海玲、汪秋芬、王苗、张众、李心嫒。

杨丹辉、胡俞越、胡振华、杨艳军等研究团队也以不同形式对课题的完成和本书的撰写提供了诸多帮助，他们的建议使得研究不断趋于成熟，在此深表感谢。

此外，感谢 Resources Policy、Transactions of Non–ferrous Metals Society of China、《中国管理科学》、《国际贸易问题》等国内外权威期刊对成果的认可，研究成果的重要建议被中宣部全国哲学社会科学规划办公室《成果要报》采纳，感谢在成果刊发过程中各位同行专家对该书成果所提的建设性意见；部分研究成果也受到国家自然科学基金重点项目"经济新常态下国家金属资源安全管理及其政策研究"（批准号：71633006）研究的启发，感谢该项目对本研究成果的支持；最后，衷心地感谢同行、社会各界朋友以及中国社会科学出版社的领导和编辑对本研究成果所做的贡献。

需要指出的是，鉴于定价权与价格操纵问题的复杂性，而且资源安全成为国家安全体系的重要组成部分，也将是未来一段时间的国家重大需求，因此，本研究仍存在着若干需要进一步探索和深化研究的地方，本书中的不足和错漏之处也请读者不吝指正。尽管如此，我们仍希望本书的出版能够对相关领域的学者、政府管理部门、企业管理人员以及关心该问题的读者们有所帮助。